Zum Grab des Jakobus Band 2

Alec Edward

Alec Edward

Zum Grab des Jakobus

Band 2
Magna Frisia und
die Abtei zur Aue

Historischer Abenteuer-Roman über die wahren
Ursprünge des Jakobsweges

DeBehr

Karte um 300 n. Chr. mit den Römerstraßen, dem Land der Friis am Rhe-
nus, den römischen Orten Noviomagus (Nijmwegen) und Castra Vetera
(Xanten) in der Nähe der Villa Millingen

Inhalt

Dieses Buch ist denen gewidmet, die mich unterstützt haben und in den letzten Jahren von uns gegangen sind.

RIP   Bernd Mai 2022

RIP   Yvonne 13. Juni 2022

Meinem Studienkollegen

RIP   Rainer 18.02.2023

In Erinnerung an die Brüder aus Mariawald:

Pater Franz und Bruder Famian

Vorwort

Die Idee zum Roman ist entstanden bei der Suche nach dem Ursprung des Jakobswegs. Angeregt durch Gespräche und Bücher folgte eine jahrelange Recherche. Daraus entwickelte sich der Gedanke alles niederzuschreiben und die wahre Geschichte um den berühmten Pilgerpfad darzulegen.

Reale Orte und reale Personen aus der Zeit um 700 eingerahmt von Legenden bilden eine einmalige Geschichte. Diese erzählt die abenteuerliche Reise des 1. Pilgers nach Iria Flavia (Santiago de Compostela. Auf dieser Reise erleben sie von Treue und Liebe alles bis hin zu Lug, Trug und Mord.

Am Ende des historischen Romans finden sie die Ruhestätte des heiligen Jakobus mit seinen zwei Begleitern.

Prolog - Das Königreich Munster

Der Ursprung des Pilgerweges liegt etwas im Dunkeln und weit vor unserem Gehen entlang der Geschichte. Wer sich aber einfangen lässt von der Mystik, kommt nicht mehr davon los. So oder so ähnlich muss es den ersten Pilgern ergangen sein.

Die Geschichte handelt von einem jungen Adligen Ende des siebten und Anfang des achten Jahrhunderts. Aufgewachsen im Kloster lernt er alles von seinen zwei Ziehvätern. Hier trifft Patric auf seine Freunde, die Brüder Edward und Alec, die mit ihm durch dick und dünn gehen.

Als eines Tages seine Freunde mit alten Schriftstücken von einem Heiligen Stein der Kelten zur Abtei kommen, entdecken sie ihre Leidenschaft und so forschen sie den Schriften hinterher. Treu und mit Demut erkennen sie nach und nach die Geschichte um den Heiligen Jakobus, dem Bruder vom Apostel Johannes.

Patrics Aufstieg ist aber geprägt von Versuchungen und Verunsicherung. Durch den Rat seines geistlichen Führers erhält er die Gabe, den Glauben weiterzugeben. Hier zeigt sich, dass er trotz seiner Jugend fähig ist, andere mit Liebe zum Glauben hinzuführen. Dabei erlebt er die Liebe zum weiblichen Geschlecht.

Bereits auf der irischen Insel gelingt es ihm, feindlich gesinnte Personen zu bekehren. Auf dem Weg zum Festland wird er mit Argwohn, Neid und Vorurteilen betrachtet. Wie von selbst gelingt ihm einiges, was andere über Jahre nicht schafften.

Erst auf den Spuren des Missionars und dann selber auf der Mission erkennt er seine Erfüllung.

Angetrieben von seinen Freunden vom Festland und den neuen Erkenntnissen aus der Geschichte macht er sich schließlich auf den Weg. Auf seiner Reise erlebt er mit seinen Gefährten alles, was es im frühen Mittelalter zu erleben gibt.

Durch seine natürliche Erscheinung wird er von vielen verehrt oder verachtet und verfolgt. Während man ihm nach dem Leben trachtet, halten seine Freunde stets zu ihm. Mit Gottes Hilfe findet er das, wonach heute noch viele suchen.

Weitere Einleitung

Abtei und Grafschaft Cork (Corcaigh) im Süden von Irland:

Das Jahr 692 war gerade zu Ende und im Ort Glennamain der Abtei Priory geht der Tod um. Einige Klostermitglieder sind zu Beginn des Jahres 693 verstorben. Nun lag der noch junge Prior Matthew im Sterben.

Mit seinem Tod ist der Abt gezwungen die Ämter unter den Brüdern neu zu verteilen. Bisher war Matthew der große Rückhalt und die „Rechte Hand" des Abts gewesen. Doch nun stellte sich dem Abt Georg die Frage:

„Wie sollte die Zukunft der Abtei aussehen?"

In der Grafschaft Corcaigh regierte ein aufstrebender Graf der mit viel Geschick versuchte seine Macht und sein Reich zu sichern. Um dies zu erreichen sucht er die Nähe zur Priory und zum nördlich davon gelegenen Mainistir in Aine (Midsummer). Bisherige Bedrohungen war er durch einer geschickten Politik aus dem Wege gegangen. Nun war es an der Zeit die Macht mit Hilfe des Abtes zu festigen.

Prolog - Magna Frisia und die Abtei zur Aue

Mit dem Mönch aus Mont-Tombe (St. Michel), dem Bruder Famian, erlebt die Abtei Priory in der Grafschaft Cork im Süden der irischen Insel ihren Aufschwung. Eines der vielen Herrscherhäuser auf der Insel zu dieser Zeit ist das Haus Eoghanacht im Königreich Muster. Der Bau der Kreuzkirche und die Verbindung zu den Schwestern der Priorei Midsummer in Aine spielen dabei eine entscheidende Rolle. Für die Bevölkerung bieten die Klöster Verdienstmöglichkeiten und Schutz. Sie sind ebenso eine Stütze für den Graf aus Cork. Aufnahme in den Klöstern finden Waise, Jugendliche und Erwachsene.

Eine Einkommensmöglichkeit der Klöster ist das Abschreiben und kunstvolle Gestalten von Bibeln und anderen Schriften. Die Probleme bei der Papierherstellung leiten eine Suche nach dem richtigen Holz ein. Bei dieser Erkundung entdecken die späteren Mönche Edward und Alec als Laien-Brüder einen geheimnisvollen Hügel. An dessen Fuß befindet sich eine alte verlassene Hütte. Versteckt in einer Ecke der Hütte entdecken sie hier alte Tonkrüge mit Schriftrollen aus Papyrus aus dem ersten Jahrhundert. Es beginnt eine fieberhafte Übersetzungsarbeit durch Yvonne und Helen mit ihren Schwestern und Bruder Famian. Die aramäischen Schriftrollen mit den Zeichen Blumen, Fisch, Schiff und Fischkreuz erzählen einzelne Geschichten. Erst der spätere Fund der Anfangstexte in der Reliquienkapelle vervollständigt das Werk.

Die Spuren der Ansiedlung des Klosters führen zur Entdeckung einer alten Katakombe mit einer Gruft. Nach der Einweihung der Kreuzkirche wartet noch viel Arbeit auf die Brüder und Schwestern. Damit steigt aber auch das Ansehen der Abtei. Mit dem Schmied Martin und dem Schnitzer Roland hat die Abtei wichtige kreative Kräfte erhalten. So kann der Fortschritt und die künstlerische Gestaltung vorangetrieben werden. Als der Schnitzer beginnt, Stauen von Maria herzustellen, gerät das glückliche Leben der Abtei in Gefahr. Aber Bedrohungen von außerhalb festigen die Gemeinschaft. Mit jedem Teil der Übersetzung der Schriftrollen wird der Weg aus dem

,Heiligen Land' über das Mare Nostrum bis zur irischen Insel mehr und mehr ans Licht gebracht.

Durch den Wunsch der Königin, sich taufen zu lassen und einen Konvent der Schwestern in Corcaigh zu gründen, gerät die Situation außer Kontrolle: Keltischen Druidinnen, als Verteidigerinnen der Naturreligion der Kelten, fühlen sich bedroht. Es kommt zum Eklat mit schwerwiegenden Folgen. Erst durch eine Aussprache mit dem Abt gelingt der Beginn einer Versöhnung.

Damit ist der Weg frei für die Missionierung auf dem Festland. Es wird eine lange Reise mit einem ungewissen Ende. Der Wunsch des Karolingers Pippin des Mittleren, in seinem Reich zu missionieren, wird unterstützt durch die Würdenträger vom Festland. Die Spur des Abenteuers führt von Irland über das Frankenreich bis ins Land der Westgoten.

Karte um 300 n. Chr. mit den Römerstraßen, dem Land der Frisii am Rhenus, den römischen Orten Noviomagus (Nijmwegen) und Castra Vetera (Xanten) in der Nähe der Villa Millingen

01   Villa Millingen

März 694

Der Frühling hat nun die Insel voll im Griff und die ersten Feldarbeiten sind in vollem Gange. Überall kann man sehen, dass das Leben in der Natur wieder erwacht und die Sträucher und Bäume bringen die ersten saftgrünen Blätter hervor. Hier und da blühen auf den Wiesen auch schon die ersten Blumen.

Man versucht, wieder zur Normalität zurückzukehren. Schlimme Sachen waren in der letzten Zeit passiert.

In der kommenden Woche jährt sich der Einzug von Jesus in Jerusalem. Zum ersten Mal kann dieses Fest in der Kreuzkirche gefeiert werden. Der Abtbischof Eochaid möchte dieses besondere kirchliche Ereignis würdig begehen. Der heutige Tag, ein Sonntag, ist der Gedenktag vom Heiligen Josef. Er war der Mann von Maria und der weltliche Vater auf Erden von Jesus.

In den öffentlichen Messen wird es sicher auch aufgrund des neuen Pilgerweges einen großen Andrang geben. Seit kurzem ist Bruder Stefanus der erste Ansprechpartner für die Pilger. Er hat sich in dieses Thema gut eingearbeitet und ist vorbereitet. Die Feier könnte auch als erster Pilgergottesdienst in der Priory gelten. Stefanus hat sich das Thema ‚Der Engel Rafaél als Reisebegleiter' ausgesucht. Er möchte damit um Schutz vor Gefahren bitten. Auch im Refektorium bleibt er dem Thema treu und den hier anwesenden Brüdern liest er aus den Psalmen von Pilgerliedern vor.

Bruder Roland hofft, in den nächsten Tagen die neue Orgel fertigstellen zu können. In Zukunft müssen deshalb mehrere Novizen den Blasebalg der Orgel bedienen. Die Töne in den Orgelpfeifen werden durch den Luftstrom erzeugt. Mit seinen Helfern konnte er dem Abtbischof den Aufbau der Orgel zeigen und erklären, zu einem genauen Termin lässt sich Roland jedoch nicht hinreißen. Dafür hat er zu wenig Erfahrung mit dem Aufbau einer so großen Orgel.

Außerdem müssen die Pfeifen noch gestimmt werden, jede einzelne, eine nach der anderen. In der Öffnung der Pfeife ist eine Zunge aus Metall oder Holz. Die Stellung dieser Zunge in Richtung Luftstrom verändert den Ton. Es muss also während des Stimmens der Blasebalg betätigt werden und ein weiterer Bruder hat die Aufgabe an den Zungen zu übernehmen. Die schwierigste Aufgabe, die ein sehr gutes Gehör erfordert, hat der Stimmmeister, der den Bruder an den Zungen der Orgelpfeifen steuert. Die Orgel hat bestimmt mehr als hundert Pfeifen.

Am Morgen sind die beiden Mönche Franz und Patric in der Kapelle von Corcaigh. Pater Franziskus nutzt die Zeit, um mit Patric über seinen weiteren Verbleib hier bei ihm zu sprechen:
„Wann hast du vor, zurück zur Abtei zu gehen?"
Patric überlegt kurz:
„Noch vor dem Festtag zum Einzug in Jerusalem. Hast du noch etwas, was ich hier unbedingt tun müsste?"
„Ich wollte mit dir über die Reise zum Festland reden."
Patric schaut ihn an und sagt:
„Die letzten Ereignisse haben mich bestärkt in meinem Entschluss, bald zu fahren. Bis die Schwestern hier sind, den Konvent beziehen und mit Leben erweckt haben, wird sicher nicht mehr viel Zeit vergehen. Danach breche ich auf."
Der Pater zu Patric:
„Zwei Tage wären gut, wenn du noch bleiben könntest!"
„Das lässt sich noch machen."
Dann geht der Pater zur vordersten Reihe in der Kapelle und lässt Patric in der Mitte allein sitzen. Beide wollen ein paar Minuten schweigend hier verweilen. In diesem Moment fällt Patric der Brief mit der Aufschrift ‚Für Patric' auf den Boden. Er öffnet ihn und liest.

„Bruder und Mönch Patric

Vor einiger Zeit habe ich dich kennen und schätzen gelernt und du warst für mich ein Vorbild. Dann sind die Dinge um die Statue der Heiligen Maria Magdalena geschehen. Ich war sehr verletzt als mir klar wurde, wie es dazu gekommen ist. Ich habe auch zufällig ein Bild von mir gesehen. Lange Zeit konnte ich nicht und wollte ich nicht verstehen.
Ich habe mich sehr geschämt und fühlte mich betrogen. Ich hätte auch nie vergeben und verzeihen können.
Dann habe ich die Überbringerin dieses Briefes näher kennen gelernt. Sie hat mir gezeigt, dass ich mich nicht für mein Aussehen schämen und auch nicht verstecken muss. Ich kann dir auch nicht sagen ob es die Absicht von Königin Anne war, dass ausgerechnet ich sie zeichnen durfte oder musste!

Nun habe ich aber gelernt, damit umzugehen. Ich bin Anne, meiner Freundin und meiner Vertrauten, sehr dankbar!
Dankbar dafür, dass sie mir die Augen geöffnet hat. Ich kann nun mit mir selber etwas anfangen. Ich bin stolz auf mich, dass ich so bin wie ich bin.

Nun zu dir lieber Patric:

Lange habe ich dir deshalb Unrecht getan. Verzeihen und Vergeben konnte ich nicht. Dabei ist das doch eines der ersten Dinge, die wir von Jesus gelernt haben.
Es musste also erst eine Königin kommen, um mir zu zeigen, wie es geht. Sie öffnete mir die Augen und nun bin ich soweit. Du trägst keine Schuld, es war purer Zufall! Von Gott gewollt!
Lassen wir es im Raum stehen und schauen wir nicht zurück.
Du Patric bist ein lieber, guter und vorbildlicher Priester. Ich vergebe und verzeihe dir, denn du bist tief in meinem Herzen. Meine Liebe!
Ich hoffe, du kannst mir auch vergeben, weil ich in der letzten Zeit so verletzend zu dir gewesen bin. Ich wünsche mir, wir sehen uns vor deiner Abreise zur Mission noch einmal.
Lass uns Freunde bleiben!

Deine Schwester aus Midsummer
Victoria

PS: Bald bin ich in Corcaigh bei der Königin Anne!"

Mit dem Brief in der Hand sitzt er und findet das dieser sehr schön ist.
Leise läuft ihm die ein oder andere Träne auf der Wange hinunter.
Dann denkt er noch:
„Ja, lass uns wieder Freunde sein!"

Zwischenzeitlich Percy auf dem Schiff

Für Percy, der von dem überraschenden Angriff der Druiden in Corcaigh unter der Leitung von Nancy, der Schwester des Königs und Betty, seiner Frau nichts mitbekommen hat, geht ein großer Traum in Erfüllung. Er ist immer mehr von der Seefahrt angetan. Heute erreichen sie das Rhenus

Delta, das zum merowingisch-karolingischen Territorium im Franken-land gehört.

Zum ersten Mal treffen sie auf Franken im Hettergau und dem Grafen Ebroin, der sie in der Villa Millingen empfangen will. Hier befindet sich auch eine größere Kirche im Bau. Der Ort liegt zwischen Rhenus mit dem Namen des Flussgottes und Meuse. Dieses Gewässer mündet nur eine halbe Meile weiter in die Rhenus. Es ist zwar Fränkischer Boden, aber das Gebiet wird immer wieder von Barbaren heimgesucht. Der Kapitän hatte ihm gesagt, dass er hier vielleicht ein Schiff für die geschäftlichen Expansionsbestrebungen von Mortimer von Eoghanacht, dem ehemali-gen Grafen von Corcaigh und jetzigen König von Munster, finden und kaufen könne.

Als sie an Land kommen, holt ein Diener des Grafen Ebroin den Kapitän und Percy ab. Er führt sie in ein römisch wirkendes Anwesen. Hier emp-fängt sie Graf Ebroin und sie kommen schnell zu einer Einigung. Percy kann zwei Schiffe kaufen, eines dass hier im Hafen liegt und ein weiteres, dass gerade unter dem englischen Kapitän Winterbottom segelt und zur-zeit unterwegs ist. Die Bezahlung der Schiffe soll überwiegend mit Waren von der Insel erfolgen. Dank der Vermittlung des Kapitäns läuft das Ge-schäft reibungslos ab. Das Schiff mit einer Mannschaft und einer Ladung Waren vom Festland kann Percy mit zur Insel nach Hause nehmen. Die Besitzurkunde wird er allerdings erst im Mai bei ihrer Rückkehr erhalten.

Heute ist der Tag, an dem das Gericht in Corcaigh tagt. Mortimer hat sich nach dem Tod der Anführerinnen dazu durchgerungen, den Prozess zu einem schnellen Ende zu führen. Er hat die Schaukäfige abnehmen lassen, in denen er am Marktplatz die gefangen Unterstützer des Aufruhrs zur Schau gestellt hat. Das Urteil soll durch die Adelshäuser von Munster ge-fällt werden. Auch die Häuser Eoghanacht, MacCarthy, O'Donnchadha na nGleann, O'Keefe, O´Mahony und O´Sullivan haben sich versammelt. Sie sitzen an einem Tisch und halten Gericht über die Angeklagten. Die Vorwürfe sind klar, es geht um Gewalttaten und Rebellion. Hier wird auch nicht die einzelne Tat verfolgt. Man ist gewillt, ein schnelles hartes Urteil zu sprechen.

Seit dem frühen Morgen sind auch die Henker und Folterknechte mit dem Aufbau der Hinrichtungsstätte beschäftigt. Da sie nicht wissen, welche Todesart die Kandidaten erwartet, haben sie mehrere Galgen und einen Richtklotz aufgebaut. Kurz vor Mittag steht das einstimmige Urteil fest.

Für zwei adlige Frauen kommt als Gnadenakt das Richtschwert zum Einsatz. Alle anderen sollen gehängt und das Urteil soll am frühen Morgen des übernächsten Tages vollstreckt werden. Das trifft nicht auf die Gefangenen und Mitverschwörern zu, die nun Frondienste leisten müssen. Diese werden nicht zum Tode verurteilt und arbeiten so ihre Schuld ab.

Zur Mittagszeit hat der König geladen und es findet ein großer Empfang für die Adligen und die weiteren wichtigen örtlichen Persönlichkeiten statt. Unter ihnen sind auch die Seelsorger von Corcaigh, Pater Franziskus und der Mönch Patric. Die Königin bittet die Beiden noch vor dem Mahl in einem Nebenraum zu einem kurzen Gespräch.
Es geht um die Angeklagten und die Königin Anne hat eine Bitte:
„Ist es möglich, den Verurteilten noch die Beichte abzunehmen und den Segen zu erteilen?"
Der Pater Franziskus antwortet:
„Das ist unsere Pflicht, ihnen den letzten Gang so leicht wie möglich zu machen."
Die Königin dankt ihnen und gleich nach dem Empfang machen sie sich auf zum Kerker. In einem dunklen, nasskalten Gemäuer sind die Gefangenen untergebracht. Die beiden Brüder gehen nicht alleine in das Verlies, es sind noch Wachen und der Neffe der Königin, William von Eoghanacht, dabei. Er war ja auf der Suche nach den Tätern zuerst bei der Heiligen Eiche und später unmittelbar in den Kampf verwickelt. Es ist immer Vorsicht geboten, hat nicht manch einer aus Verzweiflung eine Geisel genommen. Bei den männlichen Gefangenen wird die Geste positiv aufgenommen. Ganz anders ist es bei den Weiblichen. Hier schlägt ihnen purer Hass entgegen und bei einer Gefangenen muss die Wache eingreifen und sie mit Gewalt in die Ecke drängen.

In der Priory ist am späten Nachmittag Bruder Martin angekommen. Er hat sich umgehend beim Abtbischof gemeldet. Die ersten Nachrichten von Bruder Martin von der Ruhr, der den neu erworbenen Steinbruch wegen der vielen Unfälle inspiziert hatte, hören sich gut an und klingen zuversichtlich. Alles von Corcaigh dagegen ist bedrohlich. In den nächsten Tagen muss er sich mit seinem Freund um die betrieblichen Belange der Abtei kümmern. Nun wird er erst einmal den geregelten Tagesablauf genießen. In der Vesper hört er die Gesänge seiner Glaubensbrüder. Er fühlt sich zuhause angekommen. Einige Grüße der Brüder konnte er schon entgegennehmen. Darunter sind auch die Mönche Alec und Edward, sie können nun wieder Aufgaben an den Bruder abtreten.

Noch hat die Orgel keinen Ton von sich gegeben, auch in dieser Gebetsstunde werden sie dies nicht erleben. Bruder Roland verzweifelt beim Zusammenbau. Ein anderer Blick wird ihm sicher helfen, den Fehler oder eine Lösung zu finden.

Die erhoffte Hilfe kommt von Martin und so baut Roland einen Teil der Orgel wieder auseinander, um sie später neu zusammenzusetzen.

Die Idee mit der Orgel hatte ja Roland van Hall, der Schnitzer.

Er hatte sich dann mit dem Novizen Wilhelm zusammengesetzt und ein Schreiben mit der Bitte an die Karolinger verfasst und abgesendet.

Am Nachmittag in Hettergau am Rhenus steigt Percy MacCarthy mit Kapitän Schneyder zum ersten Mal auf das neue Schiff. Es ist ein Zweimaster, ähnlich dem Schiff, mit dem sie angekommen sind. Auch hat das Schiff eine zusammengewürfelte aber furchtlose Mannschaft aus unterschiedlichen Herkunftsländern. Die meisten werden wohl die Fahrt zur grünen Insel mitmachen.

Ein erster Blick von Schneyder sieht ein paar kleine Mängel, die sich leicht beheben lassen. Es wird wohl zwei Tage dauern, bis alles bereit und seetüchtig ist. Tauwerk und Segel müssen überprüft und ergänzt werden. Dann lässt er das Schiff säubern und von Unrat befreien. Er wird das Schiff so ausstaffieren lassen, als sei es neu. Sichtlich zufrieden macht sich Percy mit dem Schiff vertraut.

In Corcaigh haben sich die adligen Familien versammelt. Die MacCarthy, O'Donnchadha na nGleann, O'Keefe, O´Mahony und O`Sullivan finden ein Ergebnis, dass vertraglich mit dem König vereinbart wird.

Sie haben ja gemeinsam die Entscheidung zum Schiffskauf getroffen und wollen nun alle davon profitieren. Sie werden das Haus Eoghanacht im Handel und im Königreich auch gemeinsam unterstützen.

Die Kelten werden nun aufgefordert, ihren Kampf gegen das Königreich einzustellen. Dafür müssen sie ein deutliches Zeichen setzen. Es gilt auch für den entstandenen Schaden aufzukommen. Dafür müssen auch verschiedene Adelshäuser selber Geld als Entschädigung zahlen, wie die MacCarthy´s und das Grafenhaus von Corcaigh.

Der Besitz von Nancy, der Schwester des Königs, und den Geschwistern Betty und Angely werden an Geschädigte verteilt. Auch die Abtei Priory erhält ihren Anteil.

Da die meisten nicht auf das Geld angewiesen sind, fließt das Geld in eine

Handelsgesellschaft. Diese sucht nun einen entsprechenden Verwalter. Mit diesem Beschluss steht das neue Geschäft auf einem schönen Finanzpolster. Nicht nur das Geld muss verwaltet, sondern auch der Handel muss organisiert werden. Das ist die nächste Aufgabe, die der Adel zu lösen hat, um dauerhaft erfolgreich zu sein.

In der Priory wird es nun Zeit, sich mit den neuen Herausforderungen auseinanderzusetzen. Der Konvent um Schwester Victoria muss mit Leben gefüllt werden. Schwester Helen hat zwar ihre Unterstützung für Victoria, die die Leitung übernehmen wird, zugesagt. Sie selber wird aber nach Midsummer zurück gehen. Die anderen beiden Schwestern Claudia und Maureen sind noch unschlüssig, ob sie mit nach Corcaigh gehen sollen. Sie möchten zuerst mehr über den neuen Konvent erfahren. So bleibt erstmal alles beim Alten und die Aufgabe hier ist auch noch nicht abgeschlossen.

Für den Abtbischof Eochaid ist es eine gute Lösung! Er muss jetzt keine Mönche mehr von seiner Abtei nach Corcaigh für die Unterstützung von Pater Franziskus abgeben. Hat er doch im Kampf gegen die Kelten einige seiner Laien-Brüder verloren. Schließlich ist es ein herber Rückschlag für die Abtei, in so kurzer Zeit so viele Brüder zu verlieren, die ersetzt werden müssen.

Die Priorin Mary hat sich mit Victoria auf die Bank unter der Linde im Klausurgarten zurückgezogen. Mary möchte sich mit Victoria besprechen, wie sie den Konvent in Corcaigh einrichten und gestalten können. Schließlich fängt der Konvent ganz von vorne an. So eine Einrichtung soll sich nach zwei oder drei Jahren selbst tragen und nicht mehr von Zuwendungen vom Mutterhaus abhängen. Dies kann die Priorin noch nicht erkennen. Es gibt zwar eine Starthilfe von der Königin Anne, aber wie soll es weitergehen. Es müssen Aufgaben gefunden werden, um das Auskommen zu sichern.

Dazu sagt Victoria:

„Aufgaben gibt es in Corcaigh genug. Wir unterstützen und helfen dem Pater bei seinen Aufgaben in der Seelsorge und bei den Gebetsstunden. Dann werden wir eine Pilgerherberge betreiben. Alles andere wird sich finden. Da wäre ein Hospital oder auch eine Einrichtung für adlige Kinder denkbar."

Mary hört zu und dann sagt sie:

„Ich werde in Midsummer unter den Schwestern einen Aufruf starten und für den Konvent werben. Schließlich kann einer alleine die Aufgabe nicht

bewältigen."
Victoria bedankt sich bei ihrer Mutteroberin und die Priorin sagt ihr, dass sie morgen zurück zur Priorei nach Midsummer geht.

In Corcaigh geht die Zeit für Patric mit dem Pater zu Ende. In der Abendandacht wird er bekannt geben, dass er morgen abreist, um sich voll auf seine Aufgaben der Vorbereitung für die Mission zum Festland zu konzentrieren. Die zugesagte Entschädigung für seine Verletzung, während des Angriffes durch die Druidinnen, wird er dem Pater anvertrauen mit der Bitte, diese an den Konvent weiterzugeben.
Im Gespräch mit dem König hat er schon alles geklärt und er wird ihn vor seiner Abreise nicht mehr sehen. Für den Konvent kann er hier auch nichts mehr tun. Die Bereitstellung und die Renovierung des Gebäudes und alles andere ist durch die Königin bereits eingeleitet worden. Es fehlen nur noch die Nonnen, die alles mit Geist und Leben erfüllen müssen. Er könnte sicher in Corcaigh oder Midsummer für den Konvent mögliche Mitglieder ansprechen, um zu helfen, dass der Start gelingt.
„Schon wieder", denkt er, muss er sich einbringen. Er darf weder in die Kompetenz der Priorin Mary eingreifen, noch die Planung seines Abtbischofs durcheinanderbringen.
Die Königin überwacht die Restaurierung und Einrichtung des Gebäudes für den Konvent. Er ist da und hilft ihr, wenn man ihn braucht und nach ihm fragt. Alles geht seinen Weg.
„Konzentriere dich besser auf deine bevorstehende große Aufgabe lieber Patric", sagt er zu sich selbst.
Frühzeitig macht er sich mit dem Pater auf zur Kapelle, um hier seine letzte Andacht zu halten. Es ist ein Nachmittag, wie er im Frühling immer wieder vorkommen kann. Es ist sehr windig und bevor sie die Kapelle erreichen, fallen die ersten Tropfen. Sicher werden bei diesem Wetter nicht allzu viele kommen. Mit dem Glockenschlag haben es dann doch noch einige geschafft und unter ihnen ist Anne. Sie weiß noch nicht, dass es seine Abschiedsmesse wird.
Wie üblich startet die Feier mit einem Lied und nur vom Donner und dem Blitz wird dieses gestört. Ein heftiges Gewitter hat eingesetzt und es gibt dazu einen stürmischen Wind. Als die Andacht zu Ende ist, stürmt es draußen immer noch heftig. Von den Besuchern der Gebetsstunde haben auch nur einige bis jetzt die Kapelle verlassen. Heftig donnert und blitzt es. Fast könnte man denken, es ist eine Abschiedsvorstellung für Patric. Etwas abwesend denkt er an die Schiffsfahrt:

„Auch auf See tobt ein Sturm, wie er im Frühjahr immer wieder vorkommen kann. Für die Schiffe ist das nicht ungefährlich. Manch eines sinkt und für so manchen Seemann war es die letzte Fahrt."
So denkt Patric unter diesem Eindruck.
„Was da wohl noch auf mich zukommt?"

Dann ist er wieder mit den Gedanken beim letzten Lied in der Gebetsstunde. Kurz nach der Andacht ist Königin Anne noch da und Patric nimmt sich die Zeit, um mit ihr zu sprechen und sich zu verabschieden:
„Verehrte Königin, ich danke für den Brief."
Sie antwortet:
„Das habe ich gern gemacht. Wie oft habt ihr mir geholfen?"
„Als Seelsorger von Corcaigh ist es meine Pflicht zu helfen. Nur schade, dass ich nicht allen helfen kann."
Sie weiter:
„Wenn es nur immer so einfach wäre, dann bräuchte man Reue und Demut nicht."
Dann zögert er ein wenig:
„Werdet ihr den Konvent immer im Auge behalten und unterstützen und schützen, wenn ich fort bin? Fort zum Festland!"
Ohne zu zögern und voll Überzeugung sagt sie:
„Ja, selbstverständlich! Schließlich habe ich in Victoria eine loyale und liebe Freundin gefunden. Auch ist sie strebsam und bringt eine Ausdauer mit, um sich hier durchzusetzen."
Dann sagt er etwas wehmütig:
„Das war der letzte Gottesdienst. Morgen in der Früh bin ich unterwegs zur Abtei. Dort werde ich bei den Vorbereitungen für die Festtage helfen und dann dauert es nicht mehr lange und ich bin auf dem Weg zum Festland."
Fast ist es so, als würde die Königin ihm den Segen für die nächste Zeit geben. Dann sagt sie:
„Wir sehen uns vor der Abfahrt sicher noch einmal!"
Mit „Gott schütze dich" steht sie auf und mit einem Lächeln schaut sie noch einmal zurück.
Gegen Abend erreicht eine Nachricht die Grafschaft. Man berichtet, dass die ‚Heilige Eiche' vom Blitz getroffen wurde. Ein großer Teil der Eiche liegt verbrannt am Boden. Für die Kelten ist das ein böses Omen. Damit ist der Glaube an die mächtigen Götter der Bäume erschüttert.
In der ‚Heiligen Schrift' heißt es:

„Macht euch die Erde untertan."
„Ist die Schöpfung für uns heilig wie bei den Druiden, oder nur selbstverständlich zu unserem Nutzen als Lieferant da, darüber sollte ich vielleicht mit Abtbischof Georg reden", denkt Patric.

In der Priory ist Roland mit der Orgel wieder da angekommen, wo er vor einer Woche angefangen hat. Er musste einen großen Teil wieder auseinander bauen.
Mit Edward und Alec hat er aber für die nächsten Tage zwei Helfer, die ihm diesmal länger zur Seite stehen können. Alle Hoffnung liegt nun im neuen Zusammenbau der Orgel. Es wäre schon toll, es bis zum Hochfest der Kirche, dem ,Einzug in Jerusalem, zu schaffen. Ab Morgen werden sie sich an die Arbeit machen und ihr Bestes geben.

Am nächsten Morgen nach der Nachtwache macht sich die Priorin auf, um zurück nach Midsummer zu fahren. Im Gepäck hat sie für alle Schwestern die Nachricht der Entsendung nach Corcaigh. Dort soll ein Konvent der Nonnen den christlichen Glauben stützen. Von Claudia und Maureen hat sie am Morgen erfahren, dass sie nach ihrer Tätigkeit hier in der Priory doch nach Corcaigh gehen wollen. Sie möchten damit als Erstes ihrer Schwester Victoria beistehen.
Sicher wird die eine oder andere, die noch unschlüssig ist mit ihrer Entscheidung auf die Mission zum Festland zu gehen, die Alternative Corcaigh wählen. Der Abtbischof musste ja die Mission auf den Weg bringen und dem Konvent steht er ja ohnehin positiv gegenüber. Für ihn ist es auf jeden Fall ein besonderes Anliegen, Pater Franziskus gut versorgt zu wissen und er gibt seinen Segen für das neue Projekt.
Patric hat sich auch aufgemacht. Er möchte schnellstens zur Abtei. Für ihn ist es wichtig, endgültig zu wissen wer mit ihm zum Festland geht. Sein Abschied von Pater Franziskus war herzlich. Aber es hat ihm auch gutgetan, einmal eigenverantwortlich die christliche Gemeinde von Corcaigh zu führen, weiß Patric.

Am Rhenus

Die beiden Schiffe warten am frühen Morgen im Hafen von Millingen auf die fehlende Ware wie Tongefäße, die sie noch zuladen und mitnehmen sollen. Um elf erfahren sie, dass es Störungen und Schwierigkeiten gegeben hat und keine Lieferung mehr zu erwarten ist. Aufgrund der Witterung der letzten Tage ist es nicht mehr möglich, den Plan einzuhalten. Nun müssen sie zum Handelsort der Karolinger nach Doresstad bei Utrecht fahren. Kurz nach der Mittagszeit ist es soweit, die beiden Schiffe sind fertig um in See stechen zu können.

Nun muss Percy zeigen, was er in den letzten Wochen vom Kapitän gelernt hat. Mit seiner Mannschaft folgt er dem Schiff von Kapitän Schneyder. Es ist nicht einfach, hier auf dem Gewässer das Schiff zu steuern. Aber er stellt sich sehr geschickt an und langsam mit nur drei bis vier Knoten bewältigen sie diese Strecke. Erst am anderen Morgen erreichen sie den Ort. Nun warten sie hier im Hafen auf die Waren. Nach zwei Stunden sind ihre Schiffe mit dem Beladen an der Reihe. Die Waren sind für die Abtei Priory bestimmt. Beim Warten hat Percy noch Hölzer entdeckt, die er erwerben und mitnehmen möchte. Deshalb werden sie heute nicht mehr ablegen können. Ihr nächstes Ziel ist die Bucht Zirn, die sie von der Hinfahrt bereits kennen.

In Corcaigh ist vom Sturm der letzten Nacht nichts mehr zu spüren. Nur hin und wieder entdeckt Patric umgefallene Bäume und abgebrochene Äste, die auf den Wegen liegen. Er genießt die warmen Sonnenstrahlen und hier und dort leuchten die Bäume bereits in ihrem ersten hellen Blattgrün des Frühlings. Überall hört er, wie die Natur erwacht. Bienen summen und Vögel zwitschern. Das Leben zeigt sich von der schönsten Seite. Auf seinem Fußmarsch ist er alleine unterwegs und er genießt den Weg zur Abtei Priory.

„Wie oft werde ich hier nur noch unterwegs sein", denkt er. Umso intensiver wirkt alles auf ihn ein, als ob es schon das letzte Mal ist. So wunderschön hatte er es nicht in Erinnerung.

Auf seinem Weg trifft er nur wenige Menschen, aber auf den Feldern werden schon viele Vorbereitungen für das kommende Erntejahr getroffen. Ihm sind auch die kunstvoll gestalteten Schilder des Pilgerweges aufgefallen und so singt er ein Lied aus purem Glück.

Er erinnert sich, dass sie ja Schilder von den Kindern entwerfen haben lassen. Jetzt gibt es also einen Pilgerweg von Corcaigh zur Priory und von dort weiter nach Midsummer.

In Corcaigh gibt es bald ein Pilgerquartier und auf dem weiten Weg zwischen Midsummer und dem Kloster hatte man ja auch ein ehemaliges nicht mehr genutztes Gehöft zum Pilgerquartier ausgebaut.

Er hat sehr gute Laune und er freut sich schon auf seine Brüder. Ganz besonders freut er sich auf die Schwestern, die mit dem Übersetzen der Pergamentrollen, dem Abschreiben und der Buchmalerei beschäftigt sind. Ebenso ist er interessiert am Fortschritt in der Abtei und der Ausgestaltung der Kreuzkirche. Ihm ist plötzlich bewusst, dass er dies alles und noch vieles mehr vermissen wird.

In der Priory hat sich nach der Nachtwache alles aufgemacht, den Tag sinnvoll zu nutzen. Der Abtbischof konnte die Priorin verabschieden. Für Roland geht es diese Woche darum, endlich zum Wochenende die Orgel fertig zu stellen und so den Gesang des Chores mit Musik feierlich zu untermalen und zu begleiten. Auf jeden Fall hat er motivierte Helfer, die alles daransetzen, um hier auf der Empore das große Werk zur Ehre Gottes und zur Erhebung der Herzen zu vollenden.

Für die Schwestern geht es nach den winterlichen Entbehrungen wieder öfter in die Frühlingssonne. Mit dieser Kraft und Motivation, die der Mensch braucht um zu leben, lässt es sich auch viel besser arbeiten. Für Victoria sind es in erster Linie die Bilder, die sie nun in den passenden Farben mit Leben erfüllt.

Die Schriftrollen sind dabei etwas in den Hintergrund geraten, viel Zeit nimmt die Recherche zur Abtei in Anspruch.

Der Konvent ist beschlossene Sache und sie haben sich darauf eingestellt. Sie warten nur noch auf die Nachricht der Fertigstellung ihrer Räumlichkeiten. Es scheint so, dass alles im Umbruch ist.

Zurück ins Hettergau

Den Plan nach Zirn mussten sie zurückstellen. In Hettergau angekommen konnten Percy MacCarthy und der Kapitän Schneyder die gewünschte Ware am frühen Morgen doch noch an Bord nehmen. Nun fahren sie die letzten zwölf Meilen zum Meer der Friis. Das Wetter ist gut zum Segeln und so machen sie sich bereit, alle Segel zu setzen, um mit vollem Wind zu fahren. Hier ist der Fluss mehr als eine halbe Meile breit und manches Schiff kommt ihnen entgegen. Der Fluss schlängelt sich in großen Bögen zum Meer hin.

Sie haben fast die Hälfte der Strecke zurückgelegt, als ein Schiff und mehrere Ruderboote auf das Schiff von Kapitän Schneyder zusteuern, um dann von ihm gewaltsam Zoll für die Weiterfahrt zu verlangen. Dies ist dem Kapitän hier schon öfter passiert. Aber er ist gar nicht gewillt zu zahlen. Auch Pfeile der Gegner machen keinen Eindruck auf ihn. Er lässt zurückschießen und so wird der Angriff heftiger. Als die Ruderboote drohen, das Schiff zu entern, ist Percy in Schussweite. Er lässt nun seine Langbögen in Stellung bringen und gibt als Ziel eines der Boote frei, um dieses zu beschießen. Bereits nach drei Salven der Bogenschützen zeigt sich eine eindrucksvolle Wirkung. Dieses Boot wird nicht weiter angreifen können, denn zu genau haben die Pfeile ihr Ziel erreicht. So nimmt er nach und nach weitere Boote unter Beschuss.

Nur der Großsegler will noch nicht von seiner Absicht, zu entern, ablassen und bleibt weiter auf Angriff.

Nun nimmt auch Percy einen Bogen und wird persönlich in den Kampf eingreifen. Als geübter und erfahrener Bogenschütze nimmt er das Ruder und den Kommandostand des Gegners ins Visier. Nach wenigen Pfeilen ist es ihm gelungen, den am Ruder Stehenden niederzustrecken und nach kurzer Zeit ist das Schiff führerlos. Ein weiteres Ziel ist nun der Kapitän auf dem Schiff des Gegners, der sich immer noch bemüht, das Schiff von Schneyder zu kapern.

Durch die Schlingerfahrt des Gegners hat dieser bereits eines der angreifenden Ruderboote versenkt. Percy erkennt die Möglichkeit, nun seinerseits den Entervorgang einzuleiten und lässt seinen Bogenschützen nun den Hauptgegner voll unter Beschuss nehmen. Von den restlichen Ruderbooten geht keine Gefahr mehr aus, denn entweder sind sie gekentert oder sie befinden sich auf der Flucht. Von zwei Seiten attackiert sieht sich der Angreifer nicht mehr in der Lage zu fliehen und es wird nur noch eine kurze Zeit dauern, bis die Gegenwehr zusammengebrochen ist. Zu spät hat der Gegner bemerkt, dass die beiden Segler zusammenarbeiten, sich so gegenseitig Deckung gegeben und ihn in die Zange genommen haben. Obwohl der Segler von Kapitän Schneyder einige Verluste hinnehmen musste, reicht die Mannschaft noch aus, um alleine fahren zu können. Sie nehmen das gegnerische Schiff gemeinsam in Besitz und beschließen, dieses in Zirn zum Handelsposten Assebroek zu bringen. Dort soll es verkauft werden.

Die Prämie wird unter den Teilnehmern und dem Schiffseigner verteilt. In Assebroek hoffen sie auch auf den Kapitän Winterbottom zu treffen, dessen Schiff sie im Hettergau gekauft haben. Kapitän Schneyder sieht auch gute Chancen, die Mannschaft zu übernehmen. Vielleicht bleibt auch der Kapitän, ein erfahrener und weitgereister Seemann, an Bord. Noch weiß Schneyder nicht, ob er bei Percy länger bleibt. Das letzte gerade eben erlebte Ereignis hat ihm aber gezeigt, wie gut er zusammen mit

Percy auf See arbeiten kann. Für die kurze Zeit, die sie sich nun kennen, klappt das schon sehr gut. So könnte sich eine dauerhafte Gemeinschaft und vielleicht eine Freundschaft entwickeln.

Durch den guten Wind auf See können sie die verlorene Zeit wieder aufholen und am Abend erreichen sie ihr Ziel in Zirn. Hier wollen sie zwei Tage bleiben, bevor es weitergehen soll. Von der gegnerischen Mannschaft wird keiner übernommen. Im Gegenteil, es droht ihnen wegen Seeräuberei der Strick.

Bereits am Abend nähert Patric sich seiner geliebten Abtei und er dankt Gott, dass er gut und ohne Zwischenfall hier angekommen ist. Er ist erleichtert und schon zwei Meilen vorher konnte er den Glockenklang der Abtei hören. Dadurch beflügelt beeilte er sich, um noch rechtzeitig zur Gebetstunde zu kommen. Mit dem ersten Lied des Chores tritt er in die Kreuzkirche ein. Fast könnte man das mit dem Einzug des Herrn in Jerusalem vergleichen, so feierlich ist ihm zumute. Der Abtbischof freut sich über seinen verlorenen Sohn, der heimkehrt. Zur Begrüßung steht er auf und alle Brüder und Schwestern folgen seinem Beispiel. Patric nimmt unter den Mönchen seinen immer frei gebliebenen Platz ein.

Nach dem Abendlob finden sich alle im Refektorium ein und der Abtbischof lässt es sich nicht nehmen, vom ‚verlorenen Sohn' zu lesen. So richtig war er ja nicht verloren, es ist auch nur ein Beispiel, aber sein leerer Platz zwischen seinen Brüdern war immer eine schmerzhafte Lücke.

Nach dem Mahl sucht Patric seinen großen Gönner auf und sie begrüßen sich aufs Herzlichste:

„Ich bin froh, nach all der Aufregung wieder zurück in der Abtei zu sein. Ich habe auch das Thema Missionierung unterschätzt. Es wird nicht so einfach sein, wie ich es mir in meinem tiefen Glauben vorgestellt habe."

Der Abtbischof Eochaid meint dazu:

„Ja, auch ich bin froh, dich wieder heil hier begrüßen zu können. Es waren erschreckende Nachrichten aus Corcaigh."

Dann erzählt Patric von den Ereignissen mit den Kelten und dem Geschehen rund um den von den Druiden verehrten Baum, der Heiligen Eiche.

Auch der Abtbischof Georg hat einiges zu erzählen.

Dann fragt Patric den Abtbischof:

„Wie steht es um den Glauben der Kelten und dem Christentum?"

Eochaid antwortet ihm:

„Die keltische Religion ist sehr wichtig für die Leute hier. Die Riten und Zeremonien sind bestimmten Göttern oder den Verstorbenen gewidmet, zum Beispiel beim Sterben und Totengedenken.

Es gibt heilige Orte, heilige Zeiten und kultische und magische Verrichtungen wie Opfer, Gebet und Weissagungen. Besonderes Ansehen genießen die Druiden, die Priester und Naturphilosophen sind. Dankopfer an die Götter können nur diese darbringen, da sie göttliche Wesen mit derselben Sprache sind.

Die Druidinnen haben einen eigenen Stand, vor allem als Seherinnen. Sie sind auch prägend für die soziale Ordnung des keltischen Stammes verantwortlich.

Jedes Wesen braucht eine Religion, um sein Leben und das in der Gesellschaft zu meistern. Und jetzt kommen wir. Es geht nicht ohne Liebe."

Patrik denkt an das Treffen mit den Druidinnen und ihren Gedanken.

„Die Frauen waren in einer gespaltenen Situation. Einmal sah die Schwester des Königs das Reich auf dem falschen Weg, besonders durch den Einfluss der neuen jungen Königin Anne. Zum anderen ist ihre Aufgabe das Volk vor Gefahren zu beschützen. Der befürchtete Machtverlust kann nicht der Hauptgrund sein. Es muss die Sorge um ihr Heiligstes und ihr Volk gewesen sein.

Um des Friedens willen darf man jetzt nicht alles zerstören, sondern muss versuchen, es zu integrieren.

Die Frauen haben ihn nicht zu Wort kommen lassen, oder hatte er überhaupt genügend Information für ein Gespräch. Die Situation um die Schwester der Königin war schon zu verfahren."

Abtbischof Georg ist sehr besorgt.

„Der Glaube an Gott, den auch die Kelten und Druiden haben, wenn auch mehr auf die Schöpfung ausgerichtet, darf nicht als Grund für das Massaker in Erinnerung bleiben."

„Wenn wir die gefangenen Kelten beim König auslösen, um sie in unserem Bergwerk einzusetzen, dann könnten sie den angerichteten Schaden wieder gutmachen, indem ihr halber Verdienst den Witwen der Getöteten zukommt. Die zum Tode verurteilten Druidinnen muss er freilassen, um des Glaubens willen. Sie haben jetzt eine große Aufgabe vor sich, sie zu töten wäre ein falsches Signal. Die eigentliche Gefahr ging ja von der Schwester des Grafen aus und die hat alle mitgerissen."

„Dann beeile dich, damit du das Schlimmste noch verhinderst. Dafür kann ich keinen Boten schicken", sagte der Abtbischof.

„Ich muss sofort los, ich kann nicht bis morgen warten. Ich nehme nur ein Pferd. Ich möchte keine Zeit verlieren."

„Aber es wird gleich dunkel."

„Es ist Vollmond, morgen früh muss ich dort sein, um jeden Preis."
Patric ist aufgewühlt. Hätte er nicht doch noch das Massaker verhindern können, wenn er nicht immer so sprachlos und konsterniert den Frauen gegenüber dagestanden wäre?
Er beeilt sich und geht direkt zu den Pferden. Er wählt ein starkes und ausdauerndes Pferd, schwingt sich darauf und reitet zurück nach Corcaigh, von wo er gerade erst gekommen war.
Diesmal hat er kein Auge für die Natur. Das Pferd geht im Galopp und man meint es kennt den Weg. Er muss nur auf die herunterhängenden Zweige aufpassen.
Den König muss er überzeugen, die Kämpfer freizulassen. Es sind ja keine Banditen oder Mordgesindel, sondern Getreue der Druidinnen die ihrer Glaubensverpflichtung gefolgt sind.
Anne soll mit den Druidinnen reden. Es wäre schön. wenn sie sich als Königin auch in Zukunft für Gespräche offen zeigt. Es sind ja auch Glieder ihres Reiches.
Patric hat das Gefühl, dass auch das Pferd die Wichtigkeit der Mission spürt. Es lässt nicht nach und auch er verspürt keine Müdigkeit, die Anspannung hält ihn wach.
Im Morgengrauen erreicht er Corcaigh. Die Wachen vor dem Schloss erkennen ihn gleich und melden seine Ankunft dem König.
Es dauert etwas bis Mortimer kommt. Auch Anne ist dabei. Er hatte sie sicherlich aus dem Bett geholt. Deswegen entschuldigt er sich erstmal für sein frühes Kommen.
Beide sind sehr erstaunt über sein Erscheinen. Er hatte sich ja gestern erst verabschiedet.
Sie bitten ihn herein und er bekommt erstmal etwas zum Essen und Trinken. Patric erzählt von seinem gestrigen Gespräch mit Abtbischof Georg und trägt dann seine einzige große Bitte vor, für die er fast auf die Knie fällt.
Der König überlegt. Tatsächlich ist die Arbeit in einem Bergwerk ein Ersatz für andere schwere Strafen. Auch ist es eine finanzielle Genugtuung für die Witwen. Sein Ansehen im Volk war ihm auch wichtig. Er hat auch mit seinen Handelsaktivitäten andere Sachen im Kopf.
Die Königin ist auch froh, dass nicht noch schlimmeres passiert.
So geht Patric in die Kirche, um dort auf die Antwort durch das Königspaar zu warten. Dort angekommen legt er sich vor dem Altar auf den Boden und betet. Er weiß nicht wie lange oder ob er sogar eingeschlafen war. Dann besucht er seinen Pater und ruht sich noch etwas aus.

Der König geht zu den Gefangenen. Sie sind verunsichert und starren ihn ängstlich an in größter Sorge um ihr Leben. Mortimer unterbreitet ihnen das Angebot. Sollte einer sein Angebot nicht annehmen, muss er sein Königreich verlassen.

Die Gefangenen fallen sich vor Freude in die Arme und dann auf die Knie, um dem König zu danken. Alle sind bereit für die Arbeit. Der König erwähnt noch, dass sie in den nächsten Tagen abgeholt werden.

In der Zwischenzeit geht die Königin mit einer Wache zu den gefangenen Druidinnen. Sie wird von ihnen wieder heftig beschimpft. Sie wurden ja zum Tode verurteilt. Anne wartet, bis sich alle beruhigt haben. Dann sagt sie ihnen:

„Ihr seid frei. Ihr müsst eurer Verantwortung weiterhin gerecht werden und für das Volk und den Stamm da sein. Ihr müsst eine neue Anführerin wählen. Eure Heilige Eiche ist während des Gewitters leider umgebrochen und verbrannt.

Es gibt aber im Königreich noch einige andere uralte Bäume. Ihr werdet einen neuen heiligen Baum finden.

Ich möchte mit euch im Frieden leben und werde immer Zeit haben, wenn ihr mich braucht. Ich bin ja auch eure Königin. Ihr seid noch jung und ihr sollt Leben. Lasst sie frei!"

Die adligen Druidinnen Esther und Ruth sind zu allererst etwas verunsichert und ungläubig verharren sie.

Sie denken an ein falsches Spiel und wollen wieder zetern. Nach und nach erkennen sie ihre neue Situation. Die Wut hatte ihnen Kraft gegeben, jetzt sind sie nur noch junge verängstigte Mädchen und Frauen.

Auch sie umarmen sich. Die Gefängnistüre öffnet sich und sie verlassen wortlos die Zelle. Es wird noch lange dauern, bis die Wunden der letzten Zeit vernarbt sind, aber es gibt Hoffnung.

Die Königin sucht und findet Patric beim Pater Franziskus.

„Alles ist gut!", sagt sie.

Beide Seiten bedanken sich gegenseitig und sind froh über die gefundene Lösung.

Patric verabschiedet sich auch noch von Pater Franziskus. Er hat sich vorgenommen, den Pilgerweg nachhause zum Kloster zu Fuß zurückzulegen. Das Pferd führt er am Zügel mit. Bei jedem seiner Schritte dankt er Gott. Er hat sich vorgenommen, im Wald zu übernachten. Nach anderthalb Tagen erreicht er die Priory.

Niemand hört ihn kommen. Patric sucht seine Klause auf und er denkt an all die vergangenen Ereignisse zurück. Hat er hier nicht viel für seine Zeit

auf dem Festland als Missionsleiter dazugelernt. Morgen wird er sich für den Brief bedanken.
Bereits in der Nachtwache trifft er auf die Schwestern und er wird sich um acht aufmachen um zu sehen, was es alles Neues gibt.

An der Kreuzkirche

Auch für Alec und Edward ist die Nacht vorbei und Roland spannt beide für sein Projekt auf der Empore ein. Es kann doch nicht mit rechten Dingen zugehen, würde er nicht mit dem Bau rechtzeitig fertig. So arbeiten sie und nun verfolgen sie nur noch ein Ziel. Fürs Erste sollen drei Dutzend Orgelpfeifen spielfertig gemacht werden. So können sie das System erst einmal überprüfen. Danach werden sie Zug um Zug die Orgelpfeifen komplettieren. Auch Patric hat sich die Arbeit auf der Empore angesehen und er schaut hinab in das Hauptschiff der Kirche bis zum Chorraum. Lange hat er diesen Blick vermisst und nun kann er ihn in vollen Zügen genießen.
Anschließend geht er zu seinem Ausbilder aus der Zeit, als er noch Novize war. Lange hat er ihn nicht mehr gesehen und nicht sprechen können. Auch interessiert er sich dafür, wie weit die Recherchen über die Abtei gediehen sind. Es ist ihm ein besonderes Anliegen, hat er doch dieses selbst durch seine Nachforschung angestoßen.
Von Famian wird er mit den Worten empfangen:
„Du siehst deutlich besser aus, als das letzte Mal in der Abtei. Wie ist es dir in Corcaigh ergangen."
Patric erwidert:
„Ich müsste lügen, wenn ich sagen würde alles war schlecht. Die Gespräche dort haben mir sehr geholfen. Manchmal habe ich das Gefühl, das nicht ich der Seelsorger bin, sondern dass es eher umgekehrt ist."
Famian schaut ihn lächelnd an und sagt:
„Oh Patric, Patric!
Du bist noch jung! Du musst noch viel lernen! Aber ich bin mir sicher, wenn du auf eigenen Füssen stehst, wirst du es bestimmt schaffen."
Patric hört aufmerksam zu und sagt nachdenklich:
„Du wirst Recht haben!"
Famian antwortet:
„Sei nicht traurig darüber! Du hast auch so schon viel geschafft!"
Dann trennen sie sich und Patric geht weiter auf seiner Runde zum

Vierkanthof. Hier kann er sehen, was sich alles in der Zeit verändert hat. Eins ist aber geblieben, es wird sehr motiviert mit Freude gearbeitet. Auf seinem Weg in die Klausur kommt er durch den Kreuzgang an seiner geliebten Bank unter der Linde im Klausurhof vorbei. Kurz entschlossen lässt er sich auf der von der Sonne beschienenen Bank nieder. Er schließt die Augen und lässt seine Seele baumeln. Es tut gut im vertrauten Heim zu sein. Dann muss er daran denken, wie lange er es nur noch genießen kann.

Lange bleibt er nicht unentdeckt denn Bruder Stefanus nutzt die Gelegenheit, sich nach der Beschilderung des Weges zu erkundigen. Hier kann Patric ihm eine gute Arbeit bescheinigen und er bietet ihm an, mit ihm den markierten Weg nach Midsummer zu gehen.
Schwester Helen entdeckt aus dem Kreuzgang die beiden unter der Linde und sie lenkt ihren Weg zu ihnen. Sie lädt Bruder Patric ein, sich vom Fortschritt ihrer Arbeiten an den Übersetzungen ein Bild zu machen. Er verabschiedet sich von Bruder Stefanus. Mit der ihm vertrauten Helen geht er in den Kreuzgang und Patric fragt:
„Wie hat man," er zögert: „denn den Wunsch von der Königin Anne für den Konvent von Corcaigh aufgefasst?"
Helen antwortet:
„Die Zustimmung war am Anfang sehr verhalten, musste man doch befürchten, dass sich auch viele der Nonnen für die Pilgerreise zum Festland entscheiden. Für mich kam das nie in Frage und das habe ich der Priorin deutlich gemacht."
Schweigend hört er ihrer Darlegung zu.
„Das wird nicht so dramatisch werden. Ireen, die Schwester von der Königin, will vorerst nicht nach Corcaigh gehen. Was aber viel wichtiger ist, dass nicht so viele der Schwestern zum Festland wechseln werden. Das wird sicher von Mary gern gesehen."
Während sie so weiter in Richtung Gästehaus zu den anderen Schwestern gehen sagt Helen:
„Die Priorin Mary war schon total überrascht von der Forderung der Königin Anne. Mit Victoria hatte sie nicht gerechnet, aber das hatte sich aufgrund der Tätigkeit hier abgezeichnet und ergeben. Die Zeit, die Beide bei den Skizzen und auch hier auf dem Gelände der Priory zusammen verbracht haben, war schon prägend."
Patric ergänzt:
„Sicher war sie überrascht, weil Victoria noch jünger ist als sie selbst. Ein

weiterer Punkt ist natürlich das Vorschlagsrecht der Priorin."

Helen stimmt dem zu und schon erreichen sie den Arbeitsraum der Schwestern. Hier zeigt Helen die weitestgehend fertigen Seiten des Buches, merkt aber an, dass der vierte Teil noch fehlt.

Dann führt Helen ihn zu den Bildern, an denen Victoria arbeitet und er staunt, was für Kunstwerke hier geschaffen wurden. Patric wendet sich an Schwester Victoria:

„Das sind ja wunderschöne Bilder, die du von der Königin Anne gemalt hast. Da kann man deutlich erkennen, was für eine professionelle Arbeit du hier leistest. Du bist eine Künstlerin."

Stolz, selbstbewusst und entspannt sagt sie:

„Es hat Spaß gemacht. Ich bin selbst überrascht, dass es so gut geklappt hat. Es hat mir auch gezeigt, dass man sich auch mal an etwas Neues wagen kann."

Dann sagt er ihr leise und ohne, dass die andern es mitbekommen:

„Lass uns mal wieder unsere Bank aufsuchen."

Er schaute sie erwartungsvoll an und ergänzt.

„Ich muss dir etwas sehr wichtiges sagen."

Sie nickt zustimmend und fährt im Gespräch fort:

„Das meiste hat mir aber Anne aufgezeigt. Ihr bin ich sehr zu Dank verpflichtet."

Leider kommen sie hier im Gespräch nicht weiter, denn sie werden durch den Aufruf zur Gebetsstunde unterbrochen.

Nach der Gebetsstunde geht es ins Refektorium und hier ermahnt der Abtbischof die Gemeinschaft, sich vor den anstehenden Feiertagen voll in die anstehenden Aufgaben zu stürzen. In dieser Gebetszeit bleibt er ungewöhnlich lange sitzen. Bevor er die Gebetszeit beendet mahnt er die Brüder und Schwestern ein weiteres mal.

02   Die Rückkehr von Percy MacCarthy

Für Percy lief es gut auf seiner ersten eigenständigen Fahrt auf der See. Konnte er doch seine Erfahrungen voll einbringen und zeigen, dass er zurecht die Truppen des Grafen führte. Hier in der Handelsstation von Zirn sind viele erfahrene Seeleute und der Kapitän kann seine Mannschaft wieder etwas auffüllen. Auch gibt es auf den Schiffen oftmals einen Wechsel in der Mannschaft. So kann man sich im Rang hocharbeiten und das motiviert die gesamte Mannschaft.

Der Verkauf des gekaperten Schiffs hat ihnen unerwartet viel Geld in die Kassen gespült. Das Angebot der Kapitäne, dieses für den Kauf von Hölzern und Holztäfelchen zur Verfügung zu stellen, wird von dem einen oder anderen aus den Mannschaften angenommen. So können sie das gerade verdiente Geld nochmals mehren.

Leider ist der Kapitän Winterbottom nicht im Hafen von Zirn und sie werden noch mindestens einen weiteren Tag hier verweilen. Auch hier am Handelsposten sind zahlreiche unterschiedliche Volksgruppen vertreten. So können sie die verschiedenen Kulturen studieren und neue Erkenntnisse mit zur Insel nehmen. Was allen auffällt ist der bereits spürbare Einfluss des fränkischen Nachbarn. Sie erkennen, wie sich die Bevölkerung an diesem orientiert, um Frieden zu halten und um Handel treiben zu können. Auch erkennt man den regen Handel zur Insel Britannien. Jedoch ist der christliche Glaube in dieser Region deutlich in der Minderheit.

Am Nachmittag erreicht sie die Nachricht von Pippin und sie werden aufgefordert, zurück zum Rhenus Delta zu fahren. Darüber hinaus entnehmen sie aus der Botschaft, dass ein Abgesandter des Frankenkönigs sie dort erwarten würde. Von der plötzlichen Kunde etwas aufgescheucht hinterlassen sie für Kapitän Winterbottom die Nachricht, er möge ihnen ins Delta folgen.

Nachdem die Schiffe für die Ausfahrt klar gemacht wurden, setzen sie die Segel, um auf kürzestem Weg und schnellstmöglich zurück zu fahren. Gewarnt von der letzten Fahrt beschließen sie vorsichtig zu sein, sobald sich ein Schiff nähert. Noch einmal wollen sie sich nicht überraschen lassen.

Am Nachmittag ist die Priorin in Midsummer und ihr Weg führt als erstes zur Baustelle der Marienkirche. Auch hier war die Kirche alt und zu klein und es soll nun eine neue Kirche entstehen. Sie kann erkennen, dass es nun schnell voran geht, denn die ersten Steine für die Außenmauern der Kirche wurden gesetzt. Peter wird ihr gleich nach dem Refektorium von der Arbeit berichten.

Yvonne ist eine der ersten Schwestern dir ihr über den Weg laufen. Diese hilft ihr, sich für die anstehende Gebetsstunde zurecht zu machen. Es ist nun die Zeit, da einige Schwestern zum neuen Konvent nach Corcaigh wechseln.

Dies ist der Anlass, dass die Oberin die „feierliche Profess" anberaumt, also öffentlich das Ordensgelübde abnimmt. Es ist das Versprechen, unter einem Oberen nach der Ordensregel zu leben.

Zum Fest der Auferstehung wird sie dies einigen jungen Novizinnen gewähren.

Sie werden zwar noch nicht alles gelernt haben, aber sie haben dann die Möglichkeit, in den Konvent zu wechseln. Auch wird jemand mit Erfahrung nach Corcaigh gehen müssen, um die junge Victoria dort zu unterstützen. Beim Abendmahl ruft sie die Schwestern auf, sich an dem Konvent zu beteiligen. Es werden zehn Schwestern gesucht, die sich dafür melden können. Als Voraussetzung sind Kenntnisse in der Krankenbehandlung oder auch aus dem Lehrbetrieb des Klosters. Damit soll ein Grundstein für die Tätigkeiten der Nonnen in Corcaigh gelegt werden.

Für den Sonntag vor Ostern bietet die Oberin den Schwestern eine Pilgerreise zur Priory an. Sie möchte vielen die Möglichkeit geben, etwas über die Katakombe mit der Gruft und den Ursprung der Klöster zu erfahren. Auch bietet sich so die Gelegenheit, die Tätigkeit der Schwestern um Helen kennen zu lernen. Es ist ein Aufruf auch für jüngere Novizinnen, sich für die eine oder andere Kunstrichtung zu interessieren. Es ist also ein kleines Lernprogramm, dass sie hier auflegt und sie möchte auch die Kräfte ersetzen, die sich für den Konvent oder das Festland gemeldet haben. In ihrer Ansprache betont sie, dass keiner einen Nachteil erleiden wird.

Am gleichen Abend steht die Sonne recht tief und Patric genießt die Zeit der Entspannung. Er wartet auf seine Gesprächspartnerin Victoria. Sie hat ihn aus dem Kreuzgang bereits entdeckt, ist aber unschlüssig hinzugehen. Schwester Claudia, die sie zögern sieht, spricht sie an:
„Geh zu ihm, er wird sicher erleichtert sein, dass ihr wieder frei

miteinander sprechen könnt. Schließlich ist er der ursprüngliche Schlüssel für die Entwicklung."

So angeschoben macht sie sich auf und schaut sich kurz um zur Freundin Claudia. Diese deutet wieder an, nicht zu zögern. Im Klausurgarten angekommen ist Claudia bereits aus dem Kreuzgang verschwunden. Nun ist sie allein mit Patric und sie fragt ihn wie einst:

„Ist hier noch ein Platz frei?"

Er antwortet ihr:

„Natürlich! Ich freue mich, dich hier zu sehen!"

Dann fährt er nach einer kurzen Pause fort:

„Über deinen Brief habe ich mich sehr gefreut und bin froh, dass du mir verzeihen kannst. Es war mein Fehler und ich hatte nie die Absicht, dich derart zu beleidigen. Es tut mir leid!

Ich war so in Gedanken. Natürlich habe ich an nichts gedacht. Als ich dich für einen Moment nackt im Zimmer sah, war ich selbst überrascht von der Situation!

Zum Glück hast du mich nicht gesehen, dachte ich. Dass ich dann auch noch aus dem Gedächtnis eine Skizze angefertigt habe, war unhöflich von mir. Ich war schockiert, als ich sah, dass unser Schnitzer eine so wunderschöne und von allen bestaunte Maria Magdalene entstehen ließ. Natürlich habe ich gleich befürchtet, dass du dich erkennst. Aber schön ist die Statue doch geworden, oder?"

Sie antwortet:

„Ich habe viel dazu gelernt und nicht zuletzt ist Königin Anne daran maßgeblich beteiligt. Sie hat mir durch die Aufforderung, sie recht freizügig zu malen, über das Missgeschick mit der Statue hinweggeholfen. Ich bin auch nicht mehr verärgert, eher bin ich nun mit mir im Einklang und stehe zu dem, wie ich aussehe und bin. Viele haben die Statue bewundert und von ihr geschwärmt. Nun kann ich es auch."

Sie hält kurz inne und er nutzt die Gelegenheit:

„Ich bin erleichtert, dass wir nun wieder auf einem guten Weg sind, dass es wieder so harmonisch wird wie es war."

„Ja, das wäre gut!"

Er fragt dann:

„Wie ist es denn mit dem Konvent in Corcaigh? Geht von den Schwestern hier jemand mit?"

„Ja, Claudia und Maureen sehen Möglichkeiten, sich dort einzubringen und mir zu helfen. Hilfe hat mir auch meine Freundin Anne und Priorin Mary zugesagt."

Dann sagt Patric:

„Solange ich auf der Insel bin, kann ich dich unterstützen. Pater Franziskus kann es kaum erwarten, dass ihr kommt. Er freut sich schon sehr darauf."

Damit haben sich beide ausgesprochen und für Patric bedeutet dies, dass er nun ohne Last zum Festland gehen kann.

Am frühen Morgen machen Percy mit Mannschaft sich auf zum Hettergau, wo sie den fränkischen Gesandten treffen sollen. Die Fahrt verläuft nun besser als noch vor Tagen, der neue Schiffsführer Percy hat mit der Unterweisung durch den langjährigen und erfahrenen Kapitän schnell dazu gelernt. Das Ziel ist das Haus des Grafen Ebroin und dessen Villa Millingen. Hier erfahren sie, dass der Gesandte noch unterwegs ist. Er sollte zwar schon gestern hier sein, ist aber aufgrund widriger Umstände noch nicht eingetroffen. So warten sie und es wird Abend und der Graf bietet seine Gastfreundschaft an.

Am Morgen trifft der Gesandte ein. Es ist ein Mönch mit den Wurzeln als friesischer Adliger. Er hat sich in den Dienst des Frankenreichs gestellt und ist über die Jahre ein Vertrauter von Pippin dem Mittleren geworden. Dies ermöglicht es ihm, die Verbreitung des christlichen Glaubens voran zu treiben. Mit seiner Größe von mehr als sechs Fuß ist er ein großer charismatischer Mann im mittleren Alter. Nachdem er in das Haus des Grafen eingetreten ist, stellt er sich vor:

„Ich bin Evermarus aus Magna Frisia und arbeite für Pippin seit einigen Jahren. In Traiectum, dem südlichen Ufer des „Kromme Rijn" in Magna Frisia, lebte ich fast zwanzig Jahre, bevor ich den christlichen Glauben angenommen habe. Danach musste ich das Land verlassen, weil ich verfolgt wurde."

Dann stellt Percy sich und den Kapitän vor und sagt:

„Wir sind im Dienst des Königreichs Munster und der Abtei Priory von der Insel unterwegs."

Evermarus erzählt ihnen:

„Aus dem Gau Iuliacum bin ich nach hier gekommen, um euch Briefe mitzugeben. Einer ist an den Mönch Villibrod und weitere zwei sind für die Abtei, dem Abtbischof Eochaid oder an dessen Abgesandten zum Festland gerichtet. Es ist nun wiederholt vorgekommen, dass Christen in Frisia verfolgt und getötet wurden. Pippin möchte diesen Vorkommnissen nun Einhalt gebieten."

Dann fragt Percy MacCarthy:

„Was bedeutet das denn für uns?"

Der Mönch antwortet:

„Ihr sollt so schnell wie möglich zur irischen und britischen Insel fahren! Dort sollt ihr die anderen Missionsteilnehmer abholen und mit der Missionierung sofort beginnen. Sollte die Mission keinen belegbaren Erfolg haben, dann sieht Pippin sich gezwungen, andere Mittel anzuwenden."

Dann ergänzt der Graf:

„Andere Mittel bedeutet militärisches Eingreifen. Das ist in der Regel mit einem Gemetzel verbunden und es wird unzählige Tote auf der Seite der Angegriffenen geben. Meist ist auch dieses Gebiet Hattuarien davon betroffen. Wenn ich hier irgendwo unterwegs wäre, dann würde ich immer die Waffen griffbereit halten."

Dann sagt Percy:

„Wir warten noch auf den Kapitän Winterbottom. Er ist noch mit unserem zweiten gekauften Schiff unterwegs und wir wollen mit voller Ladung zurück zur Insel segeln. Wer hat denn bisher den christlichen Glauben an der Küste verbreitet."

Der Mönch antwortet:

„Bisher ist das immer wieder durch angelsächsische Mönche aus Wessex erfolgt. Verursacht durch die Kriege auf der Insel ist nicht mehr viel passiert. Nun ist die neue Mission die große Hoffnung."

Dann fragt Percy:

„Soll ich denn eine Nachricht von euch mit zur Priory nehmen. Oder braucht ihr etwas von der Insel? Wir sind auf jeden Fall noch bis morgen Mittag hier, bevor wir lossegeln."

Dann müssen die Seeleute wieder zum Schiff, um dort alles für den morgigen Tag vorzubereiten.

In Midsummer ist das Interesse groß und dreizehn Schwestern möchten den Konvent gründen.

In einem Gespräch hat Peter der Priorin mitgeteilt, dass er mehr Leute für den Neubau benötigt, damit es nun bei gutem Wetter schneller voran geht. Auch werden die Lieferungen aus dem Steinbruch gesteigert. Sicher kann er einige Laien-Brüder aus der Priory bekommen und er hat mit der letzten Lieferung eine Anfrage mitgegeben. Auch werden die Brüder Roland und Martin nach besten Möglichkeiten helfen.

In der Priory hat es die ersten Tests mit den Orgelpfeifen gegeben. Nun wissen sie auch woran es lag, dass es beim ersten Zusammenbau nicht geklappt hat. Schon hat die Orgel erste Töne von sich gegeben und Roland ist zuversichtlich, dass es am Sonntag zum ersten Mal Musik in der Messe geben wird.

Für die Mission haben sich die fünf adligen Mönche sowie Alec und Edward frühzeitig gemeldet. Dann sind später Cedric, Alan, Charles, Harris und Dane noch hinzugekommen.

Bis auf Martin und Roland machen sich alle mit den Handwerkern vom Festland auf nach Midsummer. Sie möchten Peter noch zwei Wochen lang helfen, damit es schneller voran geht. Wenn die Feldarbeit erledigt ist, werden sie von den Laien-Brüdern abgelöst. Der Abtbischof hatte Priorin Mary auch volle Unterstützung zugesagt und das löst er mit den Arbeitskräften und dem Material nun ein.

Ein Thema, das bisher zurückgestellt worden ist, hat das Interesse von Patric geweckt. So sucht er in den Büchern der Abtei, wer denn in dem noch nicht geöffneten Sepulcrum bei den Gebetsräumen beigesetzt wurde. Bisher hat sich um diese Thematik noch keiner kümmern können. Wer sollte auch diese voranbringen, wenn nicht er selber. Patric hat etwas mehr Möglichkeiten, seine Zeit selbst einzuteilen. Alle anderen sind mit den ihnen zugewiesenen klösterlichen Aufgaben und Aufträgen voll beschäftigt.

Aber in dieser Woche würde noch natürlich nichts daraus werden. Denn die Mönche, die in Frage kommen könnten um ihn zu unterstützen, sind mit dem Orgelbau beschäftigt.

Am nächsten Tag in der Mittagszeit hält ein Segler auf die Abzweigung von Rhenus und Meuse zu. Es ist das Schiff, auf das sie lange gewartet haben.

Nachdem es angelandet hat und entladen ist, wurden die neuen Besitzverhältnisse geklärt, dann die Vorräte neu aufgefüllt. Ein Gespräch unter den Kapitänen hat ergeben, dass sie morgen in der Früh zur Insel segeln werden.

Ware für die Insel werden sie noch in Bayeux in Neustrien aufnehmen. Diese ist für Fishguard, einem Ort in Wales bestimmt. Die Reise nach Neustrien wird der Kapitän Winterbottom alleine machen, aber er will vor Corcaigh wieder auf die anderen treffen. Noch am Abend bereiten sie alles vor, um in aller Früh los segeln zu können.

In Mainistir Midsummer haben sich die Schwestern aufgemacht, um auf dem gekennzeichneten Pilgerweg zur Priory zu gehen. Nach dem anstrengenden ersten Teil freuten sie sich schon sehr, in ihrer Pilgerherberge eingetroffen zu sein.

Am nächsten Morgen brechen sie für das letzte Stück vom Pilgergutshof auf. Wenn sie in dem Tempo durchgehen, könnten sie es bis zum frühen Nachmittag zur Abtei des Abts schaffen und dort zur Gebetstunde eintreffen.

In der Priory laufen die letzten Vorbereitungen für das sonntägliche Fest und die sich daran anschließende heilige Woche. Der Abtbischof hat für diesen Zeitraum besondere Lesungen vorgesehen und hier soll sich Patric einbringen.

Heute hat Bruder Patric die Schwestern eingeladen, mit zum Gestütshof zu gehen. Ein Ort, an dem er in den letzten drei Monaten nicht mehr gewesen ist.

Für die Schwestern ist das auch eine Ablenkung. Sie kommen durch ihre Tätigkeit doch selten nach draußen. So verlassen sie die Klostermauern, um etwa zwei Meilen weit durch die Natur zu gehen. Sie genießen diese Gelegenheit und unterwegs singen sie ein paar Lieder, passend zur Jahreszeit.

Neu hier auf dem Hof ist das eindrucksvolle Hoftor in der auf der Südseite bereits fertigen Gutshofmauer. Damit verbunden sind auch die festgefahrenen Wege zur Abtei. Täglich rollen hier mehrere Karren hin und her. Nicht nur von der Abtei, auch aus dem Steinbruch rollen die Transporte heran. Meist sind es die benötigten Steine für die Mauer oder die Erweiterung des Vierkanthofes.

Aber deshalb ist Patric nicht hier, er möchte den Schwestern die Pferdzucht zeigen. Die meisten Pferde befinden sich auf den Koppeln hinter dem Vierkanthof. So gehen sie über den Hof und hier läuft einiges an Federvieh frei herum.

Angekommen auf der Koppel nähern sich die Stuten mit ihren Fohlen den Besuchern. Wo noch vor sechs Monaten ein freies ungenutztes Gelände war, ist heute eine lebendige kleine Pferdeherde anzutreffen. Begeistert von dem jungen Leben können sie sich gar nicht satt sehen. Auch Patric ist begeistert, was sich hier entwickelt hat. Die Stille wird nur durch das Hämmern in der Schmiede unterbrochen.

Dann gehen sie weiter und kommen zum Bach, der den Teich hier auf dem Gelände speist. Auf dem Gewässer schwimmen zahlreiche wildlebende Wasservögel.

Hier sehen sie, wie eine Mühle für die Schmiede errichtet wird. Leider ist nun auch schon die Zeit um und sie müssen zurück zur Abtei. Der Rückweg geht schneller, da sie noch eine Tagespflicht erfüllen müssen.

Am Nachmittag erhalten sie die Nachricht, dass die Pilgergruppe aus Midsummer bald eintreffen wird und die Schwestern sollen sich um diese kümmern. So richten sie die Zimmer im zweiten Stock her und sind gespannt, wer denn alles aus dem Mainistir von Midsummer mitkommt.
Zur Sext verkündet der Abtbischof, dass die Pilgerherberge auf dem Gutshof freigegeben wurde und ab sofort für Pilger zur Verfügung steht. Die Gruppe aus Midsummer soll heute den offiziellen Anfang machen. Deshalb weist er auf die zusätzliche Andacht für den Pilgerempfang am frühen Nachmittag hin. Diese ersetzt die spätere Vesper, da der Abtbischof alle zum Pilgermahl eingeladen hat. Im Refektorium gibt er die Anweisung an Alec, er möge die Bestuhlung hier um zwanzig Plätze mit den Novizen erweitern.

Im Rhenus Delta sind nun drei Schiffe nach Westen unterwegs und fahren in Richtung des englischen Kanals. Das Wetter ist günstig. Sie haben Glück mit dem Wind, denn ein kalter Ostwind treibt sie mit zehn Knoten an. So werden sie es sicher in zwei Tagen bis auf die Höhe der Hauptstadt von Wessex schaffen. Winchester liegt nördlich von der „Isle oft Wight" im Süden der britischen Insel. So können sie aus ihren Seekarten entnehmen.

Roland zeigt sich recht zuversichtlich, denn von Edward ist der entscheidende Hinweis für den Orgelbau gekommen. Nun ist er sich sicher, dass es klappt. Dann wird er auch wieder für andere Dinge mehr Zeit haben.
Durch das Fehlen von Roland in der Bogenfertigung hat Alec sich dort mehr eingebracht und liefert so immer die aktuellen Nachrichten. Auch hier läuft es noch besser als vor Wochen, haben sich doch die Erfahrungen positiv in die Fertigung ausgewirkt.
Während man früher drei Bögen geschafft hat, kann man nun fünf in der gleichen Zeit fertigen. Mit diesem Fortschritt wird man in der Lage sein, die nächsten Lieferverpflichtungen voll zu erfüllen.
Ein Engpass bleibt aber, es ist das Metall für die Pfeilspitzen. Für einen Pfeil ist es zwar nur eine Fünftel Unze. Aber für Hunderttausende kommt schon einiges zusammen. Hier sieht er den Engpass und genau hier könnte das Bergwerk helfen.

Am frühen Nachmittag künden die Glocken der Priory die Pilger aus Midsummer an und schnell eilen die Mönche in die Kreuzkirche, um mit Gesang die ersten Pilger zu begrüßen.

Durch die Hauptpforte ziehen die Schwestern singend in die Kreuzkirche ein und durch das Hauptschiff gelangen sie vor den Chorbereich. An der Abtrennung kniet eine Schwester neben der anderen in einer langen Reihe nieder.

Mit den Worten begrüßt sie der Abtbischof:

„Liebe Schwestern,

ihr habt den Weg auf euch genommen, um von Midsummer zu uns zu kommen. Ihr seid die ersten Pilger auf den Midsummer- Corcaigh Pfad, die unsere Abtei mit der neuen Kreuzkirche besuchen.

Für die nächsten Tage seid ihr unsere Gäste.

Eure Gebetszeiten könnt ihr ungestört in unserer Reliquienkapelle entrichten. Die Schwestern um Helen kennen dies alles. Sie werden euch gerne unterweisen und erzählen, was es hier zu sehen gibt."

Nach der Empfangsandacht sitzen sie alle im Refektorium und hören den Monatsbrief vom Abtbischof, der sich auf die kommenden Feste bezieht. Auch weist Eochaid auf die Regeln des Ordens hin, nämlich Gehorsam, Schweigen und Demut. Er möchte auch auf die Grundwerte der Mönche hinweisen und seine Brüder auffordern, nach diesen Werten zu leben.

Nächste Woche werden wir bis zur Auferstehung fasten.

Auch Patric sitzt im Refektorium und Anna von Tessier spricht ihn an. Sie bittet um eine Unterredung im Kapitelsaal. Er sagt, dass er in einer halben Stunde für sie Zeit hat. Sie stimmt dem zu. So hat sie noch Zeit, sich auf ihrem Gästezimmer einzurichten.

Die halbe Stunde ist schnell um und Patric wartet bereits im Kapitelsaal.

Das Anklopfen erwidert er:

„Bitte eintreten!"

Anna tritt mit weiteren Schwestern in den Raum. Sie sagt:

„Ich möchte die Gelegenheit nutzen, uns vorzustellen. Ich bin eine ehemalige Adlige aus Eblana und das sind die Schwestern aus Midsummer, die wie ich mit zum Festland gehen. Die Schwestern Christine, Hillary, Eden sind schon einige Jahre im Kloster.

Neu ist die Novizin Britannia aus Corcaigh, sie ist eine Adlige und möchte auch unbedingt mit."

Patric schaut sich alle an und stellt fest, dass sie gesund und im besten Alter sind. Das heißt, sie können sich voll in ihre Aufgabe einbringen.

Dann antwortet er:

„Ich hoffe, ihr seid euch darüber im Klaren was auf euch zukommt. Wenn wir einmal unterwegs sind, dann gibt es kein zurück!"

Alle stimmen dem zu und Patric ergänzt:

„Morgen könnt ihr die anderen Teilnehmer kennenlernen. Ich werde die Brüder informieren und wir treffen uns im Klausurgarten nach dem Refektorium."

Spät am Abend kommen zwei Personen auf die Klosterpforte zu und bitten um Einlass. Da der Bruder an der Pforte dies nicht entscheiden kann, sagt er:

„Wartet bitte! Ich muss jemanden holen, der sagen kann ob ihr bleiben könnt."

Der Bruder schickt jemand zum Abtbischof mit der Meldung:

"Draußen stehen zwei Personen und bitten um Einlass. Was soll ich tun?"

Der Abtbischof schaut in die Runde und sagt:

„Patric und Alec, würdet ihr euch darum kümmern!"

Beide machen sich mit dem Bruder auf zur Pforte und Patric fragt:

„Wer seid ihr und was können wir für euch tun?"

Als die beiden Wartenden ihn erblicken sind sie erschrocken und sie sagen enttäuscht:

„Schon gut! Wir gehen schon!"

„Halt! Ihr braucht nicht gehen! Macht einmal eure Kapuzen herunter!"

Widerwillig machen sie die Kapuzen herunter und nun staunt Patric nicht schlecht. Es sind die beiden Druidinnen aus dem Kerker. Dann fährt er fort:

„Kommt herein."

Patric geht vor und die beiden folgen ihm. Als letzter kommt Alec hinterher. Sie gehen in einen der Räume und bitten die Gäste, Platz zu nehmen. Dann eröffnet eine der Frauen das Gespräch:

„Ach, es hat keinen Sinn hier zu bleiben. Gebt uns etwas zu essen und dann gehen wir wieder."

Dann antwortet Patric:

„Warum und wohin wollt ihr gehen?"

Er erhält aber keine Antwort und schaut in traurige enttäuschte Gesichter. Dann sagt er:

„Die Geschichte in Corcaigh mit euch Druiden war schlimm aber auch sehr traurig, wir sollten sie nicht vergessen. Wir haben darüber nachgedacht. Alles hat seine Ursache, aber man muss miteinander leben können.

Wie heißt ihr und wo wollt ihr nun hin?"
Dann sagt Ruth:
„Das ist Esther und ich bin Ruth. Jemand war in Corcaigh und wir wurden freigelassen. Nun können und wollen wir nicht mehr als Druidinnen tätig sein. Wir wollen nach Midsummer ins Mainistir der Nonnen. Dort sind schon einige Adlige aus Corcaigh!"
„Ich lasse euch erstmal etwas zum Essen kommen. Setzt euch und ruht euch aus."
Dann fährt er fort:
„Ihr braucht euch als Druidinnen für eure Würdigung der Natur nicht schämen oder entschuldigen.
Schwester Helen wird mit euch reden. Sie ist Subpriorin von der Priorei Midsummer. Die Priorin Mary kommt zum Festgottesdienst, dann können wir alles Weitere besprechen. Ich sage Schwester Helen, dass ihr hier seid. Sie wird gleich zu euch kommen."

Auf der weiten keltischen See

Bereits am Morgen des dritten Tages erreicht Percy mit seinen Begleitern die östliche keltische See auf der Höhe des Golfs in der Bucht von Saint Malo. Mit einer so schnellen Seereise hatte er nicht gerechnet.
Der Kapitän Schneyder bittet Percy beizudrehen. Er erzählt:
„Percy, wir liegen so gut in der Zeit, lass uns einen Abstecher zu den Inseln hier im Golf machen."
„Geht uns da nicht zu viel Zeit verloren?"
Der Kapitän entgegnet:
„Es sind sechs Stunden also ein Halber Tag! Zurzeit ist es günstig, denn mit den Gezeiten könnten wir noch einlaufen."
„Welche Insel liegt denn hier vor der Küste des Festlands?"
Der Kapitän:
„Direkt vor der Küste liegt der Mont Saint Michel mit einer Einsiedelei. Aus dem ist sicher ein Kloster entstanden. Früher hatte die Insel den Namen Mont-Tombe und mit den ersten Mönchen in der Mitte des 7. Jahrhundert änderte sich der Name. Aber die größeren und interessanteren Handelsinseln sind Sarmia und Andium Isle.
Die Namen hier sind oft römischen Ursprungs. Andium wird manchmal auch Ceasarea genannt, was so viel heißen soll wie die Insel Cesars".
Dann fragt Percy:

„Welche wolltest du denn ansteuern?"
„Ich würde den Handelshafen St. Peter Port auf Sarmia aufsuchen. Hier habe ich schon manchen guten Kauf getätigt. Der Gewinn war fast immer das Doppelte."
So beschließen sie, im Golf von Saint Malo auf der Insel Sarmia im Handelshafen St. Peter Port Halt zu machen für einen kurzen Zwischenstopp. Hier kaufen sie Metalle und andere rare Rohstoffe für die Insel auf. Der Aufenthalt hat sich gelohnt. Wie gedacht kann der Kapitän günstig Ware einkaufen und an Bord nehmen. Jetzt hat es der Kapitän aber eilig.
„Lass uns schnell losfahren, dann verlieren wir nicht viel Zeit. Ansonsten liegen wir hier sechs Stunden fest."
Percy erwidert:
„Du hast Recht, sonst verpassen wir auch noch den Kapitän Winterbottom auf See."
Damit brechen sie rechtzeitig auf und sind wieder Richtung keltischer See unterwegs. Nach zwei Stunden entdecken sie am Horizont hinter ihnen einen Segler. Der Kapitän setzt eine Flagge als Zeichen und signalisiert, die Fahrt zu drosseln. Nun erkennen sie einen Segler, der mit allem was er hat dahergeflogen kommt. Sicher hat er fünfzehn Knoten Fahrt aufgenommen. Beim Näherkommen meldet sich der Ausguck, dass es sich um David handelt.
Nun setzen sie wieder mehr Segel nachdem sie erkennen, dass Winterbottom sie auch erkannt hat, denn er holt von jedem Mast ein Segel ein, um auch seine Fahrt zu drosseln. Trotz der Maßnahme fährt er an die beiden vorbei, die ihrerseits noch mehr Segel setzen, um aufzuholen. So erhöhen sie ihre Fahrt auf angenehme zwölf Knoten und schnell hat Schneyder wieder die Spitze der Schiffe erreicht.
Aus den Signalen von Kapitän David erfahren sie, dass seine Warenaufnahme reibungslos und erfolgreich vonstattenging. Gegen Abend nehmen sie etwas Fahrt heraus, denn es wird nun windiger und auch die Windrichtung hat sich geändert.
Bereits am Morgen ist die südwestliche Spitze der britischen Insel in Sicht. Bottom signalisiert, dass sie die Bucht von Corcaigh nachts erreichen werden, wenn sie so weiterfahren. Das wäre ungünstig, denn die Einfahrt ist doch nicht so einfach zu befahren.

In der Priory haben es Roland und seine Unterstützung geschafft. Die Orgel funktioniert. Eine erste Probe zeigt, dass die ersten drei Oktaven spielbar sind. Eine der Schwester hat sich gemeldet, dass sie gerne beim

Stimmen helfen würde. Es ist Maureen vom Festland. Aus Augusta Treverorum kennt sie diese Tätigkeit und sie besitzt auch Kenntnisse im Spielen einer Orgel.
Ein Problem gibt es allerdings, es sind fast keine spielbaren Noten für das Instrument vorhanden. So bleibt ihr nichts anderes übrig, als sich auf ihr Gehör zu verlassen und zu improvisieren.

Im Gästehaus der Abtei

Nach einer Weile öffnet sich die Türe und Schwester Helen kommt in den Raum. Die beiden Druidinnen sehen sie interessiert aber doch etwas unsicher und verwundert wegen ihrer Tracht als Nonne an.
Nach der Begrüßung stellen sich Esther und Ruth vor.
Dann sagt Ruth:
„Jemand war in Corcaigh und wir wurden freigelassen. Nun können und wollen wir nicht mehr als Druidinnen tätig sein. Wir wollen nach Midsummer ins Mainistir, wo schon einige Adlige aus Corcaigh sind."
Sie erzählen von der schlimmen Konfrontation, dem Kampf mit den vielen Toten und dem Todesurteil. Als sie beginnen, von ihren Freundinnen und Kampfgefährtinnen Nancy, Betty und Angely zu sprechen, mussten sie weinen.
„Wir müssen uns auch für unser Verhalten im Kerker von Corcaigh entschuldigen.
Wir möchten getauft werden, wenn dies möglich ist von Pater Patric. Außerdem wollen wir mit ihm noch einmal persönlich sprechen."
Helen hat sich das alles angehört. Es ist wie eine Flucht aus dem alten Leben in ein neues.
„Ich möchte vorher aber noch einiges mit euch bereden!" sagt Helen und ergänzt:
„Die Taufe ist eine Feier, in der die Gemeinde die Aufnahme neuer Mitglieder feiert. In der Taufe widerspricht der Täufling dem Bösen. Grundlegendes Symbol der Taufe ist das Wasser, mit dem der Täufling übergossen wird. Es symbolisiert das neue Leben, das jetzt beginnen und wachsen soll.
Ihr tauscht das Druidenkreuz gegen das Kreuzsymbol der Christen. Sehr schön finde ich euer Keltenkreuz. Das Kreuz ist umfasst von einem Kranz. Man könnte auch meinen, eure Naturverbundenheit und euer Glaube an die Schöpfung der Natur ist umfasst vom Schöpfergott, unser

aller Gott, eine sehr schöne bildliche Darstellung.

Euere Wertschätzung unserer Natur, deren Teil wir ja sind und mit der wir nur im Einklang leben können, ist sehr lobenswert.

Euer Kampf zur Erhaltung und zum Schutz eures Glaubens und eurer Kultur mit großem Leid für alle hatte deshalb keine bösartige, sondern eine nachvollziehbare Ursache.

Ich werde eure Wünsche unserem Bruder Patric vortragen, ebenso kann nur unsere Oberin Mary eure Aufnahme in das Mainistir genehmigen. Ich denke, sie wird nichts dagegen haben, denn ich werde mit ihr über eure Situation sprechen.

Alles wird gut. Ich freue mich für euch. Stärkt euch erstmal, dann zeige ich euch euer Zimmer. Es ist bescheiden eingerichtet. Es liegt ganz in der Nähe der Räume der hier wohnenden Schwestern."

Erfreut über die Worte danken die Keltinnen.

„Ich habe nicht den Eindruck, dass sie eine Gefahr für Ireen, der Schwester von Königin Anne sind," denkt Helen.

„Jeder hat eine zweite Chance verdient."

In der Bibliotheca

Patric hat sich mit den alten Büchern beschäftigt und er hat wieder neue Informationen zum Sepulcrum gefunden. Hier kann er entnehmen, wie es zu der Gruft gekommen ist.

Fast fünfzig Jahre lang wurde immer wieder der Friedhof zerstört und geschändet. Danach begann man, die bestehende Gruft für die ersten drei Christen zu erweitern. So entstand unterirdisch nach und nach eine Katakombe, eine weitere Gruft und die Gebetsräume. Damit hatte man einen Platz geschaffen, um die Toten vom Friedhof hier gesammelt bestatten zu können.

Mit dem Ausbleiben der Überfälle aus dem Norden baute man innerhalb einer ersten Klostermauer Steinhäuser nach römischem Vorbild und weitere Bauten folgten. Mit der Zeit entwickelte sich ein klösterlicher Aufbau, wie er in den traditionellen Klöstern auf dem Festland in Neustrien üblich war. Dann sagt Patric zu Famian:

„In der noch verschlossenen Gruft liegen die Überreste der Toten von mindestens einhundert Jahren. Hier steht auch, dass man den Toten Gaben mit ins Grab gegeben hat."

Leise liest er weiter und er denkt:

„Die Texte müsste man auch einmal chronologisch sortieren, wie es bei den anderen bereits gemacht wurde und dann noch datieren. Das Ganze würde einen Sinn geben und die Sucherei hört auf.
Das würde der Geschichte auch einen anderen Stellenwert geben."
Er muss aber selber feststellen, dass der Autor die Texte über die Seiten fortlaufend geschrieben hat. Das wiederum bedeutet, dass die Texte erst abgeschrieben, sortiert und auch neu geschrieben werden müssten.
Er fragt sich:
„Will man das? Hat man die Zeit dazu? Es fehlt ja jetzt schon immer an Pergament für die Schriften!"
Dann spricht er zu Famian:
„Wir hatten doch einmal überlegt, die Texte nach ihrem vermutlichen Datum zu sortieren. Ich habe mal überschlagen, es sind sicher über tausend Buchseiten."
Famian antwortet:
„Das wäre eine Arbeit für Sklaven!"
Dann muss Patric schmunzeln und sagt:
„Eine Strafarbeit für nicht gehorsame Novizen!"
Dann muss er seine Arbeit unterbrechen und er geht mit Famian zur Gebetsstunde. Hier stellt er fest, dass auch die beiden keltischen Frauen zwischen den Schwestern Platz genommen haben.
Stumm verfolgen sie die Gebete und man kann erkennen, dass sie sichtlich bemüht sind, aufmerksam alles zu verfolgen. Sie zeigen, dass sie sich in diese Gemeinschaft einordnen und unterordnen wollen. Sind sie doch bei den Kelten in der oberen Hierarchie angesiedelt gewesen, hier müssen sie wieder von ganz unten anfangen und demütig sein, sich einfügen, wenn sie in diese Gemeinschaft eintreten und zu ihr gehören wollen.

Auf See gegen Abend flaut der Wind ab und es geht langsamer als gedacht voran. Bei den Mannschaften herrscht eine gute Stimmung, haben sie es doch dank der Kapitäne recht gut im Gegensatz zu anderen Schiffen, die man oft Seelenverkäufer nennt. So beschimpft man die Schiffe, die schon sehr alt und nicht mehr besonders seetüchtig sind.
Hier auf See muss immer einer Nachtwache halten und auch der Ausguck auf allen drei Schiffen ist besetzt. Es gibt halt auf See Handeltreibende aber auch Seeräuberei. Percy hat dem Kapitän gezeigt wie wichtig es ist, sich bereits aus der Ferne verteidigen zu können. Die Geschehnisse der letzten Tage hat auch Winterbottom erfahren und er wird sich natürlich in Zukunft unter der Flagge von Munster entsprechend schützen. Noch

immer ist nicht klar, was Kapitän Schneyder nach der Fahrt machen wird. Das Angebot von Percy MacCarthy steht.

Er kann sich hier in die kleine Flotte einbringen.

Die See bleibt die Nacht über ruhig und im Mondschein kommen die Schiffe ihrem Ziel mit vier Knoten die Stunde näher. Gegen Morgen frischt es auf und ein Ruck durch die Segel weckt die Mannschaften. Nun heißt es auch wieder, mehr Segel setzen und Fahrt aufnehmen.

In der Priory ist Sonnabend und Maureen hat sich bereits auf der Empore eingefunden. Zwei Schwestern bemühen sich, den Blasebalg der Orgel zu betätigen und das System mit Luft zu betanken. Das ist Schwerarbeit.

Später werden es die Novizen machen, während des Einübens wollen aber die Schwestern unter sich sein. Dann legt Maureen los und sie spielt ein Marienlied aus ihrer Heimat in der Nähe von Augusta Treverorum. Sichtlich bemüht, die richtigen Töne zu treffen, übt sie fleißig.

Drei Lieder hat sie sich vorgenommen, zu spielen. Unter diesen Liedern ist auch das alte „Te Deum", ein Lobgesang zur Ehre Gottes. Für heute Nachmittag möchte sie mit dem Chor eine Probe abhalten und sie ist erstaunt, wie gut sie schon zurechtkommt.

Der Abtbischof hat sich vorgenommen, in der neuen Kreuzkirche eine Oktav zum Fest abzuhalten. Es startet mit dem freudigen Einzug in Jerusalem und endet am nächsten Sonntag mit der Auferstehung.

Da kommt es gerade recht, dass die Orgel nun ertönen kann und gespannt ist er auf den Zuspruch aus der Bevölkerung. Es wird eine Sensation im Königreich auf der Insel sein. Noch nicht einmal die St. Patrick Kathedrale in Eblana hat eine Orgel.

Kann auch nicht, fällt ihm ein, denn dieses Instrument wurde erst vor kurzem im Frankenland bekannt, obwohl es unterschiedliche einfache Ausführungen schon seit der Antike gab. Eigentlich ist er also Pippin zu Dank verpflichtet.

Trotzdem verdankt er letztendlich diesen Geniestreich seinem neuen Mönch Roland, dem Schnitzer. Er denkt auch weiter und er muss irgendwann einen neuen Stellvertreter, einen Prior, küren. Für morgen erwartet er auch die Priorin aus Midsummer und er ist gewillt, ihr seine volle Dankbarkeit zu zeigen.

Auch erwartet er die Königin aus Corcaigh als Überraschungsgast. Hoffentlich klappt alles so wie er sich das vorstellt. Er hat extra die Messe auf den frühen Nachmittag verlegen lassen.

Selbst seine sonst so Vertrauten wissen nicht Bescheid, was auf sie zukommt.

Wegen der Flaute während der Nacht hat man einiges im Zeitplan aufzuholen, sonst verliert man einen halben Tag. Plötzlich kommt wieder Wind
auf und mit dreizehn bis vierzehn Knoten geht es nun schnell durch die
keltische See. Es ist nicht ungefährlich, denn die Segel oder der Mast
könnten beschädigt werden. Ungeachtet dessen riskieren sie es, fast
könnte man meinen, hier findet ein Wettrennen statt.
Die nahezu gleichwertigen Schiffe halten konstant den Abstand auf eine
halbe Seemeile ein. Nur hin und wieder tauschen sie Nachrichten per Zeichen aus. Nur zweimal haben sie hier Schiffe am Horizont gesehen, die
ihnen entgegenkamen, vermutlich aus dem einen oder anderen Handelshafen an der Ostküste der Insel. Es bleibt eine gleichmäßige und ruhige
Fahrt ohne starken Wellengang und die etwa zweihundertzwanzig Seemeilen werden sie schnell hinter sich bringen.
Percy hat berechnet, wenn sie so weiter segeln, werden sie es in achtund-
zwanzig Stunden geschafft haben. Nachts wollen sie nicht in den Hafen-
einlaufen und so werden sie die Ankunftszeit gut auf ihre Fahrt anpassen
müssen. Trotz all dem kann er es kaum erwarten, wieder zu Hause zu sein.

Nachdem in der Priory Patric Abtbischof Georg über seine neuen Er-
kenntnisse aus den Unterlagen in den Archiven informiert hat, schlägt er
ihm vor:
„Lass uns nächste Woche die noch verschlossene Gruft in den Katakom-
ben öffnen. Ich bin mir sicher, dass wir hier noch einiges Altes für unsere
Pilger und damit für die Kreuzkirche finden werden."
Eochaid antwortet:
„Das ist mir gar nicht recht in der Heiligen Woche."
Patric entgegnet:
„Wir können es an den ‚Stillen Tagen' der Woche machen! Sollten wir
nicht fertig werden, dann stellen wir die Arbeit solange ein, wie die Glo-
cken schweigen. Damit sollten wir der Trauerzeit genüge getan haben."
Letztlich stimmt Eochaid zu. Haben sie nicht schon lange darauf gewar-
tet, das letzte Geheimnis der Gruft zu lüften und diese zu öffnen. So kom-
men sie zu einem Ergebnis und Patric wird Roland informieren.

Am Nachmittag dreht der Wind und sie müssen beginnen zu kreuzen. Die
Brise weht ihnen aus der Keltischen See aus einer ungünstigen Richtung

entgegen. Aus der Erfahrung von Kapitän Schneyder wird es besser, sobald sie über die verlängerte Südwestspitze von Wales hinauskommen. So müssen sie etwa fünfzig Meilen kreuzen, bis sie anderen Wind aufgrund der Insel auf See bekommen. Sie können halt nicht den direkten Weg nehmen und so steuert man mehr in Richtung des Oceans und nicht direkt auf die Insel zu.

Kurz bevor die Sonne am Horizont verschwindet, sind sie wieder auf dem direkten Weg und so werden sie mit fünf bis sechs Knoten durch die Nacht fahren.

Für die Abtei schließt die Komplet die Woche ab und mit der Nachtwache startet man in die „Heilige Woche". Es wird mit einem großen Andrang am frühen Morgen zur ersten Messe gerechnet. Hat man doch heute die Möglichkeit, sich für die Taufe anzumelden, die am Tag der Auferstehung durchgeführt wird.

Auch die beiden keltischen Frauen haben diesen Wunsch geäußert. Sie haben ihre Bitte der Schwester Helen vorgetragen. Dabei gab es noch einen Zusatzwunsch. Als Zeichen ihrer ehrlichen Absicht wünschen sie unbedingt das Patric die Taufe durchführt. So möchten sie sich für ihr abweisendes Verhalten im Kerker von Corcaigh entschuldigen.

Ein weiterer Wunsch ist ein Gespräch mit Patric. Ob Helen diese Wünsche erfüllen kann, wird sich zeigen. Versprechen kann sie den beiden nichts. Eines konnte Helen feststellen. Die beiden sind intelligent und begabt und mit Anfang zwanzig können sie sicher noch lesen und schreiben lernen. Das ist aber nicht verwunderlich, denn Druidinnen gehören zur Oberschicht und werden von Kindesbeinen an ausgebildet und in die Geheimnisse ihres Glaubens eingeführt. Die komplette Ausbildung dauert viele Jahre.

Noch vor dem Morgengebet spricht Helen mit Bruder Patric.
„Patric, können wir mal kurz in den Klausurgarten gehen?"
Er antwortet ihr:
„Helen, was gibt es denn, was wir nicht hier besprechen können?"
Sie antwortet ihm:
„Es ist etwas heikel und ich möchte dies nur unter vier Augen ansprechen. Ich weiß nämlich nicht, wie das Ergebnis oder deine Antwort ausfällt."
Er stimmt zu und so sind sie zur Bank im Garten unterwegs. Dort angekommen setzen sie sich und Helen kommt gleich und ohne Umschweife auf den Punkt:

„Was würdest du tun, wenn jemand Christ werden möchte der vor kurzem nichts mit dem christlichen Glauben zu tun hatte. Plötzlich stellt sich ein Wandel ein und er verfolgt nun keine Christen mehr? Dürftest du diese Person taufen?"

Patric überlegt und es dauert etwas:

„Du meinst eine Person wie Paulus.

Paulus hat im Korintherbrief geschrieben: Christus hat mich ausgesandt, um die Heilsbotschaften zu verkünden. Von Taufe hat er nichts geschrieben. Ist Paulus überhaupt getauft worden oder war das für ihn als Jude nicht nötig?

Ist der Glaube Voraussetzung für die Taufe? Da auch Kinder getauft werden, kann dies keine Notwendigkeit sein, oder übernehmen hier die Eltern diese Glaubensverantwortung?

Paulus will dagegen zeigen, dass es trotz der geschenkten Gnade auf das neue Leben ankommt, die Eingliederung in die Gemeinschaft der Christen, also in den Leib Christi als Initiationsritus. Bedeutet Taufe automatisch Sündenvergebung in Verbindung mit dem Handauflegen zur Vermittlung des Heiligen Geistes?

Paulus hat Christen verfolgt und sich dann zum Christentum bekannt. Anschließend hat er sich für den Glauben aufgeopfert."

„Ja so steht es in der Schrift," denkt er.

Helen strahlt und sagt:

„Genauso meinte ich das!"

Patric antwortet:

„Dann wächst die Christengemeinde!"

„Richtig! Dann müsste dieser auch getauft werden oder?"

Patric antwortet sehr forsch:

„Natürlich unbedingt!"

„Die Taufe darf keinem verweigert werden! Das wäre eine Sünde gegen die Heiligen Sakramente!"

Nun antwortet Helen nachdenklich:

„Dann haben wir ein Problem! Oder besser gesagt du hast eines!"

„Wieso sollte ich ein Problem haben?"

Dann beginnt Helen bedächtig, die Lage zu erklären:

„Am Sonntag ist doch der Tag der Auferstehung und an diesem Tag werden üblicherweise auch neue Christen aufgenommen."

„Hier finden ja auch Taufen statt. Soweit ist alles klar."

„Ja, und jetzt?"

Helen fährt fort:

„Nun hat jemand gefragt, ob er von dir getauft werden kann?"

Patric antwortet:

„Von mir und nicht vom Abtbischof? Ich sehe kein Problem, wenn der Abtbischof dem zustimmt. Ich kann ihn nicht übergehen."

Helen erwidert:

„Ich denke, er hat kein Problem damit. Es handelt sich übrigens um Ruth und Esther!"

Sie wartet ein wenig:

„Es sind die beiden Druidinnen! Sie haben gehört, dass man sich am Sonntag taufen lassen kann. Sie würden gerne von dir getauft werden. Ich habe ihnen gesagt, dass ich die Bitte vortragen werde."

Patric antwortet:

„Das fängt ja schon gut an. Heute Morgen!"

Kaum hat er es ausgesprochen, kommt der Abtbischof vorbei und fragt:

„Ich habe euch hier ganz aufgeregt sitzen sehen. Gibt es eine Sache, bei der ich euch helfen kann oder ist alles in Ordnung?"

Helen weiß, dass Bruder Patric manchmal etwas Zeit braucht und deshalb übernimmt sie das Wort:

„Eigentlich ist alles gut. Es gib zwei Täuflinge, die sich gerne von Patric taufen lassen würden!"

Eochaid ganz locker:

„Danach wollte ich schon fragen, denn der Andrang am Sonntag soll groß sein und ich brauche beim Taufen Unterstützung! Um wen handelt es sich denn? Ich sehe da aber kein Hindernis!"

Helen ergänzt:

„Es handelt sich um Ruth und Esther, die beiden Druidinnen!"

Der Abtbischof:

„Das ist doch sehr gut. Dann kannst du gleich deine Missionstätigkeit aufnehmen. Auf dem Festland, so hoffe ich, kommt das dann öfter vor!"

Dann wendet Helen sich an Patric:

„Als ich ihnen von der Taufe erzählt habe, sind sie auf das Thema Sünden zu sprechen gekommen. Nun bitten sie um Vergebung ihrer Verfehlungen. Das wird sicher das persönliche Gespräch, welches die beiden von dir erbitten."

Patric denkt, die wollen das ganze Paket. Er schaut Georg an und dieser nickt zustimmend. Patric sagt:

„Dann wollte der Herr das so! Ich mache es!"

Dann sagt Helen:

„Sie werden sehr erleichtert sein. Ich denke, sie werden sich sehr freuen, denn sie wollen unbedingt ins Mainistir eintreten. Ich habe ihnen bereits einen kleinen Einblick gegeben."

Dann lassen sie Patric sitzen und gehen an ihre sonntäglichen Aufgaben. Etwas überrascht vom Gespräch nimmt Patric es hin, wie es nun gekommen ist und kommen wird. Er denkt noch daran, wie er die Nacht nach Corcaigh geritten ist und um ihr Leben gekämpft hat.

Im Gästehaus teilt Helen den beiden mit, dass ihnen ihre Bitten gewährt wurden. Erfreut und dankbar zeigen sie sich gegenüber Helen und bitten sie um Unterweisung, wie eine Taufe abläuft. Aus dem Wunsch erkennt Helen, dass sie es ernst und ehrlich meinen.

Helen denkt auch schon darüber nach, ob sie nicht jetzt schon ohne Taufe Novizinnen werden können. Dafür müsste der Abtbischof zustimmen. Da aber in Kürze die Taufe stattfinden soll, wäre die vorgezogene Ernennung zu Novizinnen eher eine Abwertung des Novizentums.

Kurz nach Mittag fahren drei Schiffe in die Bucht von Corcaigh, dem Lough Mahon, ein. Corcaigh hat durch seine Lage einen von der Natur geschaffenen Hafen am River Lee. Es ist nicht einfach, hier einzufahren, denn durch den Gezeitenwechsel läuft man schnell auf Grund.

So drosseln sie die Geschwindigkeit auf nur noch drei Knoten. Längst hat man sie an Land entdeckt und die Nachricht, dass gleich drei Schiffe in den Hafen einlaufen werden, verbreitet sich schnell in Corcaigh. Ist es doch ein seltenes Schauspiel.

Am frühen Nachmittag läuten die Glocken in der Priory und es wird die morgendliche Messe nachgeholt. Der Abtbischof zögert den Beginn des Gebets immer noch etwas heraus. Er fordert den Chor auf, erst einmal ohne Orgel ein Lied zu singen.

Endlich kommt Alec mit der Nachricht. Er gibt dem Abtbischof das Zeichen und Schwester Maureen beginnt verhalten mit dem Orgelspiel. Es dauert auch nur wenige Minuten, dann zieht eine Pilgerschar durch die Hauptpforte. Königin Anne, Priorin Mary und ihr Gefolge ziehen ins Hauptschiff der Kreuzkirche ein und hinauf zum Chorraum.

Ganz gespannt sind die Schwestern im vorderen Bereich und dann erklingt es. Freudig überrascht sind die königlichen Gäste vom Orgelklang. Der Gesang und der Klang der Orgel machen es zu einem einmaligen

Erlebnis. Maureen wird auch immer sicherer und so spielt sie freudig und voller Begeisterung mit Leidenschaft auf.

„Heute ist ein besonderer Tag, denn ich habe einiges zu verkünden!"

So beginnt Abtbischof Georg und man merkt ihm die große Freude an diesem Tag an.

Er grüßt alle Anwesenden für ihr zahlreiches Erscheinen und hebt dabei die Königin und die Priorin hervor. Dann beginnt die Feier. In der Lesung wird natürlich vom Einzug in Jerusalem vorgetragen. Nach der Predigt bittet der Abtbischof die Priorin Mary nach vorne und mit den Worten verkündigt er:

„Hiermit verleihe ich dir den Titel als Äbtissin von Midsummer mit großer Freude und Dankbarkeit!"

Dabei überreicht er ihr eine Schärpe!

Als nächste ruft er Helen auf und sagt:

„Hiermit verleihe ich dir den Titel als Priorin!"

Die nächste, die folgt, ist Victoria:

„Dir verleihe ich den Titel Oberin des Konvents von Corcaigh!"

Dann spricht er Mary an und sagt:

„Hiermit gebe ich dir die Möglichkeit, eine weitere Priorin in Midsummer zu ernennen."

Dann ruft er Famian und Patric zu sich und er sagt:

„Hiermit verleihe ich euch den Titel, Prior von Priory!"

Diesen hatten sich die beide auch schon lange verdient und nun hat der Abt es öffentlich gemacht.

Dann wird die Messe mit einem Marienlied und Begleitung der Orgel beendet. Der öffentliche Teil ist abgeschlossen und die Kreuzkirche leert sich langsam. Der Abtbischof möchte mit der Äbtissin Mary sprechen und fragt sie:

„Bist du mit der Aufnahme der ehemaligen keltischen Druidinnen in die Gemeinschaft von Midsummer einverstanden."

Sie zögert kurz und schaut zuerst ihre Vertraute Helen an. Diese nickt ihr zustimmend zu und sie antwortet:

„Ich denke ja. Eine endgültige Entscheidung fällt ja erst mit dem ‚endgültigen feierlichen Gelübde', der Profess."

Der Abtbischof lässt Patric nach vorne kommen und einer der Bediensteten bittet Helen dazu.

„Ihr könnt die beiden Frauen Esther und Ruth jetzt schon taufen!"

„Ich möchte dann mit der Taufe beginnen", sagt Patric.

An die beiden Täuflinge gewandt meint er:

„Helen hat euch ja schon einiges darüber erzählt."
Sie nicken stumm und dann befragt er die beiden:
„Möchtet ihr getauft werden?"
Beide stimmen zu. So gehen Helen und Patric zusammen mit den beiden
Keltenfrauen zum Taufbecken. Schweigend folgen diese den Leitern der
Klöster. Hier gibt Patric Ihnen den Segen Gottes mit dem geweihten Wasser und den Worten:
„Ich taufe euch im Namen unseres Herrn und wir nehmen euch damit in
die christliche Gemeinschaft auf."
„Ich will euch einen neuen Namen geben, spricht der Herr."
Helen hält kurz inne.
„Mit dieser Aussage versteht man den Beginn eines neuen Lebens" sagt
Helen. Weiter führt sie aus:
„Ich freue mich sehr für euch und wünsche euch Frieden."
Dann fragt Mary:
„Habt ihr den Wunsch, in das Mainistir Midsummer aufgenommen zu
werden, dann bestätigt dies mit ja."
Beide bestätigen dies.
Dann sagt Mary:
„Hiermit nehme ich euch auf als Novizin im Kloster Midsummer und
nach einer Zeit könnt ihr die ‚feierliche Profess' für immer ablegen."
Dann übernimmt Patric das Wort:
„Ihr seid nun auch in die klösterliche Gemeinschaft aufgenommen. Euerem zusätzlichen Wunsch nach einem persönlichen Gespräch komme ich
gerne entgegen. Nach dem Refektorium stehe ich euch in meinen Räumen
zur Verfügung."
Dem Abt war klar, dass er nicht mehr bis zur Auferstehung warten konnte,
denn dann hätte die Äbtissin keine Möglichkeit gehabt, beide als Novizinnen ins Kloster aufzunehmen.
Nach der Messe gehen alle ins Refektorium und der Raum ist so gut gefüllt, dass noch einige im Kapitelsaal sitzen müssen. Hier findet die Fortsetzung zur Lesung statt und man erinnert schon einmal an das ‚Letzte
Abendmahl' der Jünger um Jesus.

Abtbischof Georg bittet nochmals um Gehör:
„Nicht jeder unserer Gäste und natürlich auch unsere zwei neuen Novizinnen haben schon vom Abendmahl oder letztem Abendmahl gehört
oder kennen die Bedeutung und die Herkunft. Als Abendmahl Jesu wird
das Mahl bezeichnet, das Jesus Christus mit seinen zwölf Jüngern oder

Aposteln zur Zeit des Pessach Festes vor seinem Kreuzestod in Jerusalem feierte. Christos ist die griechische Übersetzung des ursprünglich hebräischen Ausdrucks und heißt „der Gesalbte".

Aus der Erinnerung an jene letzte Mahlzeit, dem ritualisierten Ablauf einer jüdischen Mahlzeit und den gemeinsamen Mahlfeiern der Urgemeinde entwickelten sich christliche Kultformen.

Pessach, auch "Passah", was wiederum Vorüberschreiten bedeutet, gehört zu den wichtigsten Festen des Judentums. Das Fest erinnert an den Auszug aus Ägypten. Es steht im Alten Testament im Buch Mose, dem ‚Exodus', was ‚Auszug' heißt. Die Befreiung der Israeliten aus der Sklaverei wird im 2.Buch Mose, der Tora im Tanach erzählt. Wir haben eine reiche, alte christliche Geschichte."

In der Zwischenzeit haben es die drei Schiffe in den Hafen geschafft. Nun beginnt das Löschen der Ladung. Hier werden die Kapitäne noch einige Zeit zu tun haben. An Land sehen sie einen Mönch. Es ist Pater Franziskus und er bittet einen der Seeleute, dass Percy an Land kommen möge. Schnell ist abgeklärt, dass die beiden Kapitäne den Rest alleine erledigen.

Percy verlässt sie mit den Worten:

„Ihr werdet bei mir übernachten und ich schicke gleich einen Boten nach der Aufwartung beim König."

Dann wendet er sich an den Pater:

„Ich freue mich, dich wieder zu sehen Pater Franziskus."

Percy ist gerührt, dass der König ihn hier abholen lässt und froh, wieder hier in Corcaigh zu sein. Endlich daheim!

Beide drücken sich herzlich, dann sagt der Pater:

„Ich soll euch hier abholen und gleich mit euch zum König gehen. Er wartet bereits."

Dann überreicht Percy dem Pater die Briefe für die Priory und dieser lässt sie mit einem Reiter überbringen.

Sie fahren in einer Kutsche zum Sitz des Königs und unterwegs erzählt Percy, wie schön es auf See war und was er schon alles erlebt hat. Die Zeit vergeht schnell und sie werden von einem der Diener zum Empfangssaal des Königs geleitet.

Der König begrüßt seinen Weggefährten und fragt:

„Ich freue mich, dich wieder heil hier zu haben. Wie ist es dir auf See ergangen, lieber Percy?"

Percy erwidert:

„Es war sehr erfolgreich. Wir haben die zwei Schiffe. Alles Dank den Beziehungen von Kapitän Schneyder. Eine Anzahlung ist gemacht und den Rest können wir mit der Lieferung von Produkten abzahlen. Aber das klären wir in den nächsten Tagen. Wir haben auch zwei fast komplette Mannschaften und für einige Seeleute aus Corcaigh sind noch Plätze auf den Schiffen frei."

Dann sagt der König:

„Ich gebe gleich einen Empfang mit einigen unserer Handelspartner und da hätte ich gerne die Kapitäne dabei."

Percy antwortet:

„Das ist hervorragend, so können sich alle kennenlernen. Wir sollten einen Wagen schicken, um sie gleich abzuholen. Die Mannschaft wird diese Nacht auf dem Schiff bleiben."

Als Percy sich nach der Königin erkundigt, sagt der König:

„Anne ist mit ihrem Gefolge zur Priory. Dort wird die Orgel eingeweiht und es gibt einige geistliche Titel, die vergeben werden."

Dann unterhalten sie sich eine Weile, bis der Empfang stattfindet und der Adel und die Kapitäne eingetroffen sind. Kurz vor dem Empfang sucht Percy MacCarthy nach seiner Frau aber er findet sie hier nicht. Er fragt den König:

„Es fehlen einige Frauen wie deine Schwester und meine Frau. Sind diese nicht in Corcaigh?"

Da muss der König schlucken und er muss ihm wohl jetzt schon die Wahrheit sagen. Er hätte dies gerne erst nach dem Empfang gemacht. Er bittet Percy in den Nebenraum und dann sagt er:

„Es tut mir sehr leid mein lieber Freund! Sie sind alle tot! Meine Schwester Nancy, deine Frau Betty und deren Schwester Angely und noch einige andere keltische Unterstützer!"

Percy ist bestürzt und muss sich setzen. Fassungslos fragt er:

„Wie ist das denn geschehen?"

„Es gab einen Anschlag bei einem Empfang hier im Haus. Daraus entwickelte sich ein Aufstand der Druiden der Heiligen Eiche. Die Anführer waren meine Schwester und deine Frau. Sie wollten den keltischen Druideneinfluss, den sie durch die Ausbreitung des Christentums, besonders aber in Gestalt meiner Frau, Königin Anne in Gefahr sahen, gewaltsam wieder herstellen. Dabei wurden sie getötet."

Dann sagte Percy:

„Ich habe ihr immer wieder gesagt, sie soll zum Christentum übertreten. Die Zeit der Druiden ist abgelaufen. Es ist vorbei."

Hier unterbricht ihn der König:

„Das Druidentum in meinem Volk, der Kelten, ist nicht nur Glaube und Lebenshilfe, es ist unser aller Kulturschatz aus alter Zeit, der nicht verlorengehen darf. Es ist auch unsere Identität. Sie wird hoffentlich die Zeit überdauern. Man kann es aber sinnvoll verbinden, hat Patric erklärt, ohne dass jemand Schaden nimmt."

„Aber sie wollte nicht auf mich hören. Auch versuchte sie, dass ich die Soldaten dafür einsetzen solle. Nun ist sie tot. Wo liegt sie denn begraben?"

Der König:

„Es waren so viele, wir haben sie verbrennen müssen. Etwa vierzig wurden noch verurteilt."

Dann hat Percy sich wieder gefangen. Hat er doch schon viel Leid und Elend auf den Schlachtfeldern gesehen. So gehen sie weiter zum Empfang und hören sich die allgemeinen Meinungen an. Niedergeschlagen geht Percy mit den Kapitänen zum Fest. Seine Begleiter spüren, dass etwas nicht stimmt. Reden möchte er heute nicht mehr darüber.

In der Priory verlassen alle das Refektorium und es dauert nicht lange, dann klopft es an der Tür von Patric. Von seinem Schreibtisch ruft er:

„Herein!"

Vorsichtig treten Ruth und Esther in den Raum und er bietet ihnen einen Platz an. Dann eröffnet er mit den Worten die Runde:

„Ich freue mich, dass ihr hier seid. Ganz besonders finde ich, dass ihr nun auf eigenen Wunsch getauft werden wolltet."

Ruth antwortet ihm:

„Für uns ist das alles neu und wir sind erstaunt über die Zeremonien und was es bedeutet, Christ zu sein. Wir können uns das immer noch nicht richtig vorstellen. Ein Gespräch mit Pater Franziskus in Corcaigh hat uns den Weg hierher gewiesen. Nun sind wir hier!"

Das Interesse von Ruth und Esther ist so groß, dass Patric nach einem Anfang sucht, wie er es ihnen näherbringen und ihnen anschaulich machen könnte. Besonders das Thema Brot brechen und der Leib Christi sind für sie wichtig.

So fragen sie, um alles besser zu verstehen.

„Ich werde euch einiges über uns und der Priory erzählen. Helen kann euch auch nur solange betreuen, wie ihr hier in der Abtei seid, dann muss es jemand von Midsummer übernehmen.

Vielleicht kann dann Yvonne dies übernehmen. Ein Rundgang durch unsere Kreuzkirche und die Besichtigung der Grotten ist sicher ein leichter Einstieg."

Patric möchte einen positiven Eindruck von der christlichen Kultur erzeugen, sicher müssen sie auch in die Reliquienkapelle gehen.

Auf jeden Fall sollen sie auch die hochwertigen Arbeiten der Schwestern in Bezug auf Buchmalerei und der schönen Künste sehen. In Midsummer in der Kunststube werden auch Heiligenbilder der Urchristen hergestellt.

So erzählt er:

„Wir haben hier die Spuren der ersten Missionare wiederentdeckt, deswegen sind hier die Grotten und der Pilgerweg zu sehen. Außerdem gibt es für einige von uns große Veränderungen. Ein Teil der Brüder und Schwestern gehen bald zum Missionieren in das Frankenland. Die Vorbereitungen sind schon in vollem Gang."

Nun fragt Patric:

„Habt ihr noch Fragen? Ich könnte euch den urchristlichen Glauben noch verständlich machen?"

Esther ergreift die Gelegenheit und fragt:

„Wir sind ja nun getauft worden, wissen aber viel zu wenig über den christlichen Glauben und seine Geschichte. Was hat es zum Beispiel mit dem Brot brechen auf sich und warum wurde Jesus gekreuzigt?"

Patric greift das Thema auf:

„Zum Brot und Wein kann ich euch etwas erzählen. Unser Abtbischof Eochaid hat ja schon in der Kirche vom Abendmahl und dem Passahfest gesprochen.

Das Passahfest gehört zu den wichtigsten Festen des Judentums. Jesus war Jude aus dem Hause David. Ein König, der sich um sein Volk verdient gemacht hat. Fast alle seine Anhänger waren natürlich auch Juden, da diese Region in Galiläa insgesamt fast rein jüdisch war und auch Wert daraufgelegt hatte.

Das Passahfest zu feiern war heilige Pflicht und ist Tradition bis heute, da es sich ja nicht im eigentlichen Sinn um eine Feier handelte, sondern um das feierliche Erinnern an den Auszug aus Ägypten, den Exodus und der Befreiung der Israeliten aus der Sklaverei.

Man sitzt zusammen, bricht das Brot und verteilt es zum letzten Mal vor der Flucht, das letzte Abendessen also.

Als Erinnerung an diese Flucht essen Juden bis heute Matzen, so wie Gott es ihnen durch Mose befohlen hat: "Sieben Tage sollt ihr ungesäuertes Brot essen" hatte Moses gesagt.

In ungesäuertem Brot ist keine Hefe. Es heißt, dass man bei der überstürzten Flucht keine Zeit hatte zu warten, bis die Hefe gegangen war. Ungesäuertes Brot als Reiseproviant ist auch eh länger haltbar als gesäuertes."

Das war nun eine Wiederholung aber Patric war klar, dass es viel ist was sie noch erfahren müssen.

Dann unterbricht Ruth und fragte Patric:

„Was hat das mit Jesus zu tun?"

Patric antwortet:

„Jesus hat dieses im Kreis seiner Jünger beibehalten, um das Passahfest im Gedenken an die Vergangenheit zu erhalten. Das gebrochene Brot reichte er an seine Tischgemeinschaft, den geladenen Jünger, die in der Heiligen Schrift Apostel heißen, weiter.

Zuerst werden die Brote aber gesegnet.

Wir machen es in der Kirche also genauso. Statt der Matzen oder Oblaten können wir auch Brot nehmen. Das machen wir auch manchmal bei besonderen Anlässen im kleinen Kreis unserer Brüder. Auch die Schwestern in Midsummer sind mit dem Brauch vertraut. Im großen kirchlichen Rahmen ist es nicht so gut, da man nicht weiß, wie viele kommen werden.

Unser Glaube hat ja seinen Ursprung im alten Judentum. Jesus wird auch als Opferlamm gesehen. Er hat sich für uns hingegeben. Aber dazu erzähle ich später mehr!"

Er spürte, dass es sonst zu viel würde. So gingen sie ein paar Schritte in den Garten.

Noch harrten sie aus, lauschten seinen Worten und nickten zustimmend.

Er machte eine kleine Pause, dann sagte er:

„Und Jesus hat Gott als seinen Vater angesprochen, wenn er betete. Als Kind zeigte er schon eine große Weisheit. Erst mit dreißig predigte er öffentlich, scharte Jünger um sich und mischte sich in die Religion der Alten ein. Von seinen Anhängern wurde er Rabbi oder Meister genannt. Von welcher jüdischen Glaubensrichtung er kam, von denen es damals einige gab, das wissen wir nicht.

Als junger und gläubiger Jude hatte er andere Vorstellungen als die Alten. Für ihn war das Gotteshaus heilig, da hält man keinen Markt ab. Man kann sich dort treffen, um über Religion zu streiten oder Meinungen austauschen, was die Juden noch heute tun und immer gerne taten.

Weiter führte er aus und zeigte ihnen auch, dass sie die Schriften falsch auslegten und deuteten.

Das war natürlich unerhört für die Hohenpriester und Schriftgelehrten, die um ihr Ansehen und um ihren Einfluss bangten. Dieses Verhalten ist verwerflich aber menschlich und deshalb nicht auf die Zeit von Jesus beschränkt."

Patric erzählt, Ruth und Esther weiter:

„Dann hat Jesus auch mit Andersgläubigen gesprochen, ihnen zugehört und geholfen. Sogar mit Aussätzigen hatte er es zu tun, die eigentlich damals als Unreine aus der Gesellschaft ausgeschlossen waren und wegen der Ansteckungsgefahr alleine außerhalb der Gemeinschaft hausen mussten. Auch andere Kranke hat er geheilt. Er soll die Fähigkeit von Gott erhalten haben, sogar Tote wieder zum Leben zu erwecken."

Dann erwähnt Ruth den Opferkult der Kelten.

Patric nimmt Bezug darauf:

„Das Opfern von Tieren zu Jahwe, so heißt Gott bei den Juden, war Gott ein Gräuel. Das kam aber aus der Tradition vor dem jüdischen Glauben und das haben die Juden zu Jesus Zeit weiter vollzogen.

Er sagte auch, gebt dem Kaiser was des Kaisers ist, und Gott was Gottes ist.

„Bedenkt aber," sagte er zu den jungen Frauen:
„Das erste ist:

Höre, Israel, der Herr, unser Gott, ist der einzige Herr. Darum sollst du den Herrn, deinen Gott, lieben mit ganzem Herzen und ganzer Seele, mit all deinen Gedanken und all deiner Kraft.

Als zweites kommt hinzu:

Du sollst deinen Nächsten lieben wie dich selbst.

Kein anderes Gebot ist größer als diese beiden.""
„Haben das denn alle verstanden und geglaubt?"
Hier gibt Patric schnell eine Antwort:
„Dies alles hat den Alten, den Leitern der jüdischen Religionsgemeinschaft nicht gefallen. Es untergräbt ja ihren Einfluss und ihren Status. Außerdem haben sie Jesus vorgeworfen, sich nicht an das jüdische Gesetz zu halten.

Das Gebot der Nächstenliebe war aber schon zweihundert Jahre vor der Zeitrechnung niedergeschrieben, oftmals aber unterschiedlich ausgelegt worden. Während sich Jesus bisher nach seinen öffentlichen Auftritten auf die andere Flussseite des Jordan begeben hat, es war ein anderer Herrschaftsbezirk der römischen Besatzer, blieb er zum geheiligten Passahfest in Jerusalem. Das war sein Verhängnis oder die Vorsehung Gottes!

Es muss der Tag nach dem Passahfest gewesen sein. Die römischen Besatzer duldeten keinen Aufruhr, auch nicht unter den Juden. Sie hatten Angst, dass ein anderer König ihnen das Gebiet streitig machen würde. Jesus wurde gefasst, befragt und mit unterschiedlichsten Unterstellungen dann verurteilt und gekreuzigt. Er ist am Kreuz gestorben."

Esther unterbricht ihn:

„Da hätte doch sein Gott ihm helfen müssen, wo er doch sein Vater sein soll!"

„Wir sind alle geschaffen und somit Kinder Gottes, wir beten ja auch zu Gott, unserem Vater und müssen trotzdem sterben, das betrifft auch die ganze Schöpfung, die Natur ist natürlich Teil des Ganzen."

Er macht eine Pause und führt dann weiter aus:

„Seine Jünger waren geflohen. Später haben seine Apostel und Jünger das Wort verkündet und machten sich von da an auf den Weg. So verbreiteten sie seine Lehren und seine Ansichten auch außerhalb vom jüdischen Gebiet."

Nun konnte er das Thema in Richtung missionieren lenken und sagte:

„Viele von ihnen wurden deshalb getötet. Einer, der am weitesten gereist war, scheint mir Jakobus der Ältere gewesen zu sein. Es gibt aber viele mit gleichem Namen wie zum Beispiel Jakobus der Bruder Jesu. Also Jakobus der Ältere ist der Bruder von Johannes.

Jakobus soll bis zur römischen Provinz Tarraconensis gekommen sein, um den Leuten von Jesus zu erzählen. Er ist dann aber wieder zurück nach Jerusalem gereist, sicherlich mit den handeltreibenden Juden und Römern. Die hatten ja überall in ihrem damaligen großen Reich Wege und römische Straßen. Etwa 12 bis 14 Jahre nach dem Tod Jesu wurde also Jakobus hingerichtet. Man sagt, er sei mit dem Schwert geköpft worden. Das muss ungefähr im Jahre 44 unserer Zeitrechnung gewesen sein, denn Jesus war bei der Kreuzigung etwa 30 Jahre alt.

Es heißt aber auch, dass Jakobus nach seinem Tod von seinen Anhängern, die mit ihm schon damals in der römischen Provinz im Westen gewesen waren, wieder nach Tarraconensis gebracht worden ist. Diese Geschichte ist aber eher ein Geheimnis und steht vielleicht in Verbindung mit unserer Gruft. Aber dazu später mehr."

Dann sagt Patric zu ihnen:

„Jetzt wisst ihr schon mehr wie viele hier. Später erzähle ich oder Helen etwas zu euren Namen Ruth und Esther!"

Sie bedanken sich und müssen das neue Wissen erst noch verarbeiten.

Ruth sagt zu Esther:

„Das war aber viel, was uns Patric erzählt hat."

Esther entgegnet:

„Ich hätte nicht gedacht, dass es so viel über diese Religion zu erfahren gibt."

Sie redeten noch eine Weile weiter und hatten sich vorgenommen, schnell lesen und schreiben zu lernen und suchten jemanden, der ihnen dabei helfen könnte.

Am späten Abend erreicht der Reiter aus Corcaigh die Abtei und er über-
bringt die Briefe, die Evermarus in der Villa Millingen Percy MacCarthy
übergeben hatte.
Der Abtbischof öffnet den Brief in Anwesenheit des Rats der Brüder und
Schwestern und lässt Bruder Famian vorlesen:
„Der Brief ist von Pippin und trägt das Siegel des Königs.
Darin steht folgendes geschrieben:"

„Verehrter Abtbischof Eochaid

An den Leiter der Mission in Austrien und dem friesischen Umland.
(Ein ähnlicher Brief ist an Villibrod unterwegs.)
Es ist wieder vermehrt zu Übergriffen aus dem Frisia Gebiet auf die an-
grenzenden Ländereien gekommen. Es wurden Höfe und ganze Orte ge-
plündert und niedergebrannt. Im Hettergau haben wir nun eine größere
Einheit Soldaten stationiert, um dem Einhalt zu gebieten.
Verhandlungen haben bisher nichts ergeben und Radbod, der König von
Frisia, ist nicht mehr gewillt, einen Gesandten aus dem Frankenreich zu
empfangen. Er wünscht einen neutralen Gesandten, um eine Einigung zu
erzielen.
Es geht in erster Linie darum, einen stabilen Frieden zu vereinbaren und
den gegenseitigen Handel wieder aufzunehmen. Mit dieser Maßnahme
wäre es dauerhaft möglich, dass Schiffe den Rhenus bis Colonia befahren
können. Dann müssten viele Transporte nicht mehr den Landweg wählen,
der auch nicht ungefährlich ist. Es würden beide Seiten profitieren und
auch die Erlöse für die Friesii an der Küste würden steigen.
Auch die gesamte Bevölkerung und besonders die Bauern leiden unter
den Streitigkeiten. Nun ist es genug.
Darum bitten wir, die Mission noch Anfang April starten zu lassen. Es
würde uns sehr helfen und jede Unterstützung werden wir gewähren.

Hochachtungsvoll
Pippin
Hausmeier der Franken in Austrien"

Nachdem dieser Brief vorgelesen worden war, und jeder sich Gedanken gemacht hat, spricht Patric:

„Das bedeutet, dass wir uns vier Wochen früher zum Festland aufmachen sollen. Gerade haben wir aber unsere Leute zur Unterstützung nach Midsummer entsandt."

Eochaid sagt:

„Lass uns erst einmal drüber schlafen. Dann werden wir sehen, wann es losgeht. Vor dem nächsten Sonntag geht es auf keinen Fall. Denn man will sicher auch die gewünschte Ware mitnehmen."

Dann zeigt er auf den zweiten Brief und er gibt ihn direkt an Patric weiter zum Vorlesen.

Der Brief trägt das Siegel des Bischofs aus Augusta Treverorum und ist an die Mission der Abtei Priory zum Festland gerichtet.

Diesen liest Patric vor:

„Hoch verehrter Abtbischof Eochaid

Es ist nun schon fast ein halbes Jahr her, dass ich in eurer Kreuzkirche bei der Einweihung dabei sein durfte. Wir haben gehört, dass sie mit den gefundenen Schriftrollen etwas aus der Urchristenheit besitzen.

Bei uns gibt es auch ein paar Schriften auf lateinisch und nun würden wir gerne wissen, ob ein Zusammenhang zwischen dem Fund in der Abtei Priory und unseren Schriften besteht.

Wir wissen von Pippin, dass eure Mission im Delta der Rhenus schon im Frühjahr stattfinden soll. Es wird ein schwieriges Vorhaben, denn diese Landbevölkerung hängt an ihren Göttern. Wir wünschen und senden für die Christianisierung den Segen Gottes.

Wir haben eine Bitte!

Die Entsendung einer Person, die uns hier hilfreich zur Seite stehen würde, wäre noch unser dringender Wunsch. Ich, Bischof Numerianus, stehe jetzt schon tief in eurer Schuld. Trotzdem möchte ich euch um diese fachliche Hilfe bitten.

Wir würden euch auch eine Reliquie als Dank übergeben.

Hochachtungsvoll
Bischof von Augusta Treverorum
Numerianus"

Patric beendet den Brief mit den Worten:

„Was immer uns dieser Brief sagen will, wir müssen ihm helfen und die Möglichkeit eines Zusammenhangs überprüfen. Vom Iuliacum Gau kann es nicht mehr sehr weit bis Augusta Treverorum sein. Sicher finden wir eine Möglichkeit. Evermarus wird uns bestimmt helfen können."

Der Abtbischof hält noch einen Brief in den Händen und diesen will er Villibrod zukommen lassen, wenn die Mission hier gestartet ist.

Es ist spät und kurz vor der Komplet und so trennen sie sich. Für heute reichen die Nachrichten, denn sie müssen Entscheidungen treffen.

Am Abend in Cork am Königshof

Am späten Abend abseits vom Empfang sagt der König zu Percy:

„Gewiss möchtest du noch mehr über die Ereignisse erfahren. Sprich mit Königin Anne und deshalb empfehle ich dir auch, gehe zur Priory zu Pater Patric."

Percy erwidert:

„Es wäre sicher gut, ein paar Tage nichts zu sehen und hören. Einfach mal entspannen. Ich werde die beiden Kapitäne mitnehmen, es könnte auch für sie interessant sein."

Beide nehmen wieder am Empfang teil und sehen, wie die Damenwelt die Kapitäne umlagern, um deren Geschichten von der See zu hören. Diese Abenteuer sind für Landratten immer etwas Besonderes. Unter den Damen sind auch drei aus dem Haus Eoghanacht, Sarah, Diane und Fergie. Sie sind Geschwister aus dem gräflichen Zweig der Eoghanacht. Alle sind schlank, gutaussehend und größer als fünfeinhalb Fuß, also im besten Alter für eine entsprechende Partie. Auch sind sie einem flüchtigen Flirt nicht abgeneigt.

Für Männer, die lange auf See sind, haben attraktive Damen immer eine große Anziehungskraft. Den Damen ist auch bewusst, dass man nur Kapitän werden kann, wenn man Geld hat und von Adel ist. Somit begegnen sie sich auf Augenhöhe und es lässt sich somit leicht ins Gespräch kommen.

So kommen sie sich auf dieser Feier näher und der Witwer Percy findet auch etwas Ablenkung. So entspannt sich Percy und er kann die vergangenen Geschehnisse verdrängen. Als der Empfang zu Ende geht, verlassen sie gemeinsam die königlichen Gebäude und gehen zum Anwesen von Percy. Hier kann jedes Paar ein Zimmer nehmen und die Nacht verbringen. So schläft Percy nach einer heißen Nacht mit der rothaarigen Sarah ein. Auch die anderen Kapitäne haben sich in dieser Nacht ausgetobt und so sind die drei durch dieses Abenteuer noch enger verbunden.

Das Leben in der Priory ist nach der Nachtwache im vollen Gange und Patric hat Roland längst für seinen Plan eingespannt. Alec und Edward hatten den Auftrag, passendes Werkzeug in die Katakombe zu bringen. Besonders mit der Beleuchtung haben sie nicht gespart. All dies ist schon erledigt, bevor Patric mit Roland unten ankommt.

Nach einer kurzen Betrachtung der Lage hat Roland es raus, wie der Durchbruch gemacht werden soll. Zu den anderen spricht er:

„Ich werde die Stelle markieren, die zuletzt zugemauert wurden. Das sieht nämlich nach einem ehemaligen Eingang aus."

Vorsichtig bearbeitet er die Fuge der eingemauerten Steine und er sucht nach einer Stelle, um den ersten Stein zu entfernen. Es dauert lange, aber er nimmt sich die Zeit. Dann übergibt er Alec und Edward das Werkzeug und sagt:

„Kratzt die Fugen hier rechts und links aus und dann sollten wir nach sechs oder sieben Zoll Tiefe die Steine herausnehmen können."

So arbeiten sie fast zwei Stunden, um den Mörtel zu entfernen. Es ist recht mühsam und so übernimmt Roland die Arbeit nach einiger Zeit wieder selber in die Hand. Dann hören sie die Glocken läuten.

Patric sagt:

„Lasst uns unterbrechen!"

So gehen sie in die Kreuzkirche und anschließend ins Refektorium. Nach der Stärkung geht es weiter. Während Roland weiter macht, räumen die Anderen den Schutt der letzten Tage weg. Dann hat Roland einen Anfang und der erste Stein rutscht ihm leider mit einem dumpfen Schlag in die Grabkammer hinein. Er versucht hinein zu leuchten, aber er kann noch nichts Richtiges erkennen. Dann hebt er einen Stein nach dem anderen aus der Mauer heraus.

Am Morgen lassen sie die Frauen noch schlafen und die drei Männer machen sich auf zum Hafen. Hier kann Kapitän Schneyder seinen Handel darlegen. Mit dem Kapergeld hat er zehn Kisten Pfeilspitzen besorgt und noch doppelt so viel Rohmaterial erworben. Auf diese Idee hat Percy ihn gebracht und so konnte er die Ware auf Sarmia erstehen. Diese Ware wollen sie nun zur Priory bringen und dafür Goldmünzen bekommen oder andere Waren erstehen.

Noch sind die Matrosen beschäftigt. Für heute Abend haben die Kapitäne sie eingeladen und es geht in die Hafenkneipen von Corcaigh. Die Mannschaft kann sich hier die nächsten drei Tage vergnügen, bevor es weitergeht. In den zahlreichen Tavernen hatte es sich rumgesprochen das neue Seeleute eingetroffen sind. So sind auch in diesen Tagen mehr Weiber die den Seeleuten das Geld aus den Taschen holen vorhanden. So geht es an diesem Tag besonders wild zu.

Für neue Leute, die angeworben werden, hat der Kapitän Schneyder eine Prämie ausgelobt. Sollte jemand von der Mannschaft hierbleiben wollen, dann hat er die Möglichkeit, sich als Söldner sein Geld im Königreich Munster zu verdienen. Noch weiß Bottom nicht, ob er sich hier der Handelsorganisation anschließen soll. Für Morgen werden sie zur Abtei reisen um das Geschäft mit der Priory abzuschließen.

Sie hatten die Arbeit am Morgen an der Gruft fortgesetzt und eine Steinreihe entfernt. Bald würde es soweit sein. Nach zwei Reihen leuchtet Roland wieder hinein und fragt:

„Möchte jemand hineinschauen oder noch etwas warten, denn dann haben wir vier Reihen der Steine entfernt."

Dann geht alles ganz schnell, denn nun kann er die Steine nacheinander aus dem Mauerwerk herausnehmen. Patric greift auch zu und hilft, die Steine zur Seite zu legen. Reihe für Reihe nehmen sie hinaus, bis nur noch ein Mäuerchen von drei Fuß übrig ist. Dann sagt er zu Patric:

„Nimm dir eine Kerze und steig hinein."

Patric steigt hinein und er kann kaum glauben, was er hier sieht. Einen vollständig erhaltenen Altar mit zahlreichen Schnitzereien aus Elfenbein, alles verziert mit Bernstein. Auch stehen dort kleine massive Goldfiguren und etwas weiter hinten kann er einen weiteren Durchgang erkennen. Dann hört man wie er sagt:

„Hier ist noch ein Raum. In ihm sind rechts und links Nischen, die alle mit Kisten vollgestellt sind. Der Gang ist sicher acht bis zehn Yards lang."

Dann kommt er wieder in den ersten Raum zurück und nun staunen sie zu viert, was sie hier alles sehen. Roland beschließt, die letzten Steine zu entfernen und nach dem Refektorium möchte Patric mit dem Abtbischof und einigen Ausgewählten eine Besichtigung durchführen. Gerade rechtzeitig werden sie fertig. Für halb drei haben sie sich den Termin gesetzt und bis dahin kann noch aufgeräumt werden.

Kurz nach zwei ist Percy beim König, denn er möchte ihm berichten, wie der Handel gelaufen ist. Er erzählt noch einmal ausführlich wie die Reise war und wie sie Handel an der Küste treiben konnten. Auch bei der Darstellung, wann die Schiffe bezahlt sind, stehen sie sehr gut da. Percy MacCarthy hat dann eine Bitte und die muss er nun loswerden. So spricht er: „Wo ich doch nun Witwer bin, möchte ich mehr zur See fahren und den Handel voranbringen. Ich muss erst einmal Abstand gewinnen, von all dem was geschehen ist."
Der König fragt:
„Wann wollt ihr denn wieder losfahren?"
Percy antwortet:
„Nächste Woche! Wir warten noch auf die Pfeile für den Fürsten von Wales. Morgen werden wir das Holz zur Priory bringen und auf der Rückfahrt haben wir die Ware für Fishguard dabei. Sonst müssen wir hier warten. Aber vor Sonntag fahren wir nicht los, denn unsere Mannschaft hat drei Tage frei."

Am Nachmittag ist es soweit. Mit Eochaid und Mary kann sich auch die Königin die Gruft anschauen. Sie sehen den Elfenbeinaltar und die vielen kleinen goldenen Statuen und sie stellen fest, es sind genau dreizehn Stück. Bei einer ist ein goldener Kranz angebracht. Alle haben in etwa die gleiche Größe.
Der ganze Raum ist mit sehr viel Liebe und mit einer Detailtreue gestaltet. Roland kann es als Schnitzer am besten beurteilen und er sagt:
„Hier waren wahre Meister am Werk. Wie fein das alles gearbeitet ist. Da fragt man sich, wer kann so etwas machen und das alles zeigt auch, dass sie viel dafür gezahlt haben."
Selbst die Königin kommt ins Schwärmen:
„Das sind sehr tolle Darstellungen!"
Dann sagt der Abtbischof leise zu Roland:
„Der Raum muss besonders geschützt werden."
Der nächste Raum ist nicht so spektakulär. Hier liegen hunderte von Skeletten säuberlich in Kisten sortiert und gestapelt. Sicher muss man sich das auch genau anschauen. Dann ist die Führung zu Ende und Roland muss sich etwas einfallen lassen. Der offene Zugang muss abgesichert werden.

Am späten Nachmittag sind die Kapitäne und Percy wieder auf dem Anwesen von Percy MacCarthy zurück. Percy sagt den andern:

„In der Zeit, in der wir hier sind, könnt ihr bei mir wohnen. Das Haus ist groß genug."

Die beiden nehmen dankend an und schauen sich um. Dann entdeckt Schneyder ein Bild mit einer Frau:

„Wer ist denn die Hübsche hier auf dem Bild?"

Percy schaut ihn etwas betrübt an und antwortet:

„Das war meine Frau Betty!"

Dann sagt Bottom:

„Du bist verheiratet?"

In den Moment kommt Sarah herein und sagt:

„Er war verheiratet!"

Nach einer kleinen Pause antwortet sie, auf die fragenden Blicke in Richtung Percy:

„Sie ist tot! Sie, ihre Schwester und auch die Schwester des Königs! Sie dachten, sie könnten die Zeit mit dem Druidenkult der Kelten wieder zurückdrehen!

Dabei hatte sie alles, was man sich wünschen kann. Einen reichen, liebenden Mann der hochgeschätzt wird und alle Freiheiten der Welt hat. Genau wie Nancy, die Schwester des Königs."

Die beiden Schwestern Diana und Fergie kommen herein und teilen mit, dass das Essen bereitet ist und sie zu Tisch kommen können.

Hier erzählt Diana dann die ganze Geschichte:

„Vor ein paar Tagen gab es einen Empfang beim König. Es sollte für den Konvent der Nonnen aus Midsummer gesammelt werden und wir waren auch geladen. Dann passiert es! Nach wenigen Minuten brechen mehrere Personen zusammen und auch die Schwester von Betty liegt am Boden und krümmt sich vor Schmerzen. Dann schreien Betty und Nancy irgendetwas vom Keltenfluch und zu guter Letzt sticht die Frau von Percy auf den süßen Pater ein. Alle sind schockiert!"

Sie wird von Fergie unterbrochen:

„Was für eine Verschwendung, so ein netter junger gutaussehender Mann und dann ist er Pater."

Dabei schaut sie ihre Schwestern schmachtend an und wie im Chor:

„Was für eine Verschwendung!"

Dann unterbricht Percy sie und fragt:

„Wie ging es weiter"?

Dann sagt Fergie:

„Nachdem sie auf den Pater eingestochen hatte, wurde sie in den Kerker geworfen. Ihre Schwester war tot! Nancy verschwunden."

„Man sagte, es hätte den König und den süßen Mönch erwischen sollen. Stattdessen erwischte es die Schwester. Sie hatte verfärbte Hände und diese schmerzten."

„Wie starb meine Frau?"

Diana erzählt die Geschichte weiter:

„Nach Tagen fand ein Überfall statt und dabei sollte die Königin von Nancy getötet werden, aber der Angriff wurde von unserem Verwandten William vereitelt und dabei starb Nancy. Dann versuchten die restlichen Kelten Betty aus dem Schaukäfig zu befreien und auf der Flucht starb sie dann!"

Dann sagt Fergie:

„Das alles geschah wegen dem Heidenkult. Wir sind getauft und schauen uns immer den netten Patric in der Kapelle an. Wir beichten regelmäßig nach dem Gebet."

Bei diesem Namen verdrehten alle drei fast synchron ihre Augen. Verkniffen sich aber den Spruch „Was für eine Verschwendung". Schließlich fügt Fergie hinzu:

„Das wird aber immer schwieriger."

Und Diana sagt:

„Nun müssen wir schon Sünden erfinden um immer etwas sagen zu können!"

Alle drei lachen und Fergie meint:

„Aber gestern waren wir echt fleißig! Was wir da alles gesündigt haben. Da wird der arme, „Süße" Patric sicher wieder rot!"

Dann sagt Sarah:

„Nun ist es aber genug! Lasst uns essen!"

Während dem Essen achteten die Damen darauf, dass jeder der Herren beim Honigwein nicht zu kurz kommt und so schenkten sie immer wieder nach. Es muss sicher schon nach elf gewesen sein, als sich alle wieder in das nächste nächtliche Abenteuer stürzten. Noch um zwei konnte man die sich Liebenden in den verschiedenen Zimmern hören.

Als die Sonne aufging, lagen alle noch tief im Schlaf und selbst das Klopfen an der Pforte hatte niemand mitbekommen. Die anstrengende Tätigkeit und der Wein hatten ihren nächtlichen Tribut gezollt. Erst kurz vor Mittag raffen sie sich auf und jeder schob den nackten Körper der nächtlichen Gespielin von sich.

Als sie angezogen waren, wachten auch die Damen auf. Percy hatte ihnen erlaubt, die nächsten Tage zu bleiben und sie sollten warten, bis sie ihre Geschäfte abgewickelt haben. Die Kapitäne verabschiedeten sich mit einem innigen Kuss von ihrer Gespielin und dann machten sie sich auf, um zur Priory zu reiten.

Im gestreckten Galopp eilten sie hinter den Karren mit der Ware hinterher, um diese einzuholen. Die drei Damen machten sich auf in ihr Geschäft. Ihnen gehörte die große Bäckerei. Hier konnte man normales Brot bekommen, aber auch jede Art an feinem Gebäck und mehr. Man konnte nicht sagen, dass sie faul waren, eher geschäftstüchtig mit der Lust, sich auch mal was „Süßes" zu gönnen.

Ihr Geschäft ist eines der Größten und das meist besuchte hier direkt am Markt. Der Umgang mit ihrem Personal war ein ganz besonderer, ihnen konnte keiner auf der Nase herumtanzen. Sollten ihre Eltern sterben, dann wären die drei so reich wie das Wasser in der keltischen See tief ist. Was ihnen zu ihrem Glück bisher fehlte, war halt ein standesgemäßer Mann, so wie die drei, die sie gerade verwöhnten!

Bruder Famian, der sich etwas zurückgenommen hatte, ist nun mit Helen in der Gruft. Bisher hat sich noch niemand um die vielen Gebeine gekümmert. Sie betrachten die Menge und Helen sagt zum Mönch:
„Das müssen hunderte sein, die hier bestattet wurden."
Der Mönch antwortet:
„Da könntest du Recht haben. In Hundertzwanzig Jahren kommt auch bei einer kleinen Gemeinschaft der ein oder andere Verstorbene hinzu. In der Anfangszeit werden es sicher oft weniger als zehn oder vielleicht mal zwanzig Gläubige in einer Gemeinschaft gewesen sein."
Sie erwidert:
„Das ist eine lange Zeit und da wird viel passiert sein. Das konnte man schon lesen, wenn auch genaue Zahlen fehlen."
Famian ergänzt:
„Das ist nicht wichtig! Die Hauptsache ist, dass sie eine Ruhestätte gefunden haben. So wie sie hier liegen, hat man das mit sehr viel Liebe gemacht. Oder kann man das so nicht sagen?"
Rasch antwortet sie:
„Nein, nein! Das ist schon so! Mit sehr viel Feingefühl."
Namen finden sie aber keine. Es sei denn, im Buch wären sie niedergeschrieben. So schauen sie weiter durch die sorgfältig abgelegten menschlichen Gebeine. Weitere Erkenntnisse erhalten sie hier nicht. Vielleicht gibt es im Nebenraum noch ein Geheimnis zu entdecken.

Sie wenden sich an den sorgsam gestalteten Raum und können die Kunst des Handwerks bewundern. Einen so alten Altar haben sie noch nicht gesehen.

Helen fragt:

„Wie alt mag dieser hier sein? Wer hat diesen erbaut?"

Famian ergänzt:

„Fragen über Fragen und keine Antworten! Nur Fragen!"

Helen antwortet dazu:

„Es muss irgendwie eine Antwort geben! Elfenbein wurde sicher nicht überall geschnitzt! Wer konnte so etwas?"

„Hier kennt sich leider noch keiner aus. Dieses Rätsel bleibt erst einmal bestehen!"

So verlassen sie die Katakombe.

In der Zwischenzeit hat Percy mit seinen neuen Freunden Freddie und David den Tross mit der Lieferung für die Priory erreicht. Nun treibt er die Fahrer an, um schnellstmöglich zur Abtei zu kommen. Sie werden sich Mühe geben, rechtzeitig am Abend da zu sein. Die drei Freunde werden im Gasthof im Dorf in der Nähe der Abtei übernachten und morgen werden sie die Geschäfte mit der Priory und dem Mainistir abwickeln.

In Corcaigh unterhalten sich die Schwestern Sarah, Fergie und Diana über ihre neuen Liebschaften. Ob es ein kurzer Flirt ist oder ob sich daraus etwas Dauerhaftes entwickelt? Fergie, die mit Freddie Schneyder angebandelt hat, sagt zu Sarah:

„Du hast es ja gut, denn du kennst deinen Percy schon länger! Wir wissen fast gar nichts über David und Freddie."

Diana fügt hinzu:

„Außer dass sie mit Percy befreundet sind und zur See fahren wissen wir gar nichts über die Beiden."

Sarah entgegnet ihnen:

„Beide kommen aus dem britischen Königsreich Wessex, aus den Städten Dorchester und Winchester und stammen aus dem Adel dort. Beide fahren schon seit mehreren Jahren zur See. Ich glaube, das Schiff, mit dem Schneyder unterwegs ist, gehört ihm oder seiner Familie. Kapitän David hat Kontakt zum König Ina aus Wessex und soll auch irgendwie in der Rangfolge stehen."

Sie hält kurz inne und sagt dann:

„Ganz wichtig! Beide sind ledig!"

Da bekommen Diana und Fergie glänzende Augen.

Erstaunt fragt Fergie:

„Woher weißt du das?"

Darauf sagt Sarah ganz lässig:

„Als ältere Schwester muss ich mich doch um euch kümmern. Schließlich unterhalte ich mich mit Percy, während ihr um die Wette vögelt."

Diana ganz erbost:

„Wie bitte?"

Dann kontert Sarah locker:

„Während ich um euer Leben fürchten musste, als ihr so laut gestöhnt habt, habe ich natürlich nach euch gesehen und war dann doch beruhigt. Ich hatte nur Sorgen um eure Untertanen, dass sie den Geist aufgeben würden."

Sie beschwichtig die Beiden:

„Keine Sorge! Ihr seid in guten Händen! Besser ihr habt auch alles im Griff. Unsere Eltern werden nicht abgeneigt sein gegen eine Verbindung der jeweiligen Häuser. Es geht noch steil nach oben und wir können dann mit Anne locker mithalten."

Etwas beruhigt und doch entsetzt fragt Fergie:

„Wir sind doch noch nicht verheiratet oder?"

„Das nicht, aber es könnte schon bald so sein."

Dann fragt Diana:

„Sollten wir den dreien nicht hinterher reisen und sie überraschen?"

Nun antwortet Sarah schmachtend:

„Oh, ja das sollten wir."

Nun macht sich Sarah auf zum Sitz des Königs und bittet darum, empfangen zu werden. Der König lässt den Wunsch zu und ist auch gespannt, was sie zu erzählen weiß. Hat er doch mitbekommen, dass die drei Schwestern mit den Schiffsführern am Abend nach dem Empfang abgezogen sind.

Im Verlauf des Gesprächs erfährt er alles über die Herkunft der Kapitäne und er ist geneigt, sich um eine mögliche Mitgift zu kümmern. Würde es doch die Beziehungen zum britannischen Bruder verbessern. Damit würde er sich auch gegenüber seinen nördlichen Nachbarn in eine bessere Position bringen. Nachdem Sarah ausgesprochen hat, bietet er ihr folgendes an:

„Solltest du es wollen, eine Bindung zu Percy einzugehen, dann würde ich ihn vorher in einen höheren Adelstand und zum Herzog erheben. Damit würde er auch weitere Ländereien erhalten. Für seine Verdienste und Treue hat er das schon längst verdient."

Sie antwortet:

„Ich werde, wenn ich heiraten sollte, dann nur aus Liebe heiraten. Alles andere kommt für mich und meine Schwestern nicht in Frage. Denn Angebote haben wir schon reichlich gehabt. Auf Reichtum brauchen wir auch nicht achten! Es muss passen. Unterdrücken werden wir uns auf jeden Fall nicht lassen. Das haben wir nicht nötig. Entweder es ist Liebe oder es gibt nichts!"

Das sagt sie, selbstbewusst und zielsicher! Denn sie ist eine reife, erfahrene, junge Frau.

Dann sagt der König:

„Zurzeit sind die drei zum Abtei und Mainistir und ringen um meine Ware, die Pfeile auf die wir warten. Ich könnte William dazu anhalten, dass er euch eine Eskorte stellt. Ihr könntet es noch bis zum Gutshof von Corcaigh am Abend schaffen. Dann wärt ihr in der Früh dort."

Lächelnd stimmt sie dem zu und sagt:

„Dann machen wir uns auf den Weg!"

Als sie nach einer Stunde wieder zurück ist, sagt sie den anderen:

„Mädels, auf geht's! Wir fahren zu unserem nächsten Abenteuer. Macht schnell! Gleich kommt für uns die königliche Kutsche mit Eskorte!"

Sie lässt die beiden dumm stehen und packt die wenigen Sachen, die sie mithat, zusammen. Da Fergie und Diana ihre Schwester kennen, beeilen sie sich, ihr zu folgen. Auf ihre Fragen bekommen sie nur die Antwort:

„Ich bin fertig und wir fahren gleich los zum Mainistir!"

Die beiden hören, wohin es gehen soll und fragen:

„Mainistir?"

Sie antwortet:

„Ja, im Dienst der Krone!"

Und als wäre das nicht genug, schiebt sie noch einen hinterher:

„Kommt, lasst uns zu unserem Glück mit königlichem Segen fahren! Alles für die Ehre der Krone!"

Die beiden verstehen zwar nichts, aber es hört sich gut an. Synchron mit dem Vorfahren der Kutsche sind sie fertig. Sie geben die Anweisung zum Gutshof in Richtung der Abtei zu fahren und schon fliegt das Gespann im Galopp aus Corcaigh hinaus.

Unterwegs erzählt sie vom Gespräch mit dem König und den Segen, den er ihnen erteilt hat.

In der Abtei bereitet man sich auf die Nachtmesse zum Fest des letzten Abendmahls vor. Es wird eine feierliche Messe ganz im Kerzenschein sein und mit dem Ende werden die Glocken lange läuten. Anschließend werden sie für die nächsten Tage ganz verstummen. Während dieser Zeit besteht die Möglichkeit, seine Sünden in der Beichte abzulegen und auch die beiden keltischen Freundinnen, Esther und Ruth nehmen an der Feier als Teil der Gemeinschaft der Schwestern teil.

So langsam fühlen sie sich in der Gemeinschaft angekommen und zeigen ihre Bereitschaft, etwas für den neuen Glauben zu leisten. Immer noch hat Helen den Auftrag von Mary, sich um die Keltinnen intensiv zu kümmern. Auch vermittelt sie Gespräche mit anderen Nonnen und Novizinnen. Es sind viele Fragen, die sie zum christlichen Glauben haben. Interessant ist, dass sie sich auch für die Kunst rund um die Bücher bemühen. Auch konnten sie im Skriptorium die ersten Buchstaben schreiben und somit anfangen das Lesen zu lernen.

In der Feier haben es auch Percy und die beiden Kapitäne geschafft. Mit einer Orgelmusik hat das noch keiner von ihnen erlebt. Mit dem Chor und dem „Te Deum" startet das Gebet im Schein der leuchtenden Kerzen.

Erwartungsvoll verfolgen sie den Ablauf der Feier und hören die Worte in den Lesungen und in der Predigt. Selbst für weitgereiste wie David und Freddie ist das schon etwas Besonderes. Dann nehmen sie die Gabe des Abtbischof entgegen, das dünne Gebäck, den „Leib Christi"!

Andächtig sitzen sie und verfolgen den weiteren Verlauf der Gebete in der Kreuzkirche und sind verzaubert. Während sonst eine Gebetsstunde etwa eine Stunde dauert, wird diese sicher fast zwei Stunden gehen. Manch ein Blick wandert aus dem Kirchenschiff zur Empore hinauf. Hier zeigt sich, dass Maureen in den letzten Tagen einiges dazu gelernt hat. Leise flüstert Schneyder den anderen zu:

„Das ist die Orgel, die ich beim letzten Mal aus dem Frankenland mitgebracht habe. Ich hätte mir nicht träumen lassen, dass man damit so etwas Schönes machen kann."

Dann schweigen alle wieder und fasziniert lauschen sie den Klängen der Orgel.

Heute wird die Zeremonie durch einen besonderen Akt der Gnade und Nächstenliebe hervorgehoben. Der Abtbischof Eochaid hat alle seine Söhne die an der Mission zum Festland teilnehmen in einer Reihe im Chorbereich aufreihen lassen.

Mit seinem Gehilfen, dem Bruder Famian geht er zu ihnen und der Vater Abt kniet nieder. Mit einem nassen Tuch wischt er beim ersten Bruder

Edward die Füße und dabei murmelt er etwas unverständliches. Anschließend trocknet er diese und geht zum nächsten. Alles wird untermalt durch den Klang der Orgel.

Als er zum letzten in der Reihe kommt ist es sein Schüler Patric. Etwas zögerlich lässt er das Waschen der Füße über sich ergehen und dabei weint er vor Ergriffenheit. Als der Abt mit dem Vorgang fertig ist sagt er zu seinen Söhnen:

„Nehmt dies als Zeichen des Herrn und als Dank für eure Reise! Möge der Herr euch bei eurer Aufgabe schützen und leiten!"

Damit ist der Gnadenakt vollzogen. Ein Chor der Schwester stimmt dann ein Lied zur Freude und Gloria zum Herrn an.

In der Zwischenzeit ist der Königin aufgefallen, dass der Heerführer vom Königreich Munster im Kirchenschiff sitzt und denkt sich:

„Percy müsste doch noch auf See sein!"

Auch Bruder Patric hat ihn erkannt und er will gleich nach der Gebetsfeier zu ihm gehen. Anne steht bereits bei den drei Besuchern und sie sagt zu Percy:

„Schön, dass ich Euch hier begrüßen kann, Percy. Würdest du mir die beiden Herren vorstellen."

Percy verneigt sich und er stellt die Kapitäne der Königin Anne Eoghanacht mit den Worten vor:

„Verehrte Königin Anne!

Dass sind die Kapitäne Freddie Schneyder und David Winterbottom. Sie sind adlige aus dem Haus Wessex. Beide sind mit mir nach Corcaigh mit dem Schiff gesegelt und ich wollte ihnen einmal unsere Priory zeigen."

Beide nicken zustimmend der schönen jungen Frau zu und Percy MacCarthy ergänzt:

„Sie ist mit den Schwestern Sarah, Fergie und Diana verwandt."

Anne überrascht:

„Ihr kennt meine Cousinen aus dem Haus Eoghanacht. Wo habt ihr sie denn kennen gelernt?"

Höfflich antwortet Percy ihr:

„Auf dem Empfang beim König, nachdem wir angekommen sind. Ich hatte euch vermisst und dann sind wir mit ihnen ins Gespräch gekommen. Sie sagten, dass ihr hier in der Abtei seid."

Sie antwortet:

„Ich war hier bei der Einweihung der Orgel. Ihr konntet ja schon hören, welche Töne sie hervorbringt. Ist das nicht wunderschön?"

Das Gespräch ist sehr unterhaltsam und bisher hatte Patric im Hintergrund

nur zugehört. Nun stellte Percy ihn seinen beiden Freunden vor:
„Das ist Bruder Patric. Er ist der Mönch, der die Mission zum Franken-reich leitet."
Dann ergänzt Anne:
„Prior Patric! Soviel Zeit muss schon sein."
Der Prior begrüßt die beiden und sagt:
„Ich würde euch ja gerne zum Essen heute einladen, aber wir haben eine Fastenwoche. Ich glaube, dass dies dann nicht das Richtige für diesen Abend ist. Was kann ich denn sonst noch für euch tun? Habt ihr eine Un-terkunft?"
Percy versichert, dass sie eine Bleibe haben und erwidert:
„Wir haben interessante Ware für das Mainistir dabei und wollten morgen ein Geschäft mit euch abschließen."
Patric sagt:
„Das würden wir gerne machen, aber morgen ist ein besonderer Tag und ihr seht, dass das Kreuz des Herrn verhüllt ist. Das bedeutet, wir sind in tiefer Trauer! Deshalb ist es schlecht, Geschäfte abzuschließen. Wir wür-den uns freuen, wenn wir euch am Sonntag, dem Tag der Auferstehung, hier antreffen und ihr mit uns Essen würdet. Dann stehen wir euch gerne für alles zur Verfügung!"
Die drei sehen, dass die Reise nicht so schnell vorbei geht und überlegen, was sie tun sollen. Patric merkt, dass es zeitlich für die Gäste ein Problem gibt und deshalb sagt er:
„Ich werde mich erkundigen, was ich morgen für euch tun kann!"
So bleiben sie im Gasthof und alle gehen ihres Weges und warten auf morgen!

Bereits in der Frühmesse gibt es wieder Besuch aus Corcaigh. Es sind drei Frauen aus dem Haus Eoghanacht. Schon beim Eintreten hat Anne die Verwandtschaft erkannt. Es sind die Cousinen Diana, Fergie und Sahra. Da zuwenig Zeit vor der Gebetsfeier ist, kann sie ihnen nur kurz zunicken. Die Brüder und Schwestern sind wie immer zahlreich vertreten. Zu hören ist keine Glocke und es ist eine sehr gedrückte Stimmung. Nach dem Ge-bet warten Sarah, Fergie und Diana auf die Königin Anne. Diese begrüßt sie mit den Worten:
„Was macht ihr denn heute hier in der Abtei?"
Sarah antwortet:
„Wir sind Percy und seinen Freunden hinterher gereist und dachten, wir würden sie hier antreffen. Aber wir haben uns getäuscht."

Anne antwortet ihnen:
„Ihr habt sie nicht verpasst! Sie sind zusammen im Dorfgasthof abgestiegen und sie werden gleich zum Prior Patric kommen."
Als sie Patric bemerken, grüßen sie recht höflich. Er grüßt zurück und mit einem Lächeln fragt er:
„Was habt ihr diesmal verbrochen? Heute nimmt der Abtbischof die Beichte ab und für große Sünden ist er zuständig!"
Fergie sagt dann zügig:
„Diesmal haben wir nichts verbrochen und beichten tun wir nur in Corcaigh bei unserem Pater! Wir sind in königlicher Mission und dem Segen des Königs unterwegs!"
Patric erwidert:
„Oh, dann möchte ich nicht stören!"
Dann fragt Anne Patric:
„Kannst du mir sagen, wann die drei zurückreisen wollten?"
Patric antwortet ihr:
„Ich kann es nicht genau sagen, aber ich denke, sie bleiben bis mindestens Montag. Ich werde sie gleich treffen."
Dann fragt Diana:
„Wo können wir denn warten"
Dann antwortet Anne:
„Ich könnte euch mit ins Gästehaus nehmen."
Den Vorschlag finden sie gut und so gehen sie mit ins Gästehaus. Auf dem Weg dorthin bleiben sie auf dem Vorhof der Kirche stehen und Anne sagt:
„Jetzt würde ich doch mal gerne wissen, warum ihr drei hier seid. Ich möchte aber eine ehrliche Antwort und nicht so einen Quatsch wie eben hören!"
Sie schauen etwas verlegen und keine will den Anfang machen. Jetzt muss die Königin wissend schmunzeln und dadurch erröten die Gesichter der Verwandtschaft. Anne sagt dann:
„Ihr seid zu dritt und die Herren ebenfalls! Ich könnte mir vorstellen, ihr scheint ein Opfer gefunden zu haben. Nun will ich die ganze Geschichte hören."
Dann erzählt Fergie von den Ereignissen, vom Empfang zu Ehren von Percy und dass man sich ein wenig näher kennengelernt hat. Die Königin Anne fragt dann neugierig:
„Kennen gelernt oder „Kennen gelernt"!"

Als wieder nur ein Zögern von ihnen kommt sagt sie:
„Ach so ist das! Was Ernstes?"
Sie wartet aber die Antwort nicht ab.
„Also, ich könnte mir das gut verstellen. Aussehen tun die drei Männer echt gut!"
Dann sagt Sarah:
„Standesgemäß wäre es auch!"
Anne antwortet:
„Soweit habt ihr euch also schon informiert! Dann muss es ernst sein und ihr habt euch verliebt!"
Dann erreichen sie das Gästehaus und sie gehen in einen der Räume, in denen die Gäste Frühstück erhalten. Hier unterhalten sie sich ausführlich und dabei rutscht Sarah das Versprechen vom Herzogstitel heraus. Nun ist Anne auf dem neuesten Stand und sie warten in einer lockeren Runde auf die drei adligen Seefahrer.

Gegen zehn erreichen Percy, David und Freddie die Abtei. Genau richtig, denn die Mönche sind gerade aus dem Refektorium gekommen. So braucht Percy nicht lange warten. Patric hat sich vorgenommen, ihnen den Vierkanthof der Abtei zu zeigen. Ein Spaziergang kann sicher nicht als Arbeit gewertet werden. Das hat er sich vorher vom Abtbischof bestätigen und absegnen lassen und so hat er vor, mit Ihnen bis zum Gestütshof zu gehen.
Gerade als die Herren in den Vierkanthof verschwinden, macht Victoria die Entdeckung:
„Wenn ihr die Seefahrer sprechen wollt, dann solltet ihr euch auf den Weg machen zum Vierkanthof. Am besten ich begleite euch, sonst werdet ihr euch nicht zurechtfinden."
Dann macht sich eine größere Gruppe auf, um ihr in den Vierkanthof zu folgen. Patric ist direkt mit schnellem Schritt zum Gestütshof gegangen. Victoria hatte gehofft, sie noch im Vierkanthof des Klosters zu erwischen, was aber leider nicht geklappt hat. Von Alec erfährt sie, dass sie zum Gestütshof unterwegs sind. Die Frauen müssen sich beeilen, wenn sie die Männer einholen wollen.
Im Gestütshof erklärt Patric, was sie hier fertigen und zeigt ihnen die Schmiede und auch den Bau der mechanischen Wassermühle mit dem Schmiedehammer. Als sie von dort zurückkommen, sehen sie an den Pferdekoppeln einige Frauen stehen, die sich mit dem Füttern der Pferde beschäftigen.

Victoria hatte ihnen gesagt:

„Hier können wir warten, denn Bruder Patric und seine Gruppe muss hier vorbei."

Unterwegs hatte Patric von Kapitän Schneyder erfahren, dass sie Holz und Rohstoffe für die Pfeile bekommen haben und er sollte sich die Ware einmal ansehen. Als er hört, dass sie zehn Kisten mit Pfeilspitzen und noch einmal das Doppelte an Rohmaterial dabei auf den Fuhrwerken haben, sagt er ihnen:

„Das Rohmaterial muss hier zur Schmiede und die Pfeilspitzen müssen zum Gutshof von Midsummer. Der Rest kommt in den Vierkanthof in der Abtei. Das könnt ihr heute schon veranlassen."

Nur das konnten sie noch in dieser Woche machen, mehr aber nicht. Längst war das aber nicht mehr das Thema, denn mit schnellen Schritten näherten sie sich der Koppel. Überraschen konnten sie die Damen nicht, denn schon hundert Yards vorher hatten diese sie entdeckt. Die Gesichter der adligen Schwester strahlten vor Glück und sie vergaßen die Etikette in Anwesenheit der Königin. Sie eilten den Herren entgegen und sie küssten sich herzlich und intensiv zur Begrüßung.

Ein Blick zwischen Victoria und der Königin Anne stellte nur die Frage in den Raum:

Ist es ein flüchtiger Flirt oder ist es etwas ernst Gemeintes?

Sicher wird sich das in den nächsten Tagen zeigen. Auch Patric war verwundert, dass man sich so intensiv herzte. Weitere Handelsgespräche waren nun nicht mehr möglich. Das war auch nicht schlimm, denn heute wird eh nichts mehr verhandelt.

Kurz vor Mittag zogen dunkle Wolken auf und Patric trieb alle zur Eile an, damit sie noch trockenen Fußes die Abtei erreichten. Bis zu den Klostermauern reichte es noch, aber zum Vierkanthof liefen sie wie junge Kinder, die ein Rennen gestartet hatten.

Von hier zur Klausur war es nicht weit. Die dreißig Yards rannten sie, als der Regen etwas nachließ und das Gewitter mit blitzen und donnern heftiger wurde. Gerade rechtzeitig schafften sie es zur Gebetstunde in die Kreuzkirche, auch die Paare hatten sich in den Kirchenreihen eingefunden. Die Gäste wurden nach der Feier ins Refektorium zum Mittagsmahl eingeladen. Es gab eine Suppe mit Gemüse ohne Fleischeinlage. Ein sehr schmackhaftes und gesundes Essen. Alle Zutaten waren aus dem eigenen Anbau. Als Percy sich für heute verabschieden wollte sagt Patric:

„Morgen und am Sonntag können wir hier nichts tun. Wenn ihr möchtet, könntet ihr zum Gutshof gehen und dort die Fertigung der Pfeile besichtigen. Auch gibt es dort Möglichkeiten zum Übernachten. Es ist dort auch eine Pilgerherberge mit getrennten Räumen im Anbau. Wir würden euch einen Wagen für euer Gepäck geben. Eine Nachricht erhält die Herberge, damit alles hergerichtet wird."

Percy hält diese Idee für gut und so beschließen sie, die zwei Tage in Ruhe zu genießen. Sie gehen zwar nicht zu Fuß, sondern reiten gemächlich dort hin.

Erleichtert, dass alles so geklappt hat, kann er dem Abtbischof von dieser Lösung berichten.

04   Liebe und Glück?

Kurz nachdem Patric die Gäste verabschiedet hatte, kommt ein Bote. Er ist fremd hier, deshalb fragt er an der Pforte an:
„Ist das die Kreuzkirche der Grafschaft Corcaigh?"
Ein Bruder antwortet:
„Ja, das ist die Kreuzkirche zur Abtei Priory!"
Der Reiter sagt:
„Dann bin ich richtig, gestern war ich am Mainistir in Midsummer. Dort hat man mir gesagt, dass ich hier den Abtbischof finden würde. Ich komme aus Wexford, einige Meilen von Waterford entfernt. Sicher kennt ihr St. Mullins. Ich bringe einen Brief vom Fürst Idwal Roebuck aus Wales von der britischen Insel.
Der Bruder an der Pforte bittet den Reiter zu warten. Höfflich bietet man ihm Essen und Trinken an.
Die Nachricht übergab er einem der Brüder mit der Bitte, sie gleich dem Abtbischof Georg zu bringen. Der Erste, der ihm über den Weg läuft, ist Prior Famian. Er nimmt die Nachricht, öffnet diese sogleich und liest:

„An den König aus dem Haus Eoghanacht
vom Königreich Munster

An den Abtbischof Eochaid Georg
mit Sitz in der Abtei Priory

Sehr geehrte König und Abtbischof

Wir haben mit euch einen Vertrag über eine größere Lieferung Langbögen und einer dazugehörigen großen Anzahl von Pfeilen.
Der Überbringer hat Anweisung, auf Antwort zu warten.
Wir benötigen diese Lieferung nicht erst in Mai, sondern bereits Anfang des Monats April. Wir haben erfahren, dass der König in Mercia zum Kampf gegen uns rüstet.
Bitte liefert so schnell ihr könnt!
Bitte liefert auch mehr Pfeile als vereinbart (Eine Million).
Denn wir müssen befürchten, dass unser Gegner mit einem großen

Reiterheer unsere Linien überrennen will.
Wir warten dringend auf Nachricht.

Hochachtungsvoll
Fürst Idwal Roebuck zu Wales

PS: Wir stehen in großer Schuld und werden uns entsprechend erkenntlich zeigen!"

Mit dieser Nachricht macht er sich auf und reicht sie an Roland weiter, der auf dem Weg zum Abtbischof Eochaid und Prior Patric ist. Sein Schritt wird langsamer als er die Nachricht liest. Er holt tief Luft und denkt, Oh ha! Das sind aber Zahlen!
Beim Weiterreichen des Briefes sagt er laut:
„Wir machen schon viel, aber so viel werden wir sicher nicht schaffen. Es fehlt ja jetzt schon immer an Metall!"
Er fügt hinzu:
„Derartige Mengen sind für uns nicht herstellbar!"
Nun meldet sich Patric:
„Die Kapitäne haben Ware vom Festland mitgebracht und ich habe diese bereits verteilen lassen. Es wäre nun wichtig zu wissen, was wir damit herstellen können."
Der Abtbischof schaut verzweifelt in die Runde:
„Was machen wir denn? Können wir so eine Lieferung schaffen? Was schreiben wir dem Fürsten aus Wales für eine Nachricht?"
Roland antwortet:
„Ich könnte mir Montag in drei Tagen ein Bild von der Lage machen!"
Patric fragt dann in die Runde:
„Ist das nicht zu spät?"
Roland wollte schon etwas sagen und der Abtbischof sagt:
„Das ist nicht mit unserem Ordensrecht im Einklang zu bringen! Alle Tage wären in Ordnung, aber doch nicht jetzt!"
Roland schaut den Abtbischof an und dieser sagt:
„Zieh dich um und reite heimlich hin! Lass dich nicht als Mönch erkennen! Das wäre für andere eine Möglichkeit, die Vorschriften zu umgehen und unseren Ruf zu schädigen! Lass dich von keinem erblicken, das wäre „unser Ende". Eigentlich schlimm genug, wir sind ja eine Waffenschmiede!"

Nach diesen Worten verschwindet der Abtbischof und er will gar nicht wissen, wie Roland und Patric das anstellen.

In der Mönchkutte verlässt Roland in Richtung Gestütshof das Gelände der Abtei. Unterwegs zieht er sich um und mit einem Pferd eilt er zum Gutshof von Midsummer. Dort angekommen macht er sich ein Bild von der Lage. Mit einem neuem Pferd eilt er zurück zum Gestütshof und umgezogen als Mönch taucht er wieder in der Abtei auf.

Auf dem Pilgerhof / Gutshof

Bereits am späten Nachmittag erreicht Percy mit seinen Begleitern ihr Ziel. Ihr Gepäck ist längst verstaut. Am Abend wird ihnen in der Pilgerherberge ein reichhaltiges Essen gereicht und diese Nacht genießen die drei Paare wie frisch verliebte. Morgen bleiben sie den ganzen Tag hier und können sich einen Eindruck von der neuen Einrichtung machen.

Es sind jetzt kaum Pilger unterwegs und so haben sie den Anbau für sich alleine. Der Kapitän Winterbottom hat bereits im Voraus bezahlt und reichlich draufgelegt, um hier die Zeit in Ruhe mit seiner neuen Muse zu verbringen.

Roland haben sie nur kurz gesehen, denn dann war er schon wieder weg. Er hatte ein paar kurze Anweisungen erteilt und sich dann sofort auf seinem Pferd aufgemacht.

Die Nacht in der Pilgerherberge wird mit großer Leidenschaft verbracht. Erst spät in der Nacht wird es ruhiger in dem Gästehaus.

Bereits zur Nachtwache sitzt er wieder auf seinem Platz. Verwundert sehen der Abtbischof und Patric, dass er wieder da ist. Aber er ist tief und fest während dem Gebet eingeschlafen. Die meisten haben ihre Plätze verlassen bis auf Patric. Erst gegen sechs weckt er Roland und dieser berichtet bevor ihn Patric zum Schlafen schickt. Da an diesem Morgen die Gebetsfeier zeitlich später stattfindet, wie sonst am Sonntag, kann er auch etwas länger schlafen.

Am nächsten Morgen in der Pilgerherberge ist der Tisch bereits für die Gäste gedeckt. Gegen neun sitzen sie am Tisch und als erstes beginnt Percy die Runde:

„Ich habe kurz mit Bruder Roland gesprochen und er sagte mir, sie benötigen noch einmal doppelt so viel Pfeilspitzen wie wir geliefert haben.

Können wir noch welche besorgen?"

Dann sagt Kapitän Freddie Schneyder:

„Wir können sicher noch welche auf den Inseln im Golf von Saint Malo besorgen. Auf den Inseln Sarmia und Andium sind zahlreiche Handwerker und die benötigen meistens Wolle für den eigenen Bedarf. Wohin gehen denn all die Pfeile zum Festland?"

Percy antwortet:

„An die Nordküste von Wales. Irgendetwas mit Fish!"

Da meint David Winterbottom:

„Du meinst Fishguard oder?"

„Ja, genau das war der Ort."

Dann fragt David:

„Dahin sollen die Pfeile?"

Percy ergänzt:

„Nicht nur Pfeile, auch Langbögen! Der Fürst aus Wales steht nämlich im Bündnis mit Wessex!"

Dann antwortet David Winterbottom:

„Das weiß ich, denn ich durfte die Gesandten von Wessex nach Wales hin und her fahren. Die Gesandten wurden vom Mönch Villibrod in Cardiff abgeholt."

Dann fragt Percy die beiden Freddie und David:

„Wo habt ihr euch denn kennen gelernt?"

Freddie antwortet:

„Wir waren zusammen in Dorchester und in Winchester. In Winchester waren wir auch erstmals zusammen auf einem Kriegsschiff von Wessex. Dort haben wir in einer Seeschlacht gegen die Nordmänner gekämpft."

Dann sagt David:

„Das waren harte Zeiten."

Dann mischen sich die Mädels ins Gespräch ein und Diana sagt:

„Soll das bedeuten, dass ihr bald wieder auf See seid?"

Die Stimmung scheint etwas zu kippen, denn die Mädels hatten sich das sicher anders vorgestellt. Percy erkennt, dass er hier beschwichtigend eingreifen muss und er sagt:

„So weit ist es noch nicht! Sicher müssen wir wieder auf See! Nun lass uns die schönen Tage hier genießen."

Sie beschließen eine Runde durch die Natur zu gehen und Sarah spricht mit ihrem Percy:

„Nun kennen wir uns doch erst ein paar Tage richtig näher. Wie findest du das?"

Er antwortet ihr:

„Ich finde, du bist eine sehr tolle Frau. Du weißt was du willst und bist zielstrebig. Das habe ich schon immer im Geschäft in Corcaigh gesehen. Eigentlich bräuchtet ihr das doch gar nicht machen oder?"

Sie antwortet;

„Stimmt! Eigentlich brauchen wir das nicht, aber es macht Spaß. Wir haben so viele Ideen.

Aber nun zu uns beiden! Könntest du dir mehr vorstellen, als die letzten Tage. Mit Fergie und Diana habe ich auch gesprochen. Sie sind auch begeistert von Freddie und David. So verliebt und entspannt habe ich die Beiden auch noch nie erlebt."

Nachdenklich hört er ihr zu.

„Nun, das eine oder andere Abenteuer haben wir uns schon gegönnt. Aber so wie im Moment war es noch nie. Wie war es denn mit deiner Frau Betty und dir?"

Er hält kurz inne und er schaut sie an:

„Wenn ich so richtig darüber nachdenke, war es nie richtig Liebe! Eher eine zweckmäßige Heirat aus dem Versprechen der Eltern heraus."

Dann bleibt er stehen:

„Und mit dir!"

Sie schaut ihn an:

„Ja, mit mir?"

„Da ist das alles anders und ich fühle mich zu dir hingezogen, verstanden und geborgen!"

Dann küsst er sie und sie erwidert den Kuss in seinen Armen. Es dauert eine Ewigkeit, bis dieser Kuss sein Ende findet!

Dann sagt er:

„Ist es ganz anders?"

Sie schaut ihn mit glänzenden Augen an und dann sagt sie:

„Lass es uns versuchen! Bitte!"

Dann küssten sie sich. Sie werden dann leider gestört. Es ist Mittagszeit und so gehen sie in die Herberge zurück. Die Gespräche untereinander zeigen, dass es den anderen beiden Paaren nicht viel anders geht. Die Eoghanacht Schwestern haben sich in die von ihnen ausgeworfenen Netzen selbst gefangen. Sie sind unsterblich verliebt.

In der Priory hat sich Bruder Roland von seinem geheimen Ausritt erholt. Nun steht er in der Pflicht, zu sagen wie es weitergeht. Er eröffnet das Gespräch:

„Bei dieser Lieferung waren sicher eine viertel Million fertige Pfeilspitzen dabei. Sie werden bereits von Helfern aus den umliegenden Dörfern auf vorhandene Rohlinge montiert. Am Morgen oder Übermorgen erhalte ich eine genaue Zahl!

Etwa die doppelte Menge an Rohmaterial liegt zur Bearbeitung auf dem Gestütshof und wird bereits für Spitzen bearbeitet. Mehr erfahren wir auch hier erst später."

Dann fährt er fort:

„Ich habe zu den Köhlern Reiter ausgesandt. Diese müssen so schnell wie möglich liefern! Wenn da nichts mehr kommt, muss die Schmiede schließen!"

Am Nachmittag wollen die verliebten Percy und Sarah ihren Endschluss den anderen mitteilen.

Percy fängt mit dem Gespräch an:

„Haben wir es nicht gut?"

David meldet sich:

„Ja, sehr gut und ich will auch nicht lange Drumherum reden. Percy, ich nehme dein Angebot an. Ich werde mit euch beiden in Zukunft zusammenarbeiten."

Dann sagt Freddie:

„Das ist ja fantastisch! Wie kommt es zu der plötzlichen schnellen Entscheidung?"

David schaut Diana an und sagt:

„Die Entscheidung wurde durch Diana beeinflusst! Ich denke, ich lasse mich hier in Corcaigh nieder!"

Diana ist so begeistert und küsst ihren David.

Dann fragt Fergie:

„Wie ist es denn mit dir, Freddie? Wo willst du denn wohnen?"

Freddie antwortet ihr:

„Ich hatte auch schon darüber nachgedacht, mich hier niederzulassen!"

Dann meldet sich Percy:

„Dann habe ich ja zwei Trauzeugen! Denn ich werde Sarah heiraten!"

Daraufhin fällt Sarah ihm um den Hals und sagt:

„Oh, Percy! Ich liebe dich!"

Leise sagt sie ihm:

„Ich dachte du würdest nie fragen!"

Sie küsst ihn und strahlt vor Glück!

Dann sagt Fergie:

„Lass uns alle an einem gemeinsamen Termin heiraten!"
Das Thema ist nun nichts mehr für Männer und die drei jungen Frauen träumen schon vor Glück.

Der Abtbischof, seine Brüder und Schwestern begehen den Tag vor der Auferstehung und so ruhen die Arbeiten und die Gebete stehen im Vordergrund. Heute wiederholt sich das Waschen der Füße. Diesmal werden es die Füße der Schwestern sein. Ausgewählt wurden unter ihnen die Teilnehmerinnen die zum Festland aufbrechen werden. Hier ist es Schwester Anna deren Füße zuletzt gereinigt werden.
Die Nacht zum Sonntag wird durch ein Feuer vor der Kreuzkirche erhellt. Alle warten auf den Sonnenaufgang und den Start des Festes. Am Morgen spielt Maureen auf der Orgel ein Loblied für den Herrn. Mit dem Ende des Liedes setzt das Glockengeläut wieder ein und ruft die Christen zur Auferstehungsfeier.
Der Abtbischof kann ins gut gefüllte Kirchenschiff schauen und die Gläubigen beten laut und kräftig mit. Auch bei den Liedern gibt es Fortschritte. Viele singen oder summen zumindest die Melodien mit. Den Text können sie von ausgelegten Holztäfelchen ablesen.

Kurz nach Sonnenaufgang sitzen die Gäste in der Herberge und nehmen ihr Frühstück ein. Gleich morgen machen sie sich auf zur Abtei und hoffen, dass ihr Vorhaben gut aufgenommen wird. Auch werden sie versuchen, die Wünsche für Corcaigh und das Mainistir zu erfüllen.
Nachdem Percy, David und Freddie gegessen haben, machen sie sich auf den Weg und besichtigen den Gutshof. Sie sehen, wie emsig die Leute hier die Pfeile fertigstellen. Dann sagt Percy:
„Die Pfeile sind aber nur die halbe Wahrheit! Ihr müsst die Bögen erst einmal dazu sehen. Ein richtiges Wunderwerk der Mechanik.
Diese Bögen können bis zu zwanzig Prozent weiter schießen als die herkömmlichen guten Bögen aus Mercia."
Dann fragt David Winterbottom:
„Woher weißt du das?"
Percy spricht von seinem Erlebnis:
„In einem Wettschießen zwischen dem besten Schützen der Grafschaft und dem Bogenmacher des Klosters ist das vor einiger Zeit so gewesen! Auf dem Schiff habe ich auch so einen Bogen dabei und der schießt bei jedem Wetter."

Dann sagt David:
„Das ist ja ein Vorteil Im Kampf. Dann wird Mercia sich aber wundern, wenn Bogenschütze gegen Bodenschütze antreten."

Dann kommt Percy auf das neue Geschäft zu sprechen:
„Die Priory möchte nochmals mindestens die doppelte Menge von dem haben, was wir mitgebracht haben. Die Bezahlung ist gut wie ihr wisst."

Der Kapitän Schneyder sagt:
„Da du mir von dem Geschäft in Corcaigh erzählt hast, habe ich nochmals auf der Insel nachgefragt, bevor wir losgefahren sind. Dort wird in den nächsten Tagen wieder eine größere Menge Metall erwartet. Außerdem fertigen sie auf meinem Wunsch Pfeilspitzen. Sie waren schon erstaunt, dass ich so viele gekauft habe und noch mehr kaufen will. In den nächsten Tagen werden sie wieder eine Lieferung Rohlinge bekommen, die sie dann aufbereiten."

Dann sagt Percy:
„Lass uns die Tage hier in Ruhe verbringen und dann werden wir in der Abtei hören, wie es weiter gehen soll."

In lockerer Runde geht der Tag mit ihren Liebschaften zu Ende. Sie hoffen, dass ihre Wünsche in Corcaigh und den Abteien Zustimmung finden. Am Morgen nehmen sie das erste Mahl noch in der Herberge ein, dann machen sie sich auf zur Priory.

In der Priory ist man schon seit der Nachtwache damit beschäftigt, den feierlichen Abschluss der Woche zu gestalten. Maureen ist an der Orgel mit einer eigenen Kreation zum Lobgesang.

In der nachfolgenden Gebetsstunde möchte sie zwei neue Lieder spielen. Ohne entsprechende Noten schwierig, aber sie muss versuchen, diese nach Gehör hinzubekommen. Gegen zehn ist es soweit, mit dem Glockengeläut wird nun zum ersten Mal seit drei Tagen wieder zur Heiligen Messe gerufen.

Der Abtbischof erwartet viele Besucher in der Kreuzkirche. Mit einem Lied zu Ehren des Herrn eröffnet der Chor in Begleitung der Orgel das Kirchenfest. Die Lesung verkündet von der Auferstehung des Herrn nach drei Tagen und die damit verbundene Botschaft an die Gläubigen.

Alles läuft wie von selber und am Taufbecken entstehen lange Schlangen. Es sind viele dem Ruf, sich taufen zulassen, gefolgt. Auffallend viele Kelten sind diesmal dabei, denn die Botschaft der vergangenen Wochen lautet, dass es keinen Unterschied zwischen den christlichen Gläubigen gibt. Der Abtbischof hat auch nochmals darauf hingewiesen, dass die

Verfolgung Andersgläubiger keine Lösung sein kann. Er wirbt offen für ein ausgeglichenes friedliches Nebeneinander und Miteinander. Das hat auch Patric erkannt, als sein geistiger Vater ihn nach Corcaigh geschickt hatte, um die Seelen der verurteilten Kelten und Druidinnen zu retten. Es soll ihm eine mahnende Lehre für das sein, was auf ihn zukommen sollte.

05   Der Sturm auf der keltischen See

Am Sonntagnachmittag erreicht die Gruppe um Percy die Kreuzung zur Priory. Gutgelaunt kehren die frisch Verliebten an ihrem Ziel, den Gasthof in der Nähe der Abtei, ein. Zur Andacht gehen sie zu Fuß, denn der Weg ist nicht weit und das Wetter ist schön und sehr sonnig.

Als sie die Kreuzkirche erreichen, grüßen sie als erstes Königin Anne auf dem Vorplatz. Die weiblichen Verwandten beginnen mit der Königin einen aufschlussreichen Gesprächsaustausch. Für sie sind die Nachrichten nicht überrauschend, hatte sie doch schon vor Tagen die Vermutung, dass hier mehr aus dem Flirt werden könnte.

Percy möchte das Gespräch mit dem Abtbischof suchen, muss sich aber mit Patric und Roland begnügen.

„Das ist sehr beeindruckend, was auf dem Gutshof gefertigt wird."

Roland antwortet:

„Es hat uns auch viel Mühe gekostet, es so einzurichten."

Dann fragt Percy:

„Wie viele wollt ihr eigentlich herstellen?"

Dann fragt Roland:

„Wovon?"

Dann sagt Kapitän Schneyder:

„Bleiben wir mal bei den Pfeilen!"

Roland antwortet:

„Wenn es nach dem Fürsten von Wales geht, ein paar Millionen. Aber das ist Illusion!"

Freddie entgegnet:

„Wir könnten da helfen! Die Lieferung vom letzten Mal war doch in Ordnung?"

Roland antwortet:

„Die Hölzer und die Metalle passen. Die Pfeilspitzen helfen uns, da wir davon immer zu wenig haben."

Freddie weiter:

„Was würdet ihr denn sagen, wenn wir euch kurzfristig helfen könnten. Mit einer Lieferung in anderthalb Wochen?"

Da Roland zu Patric schaut übernimmt er das Wort:

„Zu gleichen Preisen wie die letzte Lieferung?"

Percy sagt:

„Zu gleichen Preisen!"
Dann überlegt er und sagt:
„Ich werde euch einhundert Goldmünzen mitgeben, damit der Kauf realisiert werden kann."
Dann meldet sich David zu Wort und sagt:
„Ich, oder besser wir … haben ein Anliegen!"
Es klingt so ernst und Patric versucht ihm zu helfen und sagt:
„Ist es etwas Persönliches und ihr benötigt meine Hilfe?"
Nun muss David lachen und er ergänzt seine Einleitung:
„Wir würden gerne die Schwestern Eoghanacht heiraten! Was würde die Abtei für so eine Hochzeit nehmen?"
Patric überrascht:
„Oh, heiraten! Hier in der Kreuzkirche oder in Corcaigh in der Kapelle? Wer von euch will denn wen heiraten?"
Dann klärt Percy für Patric die Verhältnisse auf und dieser kann es nicht fassen, meint aber:
„Das ist sicher etwas für den Abtbischof! Dazu werde ich ihn später im Refektorium ansprechen."
Auf dem Weg zurück läuft Patric der ältesten Schwester Sarah über den Weg. Diese strahlt ihn an und sagt zu Patric:
„Ich muss dir etwas sagen! Ich werde heiraten und meine Schwestern auch. Ist das nicht schön!"
Patric gratuliert ihr und sagt:
„So plötzlich!
Du siehst sehr glücklich aus. Es freut mich sehr für dich und deine Schwestern! Am besten informiere ich gleich unseren Abtbischof, damit er euch einen Termin gibt!"
Dann ist er auch schon weiter zum Abtbischof. Hier erzählt er, was es alles Neues gibt und das Percy morgen nach dem morgendlichen Refektorium zum Gästehaus kommt, um alles abzusprechen.
Mit der Komplet endet die Heilige Woche und ab morgen ist wieder der normale Alltag in der Abtei das Thema. Viele Dinge müssen nun schnell wieder vorangehen, einiges muss nachgeholt werden. Ob Landwirtschaft oder auch im Handwerk, viele Hände finden hier Arbeit und sichern damit das Überleben für viele Familien.
Auch aus dem Steinbruch gibt es Neues. Die erste Lieferung aus dem Bergwerk ist angekommen.

Pünktlich zur Messe nehmen die Eoghanacht Schwestern mit ihren männlichen Begleitern gleich hinter der Königin im Mittelschiff Platz. Mit einem Lied zu Ehren Marias geht es freudig in den Morgen. Hier lauschen sie den Worten zur Lesung von Patric.

Er hatte eigentlich eine andere Lesung ausgesucht aber nun spricht er von Gottes Treue aus dem Buch „Hosea" und er bezieht die Treue auf die Ehe. Dabei schaut er immer wieder auf die drei Paare in der Reihe hinter der Königin.

Nach dem Gebet geht der Abtbischof Georg mit Prior Patric auf die Bankreihen mit der Königin und den Gästen zu. Dann bittet er, dass sie ihm in den Kapitelsaal folgen sollen.

Hier spricht er erst einmal das Thema Heirat an und alle bestätigen, dass sie gewillt sind. Die Königin versichert, dass die Verbindung den Segen des Königshauses hat. Damit ist die Möglichkeit der Hochzeiten realistisch. Ort und Termin lassen sich sicher finden. Damit ist das Gespräch für die weiblichen Teilnehmer zu Ende und die Königin führt ihre Cousinen in den ersten Stock und zeigt ihnen die Kunstwerke, die hier gestaltet werden.

Dann geht es um den Handel. Der Abtbischof erteilt das Wort an Roland, denn er hat den Überblick.

„Wir werden morgen unseren Lagerbestand mit Langbögen und Pfeilen zum Hafen transportieren. Diese müssen dann schnellstens nach Fishguard geliefert werden."

Hier erklärt Winterbottom:

„Ich kenne den Hafen, das könnte ich übernehmen."

Percy sagt:

„Du solltest zwanzig zusätzliche Soldaten mitnehmen, um dich vor Angreifern zu schützen. Denn anschließend wirst du mit dem Geld zurückkommen, das spricht sich herum!"

Dann geht Roland auf den Punkt zur weiteren Beschaffung von Material für die Herstellung ein und hier antwortet ihm Schneyder:

„Das übernehme ich und fahre zum Golf. Auf den Inseln werde ich das nötige Material bekommen."

Für Percy bleibt die Reise nach Cardiff. Er soll den Brief überbringen und er soll sich noch nach ausreichend Ware umschauen.

Der Abtbischof beendet die Runde mit den Worten:

„So ist der Plan und hier werden alle gebraucht, um alles rechtzeitig auf den Weg zu bringen."

Dann hält er inne und sagt:

„Für eure Hochzeit könnten wir hier in der Kreuzkirche etwas organisieren. Wir werden uns etwas einfallen lassen, bis ihr von eurer Seereise zurückkehrt."

Damit löst sich die Runde auf und die meisten reisen ab.

Das Gästehaus leerte sich nun Zusehens. Als erste brach die Priorin auf mit einigen mitgereisten Schwestern und den beiden keltischen Frauen Esther und Ruth. Die Gespräche mit dem Prior Patric hatten ihnen viel gebracht. Sie fühlten, dass sie hier angekommen sind und gebraucht werden. Irgendwie haben sie das Gefühl, dieses auch als Dank zurückgeben zu wollen.

Nun steht erst einmal das Mainistir in Midsummer auf dem Plan und das Leben in einem von Frauen dominierten Haus wird eine neue Erfahrung werden.

Für die Königin wurde es auch Zeit, zurück nach Corcaigh zu reisen. Mit ihr fuhren die zwei Schwestern Hillary und Eden. Sie wollen Pater Franziskus schon in den nächsten Tagen unterstützen, auch wenn der Konvent seine Arbeit noch nicht aufnimmt.

Damit war auch die Kutsche der Königin besetzt. Für Unterhaltung bis Corcaigh war also gesorgt. In einer zweiten Kutsche befanden sich Sarah, Fergie und Diana. Ihre lautstarke Unterhaltung wurde oft durch das herzliche Lachen unterbrochen.

Percy, seine Freunde und bald auch seine Verwandten waren eilig vorausgeritten, um zuerst nach ihren Schiffen zu sehen und zweitens mit dem König zu sprechen. Unterwegs überholten sie die Fuhrwerke aus der Abtei. Die wurden von einer Eskorte bewacht, um die kostbare Ware sicher ans Ziel zu bringen.

In der Abtei und für Patric kehrt erstmal Ruhe ein. Alec war in letzter Zeit mehrfach aufgefallen, weil er zu spät seinen Platz eingenommen hatte. Der Abtbischof hatte sich mit den Prioren getroffen um zu besprechen, mit welcher sinnvollen Aufgabe er wieder auf den rechten Pfad zu führen sei. Der Vorschlag des Abtbischofs fand Anklang, eine Woche lang die Kreuzkirche und die Katakombe zu säubern und dabei fasten!

Seine anderen Aufgaben sollen in dieser Zeit ruhen, so sollte der Bruder Zeit bekommen, über sein unregelmäßiges Verhalten nachzudenken. Den Beschluss erhielt er umgehend, noch bevor die Novizen diese Arbeit erledigen konnten.

Da in der Woche nach der Auferstehung noch weitere Gebetsstunden anstehen, war es eine Arbeit, die nicht enden würde. Seinen ersten Rüffel erhielt er, als bei der nächsten Messe der Chorraum nicht sauber war. Alec stellte schnell fest, dass er sich immer zuerst und nach jeder Messe um den Chorbereich kümmern muss. Andere Bereiche musste er zurückstellen, wollte er doch schnell von dieser Arbeit abkommen. Zwar bot man ihm Hilfe an, diese musste er aber wegen der Vorschriften dankend ablehnen. So schrubbte er den Boden und kroch auf den Knien herum. Am Freitag würde er erlöst, der Abtbischof war der Überzeugung, dass es dann reichte.

In Corcaigh waren die Schiffe am Nachmittag bereit die Segel zu setzen. Der Erste, der davon segelte, war Percy. Er hatte den Brief für Villibrod, den er in der Nähe von Cardiff treffen wollte und weitere Nachrichten für den Fürst von Wales, dabei.
Mit den Instruktionen von Winterbottom sollte er es schaffen, dort heil anzukommen. Er hatte Seekarten mitbekommen, um einige schwierige Passagen umschiffen zu können.
Eine Stunde später war auch Kapitän Schneyder unterwegs. Er hatte den Kaufpreis in Form von Wolle und Goldmünzen dabei. Er machte sich auf in den Golf zu den Kanalinseln. So konnte er es noch im Dämmerlicht schaffen, aus der Bucht zu kommen.
Für Kapitän Winterbottom war das nicht mehr möglich. Er hatte auf die Ware für Fishguard warten müssen. Diese erreichte Corcaigh erst am Abend und er wollte nicht in der Dunkelheit ausfahren. Es hätte ihm vielleicht zwei bis drei Stunden mehr gebracht, aber dafür hätten die Seeleute die Nacht durcharbeiten müssen. So ruhten sie bis zum Morgengrauen und ließen dann schnell den Hafen hinter sich. Rasch nehmen sie Fahrt auf und erreichten bald die offene See.

An diesem Morgen saß Alec brav auf seinem Platz und er würde froh sein, wenn er wieder seiner gewohnten Tätigkeit nachgehen darf. Für Edward war das sicher auch alles andere als Spaß, hatte er doch in der Zeit zwei Jobs zu erledigen. Er konnte froh sein, dass die meisten wussten, was sie zu tun hatten.
Auch Helen hatte bemerkt, dass Alec sich in den letzten Tagen rar gemacht hatte, aber so ist das im Kloster. Gehorsam, Geduld und Demut waren schon mehr als die Hälfte der Aufgaben. Die Pflicht, pünktlich zum Gottesdienst zu erscheinen, war Grundvoraussetzung. Noch schlimmer wäre es, ganz zu fehlen. Dann droht der Ausschluss. Damit wären Jahre der Demut mit einem Schlag dahin.

An dem Beispiel von Alec hätte Helen es Ruth und Esther erklären können, dass solche Dinge das Leben im Mainistir stören. Sie hatte ihnen auf den Weg mitgegeben, dass ihre Äbtissin Mary auch keine Gnade kennt. Ein Vergehen wird hart geahndet. Die Vorgängerin von Mary, Oberin Elisabeth, hat sich einmal sogar selbst hart bestraft.

Für Ruth und Esther wird das eine ganz neue Erfahrung. Jedoch waren sie von den vielen Erzählungen und den lieben Mitmenschen längst in die Faszination der Gemeinschaft eingedrungen.

Aus Midsummer hatten sich zwei Tage nach der Ankunft von der Priorin die Handwerker und die Brüder aufgemacht, zurück zur Abtei Priory zu gehen.

Als Ersatz waren zahlreiche Laien-Brüder aus der Abtei angereist und so erfolgte eine reibungslose Übergabe der Arbeit. Auch Mary war erstaunt, welche Fortschritte beim Bau ihrer Marienkirche zu erkennen sind. Baummeister Peter hatte seine Erfahrungen vom Bau der Kreuzkirche einfließen lassen. Auch zeigte der Besuch von Martin immer noch Wirkung in der Anlieferung der Steine.

Auch Ruth und Esther sind im Mainistir angekommen. Sie hatten sich mit Schwester Yvonne über ihre Namen unterhalten und daraus ihre Schlüsse gezogen.

Nun wollen Ruth und Esther mit Anna aus Elbana und ihren Schwestern aber mit zum Festland. Mit Mary hatten sie darüber gesprochen und hoffen, dass sie sich aufgrund ihrer keltischen Erfahrung sinnvoll einbringen können. Etwas unsicher hatte Mary dann doch zugesagt und ihren Segen gegeben.

Gegen Mittag nahm der Wind von der nördlichen See kommend in Richtung keltischer See zu und ein Sturm kam auf. Solange Kapitän Winterbottom im Schatten der Küste der Insel segelte, war alles kein Problem und normalerweise schafft man die rund zweihundert Seemeilen recht schnell. Aber die Fahrt durch die See rüber zur britischen Insel war diesmal schwieriger.

Erst nach zwei Tagen hatten sie es über die offene See geschafft. Nun war die Nordküste von Wales erreicht und nach wenigen Stunden sind sie in Fishguard.

Hier können sie die Lieferung, bestehend aus Langbögen und Priory-Pfeilen für den walisischen Fürsten zu Idwal Roebuck, entladen und werden dafür entlohnt. In einem versiegelten Brief bekommt der Kapitän die

Order, die restliche oder nächste Lieferung nicht mehr nach Fishguard zu bringen, sondern an die Südküste nach Cardiff.

Ferner erfährt er, dass es auf der Insel zu heftigen Kämpfen kommen werde. Kleinere Gruppen waren bereits schon mehrmals aneinandergeraten.

Eine Reise durch das teilweise sumpfige Land von der Nord- bis zur Südküste hatten sie schon im Februar aufgrund der Unruhen aufgeben müssen. Der Fürst lag seitdem mit dem Königreich Mercia im Krieg. Unterstützt wird er aber vom König von Wessex, der sich ebenfalls bedroht fühlt. So werden sie mit dem Schiff zur Südküste von Wales bis nach Cardiff fahren, um Villibrod abzuholen.

In der Priory hatte sich Maureen neben dem Orgelspiel mit den noch nicht übersetzten Schriftrollen beschäftigt. Ihr war aufgefallen, dass ein Name immer wieder in den Texten fiel. Der Name „Jakobus". Deshalb sucht sie Bruder Famian auf, um mit ihm darüber zu sprechen. Antreffen konnte sie ihn in der Bibliothek und so fragt sie ihn:
„In den Texten, die ich nun übersetze, steht oft der Name Jakobus. Kannst du mir sagen, wer damit gemeint ist?"
Famian überlegte:
„Da es sich um Texte aus dem Neuen christlichen Zeit handelt, fällt Jakob mit den zwölf Söhnen weg. Das ist im alten Teil."
Er macht eine Pause und holt ein Buch:
„Hier drin stehen Namen aus dem Lebenszeitraum von Jesus und seinen Jüngern. Der Name Jakobus war gar nicht selten. Eher ein beliebter Name. Jesus hatte Geschwister und einer davon hieß Jakobus. Unter den Aposteln gab es auch zwei mit diesem Namen. Mit Jakobus, dem „Bruder Jesu", sind es Vier, die sehr bekannt sind. Sicher gibt es noch weitere, die so heißen."
Sie überlegt und antwortet:
„Dann kann ich nur durch die Bedeutung des Textes und dem Inhalt darauf schließen, um welchen Jakobus es sich handelt."
Er nickt und sagt:
„So ist es! Sollte es aber unklar sein, dann reden wir nochmals darüber. Ich helfe dir natürlich so gut ich kann. Leider fehlt mir die Zeit, denn ich übernehme nun einige Aufgaben von Patric. Er geht ja zum Festland und mit ihm Alec und Edward."
Famian zögert ein wenig, denn seine Stimmung ist niedergeschlagen bei dem Gedanken daran.

„Sie werden uns und besonders mir fehlen! Wir verteilen gerade alle ihre Arbeiten auf andere Brüder."

Sie drückt den in die Jahre gekommenen Bruder herzlich und sagt:

„Das wird schon. Solange ich da bin, können wir darüber sprechen und ich kann dir ein wenig Trost spenden, wir halten zusammen. Vielleicht kann ich dir auch ein wenig zur Hand gehen."

Mit diesen nachdenklichen Worten geht sie zurück in ihre Schreibstube im Gästehaus.

Auf der Rückfahrt geraten die Kapitäne mit ihren Mannschaften wieder in einen Sturm. Der Wind peitsche die Wellen aus Richtung der nördlichen See derart auf, dass sie die Segel einholen müssen, um nicht zu kentern. Es waren eben die Frühjahrsstürme, die sich nun bemerkbar machten. Nach zwei Tagen können sie ihren Weg endlich wieder fortsetzen. Percy war es wegen dem Wetter auch nicht besser ergangen, die unruhige See hatte ihm auch zu schaffen gemacht. Bis zum Kanal von Bristol war es schwer, die Britische Küste zu erreichen. Je weiter er aber in den Kanal einfuhr, desto besser wurde es. Im Schatten der Küste erreichte er Cardiff und er konnte nun den Brief an Land abgeben. Er hofft, dass das Schreiben an Villibrod, der sich in einer der beiden Abteien aufhalten soll, weitergeleitet werden kann.

Als Ware konnte Percy nur Holz aufnehmen und da hatte er noch Glück, dass er überwiegend Esche erwischte. Metalle gab es hier keine preiswert zu ersteigern. Jedoch heuerten einige Seeleute an, diese konnten eine Empfehlung des Fürsten von Wales vorlegen.

Auf der Rückfahrt erging es ihm ähnlich wie seinem Freund. Mit dem Verlassen des Kanals wurde die offene See deutlich rauer. Schiffe begegnete er nur im Handelshafen von Cardiff, sonst war niemand auf seiner Route unterwegs.

Für Kapitän Schneyder sollte es besser laufen. Er war zwar später am Abend gestartet, hatte aber auf der Hinfahrt den vollen Wind in den Segeln. So holte er die Verzögerung vom Abend vorher recht zügig auf. Mit vollen Segeln flog er durch die keltische See bis zum Golf am englischen Kanal.

Seine Ware, die Wolle, konnte er bereits in den ersten Stunden gegen Rohmetall tauschen. Auf das Kontingent von Pfeilspitzen musste er aber zwei Tage warten, brauchte dafür allerdings nur Sarmia anzufahren. Die Ware von Andium wurde ihm gebracht. Hier konnte er Goldmünzen einsparen, da man ihm zehn Langbögen abkaufte und sehr teuer bezahlte. So hatte er ein gutes Geschäft gemacht und man bot ihm an auch, in der nächsten Zeit weitere Pfeilspitzen liefern zu wollen.

Zufrieden konnte er die Heimfahrt antreten und er hatte bis zur Südspitze Britanniens auch ruhiges Fahrwasser.

Patric ist angespannt, sind doch seine Tage hier gezählt. Mit dem Abtbischof hat er schon seine Übergabe vollendet. Nun wird er seine Tätigkeit bei den Novizen beenden. Langsam tritt etwas Wehmut auf.

Unter seinem Baum auf der Bank hat er schon mit Victoria gesprochen. Auf der einen Seite freut er sich auf die neue Aufgabe, andererseits hat er „Angst"!

Angst zu versagen! Victoria versuchte ihm zu helfen und hat ihm Mut zugesprochen. Sie hat ihm auch versprochen, ihn auf dem Laufenden zu halten und zu schreiben. Sie wollte auch nicht später Abschied nehmen und so sagte sie ihm jetzt schon Dank! Dank für die schöne Zeit hier in der Abtei. So haben sie sich verabschiedet und sie hofften, sich einmal wiederzusehen.

Bruder Famian hatten die Fragen zum Namen Jakobus keine Ruhe gelassen. Er suchte noch einmal in den alten Büchern des Klosters. Nach kurzer Zeit wurde er fündig. Was er hier lesen konnte sollte ihm einiges zu den Namen ihrer heutigen Orte erklären. So liest er:

Séamus, unser Vorsteher der Gemeinde ist vor Jahren von der Nachbarinsel gekommen. Dort nannte man ihn Iacomus. Das ist der Name den sie dort für den Namen Jakobus benutzen. Hier auf unserer Insel nahm er als Zeichen seiner Verbundenheit den Namen Séamus an. Dieser steht hier auf unserer Insel ebenfalls für Jakobus. Er brachte auch die neuen Namen der Orte mit die wir früher benutzten.

So nannte er Glennamain nun vereinfacht Priory. Daraus entwickelte sich die Abtei. Für den keltischen Ort Aine mit dem Frauenkloster Mainistir sagte er uns, dass dieser für Midsummer steht, weil dieser oft mit der Sonnenwende im Mittsommer in Verbindung gebracht wurde. Mainistir jedoch hatte sich als Begriff für das weibliche Kloster durchgesetzt.

Beide Namen prägten sich ein, weil die alten Namen von den Angreifern, die uns immer wieder überfallen haben bekannt waren. So wurden auch die Überfälle weniger und wir lebten nun fast eine Generation ohne einen Angriff in Frieden.

In Corcaigh hatte das Haus Eoghanacht zu einer Versammlung gerufen. Alle trafen sich am Hof des Königs Mortimer. Dieser eröffnete die

Zusammenkunft und seine Fragen richteten sich in erster Linie in Richtung William von Eoghanacht.

„Es stehen nach der Rückkehr der Schiffsführer Feierlichkeiten an. Hier wäre mir die Meinung der Verwandten wichtig und ich wüsste auch gerne, wie man das anstehende Fest gestalten möchte?"

William Eoghanacht nimmt zu den Fragen Stellung.

„Von Percy habe ich die Aussage, dass die Kapitäne Schneyder und Winterbottom in Adelskreisen auf der Britischen Insel als Herzöge angesehen werden. Beide haben gute Verbindungen zum Königreich Wessex. Auf der Insel sind sie auch als Heerführer geachtet."

Dann meldet sich Fergie energisch:

„Egal was ihr beschließt, meine Schwester und ich werden auf alle Fälle heiraten. Ob wir dann hier wohnen oder nach Britannien umziehen, werden wir in den nächsten Tagen sehen."

Hier sieht der König seine Handelsstrategie in Gefahr. Muss er doch befürchten, dass der Handel zusammenbricht bevor er richtig losgegangen ist. Deshalb greift er hier ein und sagt:

„Ich habe nichts gegen eine Verbindung der Häuser. Meine Unterstützung habt ihr. Ob in Corcaigh oder der Kreuzkirche, beides ist mir recht. Auch werde ich alles tun, um euch zu unterstützen."

Die Königin ergänzt:

„Eine solche Hochzeit wird es auch so schnell nicht mehr geben und die Kreuzkirche ist der würdige Rahmen. Da werden wir auch von der Abtei vollste Rückendeckung bekommen."

Bevor die Gesprächsrunde ausartet, bricht der König die Aussprache mit den Worten ab:

„Lasst uns zum Essen gehen, wir haben auch Honigwein vom Mainistir. Ihr werdet sehen, alles wird sich zu aller Zufriedenheit klären!"

Im Stillen denkt er sich, er muss Einzelgespräche führen und dabei die jeweiligen Vorteile herausstellen.

Auch für die Königin ist die Situation klar. Sieht sie doch die Möglichkeit, dass sie mal auf die andere Insel kommen könnte. Dort würde sie sehen, wie die Königinnen leben. In einem Gespräch mit Diana macht sie klar, dass die selbstständige Entscheidung bei ihr Anklang findet.

In der abendlichen Gebetstunde denkt auch Abtbischof Georg über die Vermählung nach und er kann sich vorstellen, dass diese vor dem alten Altar in der Grotte stattfinden könnte. Auf alle Fälle muss die Kreuzkirche ein Teil des Mittelpunktes der Vermählung sein.

An diesem Abend in der Bucht von Corcaigh hängen die Wolken recht tief. Gegenüber den anderen Tagen wird es schon eine halbe Stunde früher dunkel. Zu dunkel um in die Bucht sicher einzufahren. So legt Percy sein Schiff parallel zur Küste und wartet auf Morgen. Zweimal hatte er an diesem Tag schon geglaubt, dass einer seiner Freunde angekommen ist. Aber es waren Handelsschiffe, die zur Westküste der Insel unterwegs waren.

Am späten Abend kam dann ein Schiff mit drei bis vier Knoten Fahrt aus Nordosten angeschlichen und ankerte in der Dunkelheit nahe Cloyne, an der Küstenseite der Insel und etwas östlich der Bucht von Corcaigh. Dabei achtete das Schiff darauf, im Windschatten der Insel zu bleiben.

Das Stelldichein wurde im Morgengrauen komplett mit einem Schiff aus Südwesten kommend. Mit etwa fünf Knoten hielt es zielsicher auf die Südküste der Insel zu. Am Horizont hatte der Ausguck schon frühzeitig zwei Schiffe vor der Bucht ausgemacht. Der Kapitän vermutete nun anhand der Umrisse, dass es sich um seine Freunde handeln müsste. Er war sich sicher, dass sie im Dunkeln angekommen waren und deswegen noch nicht in die Bucht eingefahren sind.

Als sie dann näherkamen, erkannte er endgültig am Wimpel, dass es die befreundeten Schiffe sein müssen. Gemeinsam fuhren sie in die Bucht von Corcaigh ein. Im Hafen an der Uferstraße standen viele Schaulustige winkten und schauten zu.

Das Wichtigste war jetzt das Entladen der Schiffe und der damit verbundene Abtransport. Gegen Mittag war das Meiste schon erledigt und die Schiffsführer würden bald an Land gehen.

06   Fest und Abschied

Als die Glocke zwölf schlug fährt eine Kutsche vor und sie erfahren das man sie erwartet. An der Kleidung des Kutschers erkannte Percy, dass es zum König gehen würde. Nach kurzer Fahrt setzte er sie in der Nähe der Kapelle ab mit der Bitte, einen Moment zu warten.

Es dauerte auch nicht lange und das Königspaar kommt aus der Richtung der ersten Pilgerherberge von Corcaigh. Nach einer kurzen Begrüßung folgen ihnen die drei Herren zum Empfangsraum des Königssitzes.

Zuerst gibt es den Zwischenbericht über den Verlauf der Fahrt, dann eine Bekanntgabe durch den König.

Hier erfahren sie, dass alles für die gewünschte Hochzeit vorbereitet ist. Es würde nur wenig Adel anwesend sein, da es für Einladungen zu kurzfristig war. Sicher werde man im Nachhinein auf der gesamten Insel die Bekanntmachung versenden. Damit sollte dem Vorgang genüge getan sein.

Der König bietet Ihnen einige Güter als künftigen Wohnsitz zur Auswahl an. Die Herren wollen sich nach Rücksprache mit ihren Bräuten aber erst später entscheiden. Für heute Abend hat er zum Bankett geladen und er bittet um pünktliches Erscheinen.

Dann können die drei endlich zum Anwesen von Percy aufbrechen. Dort warteten die drei Mädels schon ungeduldig. Es gibt viel zu erzählen und so vergehen die wenigen Stunden bis es Zeit ist zum Empfang zu gehen wie im Fluge. Sie erreichten den Sitz des Königs mit den ersten geladenen Gästen.

Es sind alle von Rang und Namen da, die innerhalb von wenigen Stunden in Corcaigh sein konnten. Unter ihnen ist auch der Pater Franziskus mit seinen beiden Nonnen. Als der Empfang durch ein paar Musikanten eröffnet ist, nimmt das Königspaar seinen Platz ein. Sofort verstummt die Musik und König Mortimer ergreift das Wort:

„Wir sind heute hier, um wichtige und verdiente Personen zu ehren. William von Eoghanacht, du hast die Nachfolge von Percy MacCarthy angetreten. Dafür bekommst du den Ehrenorden der Reiterei. Möge er dir Glück bringen und dir immer helfen, die richtigen Entscheidungen zu treffen."

Nach einer kurzen Pause mit Musik und Tanz erfolgte die nächste Ehrung durch die Königin Anne Eoghanacht selbst. Sie rief folgende Personen nach vorne:

„Liebe Sarah! Liebe Fergie! Liebe Diana! Ich denke ihr wisst, warum ihr hier seid! Doch es gibt trotzdem noch eine Überraschung! Da ihr in Kürze heiratet, wollen wir euch nicht mit leeren Händen in den neuen Lebensabschnitt gehen lassen."

Alle warten gespannt was kommt und die Königin fährt fort:

„Hiermit verleiht euch das Königreich Munster den Titel „Prinzessin von Südirland Munster. Damit verbunden sind Pflichten und Rechte. Zu den Pflichten gehört, das Königreich Munster zu repräsentieren. Dafür erhaltet ihr jährlich einhundert Goldmünzen! Für euer Amt gibt es auch noch eine Auszeichnung."

Sie danken der Königin. Dann überreicht König Mortimer diese. Die Prinzessinnen machen einen Hofknicks und danken ihm für so viel Ehre und Vertrauen.

Es spielen die Musikanten noch einmal auf und anschließend wird Percy vom König nach vorne gerufen:

„Nun zu dir mein lieber Percy. All die Jahre hast du mir in der Grafschaft und zuletzt im Königreich Munster als Heerführer gedient. Nie konnte ich dir richtig zeigen, was es mir wert war. Nun kann ich es. Ich ernenne dich zum Herzog von Ross."

Dann überreicht er ihm eine Urkunde mit den zugehörigen Ländereien. Tief gerührt steht er vor dem König und Tränen des Glücks laufen über sein Gesicht. Lange steht er nicht alleine, denn Sarah drückt ihn herzlich und die neuen Freunde David und Freddie klopfen ihm anerkennend auf die Schulter. Wer hätte gedacht, dass der König ihn einmal derart belohnen würde.

Lange können sie nicht auf dem Empfang bleiben, sonst verpassen sie den wichtigsten Termin in der Abtei. Am frühen Morgen macht sich ein großer Tross auf zur Abtei. Unter den Reisenden ist auch Königin Anne. Der König muss jedoch in Corcaigh bleiben, denn er wartet noch auf hochrangigen Besuch.

Für die anderen geht es mit Kutschen und auf Pferden eilig auf die Reise. In der Priory ist alles gut gerüstet. Dank der Schwestern ist auch großartiger Blumenschmuck im Mittelschiff der Kreuzkirche angebracht worden. Alles ist für den morgigen Tag bereitet.

Percy und seine Freunde erreichen am Nachmittag das Gasthaus im Dorf in der Nähe der Kreuzkirche. Die Königin fährt direkt zur Abtei und überzeugt sich von den Vorbereitungen.

Ihr gesundheitlicher Zustand wegen der Schwangerschaft hat sich in der Zwischenzeit stabilisiert und so reist sie ohne Beschwerden. Victoria, ihre Vertraute, hat ihr bereits das Zimmer gerichtet und so braucht die Königin dies diesmal nicht selbst zu machen.

Die Hochzeitmesse findet aufgrund des großen feierlichen Anlasses und wegen des zu erwartenden Andrangs in der Kreuzkirche statt. Das eigentliche „Ja-Wort" werden sich die Brautpaare in der Grotte vor dem alten Altar geben. Das ist eine Überraschung vom Abtbischof. Damit wird er den Bekanntheitsgrad der Kreuzkirche und die Katakombe der irischen Urchristen steigern.

Diese Idee hat er mit seinen vertrauten Brüdern und Schwestern ausgetüftelt. Bei der Zeremonie bekommt Patric auch einen wichtigen Part. Er soll die Lesung und eine Predigt dazu halten.

Am nächsten Tag um neun geht der Hochzeitszug vom Gasthof durch das Dorf zur Abtei. Viele aus dem Dorf stehen an der Straße und schließen sich dem Festzug an, der nach und nach schnell anwächst.

Als sie den Ortsausgang erreichen, beginnen die Glocken der Abtei zu läuten und der Gruß schallt weit hin ins Land. Auch auf dem Vorplatz der Kirche stehen die Zuschauer Spalier. Unter ihnen ist auch Anne mit ihrem mitgereisten Gefolge.

Langsam durchschreiten die drei Hochzeitspaare die Menge und gehen auf die Kirche zu. Die Damen haben ein langes blaues schulterfreies Kleid an. In den Haaren haben sie einen Blumenkranz mit weißen Blüten. Im Arm tragen sie einen Blumenstrauß, auch ganz in weiß. Die Herren tragen ihre Kapitänsrobe.

Kurz vor der Kirche verstummen die Glocken und werden von der Orgelmusik abgelöst. Maureen spielt ein Marienlied und der Chor der Mönche singt dazu. Am Eingang der Kirche holt der Abtbischof die Brautpaare ab, um mit ihnen in das Mittelschiff und hoch zum Chorraum zu ziehen.

Heute ist der sonst abgetrennte Chorbereich geöffnet und die Brautpaare können auf den dort aufgestellten Bänken ihren Platz einnehmen. Mit Liedern und Gebeten fängt die Messe an, bevor Patric die Lesung zum Thema Treue hält.

In der Predigt mahnt er, den jeweils anderen in der Ehe zu achten und zu lieben. Nach der Predigt bittet der Abtbischof die Paare und ihre Trauzeugen zur Grotte. Diese ist von Alec und Edward hell erleuchtet worden.

Als erstes geht Percy mit seiner Sarah hinter dem Abtbischof. Ihnen folgt Freddie mit seiner Braut und ihnen schließt sich das Paar David und Diana an. Zuletzt folgen einige Mönche und Schwestern unter ihnen Patric und Victoria.

Hier geben sie sich in der Reihenfolge wie sie eingezogen sind das „Ja Wort" und einen ersten Kuss. Nun reichen Patric und Victoria ihnen die Ringe zur Erinnerung und als Zeichen der Treue und Verbundenheit. Damit ist die Ehe vollzogen und es folgt ein weiterer inniger Kuss. Schließlich geht es zurück in die Kreuzkirche. Hier geben sie sich nochmals einen Kuss um zu zeigen, dass sie nun ein verheiratetes Paar sind. Nach dem sie vom gesegneten Brot und Wein erhalten haben geht die Feier zu Ende. Begleitet von einem Loblied verlassen sie durch das Kirchenschiff die Kirche.

Für den Nachmittag ist noch eine Andacht angesetzt und die Paare werden daran auch teilnehmen. Aus Dank überreichen sie der Kirchengemeinde kleine Geschenke. Damit ist der letzte Akt in der Kreuzkirche vollzogen.

In einer Abtei in Wales

Am späten Nachmittag erreichte ein Brief Llantwit Mayor, im Tal der Region Glamorgan in Wales. Die meisten Häuser hier sind aus einem Holzflechtwerk und mit Lehm verputzt.

Steine und Bäume sind in der Gegend Mangelware, die Landschaft ist vom Buschwerk geprägt. Nur große Bauten sind aus Stein wie die Kirche Llanilltud Fawr. Der Ort besteht schon seitdem römischen Kaiser Theodosius I und ist weitestgehend christlich geprägt.

Seit Monaten ist Villibrod mit seinen Mönchen hier in der Abtei und wartete darauf, dass es zur Mission auf das Festland geht. Villibrod hat hier die Geschichte der Äbte Illtud und Cadokus aus dem fünften Jahrhundert studiert.

Villibrod aus dem Königreich Northumbria ist ein charismatischer Redner und Prediger. Er gehört dem Benediktinerkloster Ripon an und war nach Wales gezogen, um zum Festland zu gehen. Seine Erfahrungen hat er im irischen Connacht im Benediktinerkloster Rathmelsigi gemacht. Dort konnte er nach kurzer Zeit die Führung übernehmen und setzte seinen Willen durch.

Er hat nun elf Mönche um sich geschart, die mit ihm auf Mission gehen. Sein Vertrauter ist sein langjähriger Bruder Switbert, der ihn auch nach Magna Frisia begleiten wird. Vor vier Jahren war er schon einmal im fränkischen Gebiet, aber die Mission in Frisia Citerior am Lek ist gescheitert.

Aufgebrochen war er damals im austrasischem Antorf. Zu groß war damals der Widerstand und er musste gehen, bevor man ihm gewaltsam zu Leibe rückt oder ihn gar umbringt. Mit diesem Gefühl und der Erinnerung daran macht er sich diesmal auf und er hat nur ein Ziel!

Mit der Nachricht über die baldige Ankunft der Schiffe zum Festland macht sich Villibrod nach einigen Tagen auf den Weg von der Abtei Llantwit zur Abtei Llancarfan. Der Weg führte entlang des Flusses Nant, der durch beide Orte fließt. Auf dem Weg dorthin regnete es stark und sie hatten eine der extremen Wetterfronten erwischt. Sicher lag das am Sturm über der keltischen See. Durch den Regen wurde das Flusstal auf der letzten Hälfte des Weges unpassierbar, so dass sie ausweichen mussten.

So nahm man den Weg an der Küste und nicht weit von ihrem eigentlichen Ziel Cardiff konnten sie für die letzte Strecke zur Abtei die ‚Alte Römerstraße' benutzen.

Schon von weitem erkannten sie die Kirche Saint Cadoc die ihnen anzeigte, dass sie den Ort bald erreichen werden. Dort würden sie die nächsten Tage bleiben und warten.

In der Priory

Noch vor der Andacht in der Kreuzkirche beorderte der Abtbischof den Rat der Mönche in den Kapitelsaal. Er eröffnete die Zusammenkunft, indem er gleich die Veränderungen anspricht.

„Es werden nun wichtige Brüder auf Mission gehen und das hat gravierende Auswirkung auf unsere Abtei. Deshalb werden wir die Bogenfertigung nur noch als Lohnarbeit durchführen lassen. Mit dem Stellvertreter des Königs habe ich das besprochen."

Es herrscht Ruhe im Raum und dann fährt er fort:

„Wir werden das Mainistir in Ross weiterführen und ich überlege, ob wir Cloyne neu aufleben lassen. Das alles können wir aus dem jährlichen Erlös und dem Handel mit dem Königreich Munster bezahlen."

Wieder macht er eine Pause:

„Ich muss mir einen Nachfolger für Bruder Patric suchen. Wir werden uns mehr auf die Zucht von Pferden und auf die Landwirtschaft konzentrieren. Mit dem Bruder, der sich um die Pilger kümmert, werden wir hier auch zusätzliche Möglichkeiten besprechen. Weitere Wege sind geplant. Sicher wird es eines Tages einen Weg bis zur St. Patrick Kirche in Eblana im Norden geben."

Alle schweigen.

Er hat eine neue Struktur vor Augen und er möchte, dass sich die Abteien mehr in Richtung der Urchristen verändern. Auch mit Mary hatte er gesprochen und sie hatte sich ebenfalls dafür offen gezeigt. Das Hauptaugenmerk wird auf der Lehre, dem Pilgern und den kunsthandwerklichen und landwirtschaftlichen Tätigkeiten liegen.

Das alles war dem König Recht, hat er doch eigene Probleme mit dem Handel und den Schiffen. Er konnte seinen Gewinn deutlich steigern und mit den Einnahmen durch den Handel wurden auch die Abteien bezahlt. Die Abtei hatte nun einen Anteil von einem Drittel an den regelmäßigen Einnahmen, um den sie sich nicht kümmern mussten. Den Druck liefern zu müssen hatte die Abtei nun Andere gegeben und trotzdem verdienen sie weiterhin kräftig daran.

Alles war für diesen Moment gesagt und er bittet zum Gebet. In der Andacht sind auch die königlichen Paare die sich verabschieden. Mit dem Segen in der Priory verlassen sie die Abtei. Sie hatten als Ziel den Gasthof im Dorf gewählt. Hier vollzog man eine leidenschaftliche Hochzeitsnacht bevor es weiter zu ihren Pflichten zum Sitz des Königs geht.

In der Abtei am Tag danach ist ein besonderer Tag, denn es gab einen wichtigen und feierlichen Anlass. Die Brüder und Schwestern der Mission erhalten ihren Segen durch den Abt und werden morgen in der Früh nach der Nachtwache losziehen.

Die Handwerker vom Festland waren bereits vorher losgeritten und werden auf dem Gutshof von Corcaigh nächtigen. Sie freuten sich, wieder nachhause ins Land der Franken zu kommen.

In der Andacht beten sie für die Reisenden, dass die Überfahrt mit dem Schiff gelingen möge. Anschließend erteilt er den Missionssegen für die Brüder und Schwestern. Das letzte Lied, das Maureen spielt, soll sie auf ihrer Reise begleiten. Klangvoll und dynamisch hallte es durch das Hauptkirchenschiff in der Abteikirche.

Dann zogen die Brüder und Schwestern zur Kirche hinaus. Sie mussten noch in die Klausur, um ihre Klause zu räumen. Für diese Nacht waren sie Gäste im Gästehaus. Damit war der erste Schritt getan.

Als die Glocke zum Gebet zur Nachtwache rief, sind die Missionsteilnehmer bereits hellwach und haben auch schon gepackt. Gleich nach dem Gebet machen sie sich auf den Weg nach Corcaigh. Der Abschied fiel recht schwer denn auf beiden Seiten fließen ein paar Tränen. Es ist ein denkwürdiger Moment, und so trennen sie sich mit einem unsicheren

Gefühl. Wird man sich je Wiedersehen?

Ist es ein Abschied für immer?

Kurz vor Mittag werden sie von den Kutschen der verheirateten Paare und der Königin überholt. Für die schnell Gehenden war es noch ein gutes Stück, erst nach weiteren zehn Stunden werden sie Corcaigh erreichen. Die Übernachtung findet in der Pilgerherberge statt. In dieser waren die Zimmer für diesen Anlass vorbereitet worden.

Zur Komplet in der Kapelle werden sie von Pater Franziskus erwartet. Anne und die Geschwister Eoghanacht sind auch in die Kapelle der Grafschaft von Corcaigh gekommen. Sie wollen sich von Bruder Patric verabschieden.

Die Königin war die Erste, die zu ihm spricht:

„Nun ist es soweit und ich bin stolz, dass wir uns hier kennen und schätzen gelernt haben. Ich wünsche dir viel Glück."

Dann strich sie ihm über die Wange:

„Wir sehen uns wieder!"

Für Sarah und Diana übernahm Fergie das Wort.

Sie bedankt sich für die Zeit in Corcaigh. Besonders für den gestrigen Tag, ihren unvergesslichen wunderschön gestalteten Hochzeitstag.

Mit einem Kuss auf seine Wange ging sie. Auch Diana gab ihm einen Kuss und mit den Worten:

„Bis bald. Gott schütze dich!"

Sie folgte Fergie, die schon an der Pforte der Kapelle wartete.

Sarah dankte und sagt:

„Vergib uns die Scherze, die wir mit dir getrieben haben. Es tut uns leid. Wenn du nicht Mönch gewesen wärst, hätte mehr daraus entstehen können."

Auch sie küsste ihn, aber im Gegensatz ihrer Schwestern auf beiden Wangen und fährt fort:

„Komm bald wieder, wir brauchen einen Pater mit so viel Verständnis und Liebe zu Gott!"

Er schaute ihr hinterher und sagt:

„Auf Wiedersehen!"

Dann denkt er:

„Es wird eine lange Reise und nur Gott weiß, ob wir uns nochmals sehen?"

Sie drehte sich noch einmal um und winkte ihm zu.

Am nächsten Tag macht sich Villibrod mit seinen Begleitern auf den Weg zur Hafenstadt Cardiff. Er hatte es satt in der Abtei zu bleiben. Durch die Stadt fließt der Fluss Taff und sie liegt an der Mündung des Severn. Ein Ort, der durch den Handel immer wieder von Schiffen angefahren wird. In einem bescheiden Gasthaus am Rande des Hafens warten sie auf das Schiff, dass sie in den nächsten Tagen aufnehmen wird, um zum Festland zu kommen. Er sehnt sich schon herbei, die Führung der Mission zu übernehmen. Einem kleinen unerfahrenen Mönch würde er schon zeigen wer zu sagen hätte.

Am Morgen waren die Schiffe bereit auszufahren. Die Ladung war schon an Bord, es fehlten nur die Passagiere. Die Brüder und Schwestern ließen aber nicht lange auf sich warten. Sie stiegen in eines der Schiffe und es ging los.

Auf den drei Schiffen waren vierzehn Handwerker vom Festland, sieben Nonnen und Patric mit seinen Brüdern. Es fehlte nur noch Villibrod mit seinen elf Begleitern, dann wären sie komplett.

Aus der Bucht von Corcaigh fahren sie recht langsam, aber nach zwei Stunden befinden sich bereits alle drei Schiffe auf dem offenen Meer. Sie können direkt über die See nach Cardiff fahren und brauchten diesmal den Umweg über Fishguard nicht zu nehmen. In Cardiff würde schon ein Abgesandter des Fürsten aus Wales warten, heißt es, um seine Ware in Empfang zu nehmen. Sicher wird man auch mit der Menge zufrieden sein. Mit dem ausgehandelten Preis kann man dann die Schiffe im Delta der Rhenus endgültig bezahlen.

Die Fahrt auf See ist rau, denn der Wind hat wieder zugenommen. Die keltische See war eben wieder launisch und so schwappt die eine oder andere Welle über das Deck. Für die Passagiere eine ungewohnte Situation und manch einem war so schlecht, dass man an Deck an der Reling stehen musste. Der Kapitän hatte ihnen aber gesagt, dass es schnell vorbei geht. Am zweiten Tag wurde es besser. Der Wind hatte nachgelassen und es drohte eine Flaute. Gemächlich trieben die Schiffe dahin.

An der Spitze fuhr Kapitän Schneyder und die anderen folgten ihm. Kurz vor Mittag konnte Kapitän Schneyder zwei Schiffe erkennen, die auf sie zukamen. Vom Ausguck hörte der Kapitän, dass es sich um Nordmänner handelt. Schneyder signalisierte seinen Freunden, dass Vorsicht geboten sei.

Es dauerte auch nicht lange, bis Schneyder unter Beschuss genommen wurde. Jedoch gingen viele der Geschosse an ihnen vorbei oder waren zu kurz. Die Antwort der Freunde lies nicht auf sich warten und so wurde das vorderste gegnerische Schiff anvisiert. Die meisten Geschosse trafen im Gegensatz zum Gegner ihr Ziel. Der Gegner ging wohl davon aus, dass der Angegriffene flieht oder sich ergibt, wenn man ein oder zweimal geschossen hat. Das zurückgeschossen wurde, war eher sehr selten. Das auch noch Treffer gelandet wurden, kam so gut wie nie vor.

Durch eine schlaue Positionierung der Schiffe glitten die Schiffe der beiden Freunde neben Schneyder und eröffneten ebenfalls das Feuer. Es zeigte sich bald, dass die Gegner in dieser Reichweite unterlegen waren und sicher bald von ihrem Vorhaben ablassen werden. Die adligen Mönche hatten in der Abtei fleißig geübt. Immer wieder hatten sie Wettkämpfe ausgetragen und auch hier fand ein Wettkampf statt.

Percy gab die Ziele aus und so schossen sie erst auf die Leute am Steuerruder. Auch der Matrose am gegnerischen Ausguck hatte nichts zu lachen und krachte getroffen aufs Deck. Ein ungleicher Kampf tobte und längst waren die gegnerischen Reihen der Bogenschützen dezimiert. Damit wurden die Treffer der Gegner noch weniger. Von einem Enterversuch waren die Angreifer längst abgekommen und versuchten nun, außer Reichweite zu kommen.

Eines der Schiffe schaffte dies, das andere geriet führerlos zwischen die Schiffe der Freunde und es tobte ein kurzer heftiger Nahkampf mit Verlusten auf beiden Seiten. Die ansonsten recht kampferprobten Nordmänner zogen zum Glück den Kürzeren und keiner von ihnen überlebte.

Auf Seiten von Percy waren vier Seeleute ums Leben gekommen. Diese wurden auf See bestattet. Man war bereits im Kanal von Bristol und bis Cardiff konnte es nicht mehr lange dauern. Deshalb musste das gekaperte Schiff nur noch wenige Stunden geschleppt werden, bis der Zielhafen erreicht war. Dort übergab man das erbeutete Schiff an die Waliser. Vorher räumte die Besatzungen alles ab, was irgendwie verwendbar zu sein schien.

In Cardiff sprach der Gesandte sie an und er konnte sich mit einem Brief des Fürsten ausweisen. Nach Besichtigung der Ware zahlte er mit Wolle und in Gold. Erst danach wurden die Bögen und Pfeile entladen. Man beabsichtigte, dauerhaft im Geschäft zu bleiben und vereinbarte weitere Lieferungen. Zum Segeln nach Wessex auf die anderen Kanalseite war es durch den Zwischenfall auf See nun zu spät. Außerdem war Bruder Villibrod mit seinen Begleitern noch nicht am Hafen angekommen. So musste die Nacht über hier gewartet werden.

Das Anwesen für den Konvent in Corcaigh war nun bewohnbar und die Ersten, die einzogen, waren Pater Franziskus und seine beiden Schwestern Hillary und Eden aus Midsummer. Weitere Schwestern sollten nun nach kurzer Zeit folgen.

Auch Helen wurde von den Brüdern in einer Gebetsstunde verabschiedet. Sie machte sich auf, um wieder nach Midsummer zurück zum Mainistir zu gehen.

Anschließend stand die Wahl für einen neuen Prior an. Es sollte der Nachfolger und Ersatz für Bruder Patric gefunden werden. Vorgeschlagen wurde der Schnitzer Roland und als Argumente führte man die vielen Verdienste in der Gestaltung der Kirche und bei den Grabungen der Katakombe an.

Weitere Kandidaten winkten ab, weil sie sich zu alt fühlten oder sich nicht für fähig genug hielten. Da nur der Wunschkandidat vom Abtbischof zur Wahl stand, ist das Ergebnis klar. Außerdem vergab Eochaid den Titel Prior für Pater Franziskus im Konvent. Damit wollte er seine Stellung in Corcaigh aufwerten.

In der Hafenstadt Cardiff

Am frühen Morgen tauchen die Mönche von Villibrod auf und konnten an Bord von Winterbottom gehen. Nun wurde es auch Zeit aufzubrechen und so segeln sie südwärts nach Wessex.

Nach einer kurzen Seefahrt erreichen sie ‚Burnham on Sea', ein kleiner Hafen vom Königreich Wessex. Hier gehen die Mönche um Patric an Land, während die anderen die Reise am nächsten Tag mit dem Schiff zur Südküste von Wessex fortsetzen.

Der Ort Burnham liegt in einer Bucht. Es sind etwa fünfzehn Meilen bis zur Abtei von Glastonbury Abbey. Mit der Reliquie ein altes Kreuz aus der Priory machen sie sich auf zur Abtei, um das Versprechen gegenüber dem angelsächsischen König Ina von Wessex zu erfüllen.

Die Klosteranlage aus dem zweiten Jahrhundert wird gerade erneuert. Sie war vor Jahren zerstört worden. Der Ort hatte schon einige Heilige

Besucher wie Patrick und David. Mit der Reliquie hoffte der König aus Wessex, mit dem Abt an alte Traditionen anknüpfen zu können. Von der Küste aus folgten sie dem Fluss Brue und ließen schnell den Ort Burnham hinter sich. Der Weg ins Landesinnere verlief sehr flach. So kamen sie sehr gut voran. Die Natur war geprägt durch die vielen blühenden Weißdornbüsche. Der Zielort liegt in der Nähe des Hügels, genannt das ,Tor von Glastonbury' und die Silhouette des Ortes ist aufgrund der flachen Landschaft schon von weitem zu erkennen.

Bereits am Abend können sie die Reliquie in der der ehrwürdigen Abtei überreichen. Das alte Kreuz hatte vor vielen Jahren Séamus der erste Abt der Priory von der Insel mitgebracht. In dem sie es zurückbringen ist es wieder in der alten Heimat angekommen. Das Kreuz ist aus bronzeglänzendem Metall mit einem Sockel. Der Stützbalken ist mehr als einen Fuß lang und trägt den kürzeren Kreuzbalken mit dem Radkreuz. Einst hatte es ein Schmied aus Wales hergestellt. Verziert sind der Balken mit drei goldenen Punkten rechts und links sowie am Fußende. Die Punkte stehen wie Nagelköpfe hervor. In der Mitte ist ein roter Stein der goldig umrahmt ist. Wie alt das Kreuz war konnten sie nur schätzen. Von der Inschrift im Sockel erkennen sie nur XC und ein G und ein A. Mehr konnte man nicht lesen.

Der Abt Haemgils von Glastonbury Abbey nimmt das Geschenk an und bittet die Gäste zu bleiben. Zur Gebetstunde sind sie eingeladen. Beim Essen dürfen sie unter den Brüdern im Refektorium sitzen. Hier überreicht der Abt Haemgils dem Mönch Patric einen Brief vom angelsächsischen König Ina. Dieser bittet ihn um einen Besuch in seiner Hauptstadt in Dorchester.

In der Komplet wird die Reliquie feierlich an ihren zukünftigen Platz überführt und erhält den Segen. Die Komplet ist das Nachtgebet im Stundengebet der Christenheit. Es heißt eigentlich übersetzt ,nach dem Essen' und tritt als Nachtgebet zum traditionellen Abendgebet, der Vesper hinzu. Es ist ein sehr bewegender Moment für die wenigen Anwesenden. Sicher wäre ein großer Akt mit geladenen Gästen prunkvoller gewesen, aber die zeitliche Abstimmung fehlte. Die Nacht verbringen sie in einem kargen Gebäude, denn hier wird noch viel umgebaut.

Die Schiffe mit Percy werden behindert beim Ablegen und müssen warten. Zu viele Handeltreibende wollten gleichzeitig aufbrechen. Noch am Nachmittag war Stefanus, einer der Mönche um Villibrod, der Schwester Britannia, einer jungen Adligen aus Corcaigh, nachgestiegen.

Die beiden ehemaligen Druidinnen Ruth und Esther waren dazwischen gegangen als sie sahen, dass er dabei war, Britannia Gewalt anzutun. Dabei bekam der Mönch einige Blessuren ab.

Der Vorfall wurde später auch von anderen bemerkt, da der Mönch Stefanus am Kopf stark blutete. Villibrod fordert sofort ein Verhör. Es wird von ihm geführt und er fragt:

„Wie ist es denn zu der Verletzung gekommen?"

Hier sagt Stefanus:

„Das hat mir die „möchte gern" Nonne Esther zugefügt. Sie hat mir mit einem Holz auf dem Kopf geschlagen!"

Dann fragt Villibrod herablassend die Nonne Esther:

„Stimmt das?"

Esther antwortet:

„Ja, aber...",

Sie wird aber gleich von Bodomus unhöflich und aggressiv unterbrochen:

„Da hörst du es. Das sind bestimmt keltische Spione, die uns vom rechten Weg abbringen wollen. Sie muss bestraft werden!"

Stefanus stimmt dem zu und schreit:

„Sie muss ausgepeitscht werden und die Zweite da auch. Die wollten mich verhexen."

Schon greifen einige nach den drei Nonnen und wollen schon mit der Strafe beginnen. Doch nun ist es für Percy genug und er greift ein:

„Hier auf meinem Schiff wird so ohne weiteres keiner ausgepeitscht! Noch bin ich der Herr dieses Schiffes."

Er verleiht den Worten Nachdruck und deutet auf sein Schwert. Dann fährt er fort:

„Wenn hier jemand bestraft werden soll, dann werde ich das veranlassen. Aber erst klären wir, was geschehen ist. Dazu möchte ich erst einmal Britannia sprechen."

Da Percy die junge ehemalige Adlige aus Corcaigh von früher kennt, hat er sie als Erste gewählt, um sie zu befragen. Danach kann er die Situation besser einschätzen. Britannia beginnt mit den Worten:

„Ich war gerade dabei, mich für meine Meditationsstunde Unterdeck vorzubereiten. Da ist der, ... sie deutet auf Stefanus ... hinter mir hergekommen und hat mich an den Busen gepackt und angefangen, mir die Kleider vom Leib zu reisen."

Hier unterbricht Stefanus:

„So war das nicht!"

Nun reden alle wieder wild durcheinander und Percy versteht nichts mehr, er muss sogar laut dazwischen schreien:

„Ruhe! Wenn hier einer redet, dann nur wenn ich das Wort erteilt habe. Sollte das nicht klar sein, dann kann ich auch die Peitsche sprechen lassen."

Bei dem Lärm auf dem Schiff von Percy kommen nun Schneyder und Winterbottom mit einigen vertrauten Seeleuten an Bord.

Villibrod fordert ein Gericht und er lässt sich nicht davon abbringen, dass hier eine Bestrafung folgen muss!

Nun übernimmt Kapitän Winterbottom das Wort und er beginnt:

„Da wir auf dem Schiff sind, gilt das Seerecht. Leiter des Gerichts ist der Kapitän, der am längsten im Amt ist. Außerdem befinden wir uns im Königreich Wessex. Damit ist klar, dass der Vorsitz an Kapitän Schneyder geht. Da man auf eine Verurteilung drängt, wird diese durch das Gericht rechtskräftig und entsprechend umgesetzt."

Nun übernimmt Schneyder den Vorsitz und er beruft seine Freunde David und Percy ins Gremium. Villibrod besteht auf einer Anklage gegen Esther und wirft ihr versuchten Mord vor. Er wird der Ankläger und der Beistand von Stefanus. Es scheint fast so, als wären die Schwestern mit dieser Situation überfordert. Denn wer soll die Verteidigung übernehmen. Kein Mönch von Patric ist an Bord, denn diese sind schon seit Stunden auf ihrem Weg zur Abtei.

Die Schwestern Hillary und Eden unterhalten sich mit Esther, Ruth und Britannia und zuletzt schlägt Hillary ihnen vor:

„Wir sollten die Verteidigung in die Hände von Anna von Tessier legen. Sie hat Erfahrung als Adlige von Elbana."

Nach weiterer Beratung in einer stillen Runde sagt die Adlige zu. Sie übernimmt die Verteidigung für die Schwester.

Dann eröffnet Schneyder das Gericht und er fragt:

„Was wird der angeklagten Schwester vorgeworfen?"

Der Ankläger eröffnet und sagt:

„Hexerei und versuchter Mord!"

Die Verteidigung nimmt dies zur Kenntnis und beginnt mit den Worten:

„Die Tat war Notwehr! Sie ist unschuldig. Außerdem wird eine Gegenklage erhoben!"

Nach einer kurzen Pause sagt sie:

„Unsere Anklage lautet versuchte Vergewaltigung und Schändung einer im Dienst des Herrn stehenden Schwester."

Das Gericht unterbricht kurz und Schneyder sagt:

„Lasst uns erst einmal den Ablauf klären. Dazu werde ich als erstes die Schwester Britannia befragen."

Diese berichtet wie der Tatverlauf war und wie sie angegriffen wurde.

Dann folgen weitere Aussagen über den Hergang des Geschehens:

„Ich lag unter dem Bruder Stefanus und dieser versuchte mir Gewalt anzutun. Er riss an meinen Kleidern wie ein Tier! Dann half mir Esther, indem sie auf ihn eingeschlagen hat. Vorher hatte Ruth noch versucht, ihn von mir runter zu ziehen."

Bei dieser Aussage weinte sie bitterlich und musste von Eden getröstet werden.

Das Gericht sprach kurz miteinander und Percy konnte seine Freunde davon überzeugen, das Britannia eine unbescholtene Adlige aus Corcaigh ist und ihre Aussage als sehr glaubwürdig zu akzeptieren sei.

Als nächstes kam Ruth an die Reihe und sie bestätigte die Aussage von Britannia und fügte hinzu:

„Der da! ... und sie zeigt auf Stefanus ... hat mir noch gedroht mit den Worten „Du keltisches Weib, bist die Nächste, wenn wir auf See sind und wenn ich mit dir fertig bin, wirst du schwimmen lernen! Dann hat er nach mir getreten. Als er nicht ablassen wollte, hat ihn Esther mit einem Schlag auf dem Kopf umgehauen!"

Hier mischen sich die Mönche um Villibrod lautstark ein und Villibrod wettert:

„Was für eine Unverschämtheit. Das sind alles Lügen. Die Hexen verdrehen hier alles. Stefanus ist unschuldig!"

Es folgt eine kurze Unterbrechung und der Mönch Switbert versucht Villibrod zu beschwichtigen und er flüstert ihm zu:

„Warte, bis wir wieder mit Bruder Patric zusammen sind, dann wählen wir ein Oberhaupt unserer christlichen Gemeinschaft und können unser eigenes Gesetz durchsetzen."

Aber Bodomus hetzt weiter dagegen und sagt:

„Wir sollten das hier zu Ende bringen! Ich will noch aussagen."

Das alles fand während der Pause zur internen Aussprache statt und nun fordert Schneyder den Kläger auf, seine Aussage zu machen.

Bruder Stefanus beginnt großspurig und wiederholt seine Vorwürfe. Bei einer Befragung durch die Verteidigerin Tessier wird er ausfallend, beschimpft sie als Schlange und dass sie ihm das Gesagte verdreht.

Nun wird Bodomus befragt. Er erzählt ein Märchen und dabei verdreht er die Geschichte noch weiter in das Reich der Teufelsaustreibung.

Nun wird es Percy zu bunt und er droht ihnen die Peitsche an, wenn sie nicht endlich bei der Wahrheit bleiben und er sagt:
„Sollte es wiederholt zu verbalen Beschimpfungen, egal in welche Richtung kommen, dann würden die Strafen sofort ausgeführt."
Eine Befragung von Esther bestätigte die vorherigen Aussagen der Frauen.

Dann meldet sich einer der Seeleute und er sagt:
„Als am Morgen die Mönche an Bord gekommen sind, hatte der eine zu dem anderen gesagt, dass sie sich die Nonnen der Reihe nach einmal vornehmen würden. Es sei, ja nur keltisches Pack von der Insel und sicher sind es alles Keltenschlampen."
Ein weiterer bestätigt die Aussage.

Nachdem man alle Beteiligten zu diesem Vorwurf gehört hat, ziehen sich die Schiffsführer zur Beratung zurück, um am darauffolgenden Tag ein Urteil zu fällen! Bis zur Verkündung müssen die angelsächsischen Mönche auf dem Schiff von Bottom bleiben. Die Nonnen fahren mit Percy mit. Man will die letzten Stunden nutzen und fährt aus dem Kanal hinaus in Richtung der offenen keltischen See.

Nach der Vigil machen sich die Mönche bereit und verlassen Glastonbury Abbey. Sie lassen sich den Weg nach Dorchester beschreiben und vor dem ersten Sonnenstrahl sind sie unterwegs. Es ist eine lange Tagesstrecke von fünfunddreißig Meilen, die sie heute in Richtung Süden zurücklegen müssen. Hier können sie eine sehr alte Straße der Römer benutzen. Der Wegrand zeigt sich in sanftem Grün, denn neben den Straßen ist es feucht und sumpfig. Es geht über weite Strecken geradeaus. Plötzlich nachsieben Meilen sehen sie Kutschen auf sich zukommen. Es sind die Gespanne des Königs Ina und so können sie den restlichen Weg mitfahren.
Eben führte der Weg weiter und erst am Anfang des letzten Drittels mussten sie über einen Hügel. Es geht achthundert Fuß hinauf und durch einen dichten Wald. Kurz bevor sie Dorchester erreichen, kommen sie durch einen Ort mit einigen Bauernhäusern.
Hier hätten sie in einer Scheune in einem der Häuser übernachten müssen, wenn sie zu Fuß gegangen wären. Nun fahren sie weiter und erreichen Dorchester. Dort werden sie vom König empfangen und er erfährt, dass die beiden Adligen Schneyder und Winterbottom mit dem Königshaus Eoghanacht verheiratet sind. Das geht auch aus dem mitgebrachten Brief des Königreichs Munster hervor. So erfährt der König von den

Handelsbeziehungen zu seinem Verbündeten in Wales.

Der König von Wessex weiß nun, dass die Lieferung von Langbögen und Pfeilen eingetroffen ist. Nun kann er seinen Verbündeten in Wales gegen die Widersacher unterstützen, indem er fähige Bogenschützen zur Verstärkung schickt.

Dann stellt König Ina einen mit seinem Siegel versehenen Brief aus und übergibt ihn Patric. Er ist an die Herzöge Schneyder und Bottom gerichtet mit der Bitte, ihn in Zukunft diplomatisch zu unterstützen.

Patric berichtet dem König, dass er mit seinen Brüdern zum Festland unterwegs ist, um im Frankenreich zu missionieren.

Der König Ina erfährt so, dass fünf der adeligen Mönche ursprünglich aus dem Frankenreich sind und sich auf der Rückreise in ihre Heimat befinden. Hier erkennt der König eine weitere Möglichkeit, diese Bekanntschaft diplomatisch zu nutzen. Mit diesen Beziehungen möchte der König von Wessex seine Kontakte zum Festland verbessern. So kann er sich mit Martel und Karl über Pippin unterhalten und er übergibt ihnen eine Nachrichten fürs Festland. Er denkt auch über ein größeres Bündnis nach, in das er sich einbringen könnte. Das würde mögliche Angreifer in Zukunft von einem Angriff abschrecken. Alle Informationen über Pippin sind ihm wichtig und so fragt er die fränkischen Mönche aus.

Zum Abschluss lädt der König am Abend zum Essen bei Musik ein. Für die Nachtruhe hat er ihnen eine fürstliche Unterkunft gestellt. Morgen früh möchte er, dass die Mönche in seiner Hauskapelle eine Gebetstunde abhalten bevor sie abreisen. So will er zeigen, dass er sie achtet und sein Königshaus auch christlich ist.

In Austrien ist es zu einem Zwischenfall gekommen und nun droht die Lage weiter zu eskalieren. Es gab Überfälle und Kämpfe zwischen den Franken und den Friesii. Auf beiden Seiten wurden Höfe niedergebrannt und Menschen getötet.

Nur mit Mühe haben die Könige beider Länder wieder Ruhe in die eigenen Reihen bekommen. Man wartet auf den Vermittler von den Inseln. Es scheint die letzte Hoffnung für beide Seiten zu sein.

In der Priory

Am Morgen hat Famian die Schriftrollen mit der Kreuzfisch-Kennung an Maureen gegeben. Diesen Text hatten sie bisher noch nicht betrachten können. Maureen nimmt die erste, studiert die Schrift und fängt an zu vorzulesen:

„Ich, Athanasius der Ältere aus dem Land Judäa, bin mit Jakobus, Theodor und anderen Jüngern auf dem Weg zurück nach Hause von unserer westlichen Missionsreise.

Wir waren bis hinauf nach Colonia Caesaraugusta unterwegs. Es ist ein Ort in der Provinz La Tarraconense an der Einmündung des Rio Huerva in den Rio Ebro.

In wenigen Tagen erreichen wir unsere Heimat. Die Rückfahrt hat nicht einmal halb so lange gedauert, wie unsere Fahrt zur westlichen römischen Provinz. Wir waren erleichtert, als wir es geschafft hatten. Das haben wir unserem Herrn und Gott zu verdanken. Er hat immer seine Hand schützend über uns gehalten.

Als wir den Hafen Caesarea Maritima hier in Judäa erreichten, ist es schon Nachmittag. Bis Jerusalem waren es noch dreiundsiebzig Meilen. So beschließen wir, an diesem Tag nur noch drei Stunden zu gehen, um nicht in die Dunkelheit zu kommen.

Bis zu unseren Brüdern in Jerusalem brauchten wir nun noch zwei volle Tage, aber lange Strecken zu gehen waren wir auch schon gewohnt von unserer Missionsreise. Was uns aber nicht erfreute, immer noch waltete ein von den Römern eingesetzter König. Es war nun das Jahr 41. Seit fast zwei Jahren regierte nun Herodes Agrippa I. in Judäa und er führte das Land mit harter Hand.

Zuallererst mussten wir erkennen, dass sich die Situation seit dem Tod unseres Herrn nicht verbessert hat. Eine weitere schlechte Nachricht, die uns zugetragen wurde, ist der Steinigungstod unseres Bruders Stephanus. Er fand den Tod kurz nachdem er das Wort Gottes gepredigt hatte. Das sollte für uns eine Warnung sein, wir müssen uns in Zukunft vorsichtiger verhalten. Nach zwei Tagen fanden wir unsere Brüder am anderen Ende in der Stadt Jerusalem. Sie mussten sich verbergen, denn seit Wochen wurden sie verfolgt.

Vom neuen Kaiser Tiberius Claudius erhielt der König von Judäa und Samaria, Herodes Agrippa I., seine Befehle. Diese bedeuteten, dass die Christen, die Gesalbten, nun stärker verfolgt werden. Von Tag zu Tag wurde die Lage schlimmer und einige unserer Brüder wurden willkürlich verhaftet. Der Stadthalter und die Hohen Priester drängen den König zu handeln.

Nun sind wir mittlerweile einige Jahre in Jerusalem. Es herrscht eine Meinungsverschiedenheit, wer denn nun Jünger Jesu werden kann. Einige von uns vertreten die Meinung, dass man nur mit Bescheidung, wie wir Juden es sind, Jünger Jesu werden kann.

Andere dagegen sagen:

„Das ist nicht nötig."

Das alles fand in einer sehr ungünstigen Zeit statt und die Hohen Priester machten weiter Druck. Dies führte zu Unruhen in Jerusalem. Zur Abschreckung und um wieder Ruhe herzustellen wurde von den Römern hart durchgegriffen.

Wenig später bei einer Verkündigung geschah es. Während Petrus fliehen konnte, wurde Jakobus und einige seiner Anhänger gefasst. Sie wurden verurteilt. Jakobus wurde mit dem Schwert geköpft.

Mit viel Mühe haben wir es geschafft, den Leichnam von unserem Jakobus zu retten. Es war immer der Wunsch von ihm gewesen, an seiner Wirkungsstätte in Tarraconensis, wo er missioniert hatte, begraben zu sein. Wir haben ihn also zum Hafen ans Mittelmeer gebracht.

Nachdem König Herodes im Jahr 44 unter mysteriösen Umständen gestorben ist, nutzten wir die Situation im Lande aus und konnten mit einem Schiff aus Judäa und dem Leichnam entkommen."

Hier endete diese Aufschrift und sie unterbrechen ihre Arbeit.

Die Seeleute haben es bis zur südwestlichen Küstenspitze der britischen Insel geschafft. Bei Sonnenaufgang stoppten sie die Weiterfahrt in der Höhe des Rivers Plym. Die Gegend hier gehört zur keltischen Grafschaft Dumnonii (Devon). Vom Schiff aus können sie ein Dorf erkennen mit wenigen Häusern und am Strand liegen einige Fischerboote.

Kapitän Schneyder hat die gegnerischen Parteien auf sein Schiff beordert. Er möchte das Urteil verkünden. Bottom bittet um Ruhe und die Soldaten auf dem Schiff trennen die Gegner. Schneyder gibt die Entscheidung bekannt und sagt:

„Das Gericht hat ein Urteil gefällt."

Alle sind ruhig und gespannt auf das, was nun kommt:

„Die Schwestern sind unschuldig und können nichts für das, was geschehen ist. Sie handelten in Notwehr."

Die letzten Worte sind wegen dem lautstarken Protest der Angelsachsen kaum noch zu vernehmen. Besonders Bodomus vergreift sich im Ton und wird handgreiflich gegenüber der Verteidigerin Anna von Tessier. Nur das beherzte Eingreifen eines Soldaten verhindert schlimmeres. Mit einem Schlag seines Schwertknaufs streckt er ihn nieder.

Dann fährt Schneyder fort mit den Worten:

„Stefanus und Bodomus werden auf dem Schiff von MacCarthy in Ketten gelegt. Das Urteil wird vollzogen, wenn wir die Mönche in Bouremouth aufnehmen. Dann werden die Beiden „Kiel geholt" und zwar vom Bug bis Heck!"

Dann sagt David:

„Ich hoffe, das ist für alle eine Warnung. Sollte es nochmals zu einem ähnlichen Vorfall kommen, werden zusätzlich noch zehn Peitschenhiebe erteilt."

Die Unruhe unter den Mönchen lässt nicht nach, aber sie sind auf See. Eine Hoffnung meinen sie noch zu haben.

Sollte Villibrod zum Führer der Mission gewählt werden, könnte er noch Einfluss auf das Urteil nehmen. Oder er müsste mit Hilfe von Patric das Urteil aufheben lassen.

Alle wissen natürlich, dass der einzige Richter auf einem Schiff der Kapitän ist und dort für Ruhe und Sicherheit sorgen muss.

Nur der Vertraute von Villibrod, der Mönch Switbert, hat die Lage erkannt und er sagt zu ihm:

„Du hättest die Beiden nicht mitnehmen sollen. Bodomus ist immer schon ein unangenehmer Gewalttäter und Hetzer gewesen. Stefanus ist nur sein williges Werkzeug und gefährlich leicht beeinflussbar. Wie du auch erlebt hast, sind beide Übeltäter trotzdem Feiglinge und Lügner."

Für Villibrod sind es aber zwei wichtige Stimmen für die Wahl des Missionsleiters. So hält er zu den beiden Verbrechern.

Nachdem alle zurück auf ihrem Schiff sind, geht die Fahrt langsam mit fünf Knoten weiter.

In Dorchester nach dem Stundengebet erhalten die Mönche ein erstes Mahl. Sie hätten nun dreißig Meilen nach Osten gehen müssen, um an die Südküste von Wessex zu kommen. Das Angebot des Königs, mit Kutschen dorthin zu fahren, können sie nicht ablehnen. So erleben sie die Ebene, die nur durch einige kleine Hügel unterbrochen wird. Es gibt wenige Waldgebiete, dafür aber viele Wiesen, die grün und saftig aussehen. Auf den Weiden grasen Kühe und Schafe. Von einigen ärmlich aussehenden Landbewohnern werden die Felder bestellt.

Leider können wir den Binnenhafen in Poole nicht nutzen, sondern müssen nach Bournemouth an die Küste, denkt Patrik. So schaffen wir es aber leichter und sicherer zum Fischerort am Kanal. Morgen früh sind wir wieder an Bord, um zum Delta des Rhenus zu kommen.

Am Abend erreichen die Mönche den Hafen. Jedoch ist an der Küste keines ihrer Schiffe zu sehen. So sind sie gezwungen, im Ort zu übernachten. Das Dorf aber bietet nicht viele Möglichkeiten und so müssen sie sich in kleinere Gruppen aufteilen. Jedoch für die Stundengebete gibt es eine kleine Kapelle. Das überrascht sie, waren sie doch der Meinung, dass hier noch keine Missionierung stattgefunden hat.

Gegen Mitternacht kommen die drei Schiffe unter der Führung von Kapitän Schneyder an und ankern. Durch die Vorfälle um die Truppe von Villibrod sind sie einen halben Tag aufgehalten worden, sonst wären sie bereits über Tag angekommen. Die Stimmung zwischen den verschiedenen Parteien ist sehr stark gedämpft.

Wie mag es wohl am Morgen weitergehen?

Sicher ist eine Zerreißprobe zu befürchten.

Was wird aus dem Urteil gegen die beiden Brüder aus dem Lager von Villibrod. Mit den ersten Sonnenstrahlen machen sich die Seeleute bereit für die anstehende Weiterfahrt zum Festland.

Es dämmerte und Alec hatte die Schiffe im Hafen entdeckt. Er war zum Strand gegangen um zu zeigen, dass die Brüder im Fischerort angekommen waren. In der Zwischenzeit hatte Edward seine Brüder in den einzelnen Unterkünften aufgesucht und gemeldet, dass es heute losgeht. Von allen fiel die Anspannung ab und eine freudige Abenteuerlust erfasste sie. Eines der Fischerboote fuhr zum Schiff von Percy um ihn zu benachrichtigen, dass die Brüder mit Patric in ein oder zwei Stunden an Bord kommen werden.

Auf dem Schiff war man plötzlich aufgeregt und in Erwartung, wie die Rechtsprechung des Kapitäns nun umgesetzt wird, wenn Patric mit seinen Brüdern nach dem Abstecher zum Kloster zurück auf das Schiff kommt. Während die Mannschaft um Villibrod zumindest auf eine Annullierung des Urteils hofft, erwarteten die Schwestern die Erlösung von dem Pack.

Ruth und Esther sagen:

„Unser Pater und Prior Patric wird uns alle retten und sicher an Land führen! Davon sind wir überzeugt."

Die Hoffnung war ja auch nicht unbegründet. Hatte er sie nicht, wie sie später erfuhren, schon einmal vom Tod bewahrt, zu dem sie verurteilt waren?

Mit dieser Erkenntnis war in Ihnen der Glaube erwacht und das Feuer brannte in ihnen, wie das Licht am Sternenhimmel es nicht besser hätte machen können. Auch die leitende Führerin der Schwestern war von der Hilfe überzeugt und sie sagt:

„So „schwach und unsicher" Patric am Anfang zu sein schien, so stark ist er nun und ich glaube, er hat den „Heiligen Geist" gesehen!"

Auch Percy erhoffte sich Unterstützung, die jeder irgendwann einmal benötigt. Nun hat er aber auch noch seine beiden Schwäger auf seiner Seite. Glaubensfragen waren und blieben für ihn immer noch ein unsicheres Fahrwasser. Er fühlt sich aber immer wieder durch Villibrod in die Enge getrieben und glaubensmäßig geächtet oder verachtet.

Percy fragte sich schon mehrmals, warum sich dieser Haufen Christen nennt. Sie bezahlen nicht einmal für die Überfahrt, es war nur eine freundschaftliche Abmachung mit der Priory und dem Abtbischof. Eigentlich sollte er sie hier absetzen, dann hätten alle hier Ruhe und Frieden.

Zu David und Freddie sagt er:

„Ich bin froh, wenn wir diese Geschichte gelöst haben und das Problem vom Tisch ist. Patric wird uns hier helfen."

Seine Freunde waren da nicht so sicher und David sagt:

„Ich habe schon viel erlebt, aber eine solche Wut und ein derartiger Hass ist ihm noch nicht untergekommen."

Dem pflichtete Freddie bei und ergänzt:

„Diese Leute schrecken nicht davor zurück, mit allen Mitteln das Recht für sich zu beugen. Der Hass gegenüber Frauen und dann auch noch aus einer anderen Kultur stammend, wie sie argumentieren, ist groß!"

Dann fährt Freddie fort und sagt was ihn verwundert und erstaunt hatte:

„Das Argument mit der Kultur stimmt natürlich nicht. Das sind alles Leute von der Insel und damit Kelten oder von deren Abstammung, die von Druiden geführt werden, also mit der gleichen Vergangenheit. Auch wenn einige erst vor ein paar Jahren zum Christentum übergetreten sind, wie Villibrod sagt, muss man nicht seine Vergangenheit verleugnen und auf andere herabsehen.

Erst der angelsächsische Vater von ihm war zum Christentum konvertiert und hat ihn zur Erziehung in das Benediktinerkloster Ripon mit dem iro-schottischen Ritus in Britannien gegeben. Später ist er in das irische Benediktinerkloster Rathmelsigi in Connacht eingetreten.

Der dortige Abt Wilfrid hatte die römische Liturgie und die „Regula Benedikti" eingeführt und verdrängte dadurch den iroschottischen Ritus.
Mit dem iroschottischen Ideal, dass er ja damit ablehnt, hatte er gebrochen. Die Missionstätigkeit mit der asketischen Heimatlosigkeit der irischen Wandermönche hat ja eine besondere Bedeutung durch die tiefe religiöse Überzeugung.
Keltisch-irische Abweichungen gegenüber den römischen Einflüssen der angelsächsischen Kirche sind zum Beispiel die Berechnung des Ostertermins und die Mönchstonsur. Auch das Dogma der Erbsünde wurde nicht übernommen."
Damit war erst einmal alles gesagt und nun lag die Hoffnung auf Patric und seinen Begleitern.

Hier im Fischerort hatten Patric und die Mönche frisches Obst und Brot, sowie getrockneten Fisch erstanden. Das werden sie mit an Bord bringen.
Sicher waren diese Nahrungsmittel begehrt und schnell verzehrt, schließlich war die Besatzung der drei Schiffe mit ihren Passagieren über einhundertfünfzig Personen groß.

08   Der Glaubensstreit auf See

Gegen neun waren dann alle Mönche aus den verschiedenen Quartieren am Strand versammelt und konnten von Percys Schiff aufgenommen werden. Es dauerte nicht lange, dann hatte einer der Handwerker vom Festland die adligen Mönche über den Disput informiert. Diese Information wurde von Wilhelm schnellstens an Patric weitergegeben und auch Percy war dazugekommen. Nun brach eine rege Diskussion aus. Hier musste Patric an seinen Lehrmeister denken, den Abtbischof Eochaid.

Dieser hatte ihn ermahnt, sich für die Unterdrückten einzusetzen und er hatte so das Leben zahlreicher Kelten gerettet. Hier war die Lage für die Druidinnen und die Schwestern brenzlig gewesen, wurden diese doch von den angelsächsischen Mönchen als minderwertig und als verachtungswürdig betrachtet.

Mit dem Urteil haderte er allerdings innerlich. Aber von den Brüdern Edward und Alec wurde er zur Vorsicht gemahnt. Es dauerte nicht lange und ein äußerst freundlicher Villibrod kam auf ihm zu, begrüßte ihn und kam gleich zu seinem Thema.

„Ist das nicht schrecklich, was dieser Kapitän Schneyder da angezettelt hat. Unsere lieben Brüder liegen in Ketten, wie einst unsere Vorbilder im Kerker von Roma."

Patric dachte an Petrus und Paulus und sagt zu sich:

„Ein unverschämtes Beispiel! Die Festsetzung der beiden Apostel mit Vergewaltigern zu vergleichen. Mal abwarten, was sich der Angelsachse dabei gedacht hat."

Da Villibrod keinen Einwand hört, fährt er siegesgewiss fort:

„Lass uns einmal wie unter Brüdern reden und feiern, dass ihr gesund zurückgekommen seid. Auf unserem Schiff haben wir eine große Tafel aufgebaut. Bring die frischen Sachen doch gleich zu uns rüber."

Hier antwortet Patric:

„Oh, da kommst du zu spät. Meine beiden Brüder Edward und Alec haben schon alles verteilt und ich bin schon von Percy zum Essen eingeladen worden."

Hier spürte der Mönch Villibrod eine frische Brise, aber er wollte nicht aufgeben und so versucht er einen zweiten Anlauf, um Patric auf seine Seite zu ziehen:

„Wollen wir nicht zuerst unsere lieben Brüder Stefanus und Bodomus besuchen."

Er hoffte, dass Patric die Kapitäne davon überzeugen würde, ihnen die Ketten abzunehmen. Er war immer noch fest überzeugt, dass er bei einer Wahl zum Leiter der Mission zwei Stimmen mehr haben würde und damit eine gesicherte Mehrheit hat.

Patric antwortete ihm:

„Lass mich erst einmal auf dem Schiff ankommen. Ich muss nachdenken und dann werden wir zu Ihnen gehen."

Bei dieser Gelegenheit fällt Patric ein, wie Jesus nach einer Abwesenheit von seinen Jüngern in Versuchung geführt wurde. Aber er musste innerlich grinsen und er dachte:

„Ich bin doch nicht auf einer Stufe mit Jesus. Ich bin nur ein kleiner Mönch, der noch vor Monaten bei jedem lauen Lüftchen umgefallen ist."

Seine Gedanken gehen nun einen Schritt weiter und Patric fragt sich selber:

„Warum bin ich überhaupt in die Situation hineingerutscht?

Das alles nur wegen der Reliquie für Glastonbury Abbey?

Nein, es war die andere Mönchsgruppe, die mit uns in das Frankenland zu seiner Missionsaufgabe fahren wollte und den wir deshalb abgeholt haben. Das konnten wir nicht abschlagen. Es wurde ja auch von unserem Abtbischof Eochaid Georg im positivsten Sinne gesehen und eingefädelt."

Währenddessen haben sich die ehemaligen Adligen abgesprochen und der Älteste von Ihnen, Karl, war begleitet von Bottom zu den Gefangenen gegangen. Dieser hat ihn aber gewarnt, dass diese unberechenbar und gemeingefährlich wären. Dann sagt er zu ihm:

„Ich werde keine Gnade walten lassen! Ich habe sogar Angst um alle, die von diesem Halunken bekehrt werden sollen! Um zwölf wird das Urteil vollstreckt."

Nun unterhält sich Karl mit den Gefangenen und Bodomus beschwerte sich auf das Unflätigste:

„Es ist eine Frechheit, wie wir als Vertreter Gottes hier behandelt werden. Während wir Ehrenmänner hier unter Deck liegen müssen, wird oben an Deck die ganze Mannschaft von dem keltischen Weiberpack verführt und verhext!"

Karl hörte sich den Monolog an und erkennt, dass hier kein Hauch von Reue vorhanden war. Doch so viel Christ war er schon. Das Urteil erschien ihm aber hart, zu hart! Aber er wusste aus seiner Vergangenheit, manchmal muss man dem Bösen frühzeitig Einhalt gebieten und ein Exempel für die Zukunft setzen.

Auch Lukas war nicht untätig geblieben. Er hatte sich mit Schwester Anna unterhalten und diese war immer noch fassungslos. Wie konnte dies alles so aus dem Ruder laufen. Mit diesem Bild von der Lage tauschten sie sich mit Patric und ihren Brüdern aus.

Die Vernehmung hatte ja schon stattgefunden und an dem Urteilsvermögen der Kapitäne und der Adeligen Anna von Tessier zweifelte wohl niemand.

Kurz vor zehn war Villibrod wieder an Bord und er will vor der Urteilsverkündung um zwölf eine Wahl durchführen.

„Lass uns Brüder an Land gehen und den Obersten dieser Mission wählen, um dann die Mission fortzusetzen."

Patric antwortete:

„Das können wir machen!"

Mit diesen Worten ging es an Land und hier treffen sich die Brüder und Schwestern. Es fehlten allerdings Stefanus und Bodomus. Nun sagte Switbert:

„Wir warten zuerst noch auf unsere Brüder, die in Ketten liegen. Wenn sie hier sind, können wir wählen."

Die fränkischen Mönche schauen sich an und Albert fordert Lukas auf das Wort zu führen.

„Da wirst du lange warten müssen!"

Verwundert schaut Switbert und Lukas klärt ihn auf.

„Diese beiden Verbrecher bleiben in Haft und das Urteil wird mit oder ohne uns um zwölf Uhr vollstreckt."

Das sichere Auftreten schreckte die Mönche um Villibrod kurz ab. Aber nun beschwerte sich die angelsächsischen Mönche lautstark und die Situation drohte wieder zu eskalieren. Aber Lukas sagt dann:

„Wir können wählen! Jeder bekommt zwei Münzen von mir und kann sie hier einwerfen. Die Silberne steht für Villibrod und die Kupferne steht für Patric."

Als Karl und Wilhelm die Münzen verteilen, erhalten auch die Schwestern welche. Hier brandeten erneut Proteste auf aber Lukas sagt:

„Entweder wählen alle oder keiner!"

Darauf will es Villibrod nicht ankommen lassen und er stimmte widerwillig dem dann doch zu.

Lukas wiederholte noch einmal:
„Entweder alle oder keiner!"
Die Diskussionen zogen sich hin und die Kapelle schlug gerade zwölf.
Sie wählten. Albert und Martel zählten aus und Lukas verkündete das Ergebnis der Wahl:
„Für Villibrod wurden sieben silberne Münzen abgegeben. Für Patric über zwanzig kupferne! Das Ergebnis ist eindeutig! Das stimmt auch mit dem Amt überein. Patric ist der höchste geistliche Würdenträger hier in unserer Gemeinschaft, nämlich als Priester und Prior."

Während sie hier die Wahl abhielten, korrigiert Kapitän Schneyder nach Absprache unter den Kapitänen das Urteil. Sie hatten sich Gedanken zu den Worten von Patric, über die harte Tour des Kielholens, gemacht und es schien nur Sinn auf hoher See zu machen. Nun sollten die beiden Delinquenten einen Zweikampf bestreiten. Der Gewinner würde frei sein und bleiben, während der Verlierer an Land musste.
Bodomus und Stefanus standen sich nun gegenüber.
„Bodomus, lass uns beide von Bord gehen" sagte Stefanus!
Bodomus lehnte ab und so begann der Kampf. Während Stefanus sich nur verteidigte, sagte er mehrmals zu Bodomus:
„Komm, lass uns beide von Bord gehen!"
Doch Bodomus kannte keine Rücksicht und sagte:
„Kämpfe!"
Stefanus spürte langsam, dass er hintergangen worden war. Aber es war zu spät. Erst als Bodomus ihn würgte und mehrere Male mit dem Kopf gegen die Bordwand schlug erkannte er, dass es um mehr als nur um den Sieg ging. Stark blutend verlor er das Bewusstsein und er wachte nicht mehr auf! Er war tot! Umgebracht von einem Freund.
Sichtlich erfreut über den Sieg jubelte Bodomus wie ein Gladiator, der um seine Freiheit gekämpft hatte. Sein sogenannter Freund und Helfer hatte teuer mit seinem Leben bezahlt, zu teuer.
Leider hatte der Kapitän mit einem derartigen Ausgang nicht gerechnet. Aber er stand zu seinem Wort. Der Sieger durfte mitfahren. Percy sagte zum Kapitän:
„Du hast es gut gemeint, denn sicher hätte keiner von Beiden das „Kielholen" überlebt. Nimm es dir nicht so zu Herzen! Gott wird den Mörder schon richten!"
An Land hatte Villibrod die Wahl hingenommen und nun lag seine ganze Hoffnung auf Pippin! Er würde spätestens im Frankenreich die Ordnung

und Macht zu seinen Gunsten richten lassen.

Auf dem Schiff hatte man Stefanus der See übergeben. Bodomus ging an Land. Er kam begeistert auf ihn zu und rief:

„Ich bin frei! Ich kann mit zum Festland!"

Percy ordnete die Gruppen und sagte:

„Die angelsächsischen Brüder fahren bei David mit. Die Handwerker vom Festland bei Freddie. Patrik, die Brüder und Schwestern fahren bei mir mit."

So war wenigstens für Ruhe auf See gesorgt.

Wie es dann später an Land und er Mission weitergehen soll, das müssen andere klären!

In der Abtei Priory im Gästehaus

Maureen war derweil mit ihren Übersetzungen beschäftigt und Victoria war von ihrer Reise nach Corcaigh zurück und berichtet:

„In zwei oder drei Wochen können wir nach Corcaigh umziehen und ich hoffe, der Abtbischof weiht dann den Konvent ein."

Claudia antwortete ihr:

„Sicher wird er das machen und die Königin wird dafür sorgen, dass wir dort gut ankommen und schnell unsere Aufgaben aufnehmen können."

Victoria ergänzt:

„So wird es sein. Die Schwestern aus Midsummer wohnen schon seit einigen Tagen im Pilgerhaus. Sie richten alles ein und werben bereits in den Gottesdiensten um Unterstützung und für unsere Schule. Bestimmt werden wir mit einigen Aufgaben, die wir uns vorgenommen haben, gleich beginnen können."

Dann fügte sie hinzu:

„Stell dir vor, wir werden von den königlichen Kutschen abgeholt."

Dann denkt sie:

„Es wird sicher eine schöne Zeit. Hier war es unter der Leitung von Helen und Patric aber auch gut. Doch seit Patric aufgebrochen ist wurde es langweilig. Wie wird es ihnen wohl jetzt gehen?"

Wieder auf See

Als sie alle an Bord waren, konnten sie aufbrechen und die Fahrt ging weiter. In zwei oder drei Tagen werden sie im Delta und endlich auf dem Festland sein. Dann müssen und wollen sie sich der gewählten Herausforderung stellen und sich mit dem Missionieren beschäftigen. Mit drei oder vier Knoten gehts vorwärts. Im ersten Schiff waren Villibrod und seine Mönche und den Schluss bildeten die Brüder und Schwestern.

Gegen Abend begann sich die See aufzulehnen, fast als wollte sie verhindern, dass die Mission startet. Sie mussten gegen den Wind und die Fluten der germanischen See ankämpfen. Die Kapitäne hatten alle Passagiere befohlen unter Deck zu bleiben. Je dunkler es wurde und je tiefer sie in die Nacht fuhren, umso wilder wurde die See. Der Wind fegte über das Wasser und der Sturm jagte die Wellen gegen die Bordwand oder überspülte sogar das Deck.

Irgendwann in der Nacht ist Bodomus aufgestanden, um an Deck zu gehen. Mit seinem Erscheinen peitschte die See noch heftiger und er wurde an das Heck des Schiffes gedrängt. Vom Ausguck hörte man noch, dass er wieder unter Deck gehen solle. Es war einfach zu gefährlich.

Auf seinem Weg zurück durch die Dunkelheit und die aufschäumende Gischt hatte er die Orientierung verloren, um zur Tür nach unten zu gelangen. Da erfasste ihn eine Böe, er schlitterte über das Deck und war in der See verschwunden. Das letzte was man vom Turm hörte war:
„Mann über Bord! Mann über Bord!"

Aber es war zu spät. Bei dieser Dunkelheit bestand keine Hoffnung und das Wasser hatte nur wenige Grad über Null. Eine Rettung, auch wenn man wollte, war nicht möglich. Er war verschwunden, von der See verschluckt. Das alles geschah innerhalb weniger Minuten und die See beruhigte sich schlagartig. Gerade so, als hätte sie auf dieses Opfer gewartet.

Noch wusste keiner und es hatte auch kaum einer mitbekommen, dass jemand über Bord gegangen war. Aber wenn es hell wird, dann wird sich dies schnell aufklären.

Mit den ersten Sonnenstrahlen und zwanzig Seemeilen weiter war es Gewissheit. Man hatte auf Winterbottoms Schiff die Passagiere überprüft und stellte schnell fest, dass es Bodomus war der fehlte.

Bodomus wurde von der See geholt, ganz so als hätte der Kapitän es vorausgesehen.

Die Strafe Gottes hatte ihn erreicht und von Bord gespült. Für die meisten war es damit abgetan, nicht aber für die Angelsachsen. Sie waren fest der

Überzeugung, dass hier ein Meeresgott und Verwünschungen der Heiden am Werk waren.

Als man am Nachmittag zusammentraf um die Weiterfahrt zu besprechen, entbrannte eine Diskussion über den Tod von Bodomus.

„Das war seine eigene Dummheit," konstatiert Kapitän Winterbottom.

„Jeder weiß, was die Gewalten der See mit einem machen! Man muss immer vorsichtig sein. Ich habe euch deshalb unter Deck befohlen und der Ausguck im Korb hat Bodomus noch gewarnt. Warum denkt ihr, bindet sich der Ausgucker bei schlechtem Wetter fest?"

Einer der Angelsachsen behauptet dagegen:

„Das ist alles nur die Schuld der keltischen Heiden."

Schimpft er.

„Hier müssen Konsequenzen her. Ich werde den Vorfall Pippin melden!"

Hier sagt Patric:

„Wenn wir alle etwas mehr Demut und Nächstenliebe walten lassen würden, dann wäre vieles einfacher."

Dann sagt Percy:

„Wenn ich richtig informiert bin, dann ist es der Gnade der Leute aus der Priory Abtei zu verdanken, dass ihr Angelsachsen überhaupt mitfahren dürft."

Villibrod lässt aber nicht locker und sagt:

„Auf eine Mission zum Festland sollten nur gottesfürchtige Mönche gehen und nicht solche aus dem Irischen und erst recht keine Nonnen, die nicht Bescheid wissen."

Jetzt reicht es Patric und er erklärt ihm, was zum richtigen und tiefen Glauben eines Christen gehört:

„Mein lieber Villibrod,
ich möchte dich gerne zu unserer Abtei in der Priory einladen. Dort würde dir unser Abtbischof Eochaid unsere urchristliche Geschichte bis zu den Aposteln zeigen, die wir jeden Tag leben. In der Nachfolge Jesus, der Nächstenliebe gepredigt hat und es durch seinen Umgang mit Andersgläubigen, Heiden und Aussätzigen zeigte. So ist unser Verständnis vom Christsein in unserer vollen Überzeugung und in unserem Herzen. Das ist unser Weg der Nachfolge, wie die der Jünger Jesu.

Wir unterstützen und helfen uns in der Priory und auch außerhalb durch gegenseitiges Aufzeigen des richtigen Weges in Demut und Achtung.

In deinem Verhalten und in deinem Umgang sehe ich kein Zeichen gegenseitiger Achtung und Nächstenliebe. Deine Brüder, die unter deiner

Leitung mit dir sind, machen nicht den Anschein einer geistigen und menschlichen Führung. Die beiden traurigen Menschen Bodomus und Stefanus hast du verteidigt anstatt sie zu mäßigen und ihnen ein Stück weit zu helfen, um das zu verhindern, was dann geschah.

Die Ursache davon liegt aber nicht erst in unserem Zusammentreffen, sondern in der frühen geistigen Reife und Führung.

Deine Äußerungen über den Aberglauben sind Gotteslästerung, dein Verhalten gegenüber meinen getauften christlichen Schwestern ist eine Todsünde."

Sein Redefluss zwang kurz Luft zu holen, um dann ganz energisch die Maßregelung fortzusetzen:

„Wir leben den Glauben Jesu, du lebst den Formalismus Romas, der sich alle paar Jahrzehnte ändert, ergänzt durch Beschlüsse der Konzile.

Die meisten Konzile wurden von den jeweiligen Regenten einberufen und nicht von der Kirchenleitung.

Der Glaube wurde verfälscht durch die vielen Patriarchen, Kirchenväter, die durch Interpretationen zu Dogmatikern wurden. Du betrachtest unseren christlichen Glauben von der Insel und unsere Christianisierung als Wandermönche abfällig, sie überzeugt aber durch Demut und dem Ideal der asketischen Heimatlosigkeit.

Anstelle unseres Verständnisses von Mission arbeitest du mit den Regenten und der jeweiligen kirchlichen Macht zusammen. Hier werden christliche Strukturen unter der Knute einer Herrschaft gestellt.

Du wirst es also hier auf Erden noch weit bringen, das prophezeie ich dir. Nur ob dir das vor Gott angerechnet wird, das wird auch nur Gott im Himmel wissen!"

Damit war erst einmal alles gesagt und Villibrod hatte innerhalb eines Tages zwei seiner Mönche verloren und zwei Niederlagen einstecken gegen eine kleinen Mönchen einstecken müssen.

Er hatte aber kein Schuldgefühl und er suchte die Schuld bei anderen. Sein Verhalten wird er deshalb nicht überdenken. Für ihn war alles nur eine Frage der Zeit, dann würde sich alles für ihn zum Guten in seinem Sinne wenden.

„Passt nur auf, dass ihr nicht irgendwann brennt, ihr Häretiker" war seine Antwort auf die Ausführungen von Patric.

„Passt gut auf!"

Einen halben Tag später hatten sich die Gemüter etwas beruhigt und nun könnte man die Mission starten. Percy hatte sich bei Patric bedankt, dass er mal das losgeworden ist, was alle dachten und sagte:

„Endlich ist mal einer da, der dem ganzen Treiben Einhalt gebietet. Du hast den Angelsachsen die Grenzen aufgezeigt und ist seitdem auch ruhiger. Ich denke, du wirst eine große Zukunft als Geistlicher haben."

Dann fügt er hinzu:

„Ich habe mit Wilhelm und Albert gesprochen, sie sollen die Schwestern im Auge halten, damit man frühzeitig eingreifen kann. Sie haben sich auch bewaffnet mit einem Kurzschwert. Man weiß ja nie, wofür es gebracht wird."

Diese Sorge von Percy war berechtigt, aber der Hinweis, sich zu bewaffnen war nicht nötig. Lukas hatte den Bund unter den adligen Mönchen genutzt und die Order, sich zu wappnen, ausgegeben. Solange sie hier bei den Schwestern sind, gibt es keinen direkten Übergriff mehr. Hier sollte die Strafe sofort erfolgen und sie hatten sich geschworen, für ihren Glauben und die Rechte von Unterdrückten zu kämpfen.

Das hatten sie bisher in mehreren Situationen unter Einsatz ihres Lebens bewiesen. Dem würden sie auch treu bleiben, so treu, wie sie es ihrem Abtbischof Georg geschworen haben. Aber ein Gelübde in dieser Richtung war nicht erforderlich, so viel Herz und Verstand hatten sie. Ihnen genügte es, die Fäden im Hintergrund in der Hand zu halten.

Hier wechselte die Führung ständig nach Bedarf und Fähigkeit ohne Neid oder Missgunst. Wären sie sonst Mönche oder besser noch Kämpfer Christi geworden? Sie brachten sich still und leise, aber bestimmt, in die Gruppe ein. Fast hätte Percy nach dem Vorfall den Kram an Bord hingeworfen, so überzeugt war er von ihrem Verhalten. Aber es sollte noch besser kommen!

Am Abend entdeckt Patric den Brief, den er schon längst an Schneyder und Winterbottom hätte weiterleiten sollen. Die Aufregung des Tages hatte ihn das vergessen lassen.

In dem Brief stand, die Herzöge aus Wessex mögen bitte mit den Adligen vom Festland über Pippin sprechen und ein Treffen mit ihm für ein mögliches Bündnis arrangieren. Als Vertreter des Königreichs Wessex waren die Kapitäne Winterbottom und Schneyder beauftragt, im Sinne des Königs vorzusprechen. So erhoffte sich der König Ina einen guten Kontakt zum Frankenreich. Ina wollte als aufstrebende Macht diese überraschende Gelegenheit politisch nutzen.

Ruth und Esther erinnerten sich, dass Patric ihnen gesagt hat, dass er weiß was ihre Namen bedeuten. Er hatte ihnen ja versprochen, es zu verraten. Als sie das nächste Mal Patric begegneten, nutzten sie gleich die Gelegenheit für ihre Fragen.

„Was bedeutet jetzt der Name Esther?"

Patric antwortet ihr:

„Er bedeutet „der Stern" oder von der Sonne betrachtet „die Strahlende". Kennst du denn das Buch aus der jüdisch christlichen Geschichte?"

„Ich habe nur gehört, sie soll eine Fürstin gewesen sein!"

Dann sagt Patric:

„Dann will ich dir etwas von der Geschichte erzählen. Vor rund 1500 Jahren hat Esther ihr im Exil lebendes Volk vor der Vernichtung gerettet. Das hat sie getan aus Treue zu ihrem Volk.

Sie deckte, als Frau des Königs, eine arglistige Täuschung gegenüber dem König auf. Geschafft hat sie das durch ihren Geist und die Fähigkeit der Rhetorik. Seitdem feiert man an diesem Tag die Errettung. Leider habe ich die Texte nicht dabei, sonst würde ich sie dir vorlesen."

Dann dankt Esther mit dem Worten:

„Ich hoffe, dass ich bald selbst lesen kann. Hier übe ich fleißig und meine Schwestern helfen mir dabei."

Die ganze Zeit hatte Ruth zugehört und fragte nun ihrerseits:

„Was kannst du mir zu meinem Namen sagen?"

Patric sagte ihr:

„Zu deinem Namen gibt es auch eine schöne Geschichte, die man in einem Buch nachlesen kann. Dein Name bedeutet „Freundin" und „Begleiterin". Das erklärt die Geschichte!"

Er macht eine kleine gedankliche Pause und erzählt dann:

„Einst war eine Frau mit ihrem Mann und ihren beiden verheirateten Söhnen in einem Land außerhalb von Israel ansässig. Als die Männer gestorben waren, hat sie ihre Schwiegertöchter freigegeben. Das war damals Sitte und Brauch.

Ruth ist bei ihr geblieben und hat ihre Schwiegermutter in ihre alte Heimat begleitet und sie versorgt.

Obwohl Ruth aus einem anderen Volke kam und dort immer eine Fremde sein wird, ließ sie sich nicht abweisen und sagte zu ihrer Schwiegermutter:

„Wohin du gehst, dahin gehe auch ich, und wo du bleibst, da bleibe auch ich. Dein Volk ist mein Volk und dein Gott ist mein Gott."

Aus Dankbarkeit hat die Schwiegermutter ihr einen Mann gesucht, um ihr ein gutes Auskommen zu sichern. Wie die Geschichte uns lehrt, war sie die Urgroßmutter von König David."
Er wartet kurz und fügt hinzu:
„Da siehst du, dass wahre Treue sich im Leben auszahlen."
Sie bedanken sich mit den Worten:
„Dann haben wir beide einen Namen mit einer sehr schönen Vorgeschichte und tiefer Bedeutung.
Das hast du uns aber sehr liebevoll erzählt. Vielleicht können wir uns irgendwann einmal erkenntlich zeigen. Wir kennen auch sehr viele und eindrucksvolle Geschichten aus unserer Überlieferung."
Darauf erwidert Patric:
„Das habt ihr schon, denn Ihr seid immer freundlich und hilfsbereit. Das ist so wichtig für die Gemeinschaft und für jeden einzelnen. Ich werde sicher bei den Friesii Fragen an euch haben. Denn sie haben einen ähnlichen Ursprung wie die Kelten."

Eine Tag später können sie die Einfahrt ins Flussdelta erkennen. Von hier sind es nur noch wenige Stunden bis zu ihrem Ziel auf dem Festland. Die Kapitäne lassen die Geschwindigkeit der Segler drosseln und holen einige Segel ein.
Von zehn Knoten soll es nun mit vier weitergehen. Sie haben auch Glück, denn die einsetzende Flut hilft ihnen, einige Meilen hinein ins Delta zu fahren. Nach Meinung von Kapitän Schneyder werden sie es bis zum Abend schaffen. Die Landschaft im Delta der Rhenus ist durch eine leicht ansteigende Ebene gekennzeichnet. Viele Küstenvögel sind hier zuhause. Die Landschaft zeigt sich in dichtem Grün mit Sträuchern, Bäumen und vielen Wiesen. Überall kann man grasende Tiere sehen. Menschen sind eher selten, da durch Ebbe und Flut viele Landstriche regelmäßig überflutet werden.

In der Priory

Die alten Texte haben bei Maureen das Interesse geweckt und sie liest voller Eifer und übersetzt den Text der Piscis crux (Kreuzfisch) Schriftrollen. Besonders jeden längeren Text lässt sie von Bruder Famian vorlesen:

„So schreibt Athanasius der ältere:
Es wird ein schwieriges Unterfangen, unserem Jakobus seinen letzten Wunsch zu erfüllen und ihn dorthin zu bringen, wo er zuletzt missioniert hat. In Colonia Caesaraugusta oder in Galizien. Seeleute sind abergläubisch und dulden auf keinen Fall einen Toten auf ihrem Schiff. Wie aber sollten wir ihn fortbringen? Es dauerte eine ganze Weile bis wir eine Lösung gefunden hatten. So bereiteten wir den Leichnam in dieser Wartezeit vor.

Wir mussten ein Frachtschiff auswählen. Jakobus war so gut es ging würdevoll und sicher in einer Kiste untergebracht, die zusätzlich mit Wachs versiegelt wurde. Reisende und andere Mitfahrer müssen auf den römischen Schiffen ihren eigenen Proviant mitbringen und sich selbst um ihre Versorgung kümmern. Unser Schiff ist aus dem Haupthafen im Süden, nämlich Alexandria gekommen, denn von dort segeln viele große Schiffe durch das Mittelmeer bis nach Britannien. Das alles hatte man uns gesagt.

Wir entschieden uns aber für Caesarea Maritima, dem Hafen von Herodes, um dort nach einem Schiff Ausschau zu halten, welches zuerst zur Insel Cyprus fuhr.

Paulus und Barnabas wollten auch nach Cyprus. Sie wollten Sergius Paulus, den Prokonsul der Insel aufsuchen. Barnabas kannte Sergius seit seinen Kindertagen, denn er war dort geboren worden.

Nach einigen Tagen hörten wir, dass ein Rudersegler von hier nach Kyrenia, einem wichtigen Hafen auf Cyprus, aufbrechen will. Wir beeilten uns also, um einen Platz für uns und für unsere Fracht zu bekommen.

Wir fuhren an der Küste entlang nach Norden. Nach einem kurzen Halt in Joppe segelten wir weiter.

Es ging sehr langsam voran, denn wir hatten wenig Wind und die Segel hingen schlaf herab. So musste gerudert werden, um weiter in das offene Wasser zu gelangen und somit mehr Wind zu bekommen.

Manche Schiffe fahren in der Nähe der Küsten zur Orientierung, laufen aber Gefahr, auf ein Riff oder eine Sandbank aufzulaufen.

Andere segeln nur nachts und nutzten die Sterne oder tagsüber den Stand der Sonne, wenn die Wolken es zuließen.

Es dauerte sicher zwei bis drei Wochen, man verliert das Zeitgefühl und merkt kaum, dass es vorwärts geht, wenn kein Land in Sicht ist. Für Paulus und Barnabas war mit Kyrenia im Norden das Ziel der Reise dann erstmal erreicht.

Wir mussten dort ein anderes Schiff finden für die nächste und größere Etappe. Tage vergingen, bis wir in ein großes Segelschiff mit unserer Fracht und aufgefülltem Reiseproviant wieder einen Platz bekamen. Es war auf der Route von Alexandria nach Syracuse auf Sicilia, um dort Getreide zu verladen.

Mit dem großen Segler ging es aber schneller voran. Die Reise führte zuerst nach Andriace, dem Hafen von Myra. Hier nahmen wir frisches Wasser und Nahrungsmittel an Bord, dann segelten wir ohne Aufenthalt zur Südküste der Insel Creta et Cyrene, einer römischen Provinz.

Bereits nach vier Tagen waren wir mitten im Mare Nostrum. Manchmal konnten wir Möwen oder Tauben am Himmel sehen. Ein Halt im Süden von Griechenland, dem Ort Karone auf der Pelopones, benötigten wir nicht. So fuhren wir weiter nach Westen zur Insel Sicilia."

Soweit ist er mit dem Vorlesen gekommen und er bat eine der Schwestern, hier weiter zu machen. Oft hatten sie die Arbeit unterbrechen müssen. Nun drängte der Abt, dass auch der restliche Teil übersetzt werden muss. Schließlich hatte er einige Anfragen die nun auch erfüllt werden mussten. Drei Abschriften sollte er machen, er hatte aber vorsichtshalber noch eine vierte und fünfte beauftragt.

So sitzen die Schwestern zu dritt und fertigen erst das Original und eine von ihnen übersetzt fleißig. Sie hören der Vorleserin Maureen zu:

„Hier schreibt Athanasius der jüngere:

Mit jedem Tag kommen wir unserem Ziel näher. Von unserer Missionsreise wissen wir, dass so eine Seereise viel Zeit in Anspruch nimmt. Oft kann nicht der direkte Weg genommen werden. An manchen Tagen kommt man nur wenige Seemeilen voran. So auch jetzt, als uns einer der Seeleute sagt, dass vierhundert Seemeilen entfernt der Hafen Ostia bei Roma liegen würde. Die Hauptstadt und der Sitz des römischen Caesars. So erreichten wir Sicilia, die etwas südlich vom Festland gelegene Insel. Hier in Syracuse ist erst einmal Ende. Der Segler nahm hier eine Ladung auf und machte sich dann auf dem schnellsten Weg zurück nach Alexandria. Sicher würde er Getreide holen, denn die Jahreszeit schien günstig zu sein.

In Syracusa fanden wir mit Gottes Hilfe wieder einen großen Segler, der mit Waren in Richtung Britannia fuhr.

Wir wechselten nun über die Meerenge von Sicilia vom östlichen in den westlichen Teil des Mare Nostrum.

Wir befürchteten schon, dass es diesmal auch um die nördlich gelegenen Inseln gehen würde. Denn wir segelten erst ein Woche Richtung Norden. Mitten in einer der sternenklaren Nächte änderte das Schiff den Kurs. Am Morgen konnten wir feststellen, dass wir nun in Richtung Westen und dann leicht südlich segelten. Soviel können wir nun schon vom Sonnenstand auf die Himmelsrichtung schließen.

Der Ruderführer sagte uns, dass sich der Wind gedreht habe und wir nun weit genug im Norden sind, um Kurs auf die vorgelagerten Inseln nehmen zu können.

Nun befinden wir uns schon weit in der westlichen Hälfte des Mare Nostrum. Ob wir noch einen Zwischenstopp machen, bevor wir die Küste der römischen Provinz Tarraconensis oder Baetica erreichen?

Der Schiffsführer hatte noch eine vorgelagerte Insel anlaufen wollen. Auf dem Weg lagen noch die Inseln der Balearides. Auf den Balearis major oder Balearis minor hatte er immer wieder frisches Wasser und Nahrungsmittel aufgenommen.

Diesmal fuhr das Schiff ohne Aufenthalt auf den Inseln weiter. Man war gut vorangekommen. Als Flaute aufkommt, beschließt der Kapitän, noch vor der Meerenge die Reserven aufzufüllen. In der römischen Provinz Baetica fahren wir den Hafen Carthago Nova an.

Es ist nur ein kurzer Halt in Nova Carthago und weiter geht es in Richtung Meerenge in westsüdlicher Richtung. Im Süden lag der Kontinent Ifriqiya mit der Provinz Mauretania Tingitana und dem Verwaltungssitz Tingis. Die Römer nennen diese Stelle, die auch die Außengrenze des römischen Reiches war, Gaditanum Fretum und in der Antike waren hier „die Säulen des Herkules". Wir segelten aber weiter und der Wind trieb uns zu weit nach Süden ab. So landeten wir in Tingis und hatten die Möglichkeit, einen nicht geplanten Landgang zu machen. Die Leute hier waren deutlich dunkler von der Hautfarbe. Sie schützen sich auch vor der Sonne mit großen Umhängen.

Nach drei Tagen ging es weiter Richtung Norden an der westlichen Küste entlang.

Als man an diesem Tag zu nahe an der Küste fährt, wird plötzlich ein Ruder beschädigt.
Nach dem ersten Schreck stellte man fest, dass wir noch Glück hatten. Wir erreichten nach einer Langsamfahrt in zwei Tagen einen großen Hafen. Gades ist die Schmiede der großen Schiffe der Römer. Hier im Hafen lagen die neuesten und größten Schiffe des Reiches. Hier kann man erkennen, dass Handel reich macht. Selbst einfache Handwerker haben ein gesichertes Einkommen.
Die Reparatur dauerte nicht lange. Das schadhafte Teil wurde ausgetauscht. Der Führer des Schiffes hatte eine Ausbesserung abgelehnt. Das verkürzte den Aufenthalt.
Am Sacred Promontory wurden einige Geschäfte erledigt. Langsam ging es weiter an der Küste entlang und wir besprachen unser Ziel mit dem Besitzer des Schiffs. Da er ohnehin nach Brigantum und von dort nach Britannien durchfahren wollte, fanden wir eine Lösung für uns.
In Olisipo setzte er uns an Land. Er meinte noch, dass wir hier eine Möglichkeit finden würden, um unser Ziel zu erreichen. Im Hafen suchten wir nach einem passenden Schiff und es gestaltete sich schwieriger als gedacht. Es lag wohl an der Jahreszeit. Ein Fischer bot uns letztendlich an, mit zum nächsten Hafen zu fahren. So nutzten wir die Gelegenheit und fuhren zur Mündung des Rio Lerez. Als wir in Turris Augusti anlandeten hatten wir das Gefühl, unserem Ziel wieder ein großes Stück nähergekommen zu sein.
Wir hatten wieder einmal Glück. Wir fuhren am Kap Fistera vorbei und erreichten schließlich den Portus Ebora am Rio Tambre. Hier endete unsere Schifffahrt.
Wieder hatten wir einige Monate auf See verbracht und uns war nichts Schlimmes zugestoßen. In den Erzählungen der Seeleute kamen oft Geschichten von Schiffbruch, Piraten und anderen schrecklichen Dingen vor. An Land suchten wir für uns nach einer neuen Möglichkeit, um voran zu kommen. Wir brauchten ein Fuhrwerk. Denn die Grabkiste und unsere sonstigen Utensilien, wenn es auch nur wenige waren, konnten wir nicht tragen.

Heute musste ich an Jakobus denken.
Er war mehr als ein christlicher Apostel gewesen. Eher ein Freund und er war immer da, wenn Not war. Wir, Andreas, Marcellus, Athanasius und Theodor begleiten ihn oder das was uns noch von ihm geblieben war, um ihn zu seiner letzten Ruhestätte zu bringen. Dort hatte er gesagt, würde er

den Frieden finden, den man ihm in seiner Heimat Jerusalem nicht gegönnt hatte.

Hier sprachen wir über die Glaubensdifferenzen zwischen Jakobus und Paulus. Paulus, wie sich Saulus nannte, war ein großer Redner, ein Eiferer und Verteidiger des jüdischen Gesetzes und der Thora.

In seinen Schriften steht nichts über den Verrat an Jesus durch Judas und seiner Verurteilung. Ob er durch seine römische Staatsbürgerschaft geschützt ein gewollter Handlanger der Hohenpriester war? Hatte er sich mehr versprochen? Eigentlich hat er ja nie auf seinen Königsnamen Schaul verzichtet, den Namen des ersten Königs aus dem Stamme Benjamin, sondern sich lediglich den Namen Paulus für seine Reisen in der Heidenwelt zugelegt. Das ist erstmal nicht ungewöhnlich denn das machen viele Juden auf Reisen.

Nach seinen eigenen Aussagen ließ er Anhänger Jesu in Ketten legen und den Römern zuführen. Auch Gebetsstätten zerstörte er. Er hatte immer noch mit seiner Vergangenheit zu kämpfen. Viele Christen verziehen ihm dies nicht!

Auch wir waren vorsichtig!

Aus dem Scharfmacher und Hetzer Saulus, ein gesetzestreuer Pharisäer der die Massen auch gegen Jesus aufgehetzt hatte, war Paulus entstanden. Er hatte immer noch mit seiner Vergangenheit zu kämpfen. Viele hatten dies nicht vergessen!

Man sagte Paulus nach, dass er nach der dem Tod Jesu nicht im Aufstieg der Juden berücksichtigt wurde. Deshalb unterstellten ihm viele aus Machthunger Christ geworden zu sein. Dieser Meinung waren wir auch und hatten das nach Verlassen des Schiffes gemerkt. Immer wieder versuchte Paulus unseren, von Jakobus geprägten, Glauben zu beeinflussen.

Auch gab er vor, dass ihm ein Spruch:

„Warum verfolgst du mich, Scha'ul!"

Zugesetzt hatte und das betonte er immer wieder.

Das soll unser Jesus zu ihm gesagt haben. Dafür gab es aber keine Zeugen. So hatte er gesagt:

„Das Kreuz ist nicht nur Jesus, es war Mahnmal und Aufgabe."

War das Kreuz der Versuch der Wiedergutmachung mit Bezug auf die Verheißungen nach den jüdischen Schriftenrollen? Die Versöhnung mit Gott ist nur auf Gnade gegründet?

Deshalb erzählt er auch nichts von unserem Meister Jesu, dessen Worte er ja nicht kennt. Diese sind aber für uns sehr wichtig!

Für ihn aber nicht!

Allein die Erfüllung der Verheißung mit Bezug auf den Tanach zählte für ihn. Die Erlösung stand ja für ihn unmittelbar bevor oder zumindest in Kürze. Da gibt es nicht mehr viel zu tun und zu retten, sagte er. Da muss man Paulus verstehen, dass nur noch Glaube und Buße zählen.

Für uns zählen, aber auch die Taten in den letzten Minuten. Davon ließen wir uns auch nicht abbringen. Sonst wären wir heut nicht hier unterwegs. Sicher, wir konnten Jakobus verstehen, was er alles in Judäa durchgemacht hatte. Erst verlor er seinen geistigen Lehrer Jesu und dann wurde er jahrelang verfolgt, weil er die Nächstenliebe verkündete und Kranke im Namen Gottes heilte. Hier in der westlichen Provinz des römischen Reichs ist es ihm gut gegangen.

Seine Verkündigung fiel hier aber nicht auf fruchtbaren Boden. Die Leute waren noch tief in ihrer Geschichte verankert und kämpften um das tägliche Brot.

Zu verschieden war die Welt, möglicherweise noch nicht reif für das Wort Gottes. Er hätte hundert Jahre später kommen sollen, dann wäre der Boden sicher fruchtbarer gewesen und sein Wort wäre wie eine Saat aufgegangen."

Mit diesem Satz war dieser Text zu Ende und Maureen dachte darüber nach, wie sie zu ihrem Glauben in ihrer Heimat in Augusta Treverorum gekommen war.

Victoria hatte gemerkt, wie tief Maureen in ihrem Text versunken war. Sie waren mit Claudia nur noch zu dritt in der Priory und bald schon würden auch sie umziehen. Sie dachte an die schöne Zeit mit Patric auf der Bank im Klausurgarten und immer wieder an die Brüder und Schwestern, die auf dem Weg zum Festland waren.

Ob sie schon angekommen sind? Eins wusste sie, sie muss mit dem Abtbischof sprechen und ihn bitten, eine Gebetsstunde für die Reisenden abzuhalten. Sie selber und ihre Schwestern beteten immer regelmäßig für ihre geliebten Brüder und Schwestern.

Erst in der Nacht erreichte man die Gabelung, an der die Villa Millingen liegt. Um an Land zu gehen war es zu spät. So wartete man bis zum frühen Morgen. Noch bevor einer an Land gehen konnte, stand ein Bote des Grafen Ebroin an der Anlegestelle und wartete auf die Passagiere. Kapitän Schneyder sprach mit dem Boten und dann folgten ihm die Kapitäne zum Anwesen des Grafen.

Hier überreichte Percy unaufgefordert die ausstehende Schuld. Er erhielt die Besitzurkunde über die Schiffe. Damit war der letzte Teil des Geschäfts getätigt. Der Graf beabsichtigte aber, im regen Handel mit dem Königreich Munster zu bleiben. So beauftragte er eine Lieferung Wolle für die nächste Reise.

Dann erfuhren sie von den Unruhen an den Ufern des Rhenus. Ein Brief aus dem Frankenland war für den Leiter der Mission hinterlegt worden. Den nahm erstmal Percy an sich. Ein weiterer Brief war direkt an Patric gerichtet und dieser war aus Treverorum.

Ab Mittag war ein großer Empfang geplant. Alle sollten daran teilnehmen. Beginnend sollte es mit einem gemeinsamen essen und dies sollte bis zum späten Nachmittag gehen, Der Besuch war für diese Zeit angesagt. Erwartet wurde ein Abgesandter von Pippin aus dem Frankenreich.

Patric hatte sich mit den Briefen begleitet von Alec und Edward zurückgezogen. Er traute dem Frieden nicht und irgendwie hatte er auch Angst vor der Ungewissheit. Ohne das Patric informiert wurde, tauschten Alec und Edward ihre Informationen mit ihren fränkischen Brüdern aus. Hier war Lukas ein wichtiger Knotenpunkt, bei ihm lief alles zusammen. Er erschien auch nie an der vordersten Linie, er blieb meist unbemerkt im Hintergrund. Dafür wurde er auch von allen geschätzt und geachtet.

Im Brief erhielt der Leiter der Mission, das war nun einmal Patric, die Aufgabe, sich in Frisia Magna mit König Radbod zu treffen. Es sollte über einen langfristigen Waffenstillstand und über eine Handelsvereinbarung gesprochen werden.

Der christliche Glauben sollte als Beweis der Einhaltung verbreitet werden. Es hörte sich alles so leicht an, aber es war eine große Herausforderung.

Im zweiten Brief erkannte er direkt das Siegel des Bischofs von Treverorum. Numerianus bat nochmals um Unterstützung bei den Schriften, die man hier im Kloster hat. Es deutet alles darauf hin, dass diese Originale von der Königin Helena waren.

Sie schrieb über Reliquien und andere christliche Symbole, die sie nach Augusta Treverorum gesandt hatte. Hier antwortet Patric. Er bot Hilfe für die Nachforschung und den Gedankenaustausch an. Erst würde er die Aufgabe von Pippin zu erledigen haben, dann kann er zum Bischofssitz nach Augusta Treverorum aufbrechen.

Noch bevor sie ihre Einladung beim Grafen wahrnehmen konnten, sprach ihn einer der Handwerker an. Sie wollten bald aufbrechen und sie hatten eine Route zum Iuliacum Gau gewählt. Sie boten an, einige der Mönche und Nonnen mitzunehmen. Er meinte, eine größere Gruppe würde nicht so leicht Opfer eines Überfalls. Darüber wollte er mit Patric nach dem Empfang reden. Er ließ aber von Alec nachfragen, wer sich bereit erklärt, mitzugehen. Soviel Vertrauen hatte Patric schon, dass diese ihm bekannten Handwerker sehr zuverlässig sind, sich ordentlich verhalten aber auch zusammenstehen würden.

Beim Grafen Ebroin

Beim Empfang war alles anwesend was irgendeinen Rang hatte, um sich zu präsentieren und die Neuankömmlinge zu begutachten. Auch Villibrod war dabei und er kannte den einen oder anderen von seiner ersten Reise, an die er nicht so gern dachte und erinnert werden wollte. Hatte man ihn doch fortgejagt.

Was er wohl spürte und erkennen musste, dass die adligen Mönche aus dem Frankenland hier einige gute Kontakte hatten. Sie werden auch sehr herzlich begrüßt.

Wieder einmal stand er nicht in der ersten Reihe. Viel schlimmer und als Schmach empfand er es, dass der Prediger Patric bei den jungen weiblichen Gästen im Mittelpunkt stand. Einiges hatte sich durch das Gerede schon vorab verbreitet. Es soll ein sehr netter und freundlicher Geistlicher in der Villa Millingen sein.

Auch von seinen Taten wurde geredet. Der Ruf eilte ihm im positiven Sinne voraus. Ohne viel zu tun, wurde er umlagert und die Frage nach christlichen Sakramenten war groß. Hatten sich einige zuerst nur heimlich zum christlichen Glauben bekannt, brach das Bedürfnis nun offen aus.

Getauft wollte man werden! Aber es hing wohl auch davon ab, wer der Spender des Sakraments wäre. Der Empfang zog sich bis zum frühen Abend hin und es gab viel zu besprechen.

Erst am späten Nachmittag traf der Mönch Evermarus mit Chalpaida im Delta ein. Chalpaida ist eine Bekannte des Adels und wäre bei der letzten Reise zur Abtei auf der Insel gerne dabei gewesen. Eine Schwangerschaft hatte sie davon abgehalten, aber sie verlor leider dieses Kind. Sie ist die Geliebte von Pippin dem Hausmeier und eine Vertraute für diplomatische Angelegenheiten. Vor fast fünf Jahren hatte sie schon mit Villibrod zu tun und sie erinnerte sich ungern daran. Auf dem Empfang sprach sie mit den adligen Brüdern Karl und Wilhelm.
„Wir haben uns aber lange nicht mehr gesehen. Zwei Jahre?"
Sie nickten zustimmend und Wilhelm ging weiter zum Grafen.
„Wie geht es dir Karl?"
Der Mönch Karl antwortet Chalpaida:
„Schön, dich zu sehen. Mir geht es sehr gut und ich bin froh, dass ich diesen Schritt gemacht habe. Du hast sicher einige von uns hier wiedererkannt."
Sie erwidert:
„Ja, und ihr seid nun alle Vertreter Gottes?"
Sie verbesserte sich:
„Gottesmänner!"
Er antwortet:
„Ja, so könnte man es sagen. Wir sind auf einer Missionsreise für deinen Mann unterwegs!"
Sie wusste davon und fragt:
„Wer leitet denn diese Mission? Sicher Villibrod?"
Karl entgegnet:
„Nein meine verehrteste Chalpaida! Das bleibt uns erspart. Wir haben Patric ausgewählt!"
Sie schaut ihn erstaunt an und sucht unter den älteren Mönchen nach Patric, ist sich aber nicht sicher.
So fragt sie:
„Wer ist es denn?"
Patric hatte ihren suchenden Blick gesehen und nickte ihr lächelnd zu.
Karl sagt mit einem Grinsen im Gesicht:
„So findet ihr ihn nicht! Er ist ein Adliger von der Insel, der schon seit fast fünfzehn Jahren im Kloster lebt. Er ist Priester und Prior und leitet

uns bei diesem Vorhaben."

Sie schaut weiter verzweifelt umher. Dann sagt er:

„Patric ist der Mönch, um den die meisten jungen Frauen stehen!"

Nun schaut sie überrascht:

„Der junge Kerl dort? Nein, das ist nicht möglich!"

Er nickt ihr zu und sie antwortet:

„Er sieht gar nicht wie ein Mönch aus. Viel zu hübsch. Was weißt du denn über ihn?"

Karl antwortet Chalpaida:

„Er ist stellvertretender Abt der Priory. In der Grafschaft Cork, der Vertraute und Seelsorger des Königs und der Königin von Munster. Für uns vom Festland ein guter, sehr guter Freund!"

Sie antwortet ihm:

„Ich möchte ihn kennenlernen. Kannst du ihn mir vorstellen?"

Karl macht sich auf und versucht Patric aus dem Gespräch loszueisen. Nach wenigen Minuten gelingt es ihm.

„Das ist die Fürstin Chalpaida und dies ist Bruder Patric aus der Abtei Priory von der Insel."

Sie grüßt und beginnt ein Gespräch:

„Du bist also der geheimnisvolle Leiter dieser Mission."

Er antwortet:

„Auf Wunsch von Pippin haben wir uns bereit erklärt und diese Mission zum Magna Frisia gestartet."

Sie antwortet:

„Ich kenne Pippin und wäre auch letztes Jahr beinahe mit zur Abtei zur Einweihung der Kreuzkirche gekommen. War aber verhindert. Wie war denn die Überfahrt?"

Er erwidert:

„Die Überfahrt selbst war gut, wenn man die raue See gewöhnt ist. Es gibt aber immer einiges zu ordnen und zu regeln."

Dann fragt sie:

„Ich weiß es ja nicht, aber wie denkt Villibrod darüber?"

Eine Antwort wartet sie nicht ab und ergänzt:

„Vor Jahren gab es ein Problem mit ihm, er wollte eine schnelle Missionierung mit aller Macht. Am Ende eskalierte es. Es gab Streit und er musste sofort zurück nach Britannien fahren. Ich bin froh, dass diesmal jemand anders die Führung übernimmt. Der König Radbod hat ihn für vier Jahre aus dem Land verbannt. Nun ist die Zeit vorbei und er ist wieder da."

„Alles interessante Dinge, die man hier erfahren konnte. Hätte man das früher gewusst, dann hätte man sich diese Abenteuer sparen können und Villibrod seine eigene Fahrt durchführen lassen", denkt Patric.
Sie reichte ihm einen Anhänger mit einem Keltenkreuz.
„Das werdet ihr brauchen!"
Dieses hängt sich Patric um den Hals und trägt es unter seinem Gewand.
Dann fährt Chalpaida fort:
„Nun, da ich so viel von dir erfahren habe, habe ich euch dieses Zeichen gegeben. Hiermit kannst du den Kontakt mit dem König von Magna Frisia aufnehmen.
Er wird dir sagen, wie wir miteinander für die nächsten Jahre leben können. Ich bin überzeugt, dass du der Richtige für diese gefährliche Aufgabe bist."

Evermarus war im Gespräch mit David und man kannte sich von früher, als Evermarus noch im Delta lebte. Er hatte schon immer von einer Reise zur Insel geträumt. Nun war er in der Aue der Rur links vom Fluss Rhenus. Seine Aufgabe war es, nach dem Besuch und der Verhandlung bei den Friis die Gruppe zurück zum Gehöft dem Kloster zu bringen.
Seine Unterhaltung mit dem Kapitän hatte ihn über die neuesten Ereignisse aufgeklärt. Es war wichtig, die Verhältnisse untereinander zu kennen. Den Weg zu König Radbod würde er nicht mitmachen, dafür hatte er zu viel Respekt vor der Vergangenheit. David hatte ihm erzählt, dass Patric der Richtige für diese Mission wäre. Der Empfang löste sich langsam auf und Evermarus kam ins Gespräch mit Mönch Patric.
„Seit Tagen habe ich auf dem Weg hierher von einem Mönch gehört, der die Missionierung zu den Friis leitet. Ich hätte nicht gedacht, dass es ein so junger Mann ist."
Patric ist irritiert, eine solche Vorankündigung kennt er gar nicht. Dann fragt er Evermarus:
„Wen soll ich mitnehmen zum Treffen mit dem König von Frisia?"
Hier erhält er einen wichtigen Rat von Evermarus:
„Nimm nur Leute mit, denen du vertraust. Das Volk der Friis hat großes Vertrauen und sie hängen an ihrem Glauben. Man muss das Gespräch vorsichtig gestalten. Sie sind der Natur verbunden und Familie ist ihnen sehr wichtig."
Mit diesen letzten Gedanken endet für ihn der Empfang und er verabschiedet sich von Evermarus. Auch Chalpaida wird noch mit einigen Worten bedacht. Hier erfährt er, dass sie mit ihrem Gefolge ebenfalls

morgen abreist und sie hat den Handwerkern und den Brüdern und Schwestern angeboten, mit ins Landesinnere zu gehen. So entsteht eine Gruppe von mehr als fünfzig, die zur Rur-Aue aufbrechen.

Am frühen Morgen macht sich Patric mit fünf Mönchen und den Schwestern Esther und Ruth auf, um zum „Kromme Rijn" und von dort nach Traiectum zu kommen. Villibrod hatte seine Teilnahme an der Reise abgesagt. Er wollte nicht als „zweiter Mann" mitgehen und genoss in dieser Zeit lieber das Leben in Saus und Braus in der Villa. Er war auch überzeugt, dass ein junger Kerl wie Patric einen Fürsten wie Radbod nicht beeindrucken kann. Im Inneren freute er sich darauf, dass ein so junger Bursche ohne Erfahrung in der Missionsarbeit scheitern würde.

Am Morgen brach der Tross auf in Richtung des neuen Stützpunktes auf dem „Obberbach". Das Gelände war ursprünglich sumpfig und wurde entwässert. Der fruchtbare Boden war schon immer begehrt und schon seit langer Zeit bewohnt. Nun sollte es das Domizil der Brüder und Schwestern aus den Klöstern von der Insel sein und Ausgangspunkt für die Verbreitung des Glaubens. Das erste Gehöft, dass es hier gab, war eine sogenannte „Wassermotte". Ein gesicherter Hügel mit einem Zaun und einem immer gefüllten Wassergraben.

Um dort hin zu kommen, musste man quer durch das Gebiet und am unteren Rhenus entlang. Die Wege gibt es schon seit Jahrhunderten. Durch die vielen Karren und Wagen war er schwer gezeichnet. Es herrschte hier immer reger Verkehr, denn die Waren, die an der Küste ankamen, gelangten über diese Wege in das Landesinnere. Sicher, über den Rhenus ging es schneller und man konnte mehr Ware auf einmal transportieren, aber hier an der Grenze war es einfach unsicherer. Den Pfad, den die Reisenden um Chalpaida nahmen, führte sie oft durch dichte Laubwälder, unterbrochen durch Wiesen, Weiden und Äcker. Die erste Übernachtungsmöglichkeit fanden Evermarus mit seinen Begleitern im südlichen Teil von Scleve. Hier hatte Chalpaida Bekannte, den adligen Aelius und seine Frau Beatrix. Er war ein Vertrauter von ihnen und in Teisterbant hatte er ein Lehen.

Von dort marschierten wir nach Gelre, ein den Karolingern gehörender Besitz an der Niers. Durch das gute Wetter machten wir gute Fortschritte und kamen schnell voran. An mehreren Motten vorbei gelangten wir nach Kevlar, einem sehr alten Ort und schon bekannt seit der Zeit der „Gallischen Kriege". Mit jedem Schritt wanderten wir immer tiefer in das gesicherte Gebiet der Franken hinein. Chalpaida merkte an, dass die Friis hier schon seit über zwanzig Jahren nicht mehr vorgedrungen sind. Nun hatten wir schon die Hälfte des Wegs zu unserem Ziel „Obberbach" zurückgelegt.

In der Priory bereitet sich Victoria und ihre beiden Schwestern Claudia und Maureen vor, nach Corcaigh umzuziehen. Mit ihren Übersetzungen und den Abschriften sind sie in den letzten Tagen gut vorangekommen. So konnte Maureen von der Fahrt der Begleiter des Jakobus in den Atlantik berichten.
„Die Welt war früher einmal in der Antike zu Ende. Nun will ich euch vorlesen wie die Fahrt weitergeht."
Sie blätterte kurz um und dann liest Maureen vor.

„Es schreibt Theodor einer der Schüler von Jakobus.
Ich, Theodor, habe heute und für die nächsten Tage das Führen unserer Aufzeichnung übernommen. Meine Mitbrüder verdarben sich den Magen. Hoffentlich geht es ihnen bald besser.
Am Morgen passierten wir Sacred Promontory. Das ist der westlichste Punkt des Festlandes. Hier haben die Römer einen großen Tempel zu Ehren des Herakles gebaut und nannten es Promontorium Sacrum, was so viel bedeutet wie „heiliges Vorgebirge". Von hier geht es in gerader Fahrt nach Norden zu unserem Zielhafen Ponte. Der Schiffsführer nannte uns drei Häfen zur Auswahl, Turris Augusti in einer Bucht, Portus Artaboi auf einer Landzunge und im Norden Brigantum Torre Hercules. Im Norden war der berühmte Goldhafen der Römer.
Hier belädt man das Schiff mit dem für die Römer wertvollen Metall und schickt es auf den Weg nach Roma. In Las Medulas liegt die wichtigste Goldmine des römischen Reiches.
Man schürft hier nicht, sondern spült es mit Wasser aus, nachdem der Berg durchlöchert wurde. Das Wasser wird über ein Kanalsystem dorthin geführt. Auch in Britannia gibt es Goldlagerstätten, diese sind aber nicht so ergiebig und schwieriger abzubauen.
Sonst gibt es hier im Norden keine Bodenschätze. Die Bauern mühen sich ab, um Obst und Gemüse, gegebenenfalls noch Rüben zu ernten, vielleicht noch etwas Getreide anzubauen. Das Klima ist hier aber auch rau. Rau vom Wind der Küste.
Die Minen zum Abbau von Silber, Blei und Eisenerz liegen mehr im Südwesten der drei westlichen römischen Provinzen, erzählte uns der Kapitän.

Vom keltisch römischen Ort Castel Ferrada über Lucus Augusti schafft man hier das Gold zur Küste.
Beliebter und häufiger genutzt ist die Römerstraße. Sie führt von der Küste zu den heißen Quellen. Sie sind in Orense an der Brücke „Puente Romano".
Wir haben uns für Turris Augusti entschieden, weil wir von hier noch den Fluss aufwärts mit Booten fahren konnten.
Vorher kamen wir an Oliosipon vorbei, einem größeren Hafen, der bereits von den Karthagern genutzt wurde. Er fiel in die römischen Hände nach den punischen Kriegen. Hier hätte uns der Kapitän unseres Schiffes auch abgesetzt, aber der Weg zu unserem eigentlichen Ziel war viel zu weit über Land.
Einige Tage später war es erreicht, wir waren in Turris Augusti am Fluss Lerez angekommen. Über diesen Ort hatten wir erfahren, dass er von einem griechischen Helden Teukros gegründet wurde. Einer, der am trojanischen Krieg teilgenommen haben soll. Der Ort ist auch durch seine Terrassen am Flussufer und den Fischfang bekannt.
Wir konnten einen Fischer finden, der uns mit seinem Kahn einige Seemeilen an der Küste entlang mitnahm. In einer Bucht weiter nördlich in der Nähe von Portus Ebora den Rio Tambre setze er uns ab. Von hier fuhren wir noch eine Strecke von fünfzig Seemeilen den Fluss hinauf."

Hier hört die Schriftrolle auf und Maureen staunt:
„Wie weit die Jünger mit Jakobus dem Bruder von Johannes gefahren sind! Und die Reise ist immer noch nicht zu Ende."

In Millingen am Rhenus

Patric, Edward und Alec hatten sich zurückgezogen. Sie wollten über ihre Erfahrungen der letzten Tage reden. Immer noch waren sie fassungslos, was auf der See geschehen war. Für sie war es nicht vorstellbar, wie man mit diesen Ansichten und geistigen Einstellungen den Glauben weitergeben kann.
Edward fragte:
„Wenn ich die weibliche Bevölkerung verachte und als Vieh betrachte, wie kann ich denen dann den Glauben weitergeben."
Dann spricht er bedächtig weiter:
„Unter den Anhängern und Unterstützern Jesu waren viele Frauen. Ohne

ihre Kraft wäre das Christentum frühzeitig untergegangen."
Hier sagt Patric:
„Welch kraftvolle Worte aus deinem Mund!
Paulus hatte übrigens auch ein sehr zwiespältiges Verhältnis zu den Frauen gehabt."
Alec ergänzt und fragt:
„Wie gelingt es Villibrod, seinen oder besser den Glauben von Jesus weiterzugeben?"
Das greift Bruder Patric auf und er erzählt von dem, was man ihm erzählt hat:
„Villibrod, beziehungsweise sein Kloster, wurde wie unser Abtbischof Georg von Pippin gebeten, in seinem fränkisch beherrschten Gebiet zu missionieren, er hat also seine Stütze und Sicherheit durch diesen politischen Schutz.
Als er einmal bedroht wurde, sagt man, hat er die Streitmacht von Pippin gerufen. Diese hat den Ort ausgelöscht. Das ist aber schon mehrere Jahre her. Ob es stimmt kann ich nicht sagen. Aber so gab es für ihn keine Notwendigkeit, durch Liebe das Christentum zu verbreiten und die Leute zu taufen. So wird es auch wieder kommen sagte ein Adliger.
Das alte Missionsideal wurde bei Villibrod durch die militärische Zusammenarbeit mit dem fränkischen Hausmeier Pippin und dem Papst in Roma ersetzt. Daraus folgte die Eingliederung des Missionars in den Reichsverband und die Einbindung in die päpstliche Missionsvollmacht. Ob Pippin das alles gewusst hat?"
Dann führt Patric weiter aus:
„Ihr müsst wissen, Villibrod war vor Jahren schon einmal zu Besuch beim Papst und soll zwei Aufgaben erhalten haben.
Die Erste ist das Gründen von Diözesen. Damit bildet diese Struktur ein Bindeglied zum Papst und er sollte dann als Bischof das persönliche Bindeglied und Oberhaupt der Region sein.
Er übertrug die in Britannien entwickelte Lehre. Man müsse, um seine Funktion erfüllen zu können, Teilhabe an der Machtfülle des Obersten erhalten und leitete damit einen neuen Abschnitt päpstlicher Bevollmächtigungen ein. Von hier aus entwickelten sich die römisch-kirchlichen Strukturen und das Christentum weiter.
Zweitens, und das ist für uns ein Problem! Die Abschaffung beziehungsweise das Zurückdrängen unserer iroschottischen Mission und deren Einfluss.
Unsere iroschottischen Mission war immer sehr erfolgreich! Ob auf den

Inseln oder auch auf dem Festland. Entsprechend werden auch die iroschottischen Vorstellungen von Kirche durch die Missionare verbreitet. Unsere Kirche ist somit ein wichtiger Faktor in der Überlieferung des christlichen Wissens, da die Bücher der Antike in den keltischen Klöstern unbeschadet überlebten und durch unsere hochstehende Buchkultur weitergeführt wurden.

Auch blieb unsere iroschottische Kirche immer eigenständig und machte wie die östliche Kirche viele Veränderungen der von Roma geprägten westlichen Kirche nicht mit. Das ist natürlich dem römischen Kirchenoberhaupt ein Dorn im Auge."

Soweit war alles klar und Patric erklärt weiter:

„Wir Mönche leben und arbeiten nach den alten Schriften des Urchristentums. Dieses wirft man uns vor. Die Geschichten und Regelungen der Synoden und Konzilien können doch nicht das ursprüngliche Gotteswort übertönen. Dort, auf den Versammlungen, werden politisch und gesellschaftlich motivierte Themen von Monarchen und Kirchenfürsten zum Dogma erhoben.

Die Erbsünde kennen wir nicht, jeder ist ein Geschöpf Gottes. Alle Menschen sind gleich in der Liebe Gottes, ob Christen, Juden, Getaufte und Ungetaufte, alle sind Teil der gesamten Schöpfung.

Ihr müsst euch mal vorstellen, auf der Versammlung von Macon wurde beschlossen, ein Jude darf sich nicht mit Nonnen unterhalten, ein Priester darf sich nicht von einem jüdischen Arzt behandeln lassen und über die Ostertage haben sie Ausgangssperre.

Es wurde diskutiert ob Frauen überhaupt eine Seele haben oder Menschen sind. Dabei wurde auch die Frau von Gott erschaffen!

Auf jeden Fall sind sie nur der Acker, in den der Mann seinen Samen hineinlegt, weiter nichts. Dabei waren es doch die Frauen, die für die Verbreitung und die Pflege des Glaubens in der Familie standen."

Hier hat sich Patric in Rage geredet und er sagt:

„Unsere Regeln reichen ihnen nicht und so versuchen sie, den Zwang auf uns zu erhöhen.

Man verfasste diese Dinge und vieles weitere nicht mit den Worten Jesu. Hier stehen als Beispiel, die zu vereinbarenden Beschlüsse auf dem Konzil von Autun 663.

Diese hatten also insgesamt zum Ziel, das Mönchtum iroschottischen Einflüssen zu entziehen. Stattdessen wurden römische Vorgaben angeglichen, sowie nach den römischen Klosterregeln umorganisiert."

10   Der erste Kontakt
und die Unterstützung

Chalpaida mit ihrem Gefolge und Evermarus mit seinen Begleitern erreichten den Fluss Schwalm und diesem folgten wir einige Zeit bis wir an eine Motte mit dem Namen Beeckberg in einem Bruch kamen.

Die Gegend war durch die vielen Bäche sehr sumpfig und wir waren froh, diese Landschaft hinter uns zu lassen.

Wir können von Glück sagen, dass wir Chalpaida dabeihatten. Hier öffnete sich manches Tor und die Verpflegung war gesichert. Überall wo wir hinkamen, hatte sie Bekannte, so auch am Abend bevor wir unser Ziel erreichten.

Die Motte Erka war von Linden umgeben. Ein Ort, der schon seit vielen Jahren existiert. Es wirkte fast, als hätten die Franken die Bauten der Römer übernommen. Nachdem wir durch ein größeres Waldgebiet gekommen waren, erreichten wir den Gau von Iuliacum, ein Lehen, dass von den Karolingern an einen aufstrebenden Adligen verliehen wurde. Auf den Äckern waren einige Bauern beschäftigt. Hier erfuhr Anna von Tessier, dass dieses Gebiet teilweise zu ihrem neuen Hort, dem Oberbach, gehört. Hier werden sie sich einrichten und auch Chalpaida wird hier noch ein paar Tage verweilen.

Man konnte erkennen, dass hier viel Arbeit geleistet worden war. Die Gebäude waren hergerichtet und die Leute arbeiteten emsig. Sie waren froh, endlich die Brüder und Schwestern empfangen zu dürfen, auf die sie so lange gewartet haben. Mittlerweile war die Gruppe kleiner geworden, denn die Handwerker hatten sich auf all die Dörfer verteilt, aus denen sie einst aufgebrochen waren. Es galt, sich nun schnell einzurichten und für die später erwarteten Pilger um Patric um eine würdige Begrüßung zu organisieren.

Kurz im Land der Friis

Einen Tag später lässt Radbod den Abgesandten der Franken zu sich kommen. Er möchte nun etwas mehr von dem Mönch Patric wissen. Als Patric mit seinen Begleitern eintrifft, werden sie direkt an einen vollgedeckten

Tisch geführt. Schon beim letzten Mal hatte Patric festgestellt, dass so ein Anlass immer aufs gastfreundlichste gestaltet wurde.

Wie zuletzt in der Villa wurde das Gespräch durch die Frauen eröffnet und hier richtet eine der Adligen an Esther die Frage, ob sie getauft werden könnte. Sie erhält die Antwort, dass in der Villa Millingen ein Gottesdienst stattfinden wird und sich die Leute anschließend taufen lassen können. Hier wäre zwar auch die Möglichkeit, aber es sollte besser ein Rahmen in einer Kapelle sein. Auch wollte Patric nicht den Druck und den Zwang aufbauen. Fehler, die in der Vergangenheit immer wieder vorgekommen waren.

Die nächsten Absprachen zwischen Radbod und Patric ebneten den Weg und es gab ein Schriftstück, das vom König von Frisia unterzeichnet war und einen Frieden bis in die nächsten Jahre vorsah.

Mit diesem Ergebnis zog sich Patric zurück zur Villa in der Grafschaft. Unterwegs erfuhr er von Alec und Edward, dass er dieses Geschenk den beiden Schwestern Ruth und Esther zu verdanken hatte. Unbewusst und unbedarft hatten sie das Wort von Patric weitergegeben, dass sie in den vielen Gesprächen mit ihm erhalten hatten. Durch ihre einfache Art und den keltischen Hintergrund war es für die Friis eine natürliche Begegnung und Bereicherung.

Während sie auf der Rückreise waren, befand sich Villibrod am rechten Ufer des Rhenus und das Echo ließ nicht lange auf sich warten. Wer sich nicht taufen lassen will, wird vom Feuer verzehrt. Feuer spielt in der Geschichte der heidnischen Völker eine besondere Rolle und wurde oft in Verbindung mit Gewitter gesehen oder dem Drohen von oben. Manche Heiden sahen darin auch den Zorn eines ihrer Götter. Die Angst, die so geschürt wurde, hatte auch bald folgen. Dieses Gerücht erreichte Radbod, das Villibrod in den Landen vom Rhenus wieder unterwegs war.

Als Patric zurück in Millingen ist, hat er noch einen gemeinsamen Abend mit Percy, Freddie und David. Sie hatten noch ein Anliegen und Percy sprach zu Patric:
„Nun sind wir doch eine ganze Zeit zusammen gewesen. Ich habe dich schätzen gelernt. Wir müssen gehen. Dafür haben wir neue Segel gekauft und auch vorhandene Segel verändert."
Patric bestätigte:
„Ja, es war immer angenehm. Ihr wart stets an meiner Seite. Wenn ich es kann, werde ich das Anliegen erfüllen."

Dann wurde ein Segel gesetzt und in der Mitte der Segel, die vorher nur weiß waren, befand sich nun ein großes rotes Kreuz. Percy fuhr fort: „Wir haben dieses Kreuz nun auf allen großen Segeln unserer drei Schiffe anbringen lassen. Nun brauchen wir noch deinen Segen."
Patric erklärt sich bereit, diesen zu geben. Hier griff David Winterbottom ein und sagt:
„Das ist aber nicht unser hauptsächliches Anliegen! Wir drei haben zwar in der Kreuzkirche geheiratet!"
Er hielt kurz inne und sagte dann etwas klagend:
„Wir drei haben festgestellt, dass keiner von uns getauft ist. Das möchten wir nun ändern."
Das alles ging Freddie zu langsam:
„Wir möchten getauft werden und unsere Mannschaft möchte das auch bevor wir wieder in See stechen."
Die umstehenden Seeleute stimmten dem zu. Edward holte Wasser und Patric taufte die Kapitäne gleichzeitig mit den Worten, das sie nun Christen sind. Es folgte die Mannschaft bis jeder das Sakrament erhalten hatte. Dann segnete Patric die Schiffe und er wünschte allen eine gute Fahrt.
Zum Ende bittet Patric:
„Ich will euch noch morgen in der Früh Nachrichten mitgeben und wünsche euch dann eine gute Heimfahrt. Vergesst uns nicht!"
David antwortet:
„Das werden wir gewiss nicht! Wir bitten euch mit deinen Brüdern und Schwestern für uns zu beten und an uns denken."
„Seit gewiss, dass wir dies tun. Ich danke Gott, dass er uns bis hierher heil und sicher geleitet hat. Ich hoffe, dass wir uns einmal wiedersehen."

Am nächsten Morgen in aller Früh standen alle Brüder und Schwestern am Ufer. Sie beteten gemeinsam und winkten den Schiffen beim Auslaufen hinterher.
Mit vollem Wind in den Segeln mit den leuchtenden Kreuzen entfernten sich die Segler. Wehmütig schauten sie hinterher und nun war man auf sich gestellt. Es gab kein Zurück und so feierten sie eine Gebetsstunde und tauften die Anwesenden. Unter ihnen waren auch einige der friesischen Adligen.
Da es später geworden war als gedacht, hatte Ebroin dem Mönch Evermarus für den ersten Abschnitt ihrer Reise einen Wagen zur Verfügung gestellt, und so erreichten sie ihr erstes Ziel noch kurz bevor die Sonne unterging.

Auf der Insel

Die Schwestern arbeiten in der Priory wie fast jeden Tag an ihrer Aufgabe der Übersetzung und heute erhalten sie Besuch. Bruder Famian und der Abtbischof Eochaid wollen sich vom Fortschritt der Arbeit überzeugen und sehen, was die junge Übersetzerin Maureen seit dem Abschied von Helen geleistet hat.
Zwar hatte Famian oder einer der Brüder sich immer mal bei den Schwestern sehen lassen und man hat auch die Gebetsstunden miteinander verbracht. Doch der Abtbischof Eochaid möchte auch selber einmal nach dem Rechten sehen und aufmunternde Worte loswerden. Begrüßt werden die zwei jedoch von Victoria mit den Worten:
„Ich sehe ein Ende unserer Arbeit in den nächsten Tagen."
Dann sagt der Abtbischof:
„Ihr habt schon tolles geleistet! Was steht denn heute in den Schriften?"
Dann ergreift Maureen das Wort und sagt:
„Ich könnte das Neueste vorlesen. Zur Erklärung vorab, die Jünger sind mit dem Leichnam von Jakobus, dem Bruder von Johannes, in der westlichsten Provinz des Römerreiches angekommen."
Die Brüder nicken ihr zu und Famian fragt:
„Wie geht es denn weiter?"
„Es schreibt Theodorus."
Dann beginnt sie mit dem Text:

„Heute sind wir den zweiten Tag an Land und ab morgen schreibt Athanasius weiter. Wir liegen hier fest und suchen seitdem ein geeignetes Transportmittel. Meine Brüder Athanasius der Ältere, Marcellus, Andreas und mein Bruder Athanasius der Jüngere sind nun allein bei Jakobus dem Älteren und nun suchen wir zu fünft eine Ruhestätte."

Hier unterbricht Famian das, was Maureen vorgelesen hat:
„Es sind also fünf, die den Leichnam von Jakobus bis dorthin begleitet haben.
Drei von ihnen, nämlich der Eremit Athanasius, Marcellus und Andreas sind die drei, die hier bei uns begraben sind. Wo mögen die anderen zwei geblieben sein."
Victoria ergänzt:
„Stimmt, zum ersten Mal haben wir eine Zahl, wie viele es bis zur

römischen Provinz geschafft haben. Ja, und wie Famian erkannt hat, drei von ihnen haben es bis hierhergeschafft."

Der Abtbischof stellt dann fest:

„Was für eine unglaubliche Reise haben die fünf geleistet, um bis dorthin zu kommen. Noch ist die Geschichte nicht zu Ende. Unsere drei reisten weiter bis hierher und da stellt sich die Frage: warum sind sie hierhergekommen? Warum gerade hierhin? Das wird sicher ein Geheimnis bleiben!"

Dem stimmt Famian zu und sagt:

„Aber lass uns das Ende abwarten. Es sind noch ein paar Schriftrollen zu übersetzen."

Dann fragt Victoria:

„Was ist, wenn wir bis zu unserer Abreise zum Konvent in Corcaigh nicht fertig werden."

Da erwidert Eochaid:

„Dann schicke ich Famian mit und ihr verlegt euere letzte Arbeit nach Corcaigh. Ich habe schon länger darüber nachgedacht und bin zu folgenden Entschluss gekommen. Jeder männliche Novize wird in Zukunft je vier Wochen in Midsummer und in Corcaigh seine Arbeit erbringen müssen. Das werden auch die Novizinnen aus Midsummer machen müssen. Auch denken wir darüber nach, wie wir unsere Pilgerstätten verwalten und die Pilgerherbergen einbinden werden."

Dann möchte der Abtbischof noch den weiteren Verlauf hören:

„Nun aber genug dazu. Lass uns hören was Schwester Maureen noch für uns hat."

Dann fährt Maureen in ihrem Text fort:

„Vom Fluss Tambre haben wir uns mehrere Male aufgemacht, um einen Weg zu finden. Aber die Kälte machte weite Reisen unmöglich. Es ist auch nicht möglich, den Sarkophag von Jakobus zu tragen. Er ist einfach zu schwer, das haben wir schon beim Umladen auf der Reise gespürt. Oft hat man uns gefragt, was wir denn transportieren. Geglaubt hat man uns nur, dass es sich um ein Geschenk handelt. Damit wurden wir in Ruhe gelassen und wir versuchten, weiter zu ziehen.

Wir waren nun schon fast zwei Wochen hier an Land und wir kannten inzwischen einige Kelten, neben den Römern die größte Bevölkerungsgruppe hier. Auch galten sie als einflussreich und hatten Landbesitz. Einer der keltischen Bauern stellte den Kontakt zur ihrer Fürstin Atia her.

Von ihr erhofften wir, ein Stück Land für das Grab unseres geliebten Jakobus zu erhalten. Wir wurden aber von ihr an die römische Verwaltung verwiesen.

Bisher hatten wir hier von einer Repression oder Verfolgung wegen unserem Glauben noch nichts gespürt. Anscheinend war es aber bekannt, dass Andersgläubige mit Argwohn betrachtet wurden. Nun hatte aber der römische Befehlshaber von Spanien, der Legat Filotro, Athanasius, Andreas und Marcellus gefangen genommen.

So warteten wir auf deren Rückkehr oder die weitere Entwicklung. Nach mehreren Tagen wurden sie zum Glück aus der Kerkerhaft entlassen.

Um nicht wieder eingekerkert zu werden haben sie den Ort der Römer schnell verlassen.

Auf ihren Rückweg zu uns bebte die Erde. Man konnte sich kaum auf den Beinen halten. Eine große römische Brücke, die wir zum Glück schon überquert hatten, war eingebrochen. Da sich solche Ereignisse nicht alle Tage ereigneten, wurde dies bei den Kelten als ein Zeichen ihrer Götter gedeutet.

Auch die keltische Fürstin Atia hatte vom Einsturz der Brücke von Ons gehört. Da wir kurz vorher noch unversehrt als letzte die Brücke überquerten schaute man uns nun mit anderen Augen an. Ihr keltischer Glaube hatte ihr dies als ein Zeichen gedeutet.

Am Morgen vor dem Sonnenaufgang war Athanasius ein Stern am Himmel aufgefallen. Er schien schon seit einigen Tagen fest an dieser Stelle zu stehen. Eine Fortsetzung der Reise war immer noch nicht in Sicht. Als Theodor der Keltin Atia vom Erlebnis mit den Römern berichtete, bot sie ihm ein paar Ochsen an, und stellte den Transport auf einem Karren in Aussicht.

Die Ochsen waren zuerst sehr widerspenstig, aber mein gutes Zureden machte aus den Rindervieh echte zahme Lämmer. Ich hatte schon immer eine gute Hand für Tiere. In meiner Heimat gab man mir immer die schwierigsten Kamele.

Meine Geduld zahlte sich auch hier aus. Wir beschlossen gemeinsam, dem Stern zu folgen und werden sehen, wo uns der Weg hinführt. Es war sehr schwierig. Die Ochsen kamen nur sehr langsam vorwärts. Am dritten Tag gegen Mittag blieben die Ochsen stehen. Sie machten keinen Schritt mehr und der schöne Ort schien auch mit dem Stern der letzten Tage überein zu stimmen. Wir fragten uns, ob das der Platz sein soll, wo man Jakobus zur Ruhe kommen lassen sollte?

Nun galt es zu klären, wem dieses schöne Stückchen Erde gehört. Es stellte sich heraus, dass dieser Hügel der Keltenfürstin gehört. Wir baten um einen würdigen Ort für die Bestattung. Die Fürstin sagte:
„Ich hätte nicht gedacht, dass ihr es bis an diesem Ort schafft. Mir ist es auch ein Rätsel, wie ihr die Römer überzeugt habt?"
Hier ergriff Athanasius der Ältere das Wort:
„Das sind wir unserem Herrn Jakobus schuldig. Er hat mit Überzeugung das Wort Gottes verkündet."
Nach mehreren und längeren Gesprächen mit der Fürstin war ihr keltisches Götterbild ins Wanken geraten. Sie sprach dann:
„Nehmt den Berg Illicinus! Begrabt euren Helden Jakobus dort. Ich werde euch bei der Erstellung einer Sepulcrum helfen. Sie soll für sechs Personen gestaltet werden."
Dafür dankte ich ihr und segnete sie. Bei diesem Vorgang fühlte die keltische Fürstin Atia sich ergriffen und fragte:
„Wie kann ich eurem Glauben beitreten!"
Ich antwortete ihr:
„Wir können dir den Segen, den Jesus uns erteilt hat, an dich weitergeben. Ich kann dich taufen."
Die Taufe fand im Fluss in der Nähe statt. Mit ihr ließen sich noch viele andere ihres Stammes taufen. Damit erfüllte sich das Wort des Apostel Jakobus:
„Nach meinem Tod werden sich viele hier an meinem Ort in Tarraconensis taufen lassen und zu unserem Glauben übertreten."
Selbst in der Garnison des Legaten Filotro wurden in den nächsten Tagen ganze römische Familien getauft.

Damit sollte diese Geschichte fast zu Ende sein. Es waren nur noch wenige Pergamentrollen noch nicht übersetzt.

Auf dem Weg nach Iuliacum

Patric und seine Begleiter hatten sich aufgemacht zu ihrem neuen Zuhause in der Aue an der Rur. Sie konnten die Tage in der Natur ohne jeden zeitlichen Druck genießen und entfernten sich immer weiter von der Küste. Der Weg war für die Mönche keine Anstrengung, denn es war flach und meist waren sie auf ausgetretenen Römerpfaden unterwegs.
So konnte er auch über alles nachdenken. In den vielen einzelnen

Gesprächen mit seinen Begleitern dachte er schon darüber nach, wie es wohl in der Abtei mit den Schriften und den vielen Aufgaben voran gegangen ist. Viele Gedanken kreisten um die Brüder und Schwestern, die auf der Insel zurückgeblieben sind.

Geführt wurden sie vom Mönch Evermarus. Er kennt den Weg und er macht einen vertrauensvollen Eindruck. Es zeigt sich auch schnell, dass er die Schriften aus Treverorum kennt und er redet von einem geheimnisvollen Ort, an dem ein Grab verborgen sein soll, ähnlich wie es ein Grab in Treverorum gibt. Dann sagt Evermarus:
„Der Bischof von Augusta Treverorum hat mich immer wieder darauf angesprochen in den Südwesten zu gehen, um einen Apostel zu suchen. Dieser soll dort seine letzte Ruhestätte gefunden haben. Aber alleine will und kann ich diese Reise nicht wagen und so suche ich schon länger jemanden, der mich begleiten würde."
Patric hört ihm zu und sagt:
„Ich habe auch die Bitten des Bischofs Numerianus aus Augusta Treverorum erhalten und er schreibt darin vom Kaiser Konstantin, seiner Mutter Helena und dem Apostel Matthias."
Dabei hatte Evermarus doch auch hier Begleiter, die er schon lange kannte. Diese waren im Kloster im Iuliacum Gau. Es fehlte ihm aber jemand, der sich mit altem Schriftgut auskennt. Einer wie Patric.
Bei Patric hatte Evermarus erkannt, dass er sich auf alle seine Brüder und Schwestern verlassen konnte. Besonders die zwei Mönche Alec und Edward. Beide hatten sich sehr gut gehalten als es darum ging, die vielen neuen Christen zu taufen.
Evermarus hatte Patric schon gefragt:
„Was werdet ihr als nächstes tun, wenn ihr angekommen seid?"
Patric antwortete ihm:
„Es gibt viel zu ordnen. Erst gibt es regelmäßige Gebetsstunden. Dann werden wir unsere eigene Versorgung sichern. Es wird sich zeigen, was wir noch tun können."
Bei dieser Überlegung dachte er an seine Brüder und Schwestern. Sicher, er muss sich auch einmal überlegen, wie sich die Aufgaben für die adligen Mönche verändern werden. Hier war man auf sich selbst angewiesen mit dreizehn Brüder und sieben Schwestern. Vielleicht noch einige Laien-Brüder, Knechte und Mägde für die Feldarbeit. Von Evermarus hatte er gehört, dass er auch einige Brüder führt. Es würde sich schon herumsprechen, dass man hier auch aufgenommen werden kann.

Aber wer bringt ihnen alles bei?
Wer kümmert sich um die Gebetsstunden?
Fragen über Fragen!
Auf dem Schiff konnte man sich noch um wesentliche Elemente kümmern. Hier musste man sich neu organisieren. Braucht man für Brüder und Schwestern alles zweimal?
Er hat doch einen Brief mitbekommen, den soll er erst öffnen, wenn er am Ziel angekommen ist.

Mitten im Wald in der Nähe der Motte Beeckberg

Er war ganz in Gedanken, als Patric einen Schmerz spürte und langsam zusammensackte. Er hörte nichts mehr und lag ohnmächtig am Boden. Schnell umringten ihn seine Brüder und Schwestern. Aufgeregt begann man, den näheren Umkreis abzusuchen. Die fränkischen adligen Mönche, die als erstes die Lage erkannten, zogen aus ihrem Gepäck ihre Langbögen heraus und sicherten die Stelle.
Das Erste was Ruth leise sagt:
„Er lebt!"
Dann fährt sie fort:
„Er hat Glück gehabt, denn der Schulterriemen seiner Tasche hat die Wucht gebremst. Er hat eine unangenehme Fleischwunde in der Schulter."
Karl und Albert hatten sich in der näheren Umgebung umgesehen, aber keinen Angreifer ausmachen können.
Martel sagt:
„Es war sicher ein einzelner Angreifer. Er wusste, wen er treffen wollte. Aber den Schulterriemen hat er wohl nicht erkennen können, dafür war die Entfernung zu groß."
Hier zahlten sich nun die Kenntnisse der Druidinnen aus. Denn das Heilen von Kranken mit Kampfverletzungen war ihnen bekannt. Das Erste war eine ruhige Lage und das Entfernen des Projektils, der Pfeilspitze. Dies war in diesem Fall recht einfach, aber es blieb eine unangenehme schmerzende Wunde, die sicher einige Wochen für die Heilung benötigen würde um wieder belastbar zu sein.
Dann fragt Evermarus:
„Wie geht es weiter?"
Bruder Martel erwidert:

„Wir brauchen Wagen und Pferd, damit wir ihn transportieren können. Laufen kann er erst mal nicht, dann bricht die Wunde sicher immer wieder auf."

Der Einzige der sich hier auskennt ist Evermarus und er sagt: „Dort im nächsten Dorf wird es einen Wagen und auch Pferde geben." Das erledigten Wilhelm und Lukas. Damit könnte man am nächsten Morgen weiterziehen. Für heute war es das. Sie lagerten in einer Scheune und wachten über den Verletzten.

Seit einer Woche brodelt es an der Grenze zwischen Magna Frisia und dem Frankenreich am Rhenus erneut. Schnell geht die Nachricht durch die Bevölkerung, dass ihr Glaube mit Feuer ausgetrieben werden soll, dem Feuer der Reinigung und endgültigen Vernichtung. Der König Radbod fühlt sich hintergangen und er weiß genau, aus welcher Richtung diese Spannungen kommen. Von seinem Erzfeind und bis vor kurzem noch Verbannten.

In der Priory sitzt Maureen an den letzten Texten zu den Schriftrollen und so kann sie lesen:

„Mit der Hilfe Atia errichteten wir eine Gruft und nach mehreren Wochen haben wir den Sarg in das steinerne Grab gegeben. Viele Bewohner waren bei diesem Ereignis anwesend. Darunter waren Kelten, Römer und auch ein paar jüdische Händler von der Küste. Damit hatten wir unseren Teil des Versprechens eingelöst.

Einen Wunsch noch hatte Jakobus zu Lebezeiten geäußert. Er hatte von zwei größeren Inseln im Norden gehört, die noch völlig unberührt von unserem Glauben waren. Es sollte uns jungen Jüngern vorbehalten sein, dorthin zu gehen.

Die vielen Wochen hier waren anstrengend gewesen und wir beschränkten uns deshalb hier auf das Wesentliche. Wir wachten Tag und Nacht am Grab und beteten. Immer wieder kamen Besucher vorbei und wollten das Wort Gottes hören und getauft werden. So verging einige Zeit und es sollte in wenigen Tagen Frühling werden. Das war der Tag, an dem wir uns von Theodor und Athanasius dem Älteren verabschiedeten.

Andreas, Marcellus und ich machten uns auf, die zwei Inseln zu suchen um dort den Glauben zu verkünden. So wanderten wir mehrere Tage bis zum Rio Tambre. Hier fuhren wir mit einem Fischerboot zur Küste nach

Westen zur Hafenstadt Portos Ebora. Den Ort kannten wir von der Hinfahrt. Hier warteten wir auf ein Schiff, welches uns nach Portus Victoriae Iuliobrigensium im Norden des Landes des römischen Reiches bringen soll."

Mit diesen Worten endete der Text hier in der Schriftrolle und Maureen seufzte laut:
„Geschafft!"
„Der Text ist übersetzt."
Victoria und Claudia loben ihre Schwester und Victoria sagt:
„Dann werden wir nun noch drei Tage benötigen, dann sind wir fertig und das Buch kann gebunden werden. Gleich nach der Gebetsstunde werden wir die Mönche im Refektorium davon in Kenntnis setzen. Sollte dann nochmals etwas ergänzt werden, dann machen wir das im Konvent in Corcaigh."
Dann sagt Claudia:
„Lass uns mal zusammenfassen, was wir hier alles übersetzt und in diesen Abschriften niedergelegt haben. Als Erstes hatten wir den „Brief des Jakobus", dann das „Evangelium des Johannes" und."
Sie hält kurz inne und schaut auf die Arbeiten:
„Das Dritte war „die Reise des Athanasius mit Andreas und Marcellus zu unserer Insel".
Zuletzt die „Reise des Jakobus" mit der Missionierung und dann die Grablegung."
Dann sagt Victoria:
„Das war ein echter Glücksfall, dass wir hier mitarbeiten durften. Eine tolle Leistung. Das werde ich in einem Brief an das Mainistir in Midsummer kundtun."

Im Bruch bei Beeckberg

Unserem Bruder Patric ging es mit der Wunde gar nicht so gut und er hatte Fieber und Schüttelfrost. In einem vor dem Wind geschützten Wagen fahren sie mit ihm langsam weiter. Bei jedem Halt wird der Verband gewechselt und oft ist er durchnässt. Aber für uns gibt es nur ein Ziel, das Haus in Obberbach zu erreichen

Karl war zurück ins Delta geritten und er hatte eine Nachricht vom Geschehen für Radbod dabei. Albert war nach Obberbach unterwegs, um dort die Verzögerung mitzuteilen.

Die Pflege von Patric haben sich Ruth und Esther geteilt und es stellte sich langsam eine Besserung ein. Dank ihrer Naturkenntnisse hatten sie Kräuter gesammelt, um Linderung zu erreichen. In ihrer Heimat auf der Insel hätten sie gewusst, wo man die Kräuter finden konnte. Hier mussten sie mühsam danach suchen.

Am zweiten Tag wurde es besser und das Fieber war verschwunden. Es war nun klar, er würde wieder gesund. Eine Erleichterung für alle, die mit ihm im Erkatal angekommen waren. Noch einen Tag und sie haben ihr Domizil erreicht.

In Midsummer hatte man die Nachricht erhalten, dass die Abschriften fertig waren und die Oberin Mary hat sich mit Schwester Helen zur Priory aufgemacht. Sie waren bereits gestern abgereist und hofften, noch heute am späten Nachmittag die Priory zu erreichen. Beide waren gespannt, was den Schwestern gelungen war. Auch Helen, die ein halbes Jahr daran gearbeitet hatte, wollte nun wissen wie die Geschichte ausgegangen ist.

In der Abtei hatte sich der Abtbischof hingesetzt und einen Brief an die Mission zum Festland geschrieben. Für die Details der Schriftrollen waren Bruder Famian und Schwester Victoria zuständig. Aufgeben wollte er den Brief erst nach der Einweihung des Konvents. Das sollte geschehen am letzten Tag des für Maria gehaltenen Ehrenmonats. Das passte auch mit der Fertigstellung der Schriften überein.

Eine Nachricht war bereits in Corcaigh angekommen und sie hatte die schwangere Königin Anne erreicht. Sie hatte daraufhin ihre königliche Kutsche ausgeschickt, um die noch fehlenden Schwestern abzuholen. So schloss sich langsam der Kreis und mit dem Konvent würde eine neue Glaubensgeschichte beginnen.

Percy war mit seinen Freunden auf See und in den nächsten Tagen wird er wieder die Küste um Corcaigh erreichen. Ihre Geschäfte haben sie auf dem Festland erfolgreich erledigt. Nun bringen sie die Ware unter dem neunen Zeichen auf den Segeln zurück in ihre Heimat. Sicher würden ihre Frauen auf sie warten. Percy konnte es nicht erwarten, seinem König Mortimer alles zu erzählen. Briefe würde er auch verteilen. Patric hatte fleißig für die Vertrauten von der Insel geschrieben. Sicher würde Mortimer von den neuen Verbindungen zu Britannien profitieren.

Am Abend erreichten die Brüder und Schwestern Obberbach. Mit einem Gottesdienst, den Evermarus abgehalten hat, werden die seit langem Erwarteten begrüßt. Noch war Patric zu schwach, um aufzustehen und so konnte er nicht die Worte an die Gemeinschaft richten, wie er es sich wünschte.
Auch ein Rundgang über das Anwesen war noch nicht möglich. So musste er sich alles von den anderen berichten lassen. In den nächsten Tagen wird es sicher besser gehen. Bis dahin soll er ruhen. Alec und Edward haben ihm zugesagt, sich um alles zu kümmern. Sie machten zuerst einen Rundgang über das Gehöft. Sie wollen sich von der Fähigkeit der Landwirtschaft und der Viehzucht überzeugen.

Es war der letzte Tag in diesem Monat und von den Abteien waren die Obersten in Corcaigh eingetroffen. Nach einer feierlichen Messe hat Victoria nun auch den offiziellen Segen erhalten. Sie war jetzt die Leiterin des Konvents mit dem Titel Priorin. Eine Auszeichnung für ihr Amt und die neue Stellung. Die ersten Gratulanten waren ihre Äbtissin Mary, Königin Anne Eoghanacht und die Kapitäne MacCarthy, Schneyder und Winterbottom.
Für das Festmahl war auch gesorgt. Es wurde von der Königin und ihrem Mann ausgerichtet und gespendet. In ihrer Antrittsrede verpflichtete sich Victoria, sich für den Glauben und die Verfolgten einzusetzen. Die erste Amtshandlung ihrerseits war die Eröffnung der Pilgerherberge. Hier sollte man Tag und Nacht unterkommen können. Einige Räume waren für Kranke reserviert und es soll auch eine Schule folgen. Hier kann man dann rechnen, lesen und schreiben lernen.
Nicht alles war umsonst zu erhalten. Irgendwie musste diese Gemeinschaft über die Runden kommen. Ackerbau und Viehzucht war hier kaum möglich. Vielleicht einen Kräutergarten.
„Aber erst einmal eins nach dem anderen", dachte Victoria.
Ihre Schwestern, darunter die geschäftstüchtige Schwester Britannia, hatte den Handel für den König in die Hände genommen. Penibel verwaltete sie die Güter, die angekommen und verladen wurden. Vom Gewinn erhielt sie jeden Zehnten, dafür brauchte sich Mortimer um nichts kümmern. Schnell hatten die Schwestern verstanden, welche Produkte gefragt waren und was man selber verarbeiten und herstellen konnte. Hierüber

besorgte sie auch für die Abteien Produkte für die Künste und alles was man auf der Insel nicht oder schlecht erhalten konnte. Der Warenverkehr hatte eher zugenommen mit dem um- und weitsichtigen Handeln der Schwestern vom Konvent.

Notwendige Abgaben an die Mütterhäuser würden in Kürze mit eingekaufter Ware erfolgen. Anfängliche Befürchtungen, dass es ein Minusgeschäft würde, waren unbegründet. Auch die Beziehungen zum Königshaus haben sich deutlich verbessert.

11   Der Tod und das Elend

Einige Tage nachdem Evermarus und Patric in den Rur-Auen angekom-
men waren erreicht auch der Mönch Karl aus dem Delta seine Brüder und
Schwestern. Es ist der Tag, an dem Patric nach seiner Verletzung die erste
Gebetsstunde abhalten kann.
Er bringt keine guten Nachrichten mit. Karl berichtet, dass es im östlichen
Gebiet der Franken immer wieder zu Überfällen kommt.
Im Delta spricht man davon, dass es Aufruhr im Nordosten gibt. Ich habe
gesehen, dass einige Dörfer menschenleer waren. An mehreren Tagen
habe ich Rauchschwaden hinter mir gesehen. Einige Fliehende haben von
Kämpfen zwischen Franken, Frisii und Sachsen gesprochen. Es soll in der
Nähe von Dorestad eine Schlacht gegeben haben mit vielen Toten auf
beiden Seiten.
Er hält kurz inne und alle hören sich fassungslos an, was geschehen ist.
Dann erzählt er weiter:
„Der Feldherr Ullei van dien Martle hat auf einen Hilferuf von einem
Mönch gehört. Daraufhin ist er mit seinen Mannen gekommen und hat
gewütet und alles niedergemacht, was ihm in den Weg kam. Er stammt
aus Asciburgium am Hellweg ganz hier in der Nähe. Er gibt vor, mit Pippin und Karl Martell verwandt zu sein. Er ist aber nur von niedrigem Adel
und als Räuber geächtet."
Dann führt er weiter aus:
„Seine Söldner haben Höfe, Felder und ganze Dörfer vernichtet. Unter
den Opfern sind zahllose Kinder und geschändete Frauen. Oft wurden
diese bei lebendigem Leib verbrannt. Gefangene hat er oft selber hingerichtet, indem er Ihnen Hände, Füße oder auch die Arme abschlug.
Unter den Frisii ist er verhasst und wird gejagt. Auch vor Christen macht
er eigentlich nicht halt und er soll auch schon Klöster ausgeraubt haben."
Dann sagt Evermarus:
„Das ist ein übler Bursche. Van dien Martle hat sich immer wieder durch
Verrat, Betrug und Mord hervorgetan. Sein schlimmstes Vergehen ist,
dass er auch nicht zurückschreckt, Freunde zu betrügen und nicht zu ihnen
steht.
In der Vergangenheit hat er auch oft die Seite gewechselt und er hegt ein
großes Misstrauen auch gegenüber seinen eigenen Leuten. Er hat schon
einige gerichtet, bei denen er vermutete, dass diese ihn betrogen haben.

Freunde hat er deshalb keine. Wegen dieser Situation hat er sich immer wieder neue Opfer gesucht, die für ihn den Kopf hingehalten haben. Wenn er genug hat, lässt er sie fallen oder liefert sie an seine Gegner aus."
Hier hält Evermarus inne und weint:
„So erging es auch einst meinem Freund Lexus. Er hat ihm geholfen im Glauben Gutes zu tun. Wurde aber von ihm fallengelassen und bei lebendigem Körper verbrannt. Qualvoll ist er gestorben und noch heute trauere ich um diesen wahren Freund.
In der Not hatte er seinem angeblichen Freund ein Pferd geschenkt und ihm geholfen, wieder Teil einer christlichen Gesellschaft zu werden. Als Dank hat er ihn langsam qualvoll fallen gelassen und ihm den Todesstoß gegeben. Man sagt, er hätte sich an seinem Grab hingestellt und uriniert!"
Dann fängt Evermarus sich wieder und sagt:
„Wir müssen uns vorsehen, um nicht auch ein Opfer von ihm zu werden. Seine Bande lebt vom Raub. Das ist ihm seit Jahren gelungen und keiner weiß, wo sein Stützpunkt ist. Er wechselt die Seite, wenn einer mehr bietet! Manche behaupten, er ist in der Nähe von Meurs oder im Geisterwald von Austrien. Seine Bande war in der besten Zeit bis zu einhundert angesammeltem Gesindel stark."
Dann entdeckt der Mönch Martel einen Pfeil unter den anderen Pfeilen von Karl und er fragt:
„Wo hast du denn diesen her?"
Dazu antwortet Karl:
„Den habe ich auf dem Weg hierher gefunden. Von wem er ist, kann ich nicht sagen."
Dann zeigt Albert ihm genauso einen Pfeil! Wilhelm sagt:
„Das ist der Pfeil, der Patric getroffen hat. Es ist schon merkwürdig, dass du auch so einen Pfeil hast."
Dann sagt Evermarus:
„Das ist kein gutes Zeichen! Das ist bestimmt auch kein Zufall!"
Martel sagt dann:
„Wir sollten uns einmal umhören und umsehen, ob wir vielleicht verfolgt werden!"
Eine Befragung unter den Feldarbeitern ergibt, dass ein unbekannter Reiter in der Nähe an diesem Morgen gesichtet wurde. Kurz vor Mittag sei er dann mit zwei oder drei weiteren davongeritten. Eine nachträgliche Spurensuche bestätigt, dass der Reiter nicht alleine war. Eine Spur von mindestens drei Reitern führt nach Norden in Richtung Rhenus.

Später beschließen Lukas und Karl, dieser Spur zu folgen. Nach etwa einer halben Stunde stellen sie fest, dass sich die Spur nun schneller und im Galopp weiter nach Norden entfernt. Man hat sich auch keine Mühe gemacht, die Spur zu verbergen. Anscheinend ist man sich sicher, dass man nicht mehr entdeckt wird. Auf dem Weg zurück schauen sie sich die Spuren nochmals genauer an. Nach einer kurzen Unterredung kommen sie zu dem Entschluss, dass sie regelrecht beobachtet und ausspioniert worden sind. Bevor die Beiden zu den anderen zurückkehren sagt Lukas:
„Was soll das Ganze? Warum spioniert man hinter uns her?"
Karl ist auch ratlos und er erinnert sich an den Überfall der Räuberbande auf dem Weg nach Cloyne. Dann sagt er:
„Ist das zufällig? Erst wird Patric angeschossen oder sollte erschossen werden. Dann der zweite Pfeil! Nun die Spuren hier rund um unseren Hof!"
Lukas antwortet ihm:
„Das sind alles zu viele Zufälle! Wenn du denkst, was ich denke, dann werden wir bald das Ziel eines Überfalls sein!"
Karl erwidert:
„Wir müssen vorsichtig sein und uns sofort auf das Schlimmste vorbereiten. Wenn ich mich in sie versetze, um uns zu überfallen, dann morgen früh oder übermorgen in der Früh."
Mit dieser Erkenntnis kommen sie zurück und erzählen, was sie gesehen haben. Ohne auf einen Überfall hinzuweisen sagt Albert:
„Wir müssen uns auf alle Fälle auf einen Übergriff vorbereiten."
Dem stimmt Martel zu und so beschließen sie, sich zu wappnen. Karl will sich in den Morgenstunden aufmachen und umschauen. Seine Brüder bereiten sich schon am Abend auf das Schlimmste vor. Patric und seine Brüder halten die Gebetsstunden wie immer ab. Bis zur Nachtwache, der Vigil, bleiben die Brüder und Schwestern auf und warten auf ihren vereinbarten Posten.
Mit den Hilfskräften und den Brüdern von Evermarus sind sie fast fünfzig Personen. Sollte es einen größeren Angriff geben, dann haben sie keine Chance, auch wenn die Angreifer annehmen, dass sie die Überraschung auf ihrer Seite haben. Mit Hilfe können sie nicht rechnen, dafür sind sie zu weit weg von Garnisonsorten mit einer größeren Streitmacht der Franken.

In den Morgenstunden liegen Karl und Lukas auf der Lauer. Als Zeichen haben sie einen Pfeil Richtung Glockenturm vereinbart. Dann sollte die volle Stunde geschlagen werden. Ansonsten bleibt die Glocke in den Morgenstunden diesmal stumm. Beim Mondschein, etwa eine halbe Stunde vor dem Sonnenaufgang, nähern sich Reiter dem Hof. Etwa eine halbe Meile vor dem Hof werden die Geräusche der Reiter leiser. Nun schlägt die Glocke fünf Uhr und alle Brüder und Schwestern wissen Bescheid!

Die fremden Reiter haben ihre Pferde abgestellt und kommen nun zu Fuß auf das Gehöft zu. In einer langgezogenen Reihe schließen sie den Punkt in einem Halbkreis ein. Schwer bewaffnet und zielstrebig bereit zu töten machen sie sich ans Werk. Nun sind sie eine Viertelmeile vom Hof entfernt. In einer halben Meile hinter ihnen hören sie das Wiehern eines ihrer Pferde und halten inne.

Für Lukas und Karl war klar, was die mehr als dreißig Mann starke Gruppe vorhatte. Ein Überfall ganz im Geheimen. Nun war es an Karl und Lukas. Sie suchen sich ihre Ziele aus, als die Angreifer auf der halben Strecke zum Gehöft der Brüder unterwegs waren. Mit sicherer Hand schießen sie ihre Pfeile auf die ahnungslosen Banditen ab

Mit jedem Schuss reduzierten sie die Zahl der Angreifer. Als diese die Gebäude erreichten, hagelt es weitere Pfeile auf sie herab. Dann forderte der Anführer der Angreifer, auf die Verteidiger loszustürmen. Manch einer der Verteidiger wird niedergestreckt. Jedoch am Ende triumphierten sie und nun treiben sie die Angreifer vor sich her.

Nur noch wenige Angreifer befinden sich vor den Gebäuden der Brüder und Schwestern. Darunter erkennt Esther einen alten Bekannten vom Schiff. Dieser hat schon zwei der Bauern niedergestreckt und kämpft nun gegen die Schwestern, die sich mühsam verteidigten. Er gibt aber sein Vorhaben auf, denn die Schwestern kämpfen verbissen in ihrer geschlossenen Reihe.

Nach einer halben Stunde ist das Gefecht fast zu Ende. Der Anführer Martle und einige seiner Begleiter sind auf dem Rückzug und werden von Wilhelm, Albert und Martel verfolgt. Längst geht es nun Mann gegen Mann mit dem Schwert. Zum Erstaunen der Angreifer finden sie an der Stelle, wo sie ihre Pferde zurückgelassen haben, nur noch drei Leichen. Die Wachen waren niedergestreckt worden und die Pferde verschwunden. Für die Suche war keine Zeit mehr, zu sehr waren ihnen die Verfolger auf der Spur.

Es wurde noch schlimmer, denn nun wurden sie auf der Flucht auch noch von vorne attackiert. Unter den Fliehenden war auch Ullei, der Anführer der Bande und einer der Mönche aus dem Gefolge von Villibrod. Nach etwa einer Stunde wurden die Flüchtigen gestellt. Auf Pferden hatte man ihnen nachgesetzt und ein Entrinnen war nicht mehr möglich. Während sich der vermeintliche Bruder ergab, versuchte Ullei zu entkommen. Gestellt wurde er dann von Lukas und Karl. Gegen zwei so erprobte Kämpfer hatte er keine Chance und er musste nach einem geführten Zweikampf fliehen. Gefunden wurde er nicht.

Mittlerweile war die Sonne aufgegangen und unter den Toten waren die Mönche Dane und Harris. Beide waren aus der Abtei Priory mit aufgebrochen. Unter den Knechten und Mägden waren zwölf Tote zu beklagen. Von den fast vierzig Angreifern waren nur noch vier lebend gefangen genommen worden.

Wie sich herausstellte, war auch einer von den Mönchen von der Überfahrt mit dabei. Aus dem anschließenden Verhör ging nicht der Auftraggeber hervor. Das Gehöft mit den Brüdern und Schwestern sollte vernichtet und alles niedergebrannt werden. Der Verdacht sollte dann auf die Frisii oder Sachsen fallen. Der feige Anschlag auf Patric stammte auch aus dieser Gruppe und war ein Auftrag, der gut bezahlt worden war.

Ein weiteres Verhör des Mönchs ergab erst einmal kein Ergebnis. Er schwieg eisern. Sicher hätte man ihn mit entsprechenden Mitteln zum Reden bringen können, das lag aber nicht im Sinne der Brüder und Schwestern. Besonders Patric wollte das nicht. Unter den Verletzten waren auch Alec und Edward. Beide waren von Pfeilen getroffen worden und hatten leichte Verletzungen erlitten. Andere waren nicht so gut davongekommen. Einige kämpfen noch mit dem Tod.

Einen Tag später starben noch weitere zwei Angreifer, darunter auch der Einzige, der uns hätte sagen können, wer dafür verantwortlich war. Auch wir mussten noch weitere Tote beklagen, denn auch unser Bruder Charles war an den Folgen seiner Verletzung erlegen. In den nächsten Tagen sollten noch die Schwestern Eden und Christine sterben.

Wir waren also kaum hier und mussten schon so viele unserer Brüder und Schwestern zu Grabe tragen. Bisher gab es noch keine Stelle, an der unsere Toten beigesetzt werden können und so suchten wir einen Platz für ihre letzte Ruhe. Für unsere Angreifer brauchten wir nicht zu sorgen, denn ein Trupp Franken war ihnen auf der Spur gewesen und transportierte die Bande um Ullei van dien Martle ab. Den Anführer hatten sie etwa einen Tagesritt von hier gefunden. Auch er war seinen Verletzungen erlegen. Auf seinen Kopf hatte man eine Belohnung von fünfzig Goldmünzen ausgesetzt. Eine enorme Höhe für einen Einzelnen. Daran konnte man erkennen, wie viel Angst und Schrecken er bis dahin verbreitet hatte. Für jeden weiteren seiner Bande gab es zwei Goldmünzen. Die Auszahlung des Geldes wird es beim Grafen Ebroin geben. Die Gefangenen nahm man mit und die Toten wurden von den Soldaten des Grafen verbrannt.

Albert und Karl begleiten die Männer des Grafen zum Rhenus. Hier machten sie direkt beim Grafen ihre Aussagen und sprechen für uns alle. Hier erfuhren sie auch, dass die Gruppe von Ullei van dien Martle vollständig aufgerieben wurde.
Den Toten van dien Martle hatten die Soldaten gefunden. Er war geschwächt von Wölfen zerrissen worden. Damit hatte es mit dieser Schreckensherrschaft ein Ende.

In Obberbach

Patric ist wieder zu Kräften gekommen und ruft nach dem Überfall zu einer Gebetsstunde auf. Hier nutzt er diese, um mit Evermarus die lang ausstehende Einweihung ihres Ortes durchzuführen. In einer Zeremonie weihen sie ihn ein und nennen ihn von nun an „Abtei zur Aue". Es ist eine feierliche Einweihung und trotzdem ist man sehr traurig aufgrund der Vielen, die nach der mutigen Verteidigung von ihnen gegangen sind.
Das Schlussgebet wird den Verstorbenen gewidmet. Mit einem grünen Kranz, wie ihn Evermarus kennt, schließen sie die Gebetsstunde ab.
Die Schwestern nehmen die Ereignisse zum Anlass, ein Hospital zu gründen. Die Ersten, die sie aufnehmen sind Alec und Edward sowie weitere Kranke. Hier können sich besonders Ruth und Esther mit ihren uralten keltischen Kenntnissen einbringen.
Man könnte meinen, die Zeit wurde angehalten. Die Brüder und Schwestern brauchen einfach eine Besinnungspause.

Evermarus wartete schon seit mehreren Tagen darauf, dass einige seiner Mönche wieder zurückkommen. Mit jedem Tag, der verstrich, schwand auch die Hoffnung, dass er diese überhaupt noch wiedersehen würde. Es muss ein Samstag gewesen sein, als die Brüder Joseph, Johannes und Jode den Hof, die neue „Abtei zur Aue", erreichen.
Sie sehen abgemagert und mitgenommen aus. Sicher hatten sie in den letzten Tagen kaum zu essen bekommen. Als Evermarus die drei

glücklich begrüßte, erzählten sie ihm, dass einige der Brüder unterwegs verunglückt und in einem Fluss ertrunken sind. Als sie von den Ereignissen hier erfuhren, waren sie sehr erschüttert. Bisher kannten sie diese Gegend als friedlich und kriegerische Auseinandersetzungen waren ihnen fremd.

Endlich konnte Patric sich einmal mit seinen eigentlichen Aufgaben beschäftigen und die Geschäfte ordnen. Aus seinem Mainistir kennt er Kapitelsaal und Refektorium. All das gibt es hier nicht. Es gibt einen Gemeinschaftsraum, der von allem Möglichen genutzt werden kann. Um ein Klosterleben zu erzeugen, müsste man erst einmal neue Gebäude bauen. Dafür hat er aber nicht genug Goldmünzen mitgenommen. Die Thaler, die man als Belohnung bekam, sind ein Anfang. Jedoch weiß er noch nicht, woher das benötigte Baumaterial wie Holz oder Stein zu bekommen ist. Auch hat der Angriff gezeigt, dass eine schützende Klostermauer fehlt. Irgendwie ist er ratlos. Er dachte noch:
„War ich nicht schon öfter ratlos?"

Am Nachmittag vor der Gebetstunde macht er einen Krankenbesuch und er stellt fest, dass seine ihm vertrauten Brüder „Gott sei Dank" auf dem Weg der Besserung sind. Mit den neu angekommenen und den erkrankten Brüdern will er einen Dankgottesdienst abhalten. So lässt er die Glocke zum Gebet läuten. Er selbst richtet das Wort in die Zukunft schauend an seine stark geschrumpfte Gemeinschaft.
„Meine lieben Schwestern und Brüder, wir sind heute zusammengekommen, um Gott zu danken.
Dank, dass wir hier in Gemeinschaft leben können.
Dank, dass wir hier mit offenen Armen aufgenommen wurden.
Dank dem Bruder Evermarus mit seinen Brüdern und den vielen fleißigen Händen hier in der Aue."
So dankt er für alles, was ihm einfällt und zuletzt sagt er:
„Nun lasst uns Gott danken, dass er immer seine Hand schützend über uns hält. Wir wollen ihm in Zukunft ein würdiges Haus erstellen!"
Im Laufe der Gebetsstunde teilt er einen Laib Brot, wie Jesus es beim ersten Mal vor seinem Tod gemacht hat. Jeder darf vom Wein trinken.
Auch konnte die Gemeinschaft zu seinem Erstaunen ein Lied gemeinsam singen.

Zum Ende erteilt er den Segen und unter Mithilfe von Evermarus reicht er jedem die Hand, für alle ein erhabenes und stärkendes Gefühl von Gemeinschaft.

Anschließend setzt er sich mit Evermarus zusammen und er will vom ihm hören, was sie hier und jetzt vorhaben. Da Evermarus der Ältere ist, eröffnete er die Runde:

„Wir sind hier nun seit fast einem ganzen Jahr und können uns gerade so selber versorgen. Einige Güter tauschen wir mit der Landbevölkerung und andere bekommen wir geschenkt. Wir sind froh, dass ihr endlich hier eingetroffen seid. Aus den letzten Briefen habe ich gelesen, dass ihr nun Prior seid. Ich bin nur ein einfacher Mönch und komme aus Frisia, wie ihr sicher wisst.“

Dann ergreift Patric das Wort:

„Es spielt keine Rolle woher man kommt und was man ist! Wichtig ist es, dass das „Herz am rechten Fleck“ ist. Unsere Abtei hat eine Vergangenheit, die bis ins erste Jahrhundert zurückreicht. Auch dort ist nicht alles an einem Tag entstanden. Wir müssen mit dem zurechtkommen, was wir haben.“

Es ist wichtig für Patric, hier ein ausgeglichenes, vertrauensvolles Verhältnis voller Zuversicht hinzubekommen. So lädt er alle zu einer ersten Versammlung ein, ob Mann oder Frau. Jeder hat eine Stimme so wie sie es schon vor Tagen an der Küste gemacht haben!

Durch das Fehlen eines geeigneten Raumes trifft man sich auf dem Innenhof.

Hier steht nun Patric vor der gesamten Gemeinschaft und spricht:

„Wir haben in den letzten Tagen viel erlebt und trotz des hohen Preises mit Gottes Hilfe überlebt. Es wird nicht einfach sein, das zu vergessen. Wir müssen daher hier zusammenstehen.“

Er macht eine kleine Pause und fährt dann fort:

„Mit der Unterstützung von Pippin und Chalpaida werden wir es schaffen. Die Landwirtschaft wird weitergeführt wie bisher.“

Dann fragt er:

„Wenn ihr möchtet, dann führt ihr dieses Kloster weiter! Wollt ihr dies?“

Doch Evermarus lehnt das Angebot ab und sagt:

„Ihr Patric, solltet dieses Kloster führen. Ihr seid der belesene von uns. Ich bin auch kein großer Redner!“

Unter großem Zuspruch und der Fürsprache von Evermarus wird Patric ausgewählt.

„Die Brüder und Schwestern die mich kennen wissen, dass ich keinen im

Stich lasse. So wie die Landwirtschaft von vielen Händen getragen wird, so ist es auch mit dem Geist. Die christliche Gemeinschaft wird durch euch getragen, ob Mönch, Schwester, Knecht oder Magd. Ich schlage vor, dass Bruder Evermarus mein Stellvertreter hier wird."

Auch hier gibt es eine große Zustimmung und er spricht weiter:

„Alle, die bisher nicht getauft sind, können sich taufen lassen. Das gilt auch für alle aus den umliegenden Orten. Alle, die hier Novize oder auch Novizin werden wollen, sind willkommen. Wir werden hier auch eine Schule für die Lehre, das Lesen und Schreiben errichten. Bisher haben wir drei Gebetsstunden. Wir werden in Zukunft hier fünf Gebetstunden abhalten."

Damit hat Patric einen Grundstein gelegt und die Gemeinschaft kann darauf aufbauen.

In einem Gespräch mit Alec und Edward hatte er festgestellt, dass diese Gebäude längst nicht dem entsprechen, wie im Mainistir auf der Insel. Hier ist noch viel Arbeit erforderlich. Er hat auch überlegt, ob sie das überhaupt schaffen können oder wollen, was sie in der Abtei hatten? Vielleicht muss der erste Schritt eine Schule mit Hospiz und eine Art Konvent sein.

Mehrere Tage waren Albert und Karl zum Delta nach Millingi unterwegs. Dort erlebten sie, wovor der Abt immer gewarnt hatte. Verlassene und verbrannte Dörfer, es war sehr erschreckend. Überall hing der Geruch des Todes und das Elend nahm kein Ende.

So gelangten sie mit ihren fränkischen Begleitern ins Delta zur intakten Gemeinde Millingi. Hier war auch eine größere Gruppe fränkischer Soldaten stationiert. In der Villa des Grafen Ebroin berichteten sie von dem Überfall und der Schneise des Todes. Zahlreiche Dörfer waren von der Bande vernichtet worden.

Das Kopfgeld für die Martle-Bande erhielten sie aufgrund der Aussage der fränkischen Zeugen. Diese hatten auch den Kopf des Anführers dabei. Er stand schon lange im Verdacht, mit anderen zusammenzuarbeiten und war auch oft damit durchgekommen. Leider hatte man den Zusammenhang mit der Christianisierung nicht nachweisen können. Aber damit war vorerst Schluss.

Nachdem sie die Belohnung bekommen hatten, trennten sich ihre Wege und die Franken zogen weiter.

Mit dem Lohn kauften sie, wie mit Patric besprochen, Material für den weiteren Ausbau des Obberbach Gehöftes. Ebroin sagte Ihnen, dass

immer wieder Schiffe mit solchem Material anlegen würden.
Dann versuchten sie Handwerker anzuwerben, was ihnen mehr schlecht als recht gelang. Hier waren nur bedingt Handwerker zu bekommen. Ebroin schlug ihnen vor, sich in größeren Orten am Rhenus umzuschauen. So überlegen sie, ob sie ihr Glück in Xanten, Novaesium oder Colonia Agrippina versuchen sollen.
Alles alte Städte, die es schon zur Zeit des römischen Kaisers Claudius im ersten Jahrhundert gab. Die alten Namen der meisten Städte wurden von den Franken übernommen und weiter benutzt. Besonders die Städte an den Flüssen waren wirtschaftlich für die Franken wertvoll. Meist waren diese Städte mit weiteren römischen Straßen im Inland verbunden. Von dort würde man sicher gut mit Pferdekarren vorankommen. So blieben sie noch ein paar Tage.

Für Patric ist es wichtig, den Standort langfristig auch wirtschaftlich zu sichern und aus dem einfachen Hof eine rentable Abtei zu schaffen. Aus der Priory hat er gelernt, dass eine florierende Wirtschaft und die damit verbundene gute und gesicherte Versorgung einen Zuwachs an Brüder und Schwestern fördert. Das wiederum ermöglicht eine unabhängige Führung der Abtei.
Er hat auch nicht aus den Augen verloren, den Armen und Kranken zu helfen. Im Grunde verfolgt er die gleiche Strategie, wie sein Ziehvater Abtbischof Eochaid und seine Vorgänger. Der Abt hatte immer gesagt: „Wer etwas geben will an Arme und Bedürftige, der muss auch etwas haben."
Auch will er wieder vermehrt Waise aufnehmen. Ob es ein eigenes Kloster für die Schwestern geben soll, wird die Zeit zeigen.
Täglich führt Patric mit seinen neuen Brüdern Gespräche, so wie er es auch heute vorhat. Patric sucht auf dem Hof Johannes auf. Nachdem sie sich begrüßt haben fragt Patric:
„Bruder Johannes, wo kommst du denn her?"
Johannes erwidert ihm:
„Mein Vater ist ein Bauer und er lebt in einem Dorf an einem Zufluss der Rur, etwa einen halben Tag von hier. Seit etwa zwei Jahren bin ich ein Bruder von Evermarus. Mit mir sind Jode und Joseph zu ihm gekommen. Die Beiden stammen aus Nachbarortschaften. Joseph und Jode sind handwerklich gut. Sie arbeiten viel mit Holz und waren hier mit dem Dachstuhl beschäftigt. Ohne die Beiden hätte das nicht geklappt.
Ich war bisher immer für die Anschaffung des richtigen Materials

zuständig. Auch habe ich Ware aus der Landwirtschaft verkauft. Das meiste konnte ich aus meinem Heimatort besorgen."

Patric hörte aufmerksam zu und Johannes stoppt in seiner Erzählung. Schließlich fährt er dann fort:

„Jode stammt aus Rymelsberg am Bachlauf der Wehe. Während Joseph von der Motte Lohe stammt. Beide sind wichtige Stützen von Evermarus. Zusammen sind wir vierzehn. Einer fehlt aber noch, unser Musiker."

Dann fragt Patric:

„Wer ist denn euer Musiker?"

Da sagt Johannes:

„Da weiß ich nicht viel drüber, aber Jode und Joseph kennen ihn schon länger."

Da sie während des Gesprächs über den Hof gewandert sind, treffen sie auf den Bruder Jode.

„Kannst du mir etwas über euren Musiker erzählen?", fragt Patric und schaut Jode an. Jode erwidert:

„Eigentlich ist er kein Bruder, aber er kann Instrumente spielen."

„Du meinst sicher Friedrich."

Johannes nickt und sagt:

„Genau! Friedrich heißt er. Ist er wieder daheim?"

„Ja!" antwortet Joseph und sagt:

„Er kommt alle zwei Monate vorbei und bleibt für ein bis zwei Wochen. Er wohnt irgendwo an der Römerstraße nach Aquis Villa in einem kleinen Tal. Dort soll es auch Kupfer geben. Er sucht immer nach Pergament oder Papier, um seine Noten aufzuschreiben."

Damit endet das Gespräch und in den nächsten Tagen werden sie sich mehr um den Hof rund um die Abtei kümmern. Patric hat den Brüdern einen Plan gemacht. Er ist für die neu zu errichtender Klostermauer. Ein Vorschlag!

Am Abend findet die erste der neuen Gebetszeiten statt. Hier hat Patric hingearbeitet, damit sich die Struktur hier der in der Heimatabtei langsam annähert.

Nach einigen Tagen erreichen drei Schiffe das Delta. An der Einmündung der Meuse in den Rhenus legen sie an. Die Brüder konnten schon von weitem erkennen, wer es war. Es sind Percy und seine Freunde Winterbottom und Schneyder. Sie haben für die Mönche in der Aue von Iuliacum Nachschub und Briefe an Bord. Die meisten waren direkt an Patric gerichtet.

Bevor Percy von Bord gehen kann, wird er von Bruder Albert begrüßt. Dann fragt Percy:

„Wie geht es Patric und den Brüdern und Schwestern?"

Albert antwortet ihm:

„Gut! Aber er hat Glück gehabt."

Dann erzählen Karl und Albert, was in der Zwischenzeit hier alles geschehen ist. Die dazukommenden David und Freddie sind erfreut, sie hier zu sehen und es entwickelt sich ein längeres Gespräch, in deren Verlauf Karl fragt:

„Habt ihr vor, den Rhenus noch weiter hinauf zu fahren?"

Percy antwortet:

„Nein! Eigentlich wollen wir so schnell wie möglich wieder zurück! Wohin wollt ihr denn?"

Albert antwortet:

„Wir wollten nach Xanten, Novaesium oder Colonia Agrippina. Wir suchen einige Handwerker. Hier werden wir nicht fündig und vielleicht haben wir da Glück!"

Percy, der sich hier nicht weiter auskennt, schaut seine Freunde an und David antwortet:

„In Xanten werdet ihr sicher kein Glück haben. Dort wird gerade etwas Größeres gebaut. Das habe ich letztes Jahr gehört. Ich glaube eine Festung. Ich würde es weiter aufwärts versuchen. Was sagst du Freddie?"

Freddie überlegt kurz und sagt:

„David hat Recht! Da liegen noch fünf größere Orte am Rhenus flussaufwärts. Ich würde es in Novaesium oder Colonia versuchen. Beide liegen an gut ausgebauten Straßen und dort würde ich mir Pferd und Wagen besorgen."

David ergänzt:

„Von dort könnt ihr die Straße „Boulogne sur Mer" und die „Via Belgica" gut erreichen. Beides viel befahrene und sichere Straßen und nicht diese Pfade wie hier durch die dichten Wälder."

Freddie sagt dann:

„Wir könnten uns einen Umweg von zwei, drei Tagen leisten. Unsere Geschäfte gehen gut."

Percy fügt noch hinzu:

„Für die Priory und Patric machen wir das! Ohne etwas zu nehmen! Das ist uns unser Bruder Patric, der Priester unserer Hochzeit, wert!"

David und Freddie fügen nur noch ein „Genau" hinzu!

Dann gehen die Fünf in einen Gasthof und David bestellt für alle und zahlt auch. Heute fahren sie nicht weiter. Sie wollen bis morgen warten und ihre Geschäfte hier erledigen.

Am nächsten Morgen taucht ein Fremder im Kloster zur Aue auf. Die Brüder Patric, Edward und Alec kennen ihn nicht. Die meisten der Brüder sind mit Evermarus nach Iuliacum unterwegs, um Baumaterial zu beschaffen. Der Fremde begrüßt die Brüder mit den Worten:

„Ihr müsst die Mönche von der Insel sein! Evermarus hat mir schon gesagt, dass ihr kommen würdet."

Edward antwortet ihm:

„Ja so ist es!"

Bevor Edward weiter sprechen kann sagt der Fremde:

„Ich sehe ihr baut hier um! Das soll sicher eine Klostermauer werden?"

Alec antwortet:

„Ja richtig! Woher kommt ihr und wer seid ihr?"

Der Fremde antwortet:

„Ich bin der Musiker, der hier die Gebetsstunden mit Musik begleitet. Ich komme aus dem Vichttal bei Aquis Villa!"

Dann spricht Patric:

„Ihr seid Friedrich."

Der Fremde nickte zustimmend.

„Evermarus sprach gestern von euch."

Dann stellt Patric seine Brüder und sich selber vor und ergänzt:

„Evermarus hat sie erst für übermorgen erwartet."

Friedrich antwortet:

„Das ist auch richtig, aber ein Wagen hat mich ein Stück mitgenommen und so brachte ich vierundzwanzig Meilen nicht zu laufen. Den Rest habe ich dann heute Morgen zurückgelegt. Nun kann ich zwei Wochen hierbleiben."

Dann fragt Patric:

„Was spielt ihr denn für Lieder in den Gebetsstunden."

Friedrich zählt einige auf, aber keines davon ist auf der Insel bekannt. Beim weiteren Gespräch stellt sich heraus, dass Friedrich in einem Kloster in der Nähe von Aquis Villa eine Orgel spielt. Hier kann er nur auf einer Leier seine Lieder spielen. Gerne würde er hier auch auf einer Orgel spielen, aber es gibt kein entsprechendes Gebäude und auch kein Instrument.

Patric bittet ihn, die Lieder auf Holztäfelchen zu schreiben. Seine Brüder können es denn abschreiben und dann können sie alle die Texte mitsingen. Er überlegt noch:

„Ob das was für meine Brüder und Schwestern auf der Insel wäre?"
Denkt aber das er da später noch mal nachfragen könnte. So entsteht zwischen ihnen ein reger Austausch an Liedern.

Am gleichen Tag legen die drei Schiffe ab und fahren den Flusslauf hinauf. Langsam mit drei Knoten geht es vorwärts. Die Strecke ist nicht weit und nach fünf Stunden können sie die Befestigung einer Stadt sehen. Sie fahren jedoch vorbei. Weitere fünf Stunden später erreichen sie ihr Ziel Novas.
Hier legen sie an, um sich nach den gewünschten Dingen umzusehen. Einige Handwerker können sie abwerben, denn der Bau der Kirche ruht. Die Bauherren haben nicht das nötige Kleingeld, um das Material zu bezahlen. So können sie drei Fuhrwerke erstehen und weitere drei anmieten. Mit den Waren von den Schiffen und einer weiteren Bestellung ziehen sie los. Unter einer Plane haben sie die neu erworbenen Waffen von der Insel deponiert und diesen Wagen werden sie selber fahren.
Auf den anderen Karren sitzen je drei Handwerker und so fährt der Tross auf der gut ausgebauten Straße nach der Verabschiedung von ihren Freunden los.

Kurz nach Mittag kommt Evermarus und seine Begleiter aus dem nahegelegenen Ort an der Fuhrt der Rur zurück. Einige Baumaterialien können sie mitbringen und diese finden auch sofort eine Verwendung. Mit im Ort waren auch Lukas und Karl. Sie haben sich Vorort nach Handwerkern umgehört und sie hatten Erfolg, denn für fast jedes Handwerk finden sie einen Fachmann.
Wichtig für sie waren Zimmerleute und ein Schmied, denn für die Klostermauern benötigen sie auch drei große Tore, damit man mit einem Karren oder Wagen bequem ein und ausfahren kann. Bei einem Wagenbauer haben sie zwei Fuhrwerke bestellt, damit wollen sie ihre Waren selber transportieren.

Jode und Johannes sind mit Wilhelm unterwegs. Es war ein Anliegen von Patric, das sich seine Brüder mit der näheren Gegend vertraut machen. Auch sie sollten Handwerker anwerben, damit sie ihre schützende Klostermauer aufbauen können. Was fehlte war ein Baumeister, der auch etwas Schwierigeres bauen kann. Sicher soll es irgendwann eine kleine Kirche sein, natürlich nicht so groß wie die Kreuzkirche.
Es fällt dem Mönch Patric schwer, sich mit dem Thema Bau

auseinanderzusetzen. Er ist eher der Mann für Schriften und biblische Literatur. Sicher wären noch Gespräche mit dem einen oder anderen der Brüder von Evermarus nötig um sich einen Überblich zu verschaffen. Auch das Einhalten der Regeln mit den Gebetszeiten klappt nicht so, wie Patric sich das vorstellt. Irgendwie kommt eine geordnete Struktur nicht zu Stande. Auf seine beiden Stützen Edward und Alec kann er noch nicht zurückgreifen. Beide sind noch zu schwach, um sechzehn Stunden mitmachen zu können. Einer von ihnen muss das Läuten der Glocke übernehmen. Bisher läutet jeder, wenn er zufällig der Erste an der Glocke ist. Manchmal verpassen sie die Gebetszeiten und das passiert meistens bei der Nachtwache und dem Morgengebet. Der Abtbischof hätte da sicher schon hart durchgegriffen.

Wenig später ist Friedrich wieder zurück. Er hat seine Eltern besucht und möchte heute mit seiner Musik die Gebetstunde begleiten. Bei der Absprache der Lieder mit Patric für die Gebetsstunde bietet er sich an, die nächsten Tage die Glocke zu läuten, damit das Stundengebet immer pünktlich stattfindet.

Am späten Nachmittag treffen Albert und Karl ein. Sie haben einiges an Ware aus der Priory dabei und natürlich einige Maurer und zwei Steinmetze. Damit wird man das Projekt Klostermauer vorantreiben. Das alte Gehöft bildet eine Ecke der neuen Mauer. Dadurch ist man in der Lage, dass weitere Gemäuer größer zu gestalten. Auch kann ein Tor des Hofs genutzt werden und so benötigt man in dieser Richtung kein weiteres mehr. Die Gestaltung wird so gewählt, dass eine nachträglich gebaute Kirche direkt in diese Struktur passt.

In der Komplet zeigt Friedrich seine Gestaltungsmöglichkeiten. Die Gebetsstunde wird gut besucht und viele Gäste aus den umliegenden Dörfern kommen nur wegen der Musik. Beim Beten und Singen machen alle fleißig mit. Es ist eine ganz andere Gebetstunde wie bisher. Anscheinend kommen mehr Frauen und Männer, wenn Friedrich da ist, denkt er sich. Diese sind auch sehr aktiv und singen kräftig mit. Ein Bruder von Patric hat Interesse an der musikalischen Gestaltung und lässt sich von Friedrich unterrichten. Der Musiker ist in der Lage jedem ein Instrument beizubringen.

Am Ende dieses Tages kann Patric nach dieser Gebetsstunde die ersten Taufen vornehmen. Ganze Familien sind gekommen und treten dem Glauben bei. Nach wenigen Tagen hat sich herumgesprochen, dass ein iroschottischer Priester hier das Wort Gottes verkündet. Auch der Sieg über die Räuberbande spricht für die Abtei zur Aue. Die Leute haben eine Zuversicht gefunden und es wird sich weiter herumsprechen, dass sich hier die Mönche und ehrwürdigen Schwestern um die Armen und Kranken kümmern.

Evermarus fällt auf, dass die Leute viel mehr spenden als vorher. Ihm war schon klar, wenn Friedrich musiziert wird mehr gegeben. Aber nun ist es noch mehr als vorher. Er hat auch das Gefühl, dass die einfach gewählten Worte von Patric besser ankommen als das „hochtrabende Gelaber", was er kennt. Dies scheint die „Neue Formel Gottes" zu sein. Er redet von Nächstenliebe, Hilfe und Freundschaft!

12   Der Brief aus der Heimat

Am nächsten Morgen macht sich Patric auf, um nach Iuliacum zu gehen. Mit ihm sind auch Anna und Britannia aufgebrochen. Die Brüder und Schwestern suchen für ein Hospiz ein geeignetes Gebäude. Die erste Suche brachte kein Ergebnis. In der Turmhügelburg Altenburg konnten sie einen reisenden Adligen antreffen und befragen. Von ihm bekamen sie den Hinweis, dass man in Ascvilare etwas passendes finden könnte.

Da man schon im Geheimen von den heilenden Händen der keltischen Nonnen und ihren übersinnlichen Kräften spricht, werden die Schwestern schon als die „Engel Gottes" bezeichnet. Der Ruf eilte ihnen voraus und so erhalten sie von Chalpaida einen Hof, der ganz in der Nähe liegt.

Von Obberbach war es nur eine Wegstunde entfernt und es liegt auch in der Nähe der Motte Altenburg. Dort werden die Schwestern ihre neue Bleibe finden. Das Gebäude, ein Vierkanthof, ist gut erhalten. Nachdem man ihn besichtigt hatte, wollen sie schon am nächsten Tag umziehen. Mit ihnen würden in den nächsten Tagen immer wieder einige Zimmerleute mitgehen, um es herzurichten. Die Einwohner der näheren Umgebung haben dem Dorf schon einen neuen Namen gegeben. Sie nennen es jetzt das „Dorf der Engel".

Bisher hatte Patric keine Zeit sich um die Lieferung aus der Priory zu kümmern. Auf der Suche nach dem gewünschten Pergament, findet er in einer der gut verpackten Kisten das Gesuchte. Mit diesem will erden Musiker überraschen.

Auch nimmt er sich endlich einmal die Zeit, die Briefe zu lesen. So erfährt er vom Umzug des Konvents und dass sie die Übersetzungen der Schriftrollen abgeschlossen haben. Im Schreiben von der Priorin aus Corcaigh erfährt er, dass die in der Gruft Verstorbenen vorher auf der westlichen römischen Halbinsel waren. Näheres wird ihm Bruder Famian schreiben. Den Brief von Famian hat er aber nicht gefunden.

Seltsam denkt er sich, den hätte er doch gerne gelesen. Irgendwie hat er das Gefühl, dass er nicht die gesamten Briefe erhalten hat. Es stimmt ihn sehr traurig. Seine Briefe zur Insel hatte er Albert mitgegeben und diese waren nun unterwegs. Auch das Nachfragen bringt kein besseres Ergebnis. Er hat keinen Brief von Famian erhalten. Er würde zu gerne die ganze Geschichte erfahren.

In der Zwischenzeit nimmt die Klostermauer Gestalt an. Joseph hat sich der Aufgabe angenommen und die Strecke abgemessen. Ein Quadrat von einhundertfünfundzwanzig Klafter. Das quadratische Gehöft hatte bisher eine Größe von etwa zwanzig Klafter. Das sind etwa einhundertzwanzig Fuß. Kein Wunder, dass dies auf die Dauer etwas klein wird. Patric hält die Abmessungen für zu groß. So stellt er fest, dass es zweihundertfünfzig Yards sein müssen. Im Gespräch mit Bruder Joseph setzt dieser sich durch und sagt:

„Wenn wir Klosterräume haben wollen, wie du sie beschrieben von der Abtei hast, dann müsste es noch größer werden. Wir werden die Mauer aus zwei Materialien machen. Die beiden Seiten an dem Gehöft verlängern wir und machen sie aus Stein. Die anderen Seiten erst aus Holz. Das geht schneller. Sollten wir später größer werden wollen, dann verlängern oder erweitern wir die Steinmauern. Holz gibt es hier reichlich und lässt sich auch wieder schnell abreißen oder umbauen."

Patric erwidert:

„Wo soll denn all das Material herkommen?"

Hier sagt Joseph:

„Das überlassen wir Johannes. Er hat uns bisher hier auch immer mit dem Erforderlichen versorgt."

Damit kann Patric leben und er will auch selber mit anpacken. Er wird sich erstmal mit dem Baumfällen beschäftigen. Nun versteht er auch die gewählte Größe. Es stehen wenige Bäume im Weg. Da die Felder bestellt sind, haben viele nun Zeit für etwas anderes und so nimmt das Projekt Gestalt an.

Endlich klappt mal was, denkt Patric. Auch die Gebetszeiten werden nun eingehalten und hier zeigt es sich, dass Friedrich eine gute Stütze ist. Er ist aber nur für zwei oder drei Wochen da. In der Zwischenzeit werden sich die Brüder Alec und Edward erholt haben. Mit ihnen wird das Projekt „Abtei zur Aue" vorankommen.

Seit mehreren Wochen herrscht nun reger Verkehr zwischen der Abtei und den umliegenden Orten. Viele liefern Baumaterial an und oft verbauen die Anlieferer das Material mit den Handwerkern direkt in der Mauer. Längst ist die Mauer nicht mehr das einzige Objekt.

Joseph hat einen Klausurgarten von zwölf Klafter etwa vierundzwanzig Yards im Quadrat abgemessen. Um diesen hat er die Klausurgänge, den Kreuzgang, geplant. Er soll überall vier Klafter breit sein. Eines der ersten Räume, die hier entstehen sollen, ist ein Refektorium und ein Arbeitsraum für Patric. Weitere Räume sollen folgen!

Während Friedrich fleißig die Lieder aufschreibt und auch einige für die Gebetsstunden komponiert, macht sich Patric an die Arbeit und fertigt Kopien auf Holz für die Priory. Natürlich sollen diese dem Standard entsprechen, wie er es aus dem Mainistir kennt. Er hofft auch darauf, bald entsprechendes Material aus Corcaigh von Victoria zu erhalten. Sicher werden sie ihn bereits mit der nächsten Lieferung unterstützen.

Heute ist der letzte Tag für Friedrich und er muss wieder zurück ins Vichttal gehen. Da er so viele Sachen hat, die er mitnehmen will, werden diesmal Edward und Karl mitfahren. Sie sollen auch gleichzeitig Metall mitbringen, und es beim Schmied an der Furt verarbeiten lassen.
Als er seine Unterlagen in eine der Kisten packen will, muss er diese erst einmal ausleeren. Unten in der Kiste entdeckt er mehrere Blätter, die beschrieben sind. Er stellt schnell fest, dass sie für Patric bestimmt sind und reicht diese nach der Gebetsstunde, der Komplet, weiter. Lesen kann Patric heute nichts mehr, es ist zu spät und er ist auch geschafft vom Tagwerk. Morgen sieht sicher alles anders aus.
Nach der Nachtwache machen sie sich zeitig mit dem Fuhrwerk auf, um möglichst weit an diesem Tag zu kommen. Erst fahren sie Richtung Römerstraße und auf dieser geht es Westwärts. Friedrich wäre zu Fuß quer in südwestlicher Richtung gegangen, aber gefahren geht es so natürlich trotz des Umwegs von einer Meile schneller.

Noch immer angestrengt von der ungewohnten Arbeit der letzten Tage möchte Patric es etwas ruhiger angehen lassen. Seine Verletzung plagte ihn immer noch. So macht er sich auf den Weg und besucht die Schwestern. Dort stellt er gleich fest, dass sie es hier besser haben als auf dem Gehöft. Hier haben zwei Schwestern einen Raum. Auf dem Hof waren sie alle in einem einzigen Raum. Auch für die Brüder ist mehr Platz und das liegt auch daran, dass sie immer noch unter dem Angriff der Bande leiden. Kurz vor Mittag hält er mit den Schwestern eine Gebetsstunde ab und dann geht es zurück.
Auf dem Gehöft hat Alec nun das Einläuten zu den Gebetsstunden übernommen. Er macht da weiter wo Friedrich seine Aufgabe beendet hat. Während Alec seiner Tätigkeit nachgeht denkt er, in der Priory hatten wir dafür Novizen. Er wird Patric darauf ansprechen müssen. Dann fängt er an, all die Mönche aufzuzählen. Er kommt mit Cedric und Alan auf zehn

von der Priory. Mit Evermarus, Joseph, Jode und Johannes und Friedrich und den Helfern sind es neun. Aber keiner hat Novizen. Das muss sich ändern! Vielleicht wäre ein Aufruf während der Gebetsstunden geeignet. Das Gleiche gilt auch für die Nonnen.

Als er wieder seiner Tätigkeit nachgeht und zur Vesper läutet, kommt Patric auf den Hof. Bevor sie zum Gebet gehen bittet Patric ihn, nach dem Gebet mit ihm die Kisten zu leeren und zu ordnen. Nach einer Stunde räumen sie die vielen Sachen aus und entdecken die lang gesuchten Werkzeuge und Materialien für die Malerei. Diese werden sie an die Schwestern weitergeben. Weitere Dinge wie Pergament wären sicher auch nötig, zumal man hier nichts richtig lagern kann.

Beim Aufteilen des Stapels rutscht dieser unglücklich vom Tisch und auf dem Boden. Die wenigen Blätter auf dem Tisch werden sie selber behalten, den Rest aber sorgfältig aufsammeln. Dabei stellen sie fest, dass einige weitere Blätter beschrieben sind. Nun suchen sie alle Blätter ab, aber es sind nur drei Blatt beschrieben.

Aus der Schrift erkennt Patric die lateinische Handschrift vom Bruder Famian. Weitere Seiten finden sie auf dem Tisch und damit hat Patric endlich den Brief, den er seit langem vermisst hat. Mit den Blättern von Friedrich ist der Brief und die Aufschrift von Bruder Famian aus der Priory nun vollständig.

Auf der ersten Seite steht eine kleine Einleitung und so liest er:

„Mein Sohn und Bruder
Patric,

du hast viel von mir gelernt und du konntest mir auch noch einiges lehren. Nun fehlst du mir als Ansprechpartner hier in der Abtei. Aber das ist nicht der Grund, warum ich dir schreibe. Der Abtbischof macht sich Sorgen um dich. Aber ich weiß ja in vollem Vertrauen, du machst das schon."

So liest er die erste Seite und dann blättert Patric weiter, während Alec noch die restlichen Sachen aufräumt. Dann stockt Patric in seinem Gemurmel und wendet sich an Alec:

„Wir sind mit dem Leichnam vom Apostel Jakobus dem Bruder von Johannes quer über das Mittelmeer gefahren. Hier in Galizien haben wir unseren Apostel Jakobus beigesetzt in einer würdigen Sepulcrum. Die keltische Königin Atia hat uns geholfen und ... so geht es im Text weiter und auf einer der nächsten Seite steht ...: Andreas, Marcellus und ich, Athanasius der Jüngere sind aus Tarraconensis zur grünen Insel aufgebrochen."

Den weiteren Text überfliegt er kurz. Dann sagt Patric aufgeregt zu Alec: „Unsere drei Beigesetzten sind mit Sicherheit in Kontakt mit dem Apostel Jakobus gewesen. Es besteht sogar die Möglichkeit, dass sie Jesus kennengelernt haben und persönlich dessen Worte gehört haben.
Auf der Missionsreise von Jakobus waren sie mit ihm in der westlichsten Provinz der Römer. Auch sind sie, mit zwei weiteren Jüngern, mit dem Leichnam von Jakobus nach Eurōpē gefahren und haben ihn beigesetzt."
Patric ist so im Rausch und fährt fort:
„Stell dir vor, das Grab von Jakobus wäre in Augusta Treverorum und wir könnten es besuchen? Ich muss das alles einmal Evermarus erzählen und wir werden uns direkt auf dem Weg nach Treverorum machen!"
Heute wird das nicht mehr klappen und er muss auf Evermarus bis morgen warten. In der Nacht schläft Patric sehr unruhig und immer wieder wird er von seinen eigenen Gedanken geweckt. Erst gegen zwei in der Nacht schläft er tief und fest. In der Nacht hat er einen Traum. Eine weibliche Stimme spricht ihn an:

„Patric mein Kind,

Du hast den Brief von deinem Freund erhalten. Nun höre mir gut zu!
Es liegt an dir das zu finden, was in dem Brief steht. Es wird aber nicht so einfach sein wie du es dir vorstellst. Bis hierher bist du schon gekommen und du wirst auch noch viel weitergehen müssen.
Nimm fünf deiner Getreuen und geh mit Evermarus los. Aber erst dann, wenn der Vollmond über deiner gläubigen Gruppe steht. Das ist der Zeitpunkt, wo du trockenen Fußes zum Grab des Apostels kommst. Geh nicht früher und nicht bevor das Feld hier bestellt ist. Ich werde dir am Himmel ein Zeichen geben, dann breche auf."

Damit hörte die Stimme auf und Patric wacht schweißgebadet auf. Kurz danach läutet die Glocke zur Nachtwache. Er macht sich auf, um pünktlich zu sein. Heute muss er vorbeten! Seine Gemeinde ist vollzählig und so betet er und dankt dem Herrn unserem Gott für alles, was sie bisher geschafft haben.

Nach der Gebetstunde bleibt er noch einen Moment sitzen und er denkt an die Worte aus der Nacht. Er wird sich den Mond anschauen. Es ist ein sternenklarer Himmel und der Mond ist nur ganz dünn zu erkennen. Es ist kurz nach Neumond und es deutet alles darauf hin, dass es ein sonniger Tag wird. Er muss aber auch daran denken, erst die Felder bestellen zu lassen, wenn es an der Zeit ist. Die Felder bestellen bedeutet, dass er alles nur geordnet in der Abtei verlassen darf.

Mit Joseph klärt er die weiteren Baumaßnahmen ab und er sendet alle Fuhrwerke aus, um so viel wie möglich an Material heran zu bringen. Es muss die nächsten Tage vorwärts gehen. Heute ist Freitag und Edward ist immer noch nicht zurück. So werden sie mit den Schmiedearbeiten nicht weiterkommen. Alles andere läuft wie von selbst.

Im Vichttal

Edward und Karl waren angekommen und sie finden hier reichlich von dem, was sie auf der Insel bisher immer vermisst haben. Metalle, die sich fast mit der bloßen Hand abbauen lassen. Alles liegt relativ frei an der Oberfläche. Mit einer Hacke lässt sich hier schnell eine Menge Erz gewinnen. Holz und Steine gibt es auch in der Nähe in größeren Mengen. Von Friedrich erfahren sie, dass in der Nähe auch weitere Mönche von ihrer Insel im westlichen Frankenreich unterwegs sind.

Morgen will er einen von diesen besuchen und Friedrich hofft, dass dieser nicht unterwegs ist. Von Friedrich erfahren sie auch, dass er Disibod heißt und ein Mönch von der Insel ist und schon seit zwanzig Jahren hier das Wort verkündet.

Anfangs war er nur in den Ardennen und Vogesen. Seit einiger Zeit ist er mit seinen Schülern Giswald, Klemens und Sallust zusammen. Er war schon mehrere Male hier im Vichttal. Karl schreibt auf jeden Fall einen Brief, falls sie ihn morgen nicht antreffen. Friedrich bezeichnet ihn auch als „Christus Pilger" oder „pro Christo peregrinare volens".

Seine Ausbildung erhielt er von Abt Adamnan in Iona. Iona ist eine Insel Im Norden der größten Insel. Vermutlich kommen Beide aus der nördlichen Grafschaft Donegal. Genau konnte uns Friedrich das aber nicht sagen.

Zu Friedrich spricht Edward:

„Das scheint ein interessanter Mann zu sein, den muss Patric unbedingt kennenlernen."

Am Nachmittag trifft Evermarus ein und er bringt zahlreiche Handwerker mit. Einige von Ihnen hatten Evermarus gesagt, dass sie schon in der Abtei und Mainistir für Patric gearbeitet haben. Nun wollen sie wieder für ihn arbeiten. Sie kommen aber nicht alleine. Sie haben einige Verwandte, Freunde und Bekannte mitgebracht. Mit einer derartigen Verstärkung hatte Patric nicht gerechnet. War es das, was er im Traum erlebt hat? Was für ihn viel wichtiger ist, er kann Joseph sagen, dass es alles zuverlässige Leute sind. Sie haben sich für ihn entschieden und nicht für irgendeine Großbaustelle wie Colonia oder Novaesium am Rhenus. Fast ist es so, als wäre die gute alte Zeit der Priory auf der Insel hier in der Abtei zur Aue angebrochen. Denn dort lief auch alles wie von selbst.

An diesem Tag kommt Jode auf ihn zu und er zeigt ihm, was er aufgezeichnet hat. Ein kleines feines Kloster mit allen Räumen die man braucht und noch einiges mehr. An einer Stelle auf dem Plan ist noch ein großes Kreuz eingezeichnet. Er erklärt Patric sein geheimnisvolles Zeichen.

„Wenn wir gut vorankommen, dann soll an dieser Stelle eine schöne Kirche entstehen."

Abt Patric ist begeistert und anerkennend sagt er:

„Ein toller Plan! Wer übernimmt denn hier auf der Baustelle die Verantwortung?"

Jode erwidert ihm:

„Alle Zeichnungen werde ich machen und Joseph wird danach bauen. Unser Bruder Johannes sorgt dafür, dass immer genug Material nachkommt. So haben wir uns das ausgedacht!"

Er schaute Patric an fügt hinzu.

„Wir haben uns das gut überlegt! Wir werden solange bauen, bis ein Drittel der Goldmünzen aufgebraucht ist, dann schauen wir wie es weiter geht. Nach unserem Plan von letzter Woche brauchen wir zwei Monate bis die beiden Steinmauern fertig sind."

Dann fügt er hinzu:

„Mit den neuen Arbeitskräften geht das alles viel schneller."

Patric schaut ihn an und fragt:

„Soweit ist das schon alles geplant?"

Jode geht noch einen Schritt weiter:

„Mit Friedrich haben wir schon gesprochen. Er wird mit Edward das Erz im Vichttal aufkaufen und wir werden es weiter nach Corcaigh verkaufen. Den Rest musst du dir von Lukas anhören."

Auch hier ist Patric überrascht und denkt, „könnte das nur mein Vater Abt erleben!"

Gerade ist Jode gegangen und da kommt Alec eilig herbei. Er berichtet auch gleich:

„Hast du die Handwerker gesehen, die mit Evermarus mitgekommen sind? Viele von ihnen waren bei uns in der Abtei dabei. Fast jeder hat noch jemand mitgebracht, um hier mit zu helfen."

Joseph hat aus Mangel an Baumaterial die Rodungsarbeiten vorgezogen. Letzte Woche hatte er noch zu wenig Leute, um dies durchführen zu können. Mit den vielen neuen Leuten ist das nun kein Thema mehr. In kleinen Gruppen gehen sie ans Werk und sie werden den Rest der Woche die Bäume fällen, die im Plan markiert wurden.

Die Gebetsstunde bricht an und Patric kann mit Evermarus die große Gemeinde begrüßen. Mit all den Handwerkern ist es heute bei diesem schönen Wetter so voll, das man draußen die Stunde abhalten muss. Ein Anlass, um die mitgebrachten Matzen von der Insel zu verteilen. Auch unter den neu Angekommenen sind noch einige nicht getauft. Aus den Gesprächen erfährt er, dass sich am Sonntag die Familienangehörigen der Handwerker taufen lassen wollen. Bevor Patric den Schlusssegen erteilen kann, wird er von Evermarus gebeten, noch ein paar Worte an die Gemeinde zu richten. Hier sagt der Klostervorsteher:

„Ich bin stolz für unsere christliche Gemeinde, dass sich heute hier so viele versammelt haben. Ich werde dafür sorgen, dass keiner Not leiden wird. Wir suchen noch Brüder und Schwestern, die den Weg hier mit uns gehen wollen."

Dann richtet er sein Wort an die Schwestern:

„Wir haben von der Abtei Midsummer und den Konvent in Corcaigh einiges an Material erhalten und dieses möchten wir euch nach dem Segen Gottes mitgeben. Damit können wir unsere eigene Schule errichten. Wir wollen allen, die hier bei uns in der Gemeinschaft leben möchten, Lesen und Schreiben beibringen."

Noch bevor er den Segen erteilen kann, wird er von der Menge mit Applaus bedacht. Mit strahlenden Augen gibt er den Segen Gottes an alle weiter.

Im anschließenden Gespräch reicht er den Brief von Famian an Evermarus weiter.

Er bittet ihn, diesen zu lesen und ihm später zu sagen, was er davon hält. Bevor Patric an seine Arbeit geht, kommt Lukas auf ihn zu und erzählt ihm, was er sich mit seinen Freunden und Friedrich ausgedacht hat. Die ersten Fuhren sollen in den nächsten Tagen kommen. Auch das sind Möglichkeiten, um sich unabhängig zu machen.

Edward hat sich mit Friedrich aufgemacht und sie möchten den Mönch Disibod und seine Begleiter aufsuchen. während Karl Fuhrleute mit ihren Fahrzeugen anheuert, ziehen beide das Vichttal hinauf.
Am späten Nachmittag erreichen sie eine Hütte und einer der Begleiter erzählt ihnen, dass Disibod in den Ardennen unterwegs ist und erst in einer Woche zurückerwartet wird. Den Brief, den Edward für den Mönch geschrieben hat, lässt er dort und hofft, bald Nachricht zu erhalten. Sie werden hier übernachten und morgen in der Früh aufbrechen.

Für Patric endet ein erfolgreicher Tag. Eines macht ihn aber Sorge. Wo sollen all die Leute unterkommen? Soviel Platz ist hier gar nicht! Im Sommer wird das schon noch gehen! Aber was ist bei schlechtem Wetter oder wenn der Winter kommt?
Auch Joseph und Jode hatten darüber nachgedacht. Eine Absprache mit Patric bringt eine Diskussion in Gang. Joseph fragt:
„Sollen wir nicht zuerst die Klausen für die Mönche bauen?
Dann wären diese nicht mehr in dem Gehöft untergebracht."
Patric ist unschlüssig und fragt:
„Wie steht es denn mit dem Material für unsere Bauwerke?"
Nach kurzer Überlegung sagt Alec:
„Egal was wir zuerst bauen! Wir können diese Gebäude erst einmal als Dormitorium nutzen, bis wir genügend Platz für alle haben. Wir sollten das zuerst fertig machen, was wir angefangen haben."
Etwas schlaueres wissen sie nicht und brauchen kein angefangenes Bauwerk stoppen. Trotzdem ist es eine Herausforderung. Alle werden nichts unversucht lassen, mehr Platz zu schaffen. Für heute werden sie an der Situation nichts ändern können. Alle Plätze in der Scheune sind belegt. Einige mussten zum Dorf der Schwestern und richten dort Räume und Gebäude für eine Bleibe ein.
Mit dem Roden kommen sie schneller voran als sie gedacht haben. Das anfallende Holz werden sie zersägen lassen. An der Würm und an der Rur gibt es ein Sägewerk. Mit den Balken werden sie die Dachstühle bauen. Das wird Joseph übernehmen. Er kennt jemanden, der das machen kann

und den Dachstuhl wird er mit seinen Handwerkern nach seinen Zeichnungen fertigen.

Bereits mit dem Sonnenaufgang machen sich Friedrich und Edward am nächsten Tag auf, um zu Karl zurückzukehren. Es geht leicht bergab und so folgen sie über weite Strecken dem Flusslauf.
Am gleichen Morgen meldet sich Evermarus bei Patric und sie kommen schnell ins Gespräch. Evermarus eröffnet dies und spricht:
„Hast du den Teil über die keltische Königin Atia gelesen?"
Patric schaut ihn verwundert an und Evermarus fährt fort:
„Konntest du gar nicht! Denn zwei Seiten klebten so zusammen, als wäre es eine Einzige gewesen. Hier hat Jakobus sein Grab in Galizien gefunden, das heißt er wurde dort beerdigt. Vorher hätte man meinen können, das Grab wäre in Augusta Treverorum gewesen. Aber von so einem Grab hätte man doch gehört."
Dann fragt Patric:
„Was ist denn mit den Schriften in Treverorum?"
„Das kann ich dir auch nicht sagen! Einer von der Priory sollte sich diese ansehen und mit euren Schriften vergleichen."
Dazu äußert sich Patric.
„Dann sehen wir uns die Schriften einmal an! Du gehst doch sicher mit?"
Evermarus nickt zustimmend und sagt:
„Natürlich gehe ich mit. Vielleicht treffen wir unterwegs einen Freund von mir. Es ist ein iroschottischer Mönch und er müsste weit über siebzig sein. Kennst du Disibod?"
Patric antwortet nur kurz.
„Nein! Von ihm habe ich noch nichts gehört!"
Evermarus meint daraufhin.
„Das kann ich mir gut vorstellen. Er ist mit seinen Begleitern schon länger auf dem Festland als du alt bist! Dein Abt Georg könnte ihn kennen. Er ist ein feiner Kerl und er vertritt ähnliche Meinungen wie du und euer Abtbischof! Ich hoffe, du lernst ihn bald kennen."
Dann überlegt Patric:
„Disibod, den Namen könnte ich schon einmal gehört haben."
Sie werden aber in ihrem Gespräch gestört. Die Brüder Alec, Joseph und Jode stehen vor ihnen und es geht um eine Entscheidung. Diese wird von Alec vorgetragen:
„Wir werden die Rodungsarbeiten übermorgen abschließen. Nun stellt sich für uns die Frage, ob wir die Mauer nicht ruhen lassen können. Auch

hat Jode eine Idee, das Vieh vom Gehöft in andere Ställe oder im Dorf unterzubringen."

Dann schauen sie auf die Zeichnung von Jode und sehen einige neue Unterstände. Jode erklärt:

„Mit der Mauer haben wir eine Wand und wir könnten mit zwei oder drei Pfosten ein Dach bauen und das Vieh vorerst hier vor Wind und Wetter schützen. Dann haben wir im Gehöft fünf freie Räume, die wir als Schlaflager umgestalten. Auch können wir die Räume für eine Küche nutzen und bei schönem Wetter im Hof unsere Speisen einnehmen."

Patric schaut den nickenden Evermarus an und sagt:

„Das könnt ihr so machen. Baut erst mal an der Mauer nicht weiter und arbeitet an der Klausur und ihren Räumen. Irgendwie müssen wir das vor dem Winter schaffen."

Am Nachmittag im Vichttal treffen Friedrich und Edward wieder auf Karl und dieser ist bereit für die Rückreise. Die schwersten Karren hat er schon vorausgeschickt. Denn mit den Leichteren werden sie diese schnell einholen.

Am Abend erreicht ein Bruder von Disibod die drei Mönche und Klemens teilt ihnen folgendes mit:

„Ich weiß nun wo Disibod ist! Er ist auf dem Weg nach Augusta Treverorum und er wird dort sicher in zwei Wochen eintreffen. Wenn ihr ihn treffen wollt, dann könnte es dort klappen."

Edward bedankt sich für diese Nachricht und fragt:

„Es ist schon spät um weiter zu reisen! Du kannst heute Nacht hierbleiben und mit uns Essen und Trinken, wenn du möchtest"

Dieses Angebot nimmt Klemens dankend an und so beten sie zu viert ihr Abendgebet.

In der Abtei zur Aue sind nun alle mit der Umsetzung des neuen Plans beschäftigt.

Jedoch klagen einige Arbeiter auf der Baustelle über Übelkeit und konnten nicht arbeiten. Sie wurden zum Hospiz nach Engelsdorf gebracht. Hier schauten sich die Schwestern die Kranken an. Sie konnten sich aber nicht erklären, woran sie leiden. So entschied man sich, diese erst einmal über das Wochenende hier ruhen zu lassen. Am Montag würde man dann entscheiden, ob sie wieder arbeiten können.

In der Abtei zur Aue

Am Morgen fallen die letzten Bäume und nun können sich wieder alle auf die normale Arbeit konzentrieren. Joseph ist auch froh, dass dieses Mal kein größerer Unfall geschehen ist. Im Gespräch mit Jode sagt er ihm:
„Das hat mit den neuen Handwerkern gut geklappt. Alle waren sehr diszipliniert, das hat man nicht immer so. Weißt du noch letztes Jahr, als wir hier angefangen haben, da gab es vier Unfälle bei viel weniger Bäumen."
Jode antwortet:
„Daran möchte ich mich nicht erinnern! Das waren doch alles Chaoten. Jeder wusste es besser und da war keine Zusammenarbeit möglich."
Joseph stimmt ihm zu und sagt:
„Man hatte das Gefühl, dass der eine schneller als der andere sein wollte. Hier hat jede Gruppe auf die andere geachtet und das war gut so. Ich bin mir sicher, dass man sich untereinander auch geholfen hätte. Hast du gestern mitbekommen, als die eine Gruppe zuwenig Leute hatte. Da hat doch sofort eine Gruppe ihre Tätigkeit eingestellt und ist herbeigeeilt. Das war ein richtiges Miteinander."
Jode nickt nur:
„Alec hatte uns gesagt, dass die Neuen gut sind und schon in der Priory ihre Sache mit Bravour gelöst haben."
Wie fast jeden Tag begrüßen Evermarus und Patric ihre Leute und stellen fest, dass in der kurzen Zeit eine kleine christliche Gemeinschaft gewachsen ist. Ein richtig gutes Zusammengehörigkeitsgefühl einer engen Gemeinschaft.

Lukas und Martel machen sich in der Früh auf zum Rhenus und mit ihnen fährt noch ein weiteres Fuhrwerk mit. Beim letzten Mal hatten sie mit Percy vereinbart, sich im Hafen Novaesium zu treffen. Bis Millingi wollen sie nicht mehr fahren, denn dafür brauchen sie Tage und der Weg ist schlecht.
Hierhin schaffen sie es an einem, wenn sie zum Sonnenaufgang aufbrechen. Man hatte schon überlegt, dort ein Haus oder einen Fronhof zu kaufen, um Ware zu lagern, falls das Schiff einmal später ankommt. Für alle Fälle hat er eine Handvoll kräftiger Arbeiter dabei. Angeschlossen hat sich auch Bruder Johannes. Er hatte bisher immer die Besorgungen für Evermarus getätigt.

Am Nachmittag trifft der erste schwer beladene Wagen aus dem Vichttal ein und es werden einige Holzbretter entladen. Die Esche, die sie noch geladen haben, werden sie morgen zum großen Fluss weiterschicken. Für die Aue entwickelt sich langsam ein ähnlicher Handel, wie er ihn bereits von der Insel mit ihren Klöstern kennt. Mit Edward hatte er jemand mitgeschickt, der sich mit dem Bedarf für die alte Abtei auskennt. Das sieht er bereits mit der ersten Fuhre, die sie erhalten haben.

Zwei Stunden später am Nachmittag kommt ein fränkischer Reiter vorbei mit einer Depesche. Sie ist an den Abt gerichtet und trägt das königliche Siegel.

Patric öffnet aufgeregt und liest diese Evermarus vor:

„Mein Hochverehrter
Abt Patric,

Der Bote kündigt mein Kommen an.
Ich komme in Begleitung und habe eine Bitte, die ihr mir sicher gewähren werdet. Morgen werde ich bei euch eintreffen und hoffe ein paar Tage bleiben zu können.

Chalpaida"

Evermarus hat still zugehört und sagt dann zu Patric:
„Ich denke, du hast einen guten Eindruck bei ihr hinterlassen!"
Patric fragt:
„Wie kommst du darauf?"
Evermarus antwortet:
„Chalpaida ist sonst nie vorbeigekommen. Sie wird auch nicht mit leeren Händen kommen. Wir sollten uns mit Schwester Anna treffen und beraten, was wir tun können."
Noch bevor die nächste Gebetsstunde stattfindet sind Patric und Evermarus zum Hof der Schwestern unterwegs. Es gilt schnell zu klären, wo man die Frau von Pippin beherbergt. Bei uns Brüdern ist sicher kein standesgemäßes Gemach vorhanden. Mit eiligem Schritt treffen sie im Hof der Schwestern ein und können gerade noch sehen, wie die Brüder Friedrich, Edward und Karl mit ihren vollen Fuhrwerken vorbeifahren.
Britannia, eine der jüngsten Schwestern, begrüßt die Brüder und fragt:
„Was kommt ihr so schnell gerannt?"

Patric grüßt und fragt:
„Wo ist Schwester Anna?
Wir müssen dringend mit ihr sprechen!"
„Sie ist mit Ruth und Esther unterwegs. Sie wollen hier ein Kräuterbeet
anlegen. Dafür suchen sie geeignete Pflanzen im Wald. Das kann aber
dauern, bis sie wieder zurückkommen."
Die beiden entschließen sich zu warten. Zu wichtig ist ihnen das Thema.
Während sie sich unterhalten fragt Britannia:
„Soll ich euch mal unsere Räume hier zeigen?"
Zu dritt schauen sie sich die Räume der Schwestern an und Patric sagt zu
Evermarus:
„Das könnte gehen!"
Britannia fragt:
„Was könnte gehen?"
Evermarus berichtet:
„Wir bekommen morgen Besuch von der Frau von Pippin und wir haben
keine Möglichkeit, sie bei uns unterzubringen!"
„Oh! Da können wir helfen! Eure Handwerker haben ein paar Räume für
Pilger hergerichtet. Die kann ich euch zeigen."
Diese hatten sie noch nicht gesehen. Nach dem Besichtigen dieser Räume
sagt Patric:
„Sagt bitte Schwester Anna, sie möge die Pilgerräume herrichten. Diese
sind für Chalpaida und einen dritten Raum für ihr Gefolge."
Britannia antwortet:
„Natürlich! Königlicher Besuch für unsere neuen Zimmer! Da wird Anna
sich freuen. Ihr könnt euch auf uns verlassen!"
Bruder Patric dankt und beide verlassen zufrieden den Hof und gehen zu-
rück zu Ihrer Abtei. Evermarus sagt unterwegs:
„Das hat gut geklappt!"
Patric erwidert:
„Gut, dass wir ein paar Handwerker aus Platzmangel hierhin geschickt
haben."
Sie wollen wenigstens die letzte Gebetsstunde wahrnehmen, nachdem sie
schon zwei verpasst hatten. Kurz danach geht die Sonne unter und heute
werden sie nichts mehr schaffen können!

Nach der Nachtwache am Morgen machen sich Lukas und Martel mit Johannes nach Novaesium zum Rhenus auf. Mit den voll beladenen Fuhrwerken geht das aber recht langsam. Entweder verkaufen oder tauschen

sie ihre Ware gegen Baumaterial.

Hoffentlich können sie einen Hof in Novaesium erwerben, um dort Güter zu lagern. Dann können sie ihre Ware anliefern wann sie wollen. Zurzeit müssen sie hoffen, dass eines ihrer Schiffe im Hafen liegt. Im Laufe des Vormittags treffen auch die restlichen Karren mit Edward und Friedrich ein.

Seit mehreren Stunden ist Patric aufgeregt, denn er weiß noch nicht was auf ihn heute zukommt.

Als junger Abt hat er bereits die Anerkennung seiner Brüder und Schwestern, aber im normalen Leben ist er in ungewohnten oder unerwarteten Situationen doch noch unsicher. Eigentlich nicht schlimm. Er ist noch jung und hat noch nicht die Lebenserfahrung seines alten Abtbischofs.

Der charismatischen Chalpaida hat er noch nichts entgegenzusetzen. So denkt er zumindest.

Alec und Edward würden ihn bestärken und auf seine jugendliche Frische und Offenheit verweisen. Dann bräuchte er sein Licht nicht unter dem Scheffel zu stellen.

Eine Eigenschaft hat er auf jeden Fall, er sagt, was sein Herz fühlt. Mit Evermarus hat er jemand gefunden, der ihm nach der kurzen Zeit zur Seite steht. Hier hat Patric das Gefühl, einen ähnlichen guten Bruder wie seinen Ziehvater Bruder Famian zu haben.

Gegen Mittag sind Anna und Hillary bei Patric. Hier wollen sie mit ihm auf die Ankunft von Chalpaida warten. So gegen zwei kommt ein Reiter mit dem Banner von Pippin und er meldet die Ankunft der Frau des Hausmeiers. Pippin selber befindet sich im südwestlichen Frankenreich in Burgund, eine der Provinzen der Franken.

Kurze Zeit später läutet Alec die Glocke der Abtei zur Aue und die Spitze des Trosses trifft ein. Angeführt werden sie von einem Trupp schwerbewaffneter Reiter. In der hinteren Hälfte der Truppe sind drei Kutschen.

Als Bruder Patric die Fürstin erkennt, eilt er mit den Schwestern zur Begrüßung auf sie zu. Warten will er sie nicht lassen, denn der Besuch ist viel zu wichtig. Das läge auch nicht in der Natur von Patric.

Heute ist Chalpaida nicht allein. Neben ihr geht ein kleiner achtjähriger Junge. Er folgt Chalpaida artig im kleinen Abstand. Neben ihm sind zwei Hofdamen, die sicher zur Fürstin gehören. Nach der Begrüßung eröffnet Patric das Gespräch:

„Ich freue mich euch hier bei uns wiederzusehen."

Sie antwortet:

„Das ist ein Wunsch von Pippin. Er hat mir gesagt, dass er die Priory in guter Erinnerung hat. Er findet es auch wichtig, dass unser Jüngster hier getauft wird. Mein Mann war auch von euren Fähigkeiten überzeugt und er weiß, dass unser Junge hier etwas fürs Leben lernen kann."

Sie dreht sich kurz um und ruft:

„Karl, komm bitte!"

Folgsam kommt der Junge zu ihr und sagt:

„Ja, Mutter!"

Chalpaida sagt:

„Das ist mein Sohn Karl Martell. Mein Mann möchte, dass er ein halbes Jahr hier bleibt um lesen und schreiben zu lernen."

Patric ist etwas überrascht und dann fragt er:

„Wie komme ich zu dieser Ehre?"

Sie antwortet rasch:

„Abt Patric, nicht so bescheiden! Was ich schon alles von euch gehört habe, da könnte ich ein Buch schreiben. Schon das letzte Treffen hat mir gezeigt, dass ihr der richtige Lehrer seid. Auch habe ich beim letzten Mal schon mit Anna gesprochen und auch sie hat mich überzeugt."

Patric denkt, als Abt werde ich so gut wie nie bezeichnet. Selbst als Prior wurde er nur selten so angesprochen. Für alle war er der Mönch oder Bruder Patric.

Dann spricht sie zu Anna und fragt:

„Wen habt ihr denn heute mitgebracht? Habe ich nicht beim letzten Mal zwei keltische Nonnen bei euch gesehen?"

Anna antwortet höflich:

„Stimmt, aber wir legen zurzeit einen Kräutergarten an. Da sind Ruth und Esther unabkömmlich. Das hier ist Hillary. Eine adlige von der irischen Insel. Sie unterweist normalerweise unsere Novizinnen. Wir haben aber noch keine."

Chalpaida entgegnet ihr:

„Ich denke, dass wird sich in Kürze ändern. Ich werde mich dafür einsetzen. Gibt es ein Kriterium, das erfühlt sein sollte?"

Hier antwortet ihr Anna:

„Unser Abt Patric hält es so wie in der Priory und wie unser Abtbischof Eochaid! Sie müssen nicht getauft sein. Waise in fast jedem Alter und Geschlecht sind willkommen. Handwerker oder Gebildete werden eine schnelle Aufnahme finden. Wir sind zum Teil aus dem Adel. Aber man kann auch als Laie aus der Bevölkerung zu uns kommen."

Dann wendet sie sich wieder Patric zu und bittet ihn um ein vier Augen Gespräch. Er nimmt an und verbindet das Gespräch mit einem Rundgang. Er geht mit ihr an der Klostermauer entlang:

„Verehrte Chalpaida, was ist euer Anliegen, und was kann ich noch für euch tun."

Sie weiß nicht so recht, wie sie beginnen soll. So spricht Patric von sich aus:

„Wie ihr von Pippin erfahren habt, bin ich auch Seelsorger und werde alles, was man mit mir bespricht, für mich behalten. Gerne könnt ihr alles Fragen und ich werde nach meinem besten Wissen und Gewissen antworten."

Sie antwortet:

„Ich bin nicht verheiratet und habe ein Kind mit Pippin. Bisher bin ich damit immer zurechtgekommen. Nun plagt mich mein Gewissen und ich benötige einen Rat."

Patric spricht zu ihr:

„Liebe ist doch eine Gabe Gottes! Jeder sollte diese so nehmen wie ein Kind und sorgsam damit umgehen. Ist denn Pippin mit einer anderen verheiratet?"

Dann fährt sie fort:

„Ja er ist verheiratet! Das hat er aber nur wegen der Güter gemacht, und um seine Stellung zu wahren. Sonst wäre er heute nicht der Vertraute von Childebert III., der nun König der Franken ist. Mich liebt er wirklich, kann mich aber nicht heiraten und als erste Frau annehmen."

Patric sagt ihr dazu:

„Mich interessieren die politischen Zwänge und Machtinteressen weniger! Sicher, es ist für alle schon wichtig, dass man in Frieden leben kann. Die Liebe aber ist das, was Jesus verkündet hat. Damit meine ich die Wahrheit, die Ehrlichkeit und der Umgang mit seinen Mitmenschen. Dazu gehört auch Vergebung."

Wenig später kommen sie um die Klostermauer herum und sie bleibt stehen und sagt:

„Mein Eindruck vom ersten Aufeinandertreffen hat mich nicht getäuscht. Ich bin euch dankbar für eure Offenheit. Ich würde mir wünschen, dass ihr meinem Karl die christlichen Sakramente zuteilwerden lasst."

Hier verspricht Bruder Patric, dass er dies tun wird. Dann sagt er zur Fürstin:

„Ihr werdet im Dorf bei den Schwestern wohnen. Hier bei uns ist alles noch nicht soweit, dass wir Gäste aufnehmen können. Aber wir haben

viele Arbeiter, die dies hoffentlich bald ändern werden. Als Schutz werde ich euch Wilhelm und Albert mitgeben, auch wenn ihr eure Eskorte habt. Die Beiden können Karl auch in einigen Fächern unterweisen und ich denke, das Lesen und Schreiben werden die Schwestern um Anna besser vermitteln können. Die meisten Schwestern hier sind von adliger Herkunft und wissen, worauf es ankommt."
Dann sagt sie:
„Das ist schon recht so! Auch von den Schwestern hört man nur Gutes. Ich hoffe, zwei Wochen bleiben zu können. Anschließend muss ich in den Süden abreisen um Pippin zu treffen.
Das Stundengebet setzt dem Gespräch ein Ende und so beschließt er, in den nächsten Tagen den Gedankenaustausch mit Chalpaida fortzusetzen. Nach der Gebetsstunde trifft Bruder Karl ein. Er hat noch eine Nachricht für Evermarus vom Mönch Disibod dabei. Den Inhalt liest Evermarus im Beisein der Brüder vor:

„Mein Lieber Bruder
Evermarus,

Ich freue mich, dich bald wiederzusehen. Meine Gesundheit lässt zu wünschen übrig. Meine Beine wollen mich nicht mehr über so lange Strecken tragen. Deshalb tragen nun meine Schüler immer mein Bündel. Ich bin nun schon in die Jahre gekommen und möchte mir hier in der Nähe eine letzte Bleibe suchen.
Ich hoffe, du konntest die neuen Brüder, die zu dir gestoßen sind, davon überzeugen, mit dir an die Mosea zu kommen. In Augusta Treverorum werde ich mich erholen. Gerne bin ich auch bereit, mit dir hier die Schriften durchzulesen. Meine getreuen Brüder werden euch helfen, mich zu finden.

Gott schütze Dich
Dein Bruder Disibod"

Zum Brief meldet sich Patric:
„Wir werden euch begleiten und ich denke, Alec und Edward werden auch mitkommen. Das habe ich ihnen zugesagt, aber vorher muss ich für diese Zeit alles andere organisieren."

Eines konnte er schon klären. Friedrich wird in dieser Zeit immer zu den Gebetszeiten läuten und einladen. Die Mönche Alan und Cedric werden durch die Gebetsstunden führen. Dafür müssen sie die nächsten Tage zeigen, was sie bisher gelernt haben.

Gleich in der kommenden Nachtwache werden sie die Gebete vorsprechen. Auch eine Lesung aus dem Evangelium müssen sie gestalten. Drei Tage haben sie Zeit, um dies mit Unterstützung von Evermarus und ihm zu schaffen. Danach müssen sie es selbständig hinbekommen. Im Stillen hat er die Schwestern Hillary und Britannia als heimliche Hilfe organisiert.

Es wird dunkel und so verabschieden sich die Schwestern und mit ihnen fährt Chalpaida und ihr Sohn mit. Die nächsten Tage bleibt sie dort und hofft, dass sich ihr Sohn schnell heimisch fühlt. Dann will sie zu Pippin abreisen.

Am nächsten Morgen hat Friedrich wieder zur Nachtwache geläutet. Auch spielt er wieder auf seiner Leier ein altes Lied. In dieser Stunde sind die Brüder bis auf wenige Handwerker unter sich. Ab heute sind die Beiden Alan und Cedrik gefragt und sie können ihre ersten Gebete vortragen. Bei der Lesung haben sie sich bei Alec informiert und sie lesen aus dem Buch Moses etwas über Abraham vor. Sie werden sich in den nächsten Tagen mit der Liebe zu und von Gott beschäftigen.

So wollen sie sich vom Anbeginn der Zeit mit Jesus bis heute durcharbeiten. Sicher erhält man nur ein komplettes Bild, wenn man alle Lesungen hört.

Auf dem Klosterhof wird es Zeit, dass die Restaurierung und der Neubau der Gebäude für die Klausur voranschreiten. Es geht heute darum, die liegengebliebene Arbeit zu koordinieren und etwas Zeit aufzuholen. Während der letzten Tage sind einige Lieferungen Baumaterialien angekommen und nicht verarbeitet worden. Das soll sich nun ändern. Bis zum Wochenende werden sie einiges davon verbauen können. Es ist wichtig, dass sie sich wieder so organisieren, dass jeder weiß, wo er morgens hingehört. Dann geht es auch mit dem Bau schneller voran. Dann schafft man es bis zur kalten Jahreszeit, einige der Gebäude fertig zu stellen und so genügend Schlafplätze verfügbar zu haben.

Das ist das zweite große Problem oder besser gesagt eine große Aufgabe für Patric, um die er sich sorgt. Hier ist er nur Auftraggeber und Zuschauer. Selber können die Brüder hier nicht eingreifen. Den Handel und die Geldbeschaffung liegen in den Händen von Lukas und Martel. Sie müssen nur die Beziehungen zum Königreich auf der Insel aufrechterhalten. Alles andere läuft dann von alleine, das heißt mit der Hilfe von Johannes und Friedrich. Dafür werden sie Patric nicht benötigen.

Gleich nachdem alle ihre erste Mahlzeit zu sich genommen haben, macht Patric sich auf zum Dorf der Schwestern.

Im Dorf der Engel

Die erfahrenen Schwestern Anna und Hillary haben sich gut um die Fürstin gekümmert. Die besten Räume, die sie haben, wurden für sie hergerichtet. Auch die Gespräche untereinander laufen gut, denn die Schwestern können sich mit ihrem Wissen und ihrer Herkunft auf dem Niveau des Adels unterhalten. Britannia kümmert sich spielerisch um den jungen Karl Martell und überprüft so, was der Fürstensohn bisher gelernt hat. Schwester Hillary hat deshalb die Gelegenheit, sich ungestört mit der Fürstin zu unterhalten.

„Sie wissen sicher von Ihrem Mann, dass wir auf der Insel je ein Mainistir für Männer und Frauen haben. In der Priory ist Bruder Patric unter dem Abtbischof Eochaid Georg groß geworden. Abtbischof Georg gründete auch das Kloster oder besser gesagt das Mainistir in Midsummer. Dort kümmern wir Schwestern uns um die Kranken, Armen und um die weiblichen Waisen.

Alle Waisen in beiden Klöstern haben die Möglichkeit, etwas zu lernen. Für uns ist es wichtig, dass alle lesen und schreiben können. Dann kann jeder auch später einmal eine Gebetsstunde gestalten. Wichtig ist auch das Schreiben von Briefen oder auch die Beratung von Adligen. Unser Patric war der Seelsorger Corcaigh und auch Berater von Mortimer von Eoghanacht im Königreich Munster gewesen, bevor wir in die Aue gekommen sind.

Ein Junge wie Karl wird hier all das auch lernen können. Auch wird er durch unsere adligen Brüder vom Festland in all den Fertigkeiten geschult, die ein Fürstensohn können muss. Sicher habt ihr von unserem Kampf hier in der Abtei zur Aue gehört."

Die Fürstin nickt und Hillary fährt fort:

„So lieb unsere beiden Brüder hier auch sind!"

Sie schaut auf Wilhelm und Albert.

„So hart können sie zuschlagen und kämpfen. Das haben sie schon mehrmals bewiesen."

Die Fürstin entgegnet:

„Ich kenne die Beiden von früher. Bevor sie zur Insel gegangen sind, standen sie im Dienst von Pippin. Sie waren früher auch schon begehrte Kämpfer, aber auch für diplomatische Dienste gefragt. Pippin hat mir gesagt, dass er die Fünf, die bei euch geblieben sind, stark vermisst."

Das Gespräch läuft gut und sie hätten sich noch weiter unterhalten, wenn nicht Patric eingetroffen wäre. Er unterhält sich kurz mit seinen Brüdern bevor er sich Hillary und der Fürstin zuwendet.

Patric hält sich zurück, denn er will das Gespräch nicht stören. Erst mit dem Gruß der Fürstin tritt er zu den Beiden. Sie eröffnet das Gespräch:

„Ich habe hier schon einmal eine angenehme Nacht verbracht. Gestern und vorgestern haben wir noch im Wald übernachten müssen."

Patric erwidert:

„Das freut mich, wenn es ihnen hier gefällt."

Dann fährt sie fort:

„Hillary hat mir hier schon alles erklärt.

Ich bin auch sehr froh, dass ihr meinen Sohn Karl aufnehmen und unterrichten werdet."

Sie schaute auf den spielenden Jungen.

„Er ist schon ganz entspannt und ich denke, er wird hier viel lernen können."

Patric ergänzt:

„Mit den Beiden, Wilhelm und Albert habe ich abgesprochen, dass der Junge auch Reiten und einiges andere lernt. Er soll eine Zeit erleben, die er nicht vergisst und die aus ihm einen weitsichtigen und gerechten Herrscher macht."

Chalpaida antwortet:

„Ich bleibe noch ein paar Tage und bin heute schon zufrieden, wie es sich entwickelt. Ich würde aber gerne noch einmal ein wenig mit euch alleine sprechen, denn ich war mit dem Gespräch gestern noch nicht ganz zu Ende gekommen."

In Novaesium am Rhenus

Lukas und Martel sind angekommen und hatten Johannes noch um einen Gefallen gebeten, denn sie suchten Leute. Aber er war kurz danach auf der anderen Flussseite unterwegs. So hat er gebeten zu warten und versprochen sich anschließend darum zu kümmern.

Johannes kennt sich hier gut aus, denn er war auch einmal einige Zeit bei Suitbert, einem Benediktinermönch aus dem angelsächsischen. Er hat sein Kloster auf einer Insel im Rhenus in Werth. Es wird auch gerade erst aufgebaut. Suitbert hat hier einen Fronhof vom fränkischen Pippin erhalten und diesen wird er zur Abtei erheben. Dann könnte er Abt werden. So einen Hof oder etwas Ähnliches suchen sie ja selber auch. Aber über den Rhenus auf die andere Seite wollen sie nicht fahren. Deshalb werden sie sich auch noch einmal Flussaufwärts umschauen. In einem kleinen Vorort wurden sie nicht fündig. Von hier ist es auch nicht weit bis nach Durnomagus, dem nächsten größeren Ort.

So kauften sie einen alten Hof, eine Art Villa rustica, ähnlich wie dieser in Millingi nur kleiner. Er liegt relativ dicht am Rhenus. Von hier lässt es sich leicht Waren zum Schiff zu bringen.

Schon am Nachmittag tauchte auch eines der ihnen bekannten Schiffe auf. Es war Bottom, der für die Abtei zur Aue Briefe und Waren mitbrachte. Seine Begleiter waren in Millingi geblieben und wollten dort auf ihn und weitere Güter warten.

Für David war es kein Problem, bis hierher zu fahren, denn er hatte auch den meisten Platz von den dreien. Bis zum Abend konnten sie die Ware noch entladen. Dann war er auch schon Gast auf dem neuen Fronhof. Sie erzählten sich viel über die alten Zeiten und auch über die letzten Fahrten. Mit dem Kapitän vereinbarten sie, dass er bei jeder Fahrt zum Frankenland von hier die Waren mitnimmt und auch den Teil für die Festlandsabtei ablädt. Auch sollte eine Holztafel mit dem benötigten Bedarf hin und her gehen. Bis zum nächsten Morgen schaffte er es nicht, alles mitzunehmen. So blieb der Rest für das nächste Mal hier im neuen Lager liegen. Nur ein Viertel der Fuhrwerke wurde voll mit dem, was von der Abtei auf der Insel geliefert worden war.

Dank der Ziegelei in Durnomagus brauchte aber kein Fuhrwerk leer zurückzufahren. Mit den Ziegeln könnte man sicher schnell einige Mauern der Klausur errichten. Da noch Geld vom Handel übrig war, kauften sie noch weitere Ziegel, die man sich zur Rur nachliefern lässt.

In der Abtei

Es herrscht reges Treiben und Patric erkennt das jeder bemüht ist seinen Teil beizutragen. Für Chalpaida heißt es bald Abschied von ihrem Sohn nehmen.

Sie wird noch die sonntägliche Messe mitfeiern und dann Anfang der Woche aufbrechen. Aus den Gesprächen mit den Schwestern hat sie erfahren, dass sich einige der Brüder nach Augusta Treverorum aufmachen wollen. Bisher war das nie ein Thema und sie wird Patric darauf ansprechen.

Im Laufe des Vormittages ist die Fürstin vom Dorf der Schwestern zur Abtei der Brüder gegangen. Hier in der freien Natur konnte sie einmal über alles nachdenken. Sie war zufrieden mit ihrer Entscheidung, ihren Sohn hier in Obhut der Schwestern und Brüder zu geben.

Auf den Reisen, die nun anstanden, hätte der Junge nicht das gelernt, was man ihm hier beibringen kann. Sie wird immer wieder durch einen ihrer Diener nachfragen lassen, wie es dem Jungen geht. Für sie ist es auch eine Erleichterung, denn sie braucht das alles nicht zu organisieren. Der Weg war viel zu kurz um ihre Gedanken fertig zu denken und so suchte sie das Gespräch mit Evermarus, den sie auch gleich hier antrifft.

Mit einem freundlichen Gruß begann sie das Gespräch:

„Ich werde nächste Woche nach Avenionensis abreisen. Dieser Ort hieß früher Avennĭo Cavarum.

Dort treffe ich Pippin. Soll ich ihm eine Nachricht zukommen lassen?"

Evermarus äußert sich:

„Wir wollen auch nächste Woche los nach Augusta Treverorum, um dort mit dem Bischof Numerianus und dem Mönch Disibod über die Schriften zu sprechen."

Sie antwortet:

„Ich möchte euch anbieten, ein Stück mit uns zu fahren. Wir haben sicher noch einige Plätze in unseren Kutschen frei. Der Weg ist, glaube ich, ein großes Stück der Gleiche. Dann braucht ihr nicht die ganze Strecke zu laufen. Wir werden auf den Römerstraßen gut vorankommen."

Evermarus entgegnet ihr:

„Das klingt gut. Wir sollten das aber erst einmal mit Patric absprechen."

Sie antwortet:

„Ja, das mache ich. Ich habe sowieso noch Einiges mit ihm zu besprechen."

Kurze Zeit später nach dem Gebet trifft sie Patric und sagt zu ihm:

„Bisher haben wir noch gar nicht über den Lohn gesprochen für die

Erziehung und den Unterricht.

Sie zögerte kurz und fragt:

„Was wollt ihr denn dafür haben?"

Eine gute Frage denkt Patric. Sagt er zu wenig ist sie beleidigt. Zu viel geht auch nicht! So macht er es wie Bruder Famian ihm schon beigebracht hat und erwidert:

„Wir kümmern uns um Kranke, Arme und Waisen. Das machen wir aus freien Stücken. Ihr könnt uns das geben, was es euch Wert ist."

Sie willigt ein und sagt:

„Dann bekommt ihr Morgen einen Betrag für das restliche Jahr."

Dann ändert sie das Thema und fragt:

„Ihr wollt nächste Woche nach Augusta Treverorum?"

Er schaut überrascht und antwortet:

„Das hatten wir schon länger vor!

Bisher war das nicht möglich, denn es musste einiges organisiert werden. Das ist uns nun gelungen. So kann ich ruhigen Gewissens mit Evermarus dorthin gehen."

Die Fürstin lächelt ihn an und sagt:

„Ich selber werde nächste Woche auch abreisen. Mein Weg ist ein Stück der Gleiche!"

Sie schaut ihn erwartungsvoll an und ergänzt:

„Wir könnten gemeinsam fahren und hätten so noch ein wenig Zeit für das ein oder andere Gespräch. Ihr bräuchtet auch nicht laufen und würdet auch ein paar Tage früher dort ankommen."

Erfreut sagt Patric:

„Das hört sich sehr gut an. Es wäre eine große Erleichterung. Ich und meine Brüder nehmen das Angebot gerne an."

13   Der rechte Weg

Die nächsten Tage vergehen wie im Fluge und es ist Sonntag. Ab heute sind wie jeden Feiertag öffentliche Gebetsstunden angesetzt. An diesem Tag kommen auch die Schwestern, um ihre Pflicht zu tun. Mit ihnen ist auch Karl Martell den Weg gegangen. Seine Mutter wird ihm heute sagen, dass er eine Weile hierbleiben soll. Das ständige Umherziehen ist auf Dauer nichts für ein Kind, das noch vieles lernen muss.
Auch diesen Sonntag ist es Friedrich, der die Glocke pünktlich läutet. Mit Patric haben es Alan und Cedric etwas leichter, denn er übernimmt den Hauptteil. Sie können heute noch etwas lernen, denn es ist nicht so einfach, für jeden Tag ein treffendes Thema zu finden. Nach dem Gebet erhält Abt Patric von Chalpaida den versprochenen Lohn für den Aufenthalt von ihrem Sohn. Das Gewicht des Beutels sagte Patric, dass es deutlich mehr ist als er gefordert hätte. Aber sie sagt mit einem Lächeln und zwinkerte ihm zu.
„Es ist schon recht so! Euer Dienst ist nicht mit Gold zu bezahlen. Auch braucht ihr sicher für die Erstellung der Klausur noch ein paar Münzen. Pippin wird mir verzeihen so viel gegeben zu haben."
Auf dem Rückweg zum Dorf geht Patric mit und er kann sich mit dem Jungen der Fürstin unterhalten. Karl Martell ist ein sehr aufgeweckter schlauer Junge und er stellt viele Fragen. Patric fragt ihn
„Wie gefällt es dir hier?"
„Mit Albert und Wilhelm macht es richtig viel Spaß. Wir reiten, kämpfen und spielen Ritter. Albert bringt mir das Bogenschießen bei. Er hat extra für mich einen kleinen Bogen gemacht.
Mit den Schwestern ist das aber langweilig. Immer wieder die Buchstaben schreiben und dann diese blöden Texte lesen."
Patric meint dazu:
„Es ist natürlich immer schöner, wenn man spielen kann.
Aber du weißt wer dein Vater ist und er wünscht, dass du einmal an seine Stelle trittst. Das kannst du aber nur, wenn du Schreiben und Lesen lernst. Schau mich an, ohne Lesen und Schreiben könnte ich keine Briefe schreiben. Ich werde dir mal zeigen, was man mir schon alles zugeschickt hat, seit ich hier bin."
Dann sagt Karl:
„Das kann ich auch noch später lernen. Das hat noch Zeit."

Er hätte ihn tadeln können und Patric fragt:
„Hast du nicht Bekannte oder Verwandte?
Denen könntest du einmal schreiben. Ich würde dir auch helfen."
Der Junge wirkte aufgeweckt und sagt laut:
„Ich kenne ein Mädchen mit dem Namen Chrodtrud. Die finde ich nett
und sie ist in Burgund zu Hause. Ihr könnte ich einmal schreiben."
Patric versucht eine Begeisterung für die Schrift zu wecken:
„Das ist eine gute Idee!
Übe ein wenig die Buchstaben und das Lesen, dann helfe ich dir, einen
Brief zu schreiben. Das Mädchen wird sich wundern und auch stolz auf
so einen klugen Freund sein."
Es scheint so, dass Patric eine Begeisterung in den Jungen geweckt hat.
Ein Wunsch von Patric wäre, Karl Martell soweit zu fördern, dass er einen
Brief an Vater oder Mutter schreiben kann. Sollte ihm das gelingen, dann
würde dies Karl später einmal von großem Nutzen sein. Am Ende des
Pfades ist Patric mit der Fürstin zusammen und sie planen für übermorgen
die Reise.

Kurze Zeit später spricht Anna zu Patric:
„Ist das nicht ein kluges Kerlchen, der kleine Karl?"
Patric nickt zustimmend und sie sagt weiter:
„Er macht ständig Fortschritte im Lesen und Schreiben. Er müsste nur
etwas mehr Lust dazu haben. Oft lässt er sich leicht ablenken.
Der Kleine treibt seine Scherze mit uns.
Er ist sich immer auf seine Art sicher, dass wir ihm nicht böse sein kön-
nen. Aber in einer Sache hat er sich verrechnet. Er bekommt von der Eskorte keine Unterstützung, um sich vor dem Unterricht zu drücken."
Patric sagt ihr:
„Er ist gerade acht Jahre geworden und dafür macht er seine Sache doch
recht gut. Man muss ihm einfach Zeit geben. Außerdem wissen wir nicht,
wie der Unterricht vorher war. Du wirst sehen, wenn er vier Wochen alleine hier ist, ändert sich das mit Sicherheit."
Damit erreichen sie den Hof und der Abt schaut sich einmal um. Er könnte
ja das eine oder andere Haus noch erwerben oder noch besser ein neues
bauen lassen. Was er aber zum ersten Mal sieht ist der Kräutergarten von
Ruth und Esther. Hier stehen Pflanzen, die Patric noch nie gesehen hat,
geschweige denn ihre Namen kennt. Voller Stolz präsentiert Ruth den
Garten.
„Für den Anfang reicht es, aber später brauchen wir noch ein weiteres

Stück dazu. Wir wollen nach dem Kräutergarten noch eine Obstwiese und einen Gemüsegarten anlegen."

Esther die zu ihnen kommt sagt:

„Das ist das Ergebnis von den wenigen Wochen, die wir hier sind. In einem Jahr wirst du das nicht mehr wiedererkennen."

Ruth fügt hinzu:

„Endlich können wir unsere Kenntnisse sinnvoll einsetzen."

Patric erwidert:

„Man kann deutlich eure Freude und Begeisterung an diesem Stückchen Erde erkennen. Ihr solltet das alles schriftlich niederlegen und über die einzelnen Kräuter schreiben."

Dann geht er auch schon wieder zurück und er muss sich langsam für die Reise vorbereiten. Es gilt auch noch diejenigen zu informieren, die ihn begleiten sollen. Er hat da an Edward und Alec gedacht. Evermarus wird sicher auch noch jemanden mitnehmen wollen.

Am späten Nachmittag erreicht ein Mönch die Abtei zur Aue. Es ist ein Angelsachse. Der Benediktinermönch Suitbert ist ein alter Bekannter von Evermarus. Sie haben sich vor Jahren hier in Austrien getroffen und auch einige Zeit zusammen in einem Kloster gelebt. Er hat hier um eine Unterkunft gebeten und er will in den nächsten Tagen weiter nach Treverorum gehen. Er sagt, dass er dort auch den Bischof Numerianus und den Bruder Basinus treffen möchte.

Basinus ist die rechte Hand des Bischofs und er könnte eines Tages sein Nachfolger werden.

Patric lässt ihn hier natürlich übernachten und sagt:

„In wenigen Tagen gehen wir ebenfalls nach Augusta Treverorum und wir können uns ja dann zusammen auf den Weg machen. Das erste Stück sind wir mit der Fürstin Chalpaida unterwegs. Hier kannst du mitfahren. Du verlierst zwar einen oder zwei Tage, aber das werden wir durch die schnellere Fahrt wieder aufholen. Für uns ist es auch ein wenig mehr Sicherheit."

Bruder Suitbert nimmt das Angebot der Übernachtung an und will sich überlegen, ob er mitfahren oder alleine weitergehen wird.

Trotz der engen Situation hier ist immer noch für jeden irgendwo ein Plätzchen. Patric ist sehr aufgewühlt und findet heute nicht zur Ruhe. Auch Edward findet keine Ruhe und gemeinsam mit Patric schauen sie in den Abendhimmel.

Heute ist Vollmond und Patric sagt zu Edward:
„In meinem Traum habe ich diesen Tag vorausgesagt bekommen und nach dem Vollmond können wir gehen."
Edward meint dazu:
„Du brauchst dir keine Sorgen zu machen. Auch wenn Joseph nicht der große Baumeister wie Peter ist. Er hat mit Jode alles hier im Griff. Außerdem ist Schwester Anna noch da und die wird den Brüdern schon sagen, wo es lang geht. Dann ist auch unser Bruder Karl da. Der hält alle schon auf Kurs."
Kaum ist dies von Edward ausgesprochen, gibt es am Himmelszelt ein Feuerwerk an Sternschnuppen. Für Patric eindeutig das Zeichen in Kürze aufzubrechen.
Zur Nachtwache trifft Patric auf den Angelsachsen. Dieser sagt ihm zu, mit ihnen zu gehen und es ist ihm egal, ob es morgen oder übermorgen weiter geht. Sein Freund Evermarus hat ihm angeboten ihm zu zeigen, was sie hier und im Nachbarort vorhaben. Suitbert hat auch von dem Problem gehört, dass es hier keine Novizen gibt. Das ist bei ihm in Werth anders. Für ihn ist aber der Bau an den Gebäuden beeindruckend. So schnell geht es bei ihm leider nicht. Den nächsten Tag haben sie aber noch Zeit sich auszutauschen.

Auf dem Gehöft der Schwestern zeigt Evermarus ihm den neu angelegten Garten.
„Ich bin froh, dass ich in dieser Gemeinschaft leben kann. Man muss nicht Abt sein um glücklich sein zu können."
Er freut sich aber über die Zeit zum Reden, wenn er mit Suitbert nach Treverorum geht. Auf dem Rückweg zur Abtei wird es dunkel. Schwarze Wolken ziehen sich rasch zusammen und sie müssen sich sputen, um trocken anzukommen. Schon zucken die ersten Blitze und es donnert heftig. Es dauert auch nicht lange und der Regen prasselt in dicken Tropfen auf sie hernieder.
Völlig durchnässt erreichen sie die Abtei. Der Regen wird immer heftiger. Schnell bilden sich überall große Pfützen. Das Gewitter will auch nicht aufhören und immer wieder schöpft es neue Kraft. Man könnte meinen, das Unwetter wolle sich nicht fortbewegen. Erst gegen Mitternacht lässt es nach und es kehrt Ruhe ein. Schnell klart sich der Himmel auf und man kann die leuchtenden Sterne gut sehen.
Es ist die vorletzte Nacht und morgen nach der Nachtwache brechen die Brüder auf. Sie gehen dann zum Hof der Schwestern und von dort fahren

sie mit den Kutschen der Fürstin weiter.

Die Nacht vergeht wie im Fluge und auch die Gebetsstunde ist rasch zu Ende. Zu fünft machen sie sich auf dem Weg und mit dem Sonnenaufgang erreichen sie das Dorf. Hier ist man gerade dabei, alles zu verstauen und die Pferde werden gesattelt. Es gibt noch etwas zu essen und zu trinken, dann geht es auf kleinen Wegen voran.

Das erste Ziel heute ist eine Holzburg in der Eifel. Die Motte am Hengebach. Sie liegt an der Rur auf einer kleinen Anhöhe und wird schon seit mehreren Jahrzehnten genutzt. Man sagt, hier in der Nähe ist die Fürstin zu Hause.

Trotz des Regens in den letzten Tagen sind die Wege gut befahrbar. Der erste Teil der Strecke geht durch flaches Gelände. Wald, Wiesen und Äcker wechseln sich ab. Der zweite Teil ist etwas steiler und sie müssen über verschiedene bewaldete Hügel hinweg. Der letzte Teil der heutigen Reise geht im Tal der Rur leicht aufwärts. Hier sind alle Anhöhen mit Wald bedeckt. Oft ist es auf dem Weg dadurch sehr dunkel.

Etwa zwei Stunden vor dem Sonnenuntergang erreichen sie ihr Ziel. Hier werden sie freundlich aufgenommen und nach dem Frühstück ist das die erste große Mahlzeit, die sie zu sich nehmen. Unterwegs wollte man nicht lange halten, um das Tagesziel rechtzeitig zu erreichen.

Chalpaida hatte diesen Weg gewählt, weil sie hier sichere Unterkunft bekommt. Der Weg ist zwar etwas enger und nicht so ausgebaut, dafür kennt sie aber hier mehr Leute die ihr immer gerne helfen. Am ersten Tag gab es wenig Zeit, sich mit der Fürstin zu unterhalten. Das sollte sich aber ändern, denn Patric sollte nun in ihrem Wagen mitfahren.

Hier zeigte sich, dass die Fürstin die meisten Straßen kannte. Zwei weitere Etappen würde sie noch mit ihnen fahren und beim Erreichen der Via Augusta Treverorum – Novaesium werden sich ihre Wege trennen und das ist im Ort Beda vicus. Sie wird dann hinter der Wallburg über den Fluss Alzette auf die Via Agrippa nach Lyon wechseln und von dort weiter nach Süden fahren-

Plötzlich sprach sie wieder das Thema an, was sie bedrückte und fragt Bruder Patric:

„Es ist für mich eine schwere Bürde, dass ich nicht von einem christlichen Priester mit Pippin verheiratet wurde. Kann ich mich denn trotzdem Taufen lassen?"

Patric erwidert ihr:

„Das ihr nicht mit Pippin den christlichen Bund der Ehe teilt, ist kein

Hindernis, sich taufen zu lassen. Das Einzige, das Wichtige ist, das ihr glaubt. Sonst nichts! Ihr habt mich schon gebeten, euren Sohn zu taufen. Gerne würde ich auch euch taufen."

Die Fürstin ist noch unsicher und sie spricht weiter:

„Wir erreichen heute die Villa Prumia, eine bekannte Siedlung hier in der Bergkette, die mit einem Wald bedeckt ist. Wir müssen uns aber beeilen, dass wir den Ort auch noch heute erreichen. Dort möchte ich mich taufen lassen, denn dort fühle ich mich zu Hause."

Patric findet diese Idee gut und fragt:

„Wünscht ihr einen besonderen Spruch zur Taufe?"

Sie antwortet:

„Ich weiß nicht was ich dazu sagen kann."

Patric sagt ihr:

„Ich werde mir etwas überlegen."

Es herrscht eine Weile Stille zwischen den Beiden und dann sagt Chalpaida zu Patric:

„Hoffentlich kommt Pippin gesund wieder zurück!"

Patric fragt:

„Wieso sollte er nicht zurückkommen, besteht Grund zur Sorge?"

Sie antwortet:

„Weil es im Süden zu Kampfhandlungen kommen könnte mit den Westgoten. Man steht in Verhandlung und es ist nicht klar, ob es zu einer kriegerischen Auseinandersetzung kommen wird. Seit Wochen kommt man nicht weiter."

Hier versucht Patric die Fürstin zu beruhigen. Sie setzen die Reise fort und bewundern die dichten Wälder. Erst am späten Nachmittag erreichen sie ihr Ziel die Villa Prumia. Müde und vom Tag sehr mitgenommen kommt der Tross an. Morgen will man es langsamer angehen.

In der Nacht zieht sich der Himmel stark zusammen und es regnet ohne Unterlass. Der Bach durch den Ort hat Hochwasser und ein Überqueren ist hier nicht möglich.

Die Fürstin wies ihre Eskorte an, eine Furt zu suchen. Nach zweistündiger Suche flussaufwärts wie abwärts bringt aber kein Ergebnis und man beschließt zwangsläufig, hier abzuwarten. Auch zu Fuß gibt es keine Alternative.

Für Patric und seine Brüder ergibt sich dadurch eine gute Gelegenheit, in der kleinen Kapelle eine längere Gebetsstunde abzuhalten. Aus den persönlichen Gesprächen mit der Fürstin sieht er ihren Willen und ihre

Bereitschaft, hier die Taufe zu empfangen. Sie bekennt sich zwar schon längere Zeit zum christlichen Glauben, aber das Sakrament hat ihr noch kein Geistlicher angeboten.

In seiner Predigt spricht er von dem langen schwierigen Weg, der Suche nach dem „Rechten Weg" zum christlichen Glauben. So fragt Abt Patric die Fürstin:

„Chalpaida, hast du den Wunsch, den rechten Weg des Glaubens zu gehen?"

Sie antwortet ihm erwartungsvoll:

„Ja, ich will den rechten Weg gehen!"

Patric erwidert:

„So taufe ich dich im Namen Gottes und mit der Hilfe Jesu und nehme dich in unsere Gemeinschaft auf."

Sie dankt ihm und er sagt ihr:

„Nun, durch das Sakrament der Taufe, seid ihr ein Teil der christlichen Gemeinschaft."

Durch die ergriffene Zeremonie sehen sich auch ihre Begleiter zum Glauben hingezogen und die Brüder von Patric taufen sie mit den gleichen Worten, wie sie vorher Patric gesprochen hatte.

Aufgrund dieses Ereignisses beschließt Chalpaida, hier eine Kirche zu bauen. Es sollte aber noch über zwanzig Jahre dauern bis Bertha die Jüngere, eine ihrer Nachkommen, diesen Wunsch verwirklichen konnte. So sollte der „rechte Weg" weitergeführt werden.

Der Fluss zog sich langsam wieder in sein Bachbett zurück, und so beschloss man, am folgenden Morgen weiter zu reisen. Heute sei es dafür zu spät und man würde das nächste Ziel nicht mehr in einer vernünftigen Zeit erreichen. Somit hatte auch Patric die nun größere Gemeinschaft zum Gebet versammelt.

In Beda vicus wird man auf die „Alte Römerstraße" zwischen Novaesium und Augusta Treverorum stoßen, der bekannten Via Augusta Treverorum Novaesium! Sie gilt als eine sichere und gut ausgebaute Straße und bevorzugter Handelsweg.

Zur gleichen Zeit haben in Novaesium die drei Brüder von der Abtei zur Aue, Johannes, Lukas und Martel den Fronhof umgestaltet. Es gibt nun ein kleines Lager und es gelang ihnen, Schlafräume einzurichten. Im Moment konnten sie die zehn Schlafstätten selber oder für Pilger nutzen. Später sollte es noch erweitert werden, aber Zurzeit waren die Baustellen in der Abtei wichtiger.

Hier hatte man sich ein Ziel für die Fertigstellung der Klausur gesetzt. Es gibt einen kleinen Gebetsraum und auch ein Refektorium, in dem man auch eine Versammlung abhalten oder gemeinsam essen kann. Wenn hier ständig Brüder oder Schwestern wären, dann hätte man hier einen Konvent. So bleibt es erstmal ein Umschlagplatz für die gehandelte Ware. Dank Johannes beziehen sie hier Ziegel aus dem Nachbarort, die sie in der Abtei zur Aue für den Aufbau der Klausur verwenden. Jedes Fuhrwerk mit Erz aus Richtung der Abtei fährt deshalb mit Ziegeln zurück. Den kleinsten Teil des Erzes veräußern sie hier an dem Schmied, der dankbar das Material abnimmt. Für eigene Transporte wäre das zu aufwendig, sein Bedarf ist zu gering. So kann er seine Dienste noch der Abtei anbieten. Er zahlt mit Arbeit, denn viel Geld hat er nicht. Der größte Teil des Handels wird hier mit dem Tausch von Waren realisiert. Nur die reichen Händler sind in der Lage, mit barer Münze zu bezahlen.

In den nächsten Tagen warten sie wieder auf Ware von der Insel, denn sie benötigen dringend Langbögen und Pfeile, die sie an die Franken liefern wollen. Längst hatte sich herumgesprochen, dass sie den Überfall nur „Dank ihrer Bewaffnung" erfolgreich abwehren konnten.

Am nächsten Morgen nach der Nachtwache machen sich die Brüder auf, die „Villa Prumia" zu verlassen, denn die Furt durch den Bach ist nun passierbar. Die ersten Reiter hatten bereits übergesetzt bevor die Kutschen des Adels und die der Brüder folgen. Vorsichtig fahren die Gespanne von einem Ufer zum anderen. Es geht zwar erst langsam, aber zielstrebig voran. Nur nicht steckenbleiben denken alle. Nach dem Übersetzen kommt es zu einem weiteren Gespräch zwischen der Fürstin Chalpaida und Patric:
„Ich danke dir für diese gemeinsame Reise und die Zeit mit euch und euren Brüdern. Bitte achtet bei eurer Rückkehr auf meinen Karl Martell. Es ist mir sehr wichtig, dass ihr ihm zeigt, was er für das Leben benötigt. Er ist nun acht Jahre und man weiß nie, wie schnell er die Verantwortung übernehmen muss."
Patric antwortet ihr:
„Er bringt alles mit, er ist ehrgeizig, kräftig und lernt sehr schnell. Er wird seinen Weg gehen. Da braucht ihr euch nicht zu sorgen."
Zum Ende äußert sie noch eine Bitte:
„Bitte tauft ihn und führt ihn auf den rechten Weg, so wie ihr mir die Augen geöffnet habt!"

Er verspricht ihr, alles dafür zu tun. Sie fügt dann noch hinzu und sagt ihm fest zu:

„Solltet ihr einmal in Divodurum oder eine andere unserer Städte durchkommen, dann könnt ihr jederzeit dort in unseren Räumen nächtigen!"

In einer anderen Kutsche, in der sich die vier Brüder befinden, beginnt Suitbert das Gespräch mit einer Anmerkung:

„Es ist schon bewundernswert, wie euer Abt das alles so hinbekommt! Er kümmert sich um das neue Anwesen an der Rur und er schafft Verbindungen zum Königshaus. Mich würde es nicht wundern, wenn er es eines Tages zum Bischof bringen würde. Alles geht fast wie von selbst. Woher nimmt er nur die Kraft?"

Hier antwortet Edward:

„Das fragen wir uns auch oft."

Schließlich setzt Alec das Gespräch fort:

„Er hat etwas, mit dem er die Leute in seinen Bann zieht. Er ist immer freundlich und er kann vergeben. Eine Gabe, die viele mühsam und auch ich erlernen müssen und es doch nie beherrschen. Die meisten, die er getauft hat, haben darum gebeten und waren selber davon überzeugt. Er und Edward haben auch die Geduld und die Demut, abwarten zu können. Trotzdem ist er zielstrebig und vollendet alle seine Werke in recht kurzer Zeit."

Dann greift Evermarus ins Gespräch ein:

„Ja, ich habe das auch direkt bei der ersten Begegnung gespürt. Er braucht nichts zu sagen, es geht einfach so wie von selbst. Man hat auch das Gefühl, dass er nicht seinen eigenen Vorteil sucht. Das kümmert ihn gar nicht. Manchmal würde ich mir wünschen, er würde härter durchgreifen."

Hier entgegnet Alec:

„Das macht er anders, ohne dass er das will! Ich empfinde ein Schuldgefühl, wenn ich etwas verbockt habe."

Edward ergänzt dazu:

„Das stimmt! Aber man freut sich hinterher auf seine Vergebung. Auch beim Taufen lässt er uns Brüder mitmachen. So haben wir beide jeder mehr Personen getauft als Patric selber. Das zeigt doch, dass alle um ihn herum mitmachen dürfen."

Dann fügt er noch ein:

„Oder mitmachen müssen! Fast wie ein Spiel wirkt es. Ich kann es gar nicht in Worte fassen."

Edward stimmt ihm zu und sagt:

„Er ist immer auf eine gemeinsame Linie bedacht. Er würde eher sein

letztes Hemd geben als zu klagen. Wenn er noch Wunder wirken könnte, dann wäre er der perfekte Apostel Gottes und auf den Spuren des gesalbten Jesu. Nein nicht auf den Spuren, sondern in seinen Fußstapfen."
Suitbert ergänzt diese Aussage:
„Es ist schon ein Segen, wenn man sich im Wirkungskreis eines solchen Menschen befindet. Ihr könnt Stolz auf eueren Bruder und Abt sein."
Den restlichen Weg erzählen Alec und Edward den beiden Mönchen Suitbert und Edward vom geschichtlichen Werdegang rund um die Priory, von Midsummer, ihrem Abtbischof Eochaid, der Äbtissin Mary und dem damals noch kleinen Mönch Patric.
Die Geschichte machte auch die Reise sehr kurzweilig und sie wunderten sich, wie schnell sie ihr Ziel Beda vicus erreicht haben.
Auch die Fahrt in der Kutsche war für die Fürstin und Bruder Patric recht kurzweilig. Patric hatte angefangen, Chalpaida von den Schriftrollen in der Abtei im Königreich Munster und der damit verbundenen Geschichte zu erzählen. Vor dem Halt äußerte die Fürstin Chalpaida in einem letzten Satz einen Wunsch.
„Ich möchte gerne erfahren, wie die Geschichte weitergeht. Vielleicht könnt ihr mir an dem Tag, an dem ich Karl Martell abhole, erzählen, wie sich die Geschichte entwickelt und endet."
Am späten Nachmittag halten sie eine Gebetsstunde ab. Patric bricht das Brot und reicht es den Anwesenden nun getauften Christen wie Jesus einst beim Abendmahl, als er zusammen mit seinen Aposteln das Brot brach.
Die Fürstin spürte beim gemeinsame Brotbrechen den sehr feierlichen und ergreifenden Akt. Patric erzählt der Fürstin von der Geschichte. Patric erklärte ihr:
„Es hat ihren Ursprung im letzten gemeinsamen Mal vor der Flucht aus Ägypten. Während es erst nach dem Opfertod Jesu erst als Matzen und später als Oblate auch in Erinnerung an seinen Tod dargereicht wird. Unterwegs haben diese nicht dabei. Dann segnen und brechen wir das Brot was wir gerade haben."
Die Fürstin hörte sehr interessiert zu und Patric ergänzt.
„Ich möchte noch auf eines hinweisen, auf das ihr sicher irgendwann stoßen werdet. Paulus, der ja Jesus und seine Botschaft nie persönlich hörte sagt:
„Er ist für uns gestorben."

Für seine Apostel waren aber seine Worte, sein Auftrag das Wichtigste für sie und für alle anderen, die ihm nachfolgen.

Das sehen wir in unserer Gemeinschaft als unseren Auftrag an. Danach sterben und Leben wir!"

Mit dieser Handlung möchte Patric den neuen Christen auch noch etwas mit auf dem Weg geben. Es soll sie für immer an den christlichen Glauben binden und ihnen zeigen, dass sich Gott sein wertvollstes für alle hingegeben hat. Damit endet der Tag und auch die Nacht sollte schnell vorbei sein.

Auf dem Fronhof waren alle Läger voll und der Schmied hatte sich auf das Schmieden von Pfeilspitzen spezialisiert, wenn er keine Aufträge hatte. Das war ein Rat, den ihm Lukas gegeben hatte. Die Arbeit war so einträglich, dass er mit Hilfe der Mönche sogar schon Leute zur Unterstützung angeworben hat. Ihm reichte der Gewinn seiner Arbeit für seinen eigenen Wohlstand.

Von Lukas kam auch der Rat, sich eine Mühle zu suchen, um sich die schwere Arbeit des Hämmerns durch Wasserkraft zu erleichtern. Lukas sagte ihm auch, er würde von der Abtei unterstützt, falls es an Geld mangele.

Gegen Abend kündigte sich ein Schiff mit den bekannten Kreuzsegeln an. Es war schon zu spät um im Dunkeln anzulegen und so ankerte es auf dem Rhenus.

14 Die Nachricht aus Burgund

Am Morgen kam Percy an Land. Er wollte sich schon zur Abtei an der Rur aufmachen, wurde aber von Martel abgefangen, der im Hafen auf das Anlegen des Schiffes gewartet hatte. Er begrüßt Percy mit den Worten:
„Ich hoffte, ihr hättet gestern schon angelegt."
Percy antwortet:
„Dafür war es zu dunkel. Heute und bei Tageslicht kann man besser erkennen, wo man gefahrlos anlegen kann, ohne auf Grund zu laufen. Wartet ihr hier schon lange auf ein Schiff von der Insel?"
Der Mönch Martel antwortet:
„Warten wäre zu viel gesagt. Wir haben hier einen Hof gekauft und auf diesem lagern wir in Zukunft die Waren bis einer von euch Dreien hier auftaucht. Was gibt es Neues auf der Insel?"
Etwas nachdenklich antwortet er:
„Es läuft alles ganz gut und die Königin Anne wird nächsten Monat ihr Kind bekommen. Sonst ist alles wie immer."
Martel hält kurz inne und sagt:
„Ich würde gerne den Hof hier sehen."
Lukas führt ihn zwei Gassen weiter und in einer Flussbiegung befindet sich der Hof. Er sieht noch ziemlich überholungsbedürftig aus. Sonst macht er aber einen guten Eindruck. Anhand der hier bereitliegenden Ware kann Percy erkennen, dass der Handel recht gut läuft. Er muss aber sagen, dass er nicht alles mit einer Fuhre mitnehmen kann, der Umfang der hier gelagerten Ware ist zu groß. Er würde aber gerne Kapitän Schneyder aus Millingi vorbei schicken, um die restlichen Erze zur Insel mitzunehmen.
„Die Hölzer werde ich mitnehmen!" Sagt er nach der Durchsicht.
Am Mittag hat er sein Schiff entladen und die Produkte sind mit Fuhrwerken unterwegs.
Noch bevor er anfangen kann, aus dem Lager Ware zu entnehmen, beladen sie weitere Fuhrwerke, die am Mittag angekommen sind. Danach wird er den Rest aus dem Lager im Hof mitnehmen. Das Erz muss auf eine der Inseln im Golf von Saint Malo. Percy hält sich nicht lange auf und übergibt noch eine geheimnisvolle Kiste.
„Das ist für Patric und er weiß sicher, was es ist. Ein Brief vom Abtbischof Eochaid liegt bei!"

Sind seine letzten Worte und das Schiff legt ab. Auch die Mönche müssen zurück zur Abtei zur Aue und verlassen mit ihren Karren den Fronhof. Allein bleibt Johannes mit einigen Helfern zurück um die nächsten waren zu kaufen und zu verladen.

Von Beda vicus nach Augusta Treverorum

Für Patric und seine Brüder heißt es nun Abschied zu nehmen. Er hat aber versprochen, regelmäßig über den Fortschritt ihres Sprösslings Karl Martell zu schreiben. Chalpaida verspricht ihm zu antworten und erwartet seinen Besuch. So sollte er immer wissen wo sie sich aufhält. Ihr erstes Ziel ist Avenionensis, so sagte sie beim Abschied.

Patric dagegen denkt schon an sein Treffen mit dem Bischof in Treverorum. Schon nach einer Stunde haben sie den Ort Beda vicus aus den Augen verloren und sie sind nun alleine zu fünft und zu Fuß unterwegs. Vorbei ist die Zeit in der Kutsche. Aber auf der Römerstraße kommen sie gut voran. Sie sind aber zu spät aufgebrochen und haben nach der Verabschiedung noch gewartet, bis die Fürstin Chalpaida in Richtung Westen nach Eechternoach abgereist war. So blieb ihnen nichts anderes übrig, als noch einmal vor ihrem Ziel zu nächtigen.

Hier auf der Anhöhe konnten sie weit über das Land blicken und morgen würden sie die Mosea erreichen. Zum Abend feierten die Brüder eine Gebetsstunde im Freien und hier herrschte Ruhe. Jeder meditierte für sich und dachte über die letzten Tage und die Kommenden nach.

„Was werden wir in Augusta Treverorum vorfinden?
Wird Disibod mit seinen Schülern schon da sein?"

Am frühen Morgen brechen sie auf und gehen langsam in Richtung des Tals der Mosea. Nach kurzer Zeit gelangen sie in einen Kastanienwald. Die vorher unbekannten Maronenbäume waren von den Römern hier angelegt worden. Die Früchte und das Holz waren wichtiger Rohstoff, die Maronen eine kulinarische Kostbarkeit. Nachdem die Römer verschwunden waren, ist der Wald zurückgeblieben. Noch am Mittag erreichen sie die Anhöhe direkt über der Mosea. Von hier können sie das Stadttor erkennen und die Römerbrücke über die Mosea. Sie machen sich nun auf den Weg zum Bischofssitz.

Bischof Numerianus ist ein alter Bekannter von Patric seit seinem Besuch in ihrer Abtei auf der Insel. Er erfüllt mit seinem Besuch hier das

Versprechen vom Abtbischof Eochaid. Es hat fast ein Jahr gedauert, bis er die Zusage einlösen konnte.

Als sie die Brücke erreichen, nehmen sie sich vor, zuerst in eine der Tavernen etwas zu trinken und zu essen. Von hier ist es noch etwa eine Stunde, aber sie wollen nicht abgekämpft dort ankommen. Nach Ansicht von Patric würden sie es zu einer Gebetsstunde am Nachmittag schaffen. Das wäre der richtige Zeitpunkt, um vor dem wichtigen Treffen noch einmal zu sich zu finden und sich innerlich zu sammeln.

Nachdem sie sich gestärkt haben, ziehen sie durch das Zentrum und erreichen den Bischofssitz in der Stadt.

Von Suitbert und Evermarus hatte Patric einiges über die Würdenträger erfahren. Sie hatten ihm wie folgt berichtet:

„Es ist einer der ältesten christlichen Orte hier. Bereits im dritten Jahrhundert unter der römischen Herrschaft war der christliche Glaube hier etabliert. Mit Kaiser Konstantin und seiner Mutter Helena wurde Agritius der erste nachweisbare Bischof von Augusta Treverorum, da er an der Synode in Arles teilnahm. Agritius ist in Augusta Treverorum gestorben und wurde dort in der Kirche bestattet.

Wulfila, der Bischof der Goten und Theologe war ein Streiter für die kirchliche Rechtgläubigkeit. Auf dem Konzil von Nicäa kämpfte er gegen Maximinus von Treverorum, der ein Gegner des Arianismus war wie seine Freunde und Mitkämpfer Athanasius der Große, Patriarch von Alexandria und Ambrosius von Mediolanum.

Der noch ungetaufte Politiker und Präfekt Ambrosius wurde nach dem Tode des Arianers Auxentius von Mediolanum 374 im Bistum von Mediolanum zum Bischof gewählt. In der Auseinandersetzung zwischen den Trinitariern und den Arianern gelang es ihm, durch die Absetzung von Bischöfen, den Entzug politischer Unterstützung sowie Strafmaßnahmen gegen die Arianer seine persönliche Version der Trinität durchzusetzen."

Damit war die Geschichte noch nicht zu Ende und Suitbert hatte noch weiter ausgeführt und erzählte „Uraltes":

„Nach den Überlieferungen gab es noch zwei Bischöfe vor Agritius hier in Augusta Treverorum.

Der eine war Eucharius in der Mitte des dritten Jahrhunderts. Der andere war Valerius von Treverorum. Er ist um 320 in Augusta Treverorum verstorben. Im fünften Jahrhundert errichtete Bischof Cyrill für beide ein Grab mit Inschrift in einer Abtei der Benediktiner im Südwesten von Treverorum. Das ist nun schon über 300 Jahre her."

Nach kurzer Pause redet er weiter:

„Der Bischof hier hat „Dank seiner Stellung" und durch die Einteilung in eine große Diözese auch einen großen Einflussbereich. Es geht sogar weit über die Stadtgrenze hinaus. Orte wie Divodurum, Tullum Leucorum und Verdun sind ihm unterstellt. Die Franken stützen dies und profitieren selber von der Zusammenarbeit."
Damit enden seine Ausführungen und der Exkurs zu den Bischöfen von Augusta Treverorum.

Sie schauten auf den Ort und von Weitem kann man den Reichtum erkennen. Die Lage an der Römerstraße und die römische Brücke tragen natürlich dazu bei. Auch die Häuser zeugen von wohlgeordneten und gut situierten Leben hier in Augusta. Da sieht das in dem Ort an der Rur ganz anders aus. Patric denkt bei sich:
„Die bürgerlichen, fürstlichen aber besonders auch kirchlichen Gebäude sind sehr herrschaftlich.
Wenn es hier schon so aussieht! Wie mag es dann erst im fernen Roma beim Papst sein."
Eigentlich schämt er sich dafür, dass er sich von dem weltlichen irdischen Glanz so blenden und beeindrucken lässt.
Der Gedanke ist aber schnell wieder vergessen und sie kommen leise in die Gebetsstunde der christlichen Gemeinschaft und bewahren Ruhe. Die Gebete können sie sehr gut verfolgen, denn alles wird in lateinischer Sprache vollzogen. Das ist bei ihnen auf der Insel nicht immer so, so gibt es den Ausdruck „zelebrieren" oder „Zelebranten", das heißt der Priester feiert, seine christliche Gemeinde ist Gast oder nur Teilnehmer.
Abgesehen von allerfrühesten judenchristlichen Gemeinden in Jerusalem und Judäa war die Gottesdienstsprache im Mittelmeerraum bis ins vierte Jahrhundert hinein überwiegend in griechischer Sprache als alltägliche Umgangssprache. Die unter dem fränkischen König Chlodwig I., vor rund 200 Jahren nach Gallien eingedrungenen Franken nahmen den christlichen Glauben an. Sie feiern die Liturgie in der dort praktizierten „gallischen" Form.
Die römische Liturgie wurde im Frankenreich nicht nur übernommen, sondern auch weiterentwickelt. Es blieb jedoch beim Latein als Liturgiesprache, weil zunächst die Stammesdialekte noch nicht als „literaturfähig" galten und später das Lateinische, auch wenn nun unverständlich, als dem Mysterium jenseits menschlicher Verfügbarkeit besonders angemessen erschien. Der fränkischen Mentalität entsprach es. Sie hatten eine Vorliebe für die feierliche und dramatische Form der Liturgie. Da alles

mit der Natur verbunden ist entwickeln sich Prozessionen zu verschiedenen wichtigen Orten.

Man hält Gebetsstunden mit den Bürgern in der Landessprache, jedoch nichtöffentliche auch in der lateinischen Sprache ab.

Der Abtbischof Eochaid hatte immer gesagt, man muss die Gläubigen mitnehmen und das geht nicht in einer fremden Sprache.

So hält es auch Patric in seinen Gebetsräumen. Er empfindet nichts Schlimmeres, als wenn der Geistliche seine Gläubigen verliert. Hier aber ist das für ihn in Ordnung. Es scheint nämlich so zu sein, dass man unter Brüdern und Schwestern ist.

Noch während sie an der Gebetsstunde teilnehmen, werden sie bereits im Gebet vom Bischof Numerianus begrüßt. Durch die hochgezogenen Kutten der anwesenden Mönche lassen sich deren Gesichter nicht erkennen und so müssen sie warten, bis sie offiziell empfangen werden. Hier sind sie Gäste und sie werden sich unauffällig verhalten.

Mit dem Ende der stillen Viertelstunde erhebt sich der Bischof und das ist das Zeichen für alle, ihm zu folgen. Es geht zum Mahl ins Refektorium. Hier sitzen alle Brüder und essen und lauschen den Worten des Vorlesers.

Auch Patric und seine Begleiter dürfen teilnehmen und brauchen nicht alleine im Gästesaal zu sitzen. Dies verdanken sie der kurzfristigen Einladung des Vorstehers der Gemeinschaft. Für ihre Übernachtung hat man sie als Gäste aufgenommen und jeder hat seine eigene Kammer, eine kleine Klause. Hier gibt es so viele Gebetsstunden wie zu Hause in der Abtei. Bereits in der Nachtwache werden sie wie normale Mönche an den Gebeten teilnehmen.

Nach der Virgil erhält Evermarus einen Brief mit den Anweisungen für den heutigen Tag. Man erwartet, dass sie die nächste Gebetsstunde mitmachen und anschließend mit ins Refektorium gehen. Danach werden sie im Kapitelsaal erwartet zum ersten Kennenlernen.

Alles läuft nach dem vorgeschriebenen Ablauf ab und Patric hält sich an das, wie es ihm sein Lehrmeister beigebracht hat. Er wartet ab. Nur nicht drängeln, denkt er sich.

Als sie den Kapitelsaal betreten, ist der Bischof Numerianus mit seinen Brüdern anwesend. Auch Disibod hat seinen Platz eingenommen. Er wurde auch bereits durch ein leises Nicken von Evermarus und Suitbert begrüßt. Sie kennen ihn ja schon von früheren Treffen. Alle sind gespannt, dass der Bischof die Runde eröffnet.

Patric hat mit Evermarus vereinbart, dass er sich als der jüngere Bruder hintenanstellen wird, obwohl er von der Wahl als Abt der Abtei zur Rur eigentlich vor ihm steht. Außerdem kennt er den Bischof auch nur aus der zweiten Reihe von der Priory.

Der Bischof lässt es ganz langsam angehen und er prüft so die Geduld und Demut der Teilnehmer. Hier kann Patric schon einmal die ersten Punkte für sich verbuchen. Das gelingt ihm Dank der strengen Erziehung seines Vater Abts. Erst nach zehn Minuten ist es soweit. Numerianus erhebt sich und begrüßt seine Gäste mit den Worten:

„Wir begrüßen unsere Brüder und möchten euch nach diesem Treffen zuerst unser Anwesen zeigen."

Hier ergreift Evermarus das Wort um zu antworten:

„Wir danken euch für die freundliche Aufnahme und stehen euch stets zu Diensten."

Dann stellen sich alle Anwesenden vor und unter ihnen ist Disibod der Älteste. Numerianus und Basinus musterten die Mönche und der Blick bleibt bei einem der Mönche hängen. Dann fragt Numerianus:

„Bruder Patric, kennen wir uns nicht von der Abtei der Priory?"

Er nickte nur stumm.

"Der Abt Georg ist dort nun Abtbischof Eochaid und er hat euch diesen Auftrag der Missionierung hier bei uns erteilt. Ich habe gehört, ihr habt König Radbod schon kennengelernt und einen Teil seiner Frisii zum christlichen Glauben bekehrt. Eine Aufgabe, an der ein angelsächsischer Mönch vor Jahren lange verzweifelt und gescheitert ist. Er schafft es meines Erachtens nur mit dem Schwert und mit der Unterstützung der Soldaten, den Glauben zu verbreiten. Von euch habe ich gehört, dass ihr noch nicht einmal zu sprechen braucht."

Numerianus hält inne, winkt ihn vorzutreten und fordert Patric zu einer Antwort auf.

„Vielleicht treffe ich öfter den Ton und die Sorgen der Menschen."

Er schaute dankend zum Himmel.

„Für diese Gabe bedanke ich mich bei Gott aber auch meinem Lehrmeistern Bruder Famian und Vater Abtbischof Eochaid."

Der Bischof entgegnet ihm:

„Ich denke, ihr seid zu bescheiden."

Hier entgegnet Evermarus:

„Unserem Bruder Patric fliegen die Herzen der Menschen zu. Erst vor wenigen Tagen konnte er Gläubige taufen. Seit kurzem ist auch der Sohn von Pippin bei uns und er soll Schreiben und Lesen lernen."

Dem Mönch Patric ist es nicht Recht, hier in den Mittelpunkt gestellt zu werden. Auch das mit dem Jungen Karl Martell stört ihn. Das ist nicht seine Art und auch nicht der Grund ihres Hier seins. Er spürt auch, dass es falsch und gefährlich sein kann, alles auszuplaudern. Das lenkt Neider und Gegner auf den Plan, besonders auch wegen dem Jungen von der Fürstin. Ein bekannter aber oft zutreffender Spruch sagt ihm: „Freue dich nicht zu laut, sonst werden die Götter neidisch."

Hier übernimmt der Bischof das Wort und er ist ein durch sein Amt und seine vielen offiziellen Auftritte geprägter erfahrener Kirchenfürst, indem man erstmal positive Worte verteilt. Er lenkt im Gespräch ein und sagt: „Es gibt nicht viele, wie ihr es seid Bruder. Ein Brief von eurem Vater Eochaid hat mir euer Kommen angekündigt. In diesem steht, dass man euch nicht so leicht aus der Ruhe bringen kann."

Der bescheidene Mönch Patric ergänzt:

„Ich lerne täglich dazu und versuche es. Ich muss aber eingestehen, dass ich etwas nervös bin und nicht weiß, wie ich euch bei euren Schriften helfen kann."

„Endlich kann ich das Gespräch auf das eigentliche Thema lenken", denkt er.

Der Bischof ist von der Situation sehr angetan und möchte nun erst einmal mit den Brüdern draußen das schöne Wetter im Hofgarten genießen. Er will zeigen, was er hier hat.

Im Klausurgarten teilen sich die Anwesenden in kleine Gruppen auf. Während Alec und Edward sich im Hintergrund halten, sprechen die Mönche Evermarus und Suitbert mit Disibod. Hier sagt Suitbert:

„Ich freue mich Bruder dich hier zu sehen. Wie geht es dir mein Freund Disibod?"

Disibod antwortet:

„Es geht so, meine Beine wollen nicht mehr wie früher und ich kann auch nicht mehr so viel umherwandern. Aber nun ist der junge Patric da. Er kann da weitermachen wo ich aufhöre."

Evermarus sagt zu ihm:

„Noch ist es nicht soweit. Du wirst noch viele Jahre bei uns sein."

Dann fragt Disibod:

„Ist es wirklich so mit Bruder Patric, wie der Bischof das gesagt hat. Wo er hinkommt liegen ihm die Gläubigen zu Füssen?"

Hier bekommt er seine Antwort von Suitbert:

„Er hat in den letzten Tagen die Frau von Pippin getauft. Chalpaida hat ihren Sohn Karl Martell zur Ausbildung zu ihm in die Abtei zur Aue gegeben. Er soll auch noch getauft werden. Wenn du mehr über Patric

wissen willst, dann frage die beiden Brüder aus dem Mainistir."
Er deutet dabei auf Edward und Alec.
Disibod sagt:
„Das werde ich machen, aber heute Morgen eher nicht mehr. Ich warte erst einmal ab, was der Bischof zu ihm sagt und was er von ihm will."
In einer anderen Ecke des Klausurgartens ist der Bischof mit Bruder Patric unterwegs. Er führt das Wort und fragt ihn:
„Wie ist denn das Verhältnis zwischen euch und Villibrod?"
Hier antwortet Patric ehrlich und offen:
„Ich denke wir sind nicht einer Meinung. Da liegen Welten zwischen uns. Das fing schon auf der Überfahrt an als er versuchte, meine Brüder von der Insel auf seine Seite zu ziehen und die Gemeinschaft zu seinem Vorteil zu spalten und verändern.
Auch mit den keltischen Nonnen hat er so seine Schwierigkeiten. Er hält sie für minderwertig. Der Kapitän des Schiffes musste ihm erst klar machen, dass er auf See eher Gast ist und sonst nichts."
Offenheit ist zwar seine jugendliche und unverdorbene Art, kann aber auch gefährlich sein. Man weiß nie, ob man ausgehorcht wird und auf welcher Seite der Gesprächspartner steht. Ob Freund oder Feind? Auch Neider könnten dieses Wissen ausnutzen. Bei diesem Ausfragen fühlt er sich nicht wohl.
„Bruder Villibrod dagegen konnte es nicht verkraften, dass ich die Mission zum Festland leite. Selbst einige seiner Mönche haben mich gewählt. So gab es immer wieder Streitigkeiten. Als dann noch die Schwestern aus Midsummer mitwählten, war das endgültig zu viel. Wie soll man eine Gruppe führen, in denen unterschiedliche Rechte vorhanden sind?"
Dann fragt der Bischof:
„Wie seid ihr denn nun Klostervorsteher der Abtei zur Aue geworden?"
Hier sagt Patric:
„Wir wollten es offen auswählen lassen. Ich hätte vielleicht die meisten Stimmen bekommen, da auch die meisten mit mir zum Festland gekommen sind. Jedoch hat Evermarus mich vorgeschlagen und ich habe ihn anschließend als meinen Stellvertreter genommen. Es ist nun so."
Hier beruhigt ihn der Bischof:
„Auch ich komme mit ihm nicht sehr gut zurecht. Aber er hat die Unterstützung von Pippin und deshalb muss ich diplomatisch sein. Das rate ich dir. Er hat auch einen Fürsprecher in Roma.
Hier habe ich das Hausrecht und bestimme, das lasse ich mir nicht nehmen. Am liebsten wäre er hier Bischof und könnte schalten und walten

wie er möchte. Aber das ist nicht immer sinnvoll, denn sonst stehst du eines Tages ohne deine Gemeinschaft da."
Damit ist das erste Kennenlernen gut verlaufen und für den Nachmittag hat man vor sich, um die weiteren Themen abzusprechen.

Die Zeit verging wie im Fluge und die Glocke ruft zur Gebetsstunde. Hier erleben sie nun eine andere Gebetszeit. Diese ist öffentlich und es wird viel mehr gesungen als in den nicht öffentlichen Feiern. Patric hat fast das Gefühl, zu Hause zu sein. Das anschließende Mahl im Refektorium wird auch von einem Vorleser begleitet. Wie in der Priory wird ein ausgewähltes Thema vorgetragen und alle essen und hören dem Vortragenden zu.
Am Nachmittag trifft man sich wieder im Kapitelsaal. Von hier geht es diesmal in die Bibliotheca und Skriptorium.
Hier liegen die wertvollen Schriften, die es zu studieren gilt. Sie sehen alt aus und sind aus Pergament.
Hier lesen die Mönche die Texte und versuchen Schlüsse daraus zu ziehen, um sich ein Bild zu machen. Woher die Texte kommen und wer sie geschrieben hat ist nicht eindeutig. Die älteren Mönche können das Pergament zeitlich besser einschätzen als es der junge Patric kann. Sie gehen von einem Alter von über vierhundert Jahren aus.

Die Texte selber sind da auch nicht so eindeutig. Eins ist aber klar, es sind Texte, die an einen Bischof hier gerichtet sind. Aus dem Schriftzug schließt Patric, dass es eher eine Frau gewesen sein muss, die diese Texte verfasst hat. Das Siegel allerdings ist ein Römisches von einem Kaiser. Das sind die ersten Analysen, die sie treffen können.
Nach der Andacht am Nachmittag redet Disibod mit Alec und Edward. Von ihnen erfährt er, wie es Patric mit Hilfe von Brüdern aber auch Schwestern aus dem Mainistir gelungen war, die Schriften um die Katakombe in der Abtei mit den drei Schülern des Jakobus dem Älteren zu entschlüsseln.
Edward erzählt:
„Wir haben nach einer monatelangen Suche die Schriftrollen und später die Gruft von Athanasius dem Jüngeren, Andreas und Marcellus gefunden. Sie haben mit anderen in der römischen Provinz auf der Halbinsel ein Grab für Jakobus geschaffen und sind dann zur Missionierung zu uns auf die Insel gekommen."
Hier hält Disibod inne und fragt:
„Ihr sprecht von einem Grab des Apostels Jakobus?"

„Seltsam?"
Überlegt er und sagt dann:
„Wir suchen hier auch ein Grab! Es soll sich um eine Schenkung an den Bischof hier handeln. Helena, die Mutter von Kaiser Konstantin hat etwas hierherbringen lassen oder gar selber mitgebracht. Das ist der Grund, warum wir hier in den alten Schriften suchen."

Während Patric sich in der Bibliotheca umschaut, findet er eine dicke Akte mit einer Liste. Hier entdeckt er Dokumente über die Konzile, die Kirchenversammlungen über die Jahre letzten vierhundert Jahre. Das Letzte was er findet ist das Konzil in Toletum 694. Er geht weiter und sieht schön geordnet eine lange Reihe von Aufschriften der christlichen Treffen. Alle sind ordentlich im zeitlichen Verlauf aufgereiht. Er nimmt sich eines der Dokumente und stellt begeistert fest:
„Hier könnte man stundenlang lesen und studieren. Ach was sage ich monatelang."
Sorgsam ist Dokument für Dokument abgelegt. Es gab sogar eine Synode in Treverorum stellt er in der Liste fest.

Im Jahre 385 unter dem weströmischen Kaiser Magnis in „Treveris"!
Die Kirchenversammlung beschäftigte sich hauptsächlich mit Priscillian dem Bischof von Avila. Er war Theologe aus der römischen Provinz Hispana Tarraconensis und angeklagt wegen Häresie. Priscillian und einige seiner Anhänger waren die ersten Christen, die von anderen Christen wegen Ketzerei mit dem Tode bestraft und mit dem Schwert hingerichtet wurden.
Er hatte eine religiöse Bewegung gegründet, die eine strenge Askese für Priester und Laien, eine Erneuerung der Kirche durch den Heiligen Geist, die Abschaffung der Sklaverei und die Gleichstellung der Geschlechter befürwortete. Seine Ansichten fanden rasch Anhänger in der ausufernden Selbstgefälligkeit der Kirche. Das war eine Gefahr für andere Bischöfe und musste deshalb gebannt werden. Die Rolle, die der neugewählte Bischof Felix von Treverorum im Prozess gegen Priscillian spielte, führte nach dem Ende der Synode zu dessen Isolierung innerhalb der gallischen Bischöfe.
Patric war erschüttert. Er denkt wieder an seinen ersten Eindruck hier in Treverorum, die überwältigende Macht der Bauten und das pralle Leben. Es ist aber die Eitelkeit der Größe und Verschwendung.

Er hat sich blenden lassen und versucht es nun mit anderen Augen und kritischer zu betrachten.

Patric denkt:

„Was da alles so passiert ist" und las weiter:

Karthago 418: Konzil für die dogmatische Lehre der Erbsünde, der christlichen Gnade und die Erlösung.

Auch davon hatte er noch nichts gehört. Für ihn gilt seit jeher das gottesfürchtige Leben als erstrebenswert und heilbringend für die Welt nach den Worten von Jesus.

Der aus der Provinz Britannia stammende Mönch Pelagius lehnt die Erbsündenlehre ohnehin auch ab. Neben der göttlichen Gnade benötigt man keine größere Gnade, auch nicht bezogen auf die Geschichte von „Adam und Evas Sündenfall im Paradies" hinaus. Pelagius wurde der Häresie beschuldigt.

Er liest weiter und muss erkennen, dass sich die Kirchenverantwortlichen, und das erst sehr lange nach dem Tod Jesu, nicht auf das Wort und die drei Jahre öffentlichen Lebens Jesu beziehen. Auf einen Apostel, der erst nach dem Tod Jesu ohne Kenntnis der Reden und des gottesfürchtigen Lebens von Jesus wirkt, wird Bezug genommen. Die Reden von diesem beziehen sich deshalb nur auf den Tod und die Auferstehung. Das Wort Erbsünde hat er noch nie gehört und kam bei Jesus auch nicht vor.

Er blättert weiter immer tiefer in die Geschichte hinein und findet ein weiteres markantes Treffen:

Chalcedon 451: Konzil zur Klärung des Verhältnisses von Jesus: göttlich oder menschlich?

Die Menschwerdung Gottes oder Mensch mit besonderen Gaben gesegnet.

Patric wundert sich. Diese Diskussion erst so spät, über vierhundert Jahre nach dem Tod von Jesus?

Eine Notiz lautet:

Es gibt zwei unterschiedliche Abspaltungen in der Kirche!

Der Mönch denkt, darüber muss er mit Pater Disibod sprechen. Er ist viel älter als er und schon sehr lange hier auf dem Festland.

Sind wir nicht alle Kinder Gottes und damit Christen?

Außerdem, gab es Gottesfurcht und dessen Anbetung schon vor Jesus, auch wenn Gott unterschiedliche Namen von den verschiedenen Völkern bekommen hat.

Er dachte dabei auch an die Druidinnen. Ist damit der Bezug nur auf die Christen richtig. Die Juden beten den einen und einzigen Gott seit dem Alten Testament und deshalb schon viel länger an!

Aber dann geht es weiter, er findet etwa zwanzig Mal den Ort Toleo oder Toletum und dann das Jahr 589.

Das und noch weitere Konzile werden nun Reichssynoden des Königs und werden von ihm auch einberufen.

Die Bischöfe und Kleriker erarbeiten Vorlagen und stimmen über die Anträge ab.

Die Westgoten müssen vom Arianismus zum Katholizismus übertreten. Man lässt ihnen keine Wahl sonst droht eine gewaltsame Auseinandersetzung.

Die Bischöfe billigen die Absicht des Königs, das Judentum in seinem Reich gänzlich auszurotten und keine Nichtkatholiken zu dulden. Es wurde beschlossen, die Juden zu enteignen und zu versklaven und ihnen ihre Kinder wegzunehmen, um sie christlich zu erziehen. Das steht hier wortwörtlich!

Zu den wichtigsten Beschlüssen des Konzils gehörte auch die Beschwörung der Einheit von Kirche und dem Reich. Die Gesetzgebung gegen Staatsfeinde wird sinngemäß ins Kirchenrecht übernommen.

Selbst er als Abt ist jetzt erschüttert, obwohl er erst angefangen hat zu blättern und zu lesen. Er kann nicht fassen was er hier liest. Bisher dachte er, dass er selber nach dem Glauben Jesus Christi handelt. Nun ist er sich gar nicht mehr so sicher.

Die Zusammenkünfte werden größtenteils von den Herrschern im Interesse des Reichsfriedens einberufen und dominiert, aber von den Bischöfen abgestimmt und abgesegnet. Dann geht es um Machtinteressen und um Glaubensdefinitionen, die sich nach seiner Meinung nicht am Wort und dem Leben von Jesus orientieren.

Diese Themen werden zum Dogma, also als eine unanfechtbar und wahr geltende Aussage, Meinung oder Lehre. Als schlimmste Information, die sein Bild der Kirche, nicht aber seinen Glauben erschüttert, ist der Umgang mit tief religiösen Menschen, die mit dem Glauben ringen.

Er wird sich aber nicht von seinem Weg abbringen lassen. Ist er doch bisher damit gut zurechtgekommen.

Statt weiter zu lesen und ein noch verworreneres Bild zu bekommen schreibt Patric alles auf. Dann sucht Patric Bruder Disibod. Dieser hat sich in eine Ecke im Garten gesetzt. Ihm ist schnell alles zu viel. Er ist gewohnt, viel allein zu sein und er liebt es, über den Glauben nachzudenken.

„Mein Bruder Disibod, ich muss dich unbedingt einiges fragen und ich sehe, wir sind hier ungestört. Es geht um den Glauben und verschiedene Texte, die ich eben von den Konzilen gesehen habe."

Er blickt Patric überrascht an und sagt dann:

„Da bist du bei mir richtig. Ich habe die vielen Berichte jedes Mal studiert und mich nur darüber wundern können, es schmerzt aber auch sehr. Wo hast du dich festgefahren?"

Patric weiß nicht so recht wie er anfangen will, das Thema ist so komplex und verwirrend. Nach einem zustimmenden Nicken von Disibod versucht er dann die richtigen Worte zu finden:

„Ich verstehe zwar vieles nicht, war aber zuletzt beim Streit um das Verhältnis zwischen der göttlichen und der menschlichen Natur in Jesus Christus zugunsten der „Zwei-Naturen-Lehre" steckengeblieben. Außerdem gab es Kirchenspaltungen, hier heißt das Schisma."

Oh, denkt Disibod, ein so junger Mann quält sich mit diesen Gedanken. Dann denkt er an den ihm erzählten Werdegang von Patric, er ist ja nun in jungen Jahren bereits Abt.

So spricht Disibod zu Patric:

„Wenn ich darüber nachdenke, kann man nur traurig sein!"

Der alte Mönch Disibod hält kurz inne und sagt dann:

„Schon im vierten Jahrhundert haben Ambrosius von Mediolanum und Augustinus von Hippo darüber nachgedacht. Wie sehr sich Ambrosius für die Vernichtung andersgläubiger einsetzt zeigen folgende Beispiele. Er verfolgte die Arianer und hasste die Juden. Mit seiner Macht verfolgte er sie Jahre lang. Einem Bischof der die Bevölkerung aufhetzte um jüdische Gebäude zu zerstören rettete er vor der Bestrafung des Kaisers.

Die Juden haben ja nur den einen Gott „JAWA" oder „JAHWE" und unser Glaube hat ja auch im Alten Testament und im Judentum seinen Ursprung. Jesus mit seinen Aposteln wie auch fast alle seine Anhänger waren Juden! Auch Paulus! Trotzdem verfolgte man nun diesen alten Ursprung und sagt das dies falsch ist!"

Er schaut Patric an und sagt:

„Seitdem kämpft man um die Stellung von Jesus und vergisst seit seinem Tod seine Botschaft zu Lebzeiten.

Die einen sagen, Jesus ist ein von Gott „Gesegneter" aber Mensch mit Fleisch und Blut, die anderen sagen, er ist auch Gott, oder Sohn Gottes, weil er beim Beten Vater gesagt hat und ja auch einige Wunderheilungen machte.

Man spricht dann aber nicht mehr von einem Gott, was ja nicht sein kann und im Glaubensbekenntnis sitzt dann auch noch Jesus rechts vom Gott, dem Vater."

Patric staunt, woran Disibod alles denkt und was er alles weiß! Dann hört er weiter der Ausführung zu:

„Als im Konzil von Chalcedon die Entscheidung zugunsten der „Gott–Vater" und „Gott-Sohn" Definition getroffen wurde, haben sich die mächtigen christlichen Kirchen Ägyptens und Syriens von der Reichskirche, das heißt der orthodoxen katholischen Kirche und den altorientalischen Kirchen getrennt."

Disibod, als Lehrer seiner Schüler, erkennt wie das Gehirn von Patric arbeitet und fragt deshalb:

„Das ist dir bis hierhin klar?"

Er nickt zustimmend und so fährt Disibod mit seiner Erklärung fort:

„Der Streit wurde erbittert weitergeführt und man verfolgte sich gegenseitig.

Der Versuch einer späteren Annäherung der beiden Positionen führte zu einem weiteren Schisma, indem der Papst die Kirchengemeinschaft mit den oströmischen, also der Verbindung zu Konstantinopel, also zum Byzantinischen Reich aufkündigte."

Hier merkte er noch an:

„Du musst wissen, das Amt des Bischofs geht auf den Apostel Andreas zurück. Er beanspruchte deswegen eine herausgehobene Stellung. Das war um das Jahr 381!

Das führte zu Unstimmigkeiten im Glauben und Spannungen zwischen Roma und Konstantinopel, die auch die Ergebnisse der Konzile beeinflussen.

Der Bruderstreit endete in der Verweigerung der Hilfe aus dem Westen für den Osten, trotz der Demutshaltung aus Konstantinopel trotz der drohenden Gefahr.

626 wurde man belagert von den persischen Sassaniden. Diese Gefahr konnte man mit großen Verlusten abwehren. Ab 630 bedrohten die immer stärker werdenden Araber die angrenzenden Gebiete.

Schlimm war der Verlust von Ägypten und damit die Versorgung mit Korn für die große Region von Konstantinopel."

Disibod sagte zum Schluss:
„Mehrere Städte ergaben sich oft kampflos. Christen, Juden und andere, als „Leute des Buches", durften ihren Glauben behalten.
Das Ergebnis war, dass die Anhänger der Kirchen, die in Jesus eine unvermischte menschliche und göttliche Natur sehen, die islamischen Eroberer als Befreier begrüßten. Diese waren toleranter als die orthodoxen Christen der Reichskirche."
„All das sind Dinge, von denen sie auf der Insel nie gehört und nichts wahrgenommen haben" denkt Patric.
Sie haben einen „Provinz Glauben", vielleicht aber auch den unverfälschten Glauben gelebt und hier geht es um einen „einheitlichen abgestimmten Glauben im weströmischen Reich".
Dann sagt er zum älteren Bruder Disibod:
„Ich bin der Meinung, diese Verhaltensweisen und die Berichte laufen der Botschaft Gottes nach Frieden und Nächstenliebe zuwider. Unabhängig davon habt ihr hier eine überwältigende Bibliotheca. Ich danke dir für die Ausführung und die Erklärung! Ich muss nun selber darüber nachdenken. Vieles davon ist für mich neu."
Disibod erwidert ihm:
„Ich wäre froh, wenn meine Schüler sich einmal mit solchen Dingen auseinandersetzen würden. Mir wird langsam klar, warum Evermarus und Suitbert so anerkennend über dich sprechen. Du musst einen sehr guten Lehrmeister gehabt haben."

Der Eindruck ist enorm. Er meinte immer, in der Priory hätten sie viele Dokumente. Nun muss er feststellen, dass es hier unendlich für ihn erscheint. Patric denkt sich:
„Das ist aber nicht der Grund, warum er hierhergekommen ist. Es gilt doch, nach geschichtlichen Verbindungen zu suchen."

Nach dem Essen im Refektorium hat der Bischof zu einem weiteren Treffen in den Kapitelsaal gerufen und er sagt:
„Ich hoffe ihr konntet euch einen Eindruck von dem machen, was wir alles an Schriften in unserer Bibliotheca haben. Aber darum geht es uns nicht. Wir haben einige Schriften gefunden und diese möchtet ihr euch anzusehen. Wir bitten euch, diese gründlich zu lesen und uns zu sagen, was ihr davon haltet."
Numerianus hält kurz inne. Er fährt dann mit seiner Ansprache fort:
„Wir haben die Vermutung, dass wir hier eine Reliquie aus dem „Heiligen

Land" haben. Wir wissen aber nicht, ob das stimmt. Da ihr auf der Insel in der Priory eine Sepulcrum gefunden habt, hoffen wir, dass euch das auch hier gelingt, oder uns zumindest einen Hinweis geben könnt, wo wir suchen sollen."

Evermarus ergreift das Wort:

„Das wird eine schwere Aufgabe."

Patric ergänzt und sagt:

„Wir werden uns alles ansehen! Dann sehen wir weiter, ob wir helfen können!"

Suitbert fügt hinzu:

„Versprechen können wir allerdings nichts!"

Damit ist der Bischof erstmal zufrieden und er sagt:

„Morgen nach dem morgendlichen Gebet werden wir uns damit an die Arbeit machen. Für heute ist es genug, denn man muss sich mit den Gedanken und der hier gestellten Aufgabe vertraut machen."

Damit endet dieses Gespräch. Patric, Alec und Edward ziehen sich in den Klausurgarten zurück und wollen noch einmal über alles sprechen. Alec erzählt von dem Gespräch mit Disibod und von deren Hoffnung, eine Reliquie zu finden. Dann sagt Edward:

„Ich werde mich mit Alec hier einmal umsehen. Dann könnt ihr mit den Anderen die Schriften durchblättern. Vielleicht finden wir hier etwas Interessantes bei den Grabstätten."

So lassen sie den Tag ausklingen und hoffen auf die nächsten Tage. Erst mit der Glocke zur Nachtwache wird es wieder lebendig. Es ist zwar noch dunkel, aber während des Gebets wird die Sonne nach und nach aufgehen.

Mit dem Morgen kommt ein Reiter zum Sitz des Bischofs und überreicht eine Nachricht. Diese wird an den Bischof eiligst weitergegeben. Nach dem Gebet und dem Refektorium übergibt Numerianus diesen an Bruder Patric mit den Worten:

„Ihr steht im schriftlichen Kontakt mit Chalpaida der Frau vom Hausmeier Pippin?"

Er antwortet ihm:

„Ja, das ist richtig! Sie hat uns ihren Sohn zur Ausbildung in der Abtei zur Aue überlassen, wie bereits erwähnt. Sie wird ihn abholen und hofft, dass wir ihn bis dahin getauft haben. Erst vor Tagen hat Chalpaida sich ja taufen lassen. Sie hat sich zum Christentum bekannt und von ihr haben wir auch Unterstützung für den Aufbau unserer Klausur erhalten."

„Ich werde euch über den Inhalt informieren", sagt Patric als er den Brief an sich nimmt.

Damit geht er zu den anderen Mönchen und sie schauen sich die Schriften an, die sie studieren und bewerten sollen. Sicher wünscht der Bischof eine größere Grabstätte wie sie auf der Insel, die zahllosen Pilger und Gläubige anlocken könnte und diese dann Spenden entrichten.

Damit würde sein Ansehen und seine Stellung hier im Frankenland gestärkt. Denn es gibt viele weitere Orte mit Bischöfen, die um ihre Vormachtstellung streiten.

Hier suchen sie nun gemeinsam und das Einzige was sie finden, ist ein altes Schriftstück. Dieses liest Evermarus in Auszügen vor:

„Durch meinen Sohn Konstantin bin ich in der Lage, dieses für meinen in tiefer Verbundenheit stehen Ort Treverorum zu tun.

Ich konnte in Judäa die Gebeine vom Apostel Matthias retten und habe diese mit anderen Reliquien hierhergebracht."

Er unterbricht kurz und sagt dann:

„Der Bischof Agritius hat diese bekommen und damit müssten sie bereits hier in Treverorum sein. Nun wäre es unsere Aufgabe zu prüfen, wo diese abgeblieben sind."

Dem stimmen die anderen zu und damit liegt ein erstes Ergebnis vor. Das wird sicher eine gute Nachricht für den Bischof Numerianus sein.

Schließlich sagt Patric:

„Das Gelände hier ist um ein Vielfaches größer als unsere Abtei. Es kommt im Prinzip jeder Ort in der Stadt in Frage, der vor 400 Jahren zum Stadtgebiet gehörte. Das halte ich für fast unlösbar."

Für heute lassen sie die Suche, denn sie müssen erst einmal überlegen, wie es weiter geht.

Endlich hat Patric Gelegenheit, den Brief der Fürstin alleine ungestört zu lesen.

„Verehrter Bruder Patric

Wir sind nun über Divodurum nach Lugdunum unterwegs. Von Pippin habe ich Nachricht aus Burgund erhalten. Die Streitigkeiten wurden beigelegt und er redet von einer neuen Gefahr, die aus dem „Heiligen Land" kommen soll. Dort ist ein neues Volk auf dem Vormarsch und bedroht nun unsere Kultur.

Pippin wird aber in wenigen Tagen von Avenionensis aufbrechen um nach Lugdunum oder Divodurum zu kommen. Ich hoffe, meinen Mann bald wiedersehen zu können.

Ich danke euch, dass ihr mir den „Rechten Weg" zum Glauben gezeigt habt. Schon bei den Schwestern im Dorf der Engel habe ich gespürt, dass ich hier richtig bin. Auch mein Sohn Karl Martell hat mir gesagt, dass es ihm gut gefällt. Er hat mir versprochen, fleißig zu lernen und keine Späße mit den Schwestern zu treiben. Er ist eben noch ein kleiner Junge.

Für das Sakrament der Taufe bin ich euch sehr dankbar und ich hoffe, wir sehen uns bald wieder. Ihr könnt mir Schreiben und die Briefe aus Divodurum werden mir nachgesandt.

Euere für immer in der Schuld stehende
Chalpaida

PS: Ich soll euch von Pippin grüßen. Er dankt für die Missionierung und er wünscht euch viel Erfolg bei eurer Suche!"

Der Brief ist nett und unverfänglich geschrieben, so dass Patric beschließt, ihn dem Bischof lesen zu lassen. Die Glocke der Kirche wird geschlagen und er kann bis Zehn zählen. Zeit für ihn, sich zur Ruhe zu legen. Mit der Nachtwache ist er dann auch schon wieder wach.

Am Morgen trifft Patric auf seine Freunde Alec und Edward. Hier spricht Patric über den Wunsch, eine Reliquie zu finden:

„Aus meiner Sicht ist es in kurzer Zeit hier nicht möglich. Das Gebiet ist einige Quadratmeilen groß. Es gibt nur drei Namen, die wir finden sollten. Den Namen des Apostels Matthias auf einem Grab oder einen Hinweis oder einen der beiden Bischöfe Agritius oder Maximinus. Beide sind im vierten Jahrhundert hier gestorben."

Edward sagt:

„Wir haben hier eine Kirche, die den Apostel Johannes gewidmet ist. An dieser Kirche befindet sich eine Abtei. Das könnte ein möglicher Ort sein, den wir einmal anschauen könnten. Ansonsten müssen wir alle Kirchenbauten absuchen. Hier wäre die Basilika und die St. Paulin noch wichtig und hervorzuheben."

Abt Patric beschließt, dies gleich dem Bischof Numerianus vorzutragen. Er informiert aber vorher die anderen mitgereisten Mönche und Disibod. Mit dessen Zustimmung treffen sie auf den Bischof im Kapitelsaal.

Der Mönch eröffnet das Gespräch und sagt:
„Wir sind davon überzeugt, dass die Schriftstücke echt und diese von der Kaiserin Mutter Helena sind. Auch glauben wir, dass sich hier in der Stadt die Reliquien und darunter auch die Gebeine des Apostels Matthias befinden. Der Ort ist uns noch unbekannt."
Numerianus antwortet:
„Das ist doch ein gutes Ergebnis in dieser kurzen Zeit, dann suchen wir die Stelle!"
Hier sagt Patric aufrichtig:
„Das Gebiet ist hier sehr groß und vieles wurde überbaut. Wir befürchten, dass es unauffindbar ist. Eine Möglichkeit sehen wir aber, wir können die Bereiche um die Kirchen absuchen."
Ein ernüchterndes Ergebnis und dieses muss Numerianus erst einmal verarbeiten. Er will aber nicht aufgeben.

In der Priory hat sich der Abtbischof Eochaid mit der Äbtissin von Midsummer getroffen. In einem Gespräch unter vier Augen haben sie beschlossen, eine Reise zu Patric und Anna zu wagen. Sie möchten sich dort persönlich nach dem Wohlbefinden ihrer Brüder und Schwestern versichern und umschauen. Vielleicht möchte auch noch einer den Schritt zur Veränderung wagen.
Hier im Königreich Munster ist alles ruhig und die wirtschaftlichen Beziehungen blühen. Auch die Mühlenschmiede mit ihrem mechanischen Hammer macht Fortschritte. Einige Probeschläge konnte sie schon machen. Aber es fehlt wie immer an Material zur Verarbeitung.

In Corcaigh haben es die Schwestern des Konvents um die Leiterin Victoria geschafft, ihre Ziele umzusetzen. Der Lehrbetrieb wurde aufgenommen. Ein Hospiz für Kranke arbeitet. Der Handel für das Königreich läuft bestens.
Einzig das Pilgerhaus wird noch nicht so genutzt wie gedacht.
Ein ausreichendes Einkommen ist aber gesichert. Was die Verbindung zur Königin Anne betrifft, so steht Victoria fast im täglichen Kontakt.
Den Brief von Schwester Anna konnte sie auch in der Zwischenzeit beantworten. Sie hat eine Reisekiste mit Kräutern befüllt und für das nächste Schiff zurechtgestellt.
Im Königshaus warten alle ungeduldig auf den Nachwuchs und dieser wird wohl noch ein paar Wochen auf sich warten lassen.

Es wird nicht der einzige Nachwuchs sein, der dieses Jahr noch das Licht der Welt erblickt.

Auch die Frauen aus dem Hause Eoghanacht erwarten Nachwuchs von ihren Seefahrern. Diese sind regelmäßig unterwegs und befahren die Küste des Festlandes von Magna Frisia bis zum Golf von Saint Malo. Hier können sie ihre Geschäfte gewinnbringend umsetzen. Auch Wales und das Königreich Wessex stehen immer wieder auf ihrer Reiseliste.

15 Das Gräberfeld in Augusta Treverorum

Im Tal der Mosea wurde es deutlich ruhiger, nachdem der Bischof seine Hoffnung zurückgestellt hatte. Es sollte nicht so schnell gehen auch eine Reliquie oder gar ein Sepulcrum zu finden.

Nur Edward und Alec suchten noch das Gelände ab. Oft wurden sie enttäuscht. Das was sie fanden, war einfach nicht alt genug, um ein in den Schriften hier erwähntes altes Grab oder eine Gruft zu sein. Sie dachten schon an das Mainistir, wie einfach das da gewesen ist. Jeden Tag hatten sie etwas gefunden und die Suche wurde nie langweilig. In Augusta Treverorum war es so, als suchte man etwas, was in einem riesigen Meer der Zeitgeschichte untergegangen war. Die anderen Mönche studierten derweil in Schriften der riesigen Bibliotheca mit eher geringem Erfolg. Selbst der Bischof und seine Leute drehten jedes Schriftstück zweimal um. Alles ohne Ergebnis, ohne den eigentlichen gewünschten Hinweis.

Mittags im Refektorium hörten sie dem Vortragenden zu und er lass von Lazarus, der von dem Tode durch Jesus erweckt wurde. Eines der vielen Wunder, die Jesus zu Lebzeiten in Judäa vollbracht hatte. In diesem Moment dachten Edward und Alec auch daran, dass es hier einer Erleuchtung bedarf.

Die Suche und die Ausbeute hatten zwischen den Mönchen Evermarus und Disibod eine große Diskussion ausgelöst. Sie waren sich nicht mehr so sicher, ob es sich lohnt, hier weiter zu suchen. Die Geschichte von Treverorum war einfach von zu viel Gewalt geprägt. Zu oft war die Stadt teilweise zerstört worden, hatte sich aber immer wieder aufgerafft und wurde neu aufgebaut.

In einer der Pausen hatte sich der Bischof mit Patric unterhalten und so sagt Patric:

„Solltet ihr hier nicht die gewünschte Reliquie finden, dann lass ich euch eine über den Abtbischof Eochaid zukommen."

Der Basinus antwortet:

„Das wäre eine Möglichkeit. Das ist aber nur eine zweitbeste Lösung. Uns wäre es lieber, etwas Eigenes und Einmaliges zu haben. Wir haben noch etwas Zeit.

Disibod wird nach dem Sonntag mit seinen Schülern weiterziehen. Er möchte sich abwärts der Mosea niederlassen. Suitbert will auch zurück. Er kann seine Abtei nicht länger alleine lassen, sie bauen einiges an ihrem Kloster um und neu. Wie sieht es mit euch und Evermarus aus?"

Patric antwortet:

„Wir haben darüber noch nicht gesprochen, aber wir werden auch zurück zur Abtei zur Aue gehen müssen. Dort wird an einer Klausur und an weiteren Räumen gebaut. Ich werde es mit meinen Brüdern besprechen."

Dann fragt Numerianus:

„Werdet ihr denn bis Sonntag bleiben?"

Patric überlegt kurz und antwortet:

„Das werden wir sicher machen. Diese drei Tage bleiben wir auf alle Fälle hier."

Im nachfolgenden Gespräch mit den Mönchen stellt sich heraus, dass Disibod in Richtung Osten stromabwärts geht. Die anderen gehen eher nach Norden. Suitbert äußert sich darüber, den Weg über die Via Augusta Treverorum Novaesium zu nehmen. Dieser ist gut ausgebaut und man kommt sicherer und schneller voran, denn es gibt einige Orte mit guten Unterkünften. Dieser Weg führt an der Abtei zur Aue vorbei. Man könnte zumindest einen Teil der Strecke gemeinsam gehen. Auch könnte man den Fronhof der Abtei am Ende des Weges aufsuchen und den Ort kennenlernen. Patric wird dies noch mit Edward und Alec absprechen.

In der Abtei zur Aue wartet man sehnsüchtig auf die Rückkehr von den Mönchen. Hier wurde weitergearbeitet und es hat sich schon einiges geändert. Man steht kurz davor, den ersten Dachstuhl auf die Gebäude zu setzen.

Mit so tüchtigen Leuten und natürlich mit den vielen Lieferungen macht es allen Spaß, sich hier einbringen zu können.

Joseph hatte in einer Gebetsstunde gesagt, dass dies die beste Baustelle ist, die er bisher in einem Kloster erlebt hat. Selbst seine Anweisungen und Korrekturen werden sauber umgesetzt. Das liegt vermutlich auch daran, dass es einfache Gebäude sind. Einen Glockenturm hat er auch bauen lassen und diesen nutzt er als Hebeanlage, bis tatsächlich einmal die Glocken eingebaut werden.

Täglich treffen Fuhrwerke aus verschiedenen Richtungen ein und die Zufahrtswege sind ausgebaut worden. An der Furt an der Rur in Iuliacum haben sie immer ein Ersatzgespann beim Schmied stehen und Helfer positioniert. Zu oft bleibt hier schon einmal ein Wagen stecken und blockiert die Strecke stundenlang. Dann werden sie in der Abtei gerufen, um den Karren aus dem Dreck zu ziehen. Schon mehrere Male mussten sie vorher sogar einen Wagen in der Rur abladen oder umladen vor dem anschließenden Herausziehen. Steckt die Karre erst einmal fest, verweigert das Gespann seinen Dienst. Das ist übel und nimmt viel Zeit in Anspruch. Da ist es doch besser, die Ladung zu prüfen und gegebenenfalls teilweise umzuladen. Zweimal hat man auch Erzladungen direkt in die Schmiede umleiten lassen. Hier war selbst das Umladen zu schwer und zu aufwendig.

Im Dorf der Engel

Für Albert und Wilhelm wird es nie langweilig, denn die Aufsicht des jungen Fürstensohnes benötigt alle Energie. Der Junge muss immer wieder beschäftigt werden, sonst kommt er auf dumme Gedanken. Von den Schwestern hat er aber ein gutes Zeugnis bekommen. Er lernt sehr fleißig und es fällt ihm sehr leicht. Mit Hillary hat er sich schon ans Briefe schreiben gemacht. Hiermit möchte er den Bruder Patric überraschen. Mit ihm möchte er den ersten Brief an seine Eltern schreiben. Bruder Patric hat Britannia, die Jüngste der Schwestern, vor seiner Abreise gebeten, dem Jungen zu helfen. Es wird doch noch dauern, bis er wieder zurückkommt. Für Anna ist es unglaublich, was der Knabe alles schon kann, denkt und macht. Selbst die Fragen, die er stellt, lassen manche Antwort offen. Aber nur so kommt man im wahren Leben voran. Für die anderen Waisen ist er ein großes Vorbild und der deutliche Standesunterschied fällt kaum auf. Karl Martell zeichnet sich durch sein freundliches und hilfsbereites Wesen aus.
So können auch die Schwestern glänzen und zeigen, dass ihr Werk förderungswürdig ist.

Die Brüder Edward und Alec sind wieder auf der Suche, nachdem Patric nochmals in den Dokumenten gelesen hat. Die Basilika hat ein Gräberfeld, aber ein erstes Absuchen bringt kein Ergebnis. Auch an der Kirche von St. Paulin befinden sich einige Gräber. Aber auch hier werden sie nicht fündig. Es gibt noch weitere interessante Orte, die man überprüfen müsste. Morgen wird die Suche weitergehen, für heute ist Schluss.
Für Patric ist nun auch die Suche in den Schriften beendet. Aus ihnen kann er nicht mehr entnehmen als das, was sie bisher schon kennen. Das sehen die anderen ebenso. Sie werden sich an dem Absuchen der Orte

morgen auch wieder beteiligen. Sie hoffen, dann doch noch einen Anhaltspunkt zu finden.

Getrennt gehen verschiedene Gruppen den Hinweisen zu den Gräbern nach, die mehrere hundert Jahre alt sind. An der St Johannes Kirche entdecken sie welche, die schon zur Römerzeit genutzt wurden. Hier werden sie ihre Suche in den nächsten Tagen konzentrieren. Es bleiben ihnen immer noch ganze zwei Tage, um etwas zu finden. In der Gebetsstunde zum Abend wenden sie noch einmal alle Kraft auf, um Hilfe von oben zu bekommen.

Am nächsten Morgen finden sie ein ausgedehntes Gräberfeld an einer Kirche. Es sind sehr viele alte Gräber dabei und hier könnte vielleicht etwas sein, was zu dem passt, was sie suchen. Für Alec und Edward ist das alles in einer Schrift, die sie nicht gut lesen können. So beschließen sie, diese Suitbert und Disibod zu zeigen.

Evermarus hatte sich im Ort auf die Suche Richtung Osten aufgemacht, rund um die Porta Nigra und andere Gebäude in diesem Stadtviertel. Sie überlegen, ob sie noch weitere alte Bauwerke absuchen sollten. Wenn der Platz in dieser Stadt zu eng wurde, hat man außerhalb einen ehrwürdigen Begräbnisort gesucht.

Die erfahrenen Mönche vom Festland schauen nochmals über die Gräber und sie finden einige Gruften von Bischöfen, die hier vor vielen Jahren tätig waren. Sie werden aber den Bereich mit Numerianus noch einmal in Ruhe absuchen und sehen, wer denn hier alles beigesetzt wurde.

Mit dieser neuen Nachricht ist Bischof Numerianus voll zufrieden und er sagt:

„Endlich haben wir hier etwas entdeckt, was aufgeschrieben steht. Ich werde heute mit euch die Stelle absuchen."

Disibod antwortet:

„Es wird nicht leicht sein, die teilweise verwitterten Schriften zu lesen."

Auch Suitbert wird diesmal dorthin mitgehen und er sagt:

„Das wird nicht so schwierig. Ich habe gestern noch einige Gräber angesehen. Wenn wir die Inschrift mit Wasser befeuchten, sind sie aufgrund der Steinbearbeitung besser lesbar."

Bevor sie gehen, werden sie sich aber noch in die Kapelle und anschließend ins Refektorium begeben.

Mit dem Bischof finden sie recht schnell die ersten Gräber der Vorgänger von Numerianus. Im Verlaufe des Nachmittags finden sie auch das Grab von Bischof Maximinus und sie können sogar das Todesdatum auf dem Stein lesen:

† 12. September 346
Bischof Maximinus von Treverorum

Hier sagt Numerianus:
„Das war ein sehr bedeutender Bischof. Er hat auch dafür gesorgt, dass unser erster Bischof Agritius hier begraben wurde. Das konnte ich in Texten lesen."
Suitbert sagt:
„Dann lasst uns jetzt den Bischof suchen!"
Disibod fragt:
„Ist das nicht der Bischof, der die Reliquien aus dem „Heiligen Land" erhalten hat?"
Numerianus antwortet und hebt hervor:
„Ja, das war so! Ganz wichtig wäre es deshalb für uns, ihn noch hier zu finden."
Dann sagt Disibod:
„Wenn der Bischof Maximinus so wichtig für Treverorum ist, dann solltest du diesen Ort umbenennen. Ich schlage vor, du nennst den Ort Abbatia Sancti Maximini oder so ähnlich!"
Numerianus ist von dem Vorschlag beeindruckt und sagt:
„Abbatia Sancti Maximini!"
Er hält kurz inne:
„Das hört sich sehr gut an!"
Suitbert schließt sich dem an:
„Sehr gut! Ich würde das auch machen!"
Dann sagt Numerianus:
„Es wäre noch perfekter, wenn wir die Gebeine des Apostels Matthias und die Reliquien finden würden. Dann wäre das mit dem Namen Abbatia Sancti Maximini richtig gut."
Disibod sagt ihm:
„Und dass alles hier in so kurzer Zeit! Eine Woche ist ja nicht viel."
Er wiederholt sich:
„Und dass alles hier in so kurzer Zeit! Dann sollte man noch weitersuchen. Ich denke, hier wird man noch mehr finden können."

Freudig kommen sie von ihrer Suche zurück und erzählen den Brüdern um Patric, was sie gefunden haben. Mit einem solchen Ergebnis kann Patric nicht aufwarten. Er sagt zu Numerianus:

„Solche Funde fordern einen immer wieder heraus, um weiterzumachen und noch weitere Orte hier abzusuchen. Ich würde hier eine größere Gruppe suchen lassen. Sicher sind hier noch mehr ältere christliche Gegenstände oder Gräber zu finden."

Numerianus sagt zu ihm:

„Das werde ich veranlassen. Gleich morgen werden wir das ganze forcieren."

Damit endet der Freitag und der morgige Samstag ergibt nichts Neues. Patric hat mit seinen Brüdern Edward und Alec die Gelegenheit genutzt, sich die Gräber von Evermarus zeigen zu lassen. Dieser erklärt ihnen:

„Diese sind bis zu siebenhundert Jahre alt und sind überwiegend aus dem römischen Ursprung. Das erkennt man an der Schrift. Auch die Art und Weise der Steine zeigt dies."

Dann fügt Evermarus hinzu:

„Wir brauchen hier nicht mehr beim Suchen helfen, das schaffen sie mit ihren vielen Brüdern und Schwestern nun alleine."

Damit wird der Rest der Zeit hier schon mit der Vorbereitung für die Rückreise genutzt.

Am Abend dankt der Bischof für ihre Hilfe und nun ist er auch sichtlich entspannter. In der Predigt bedankt er sich nochmals für die Hilfe und er sagt zu, dass er gerne mal zum Rhenus kommen würde. Er kann aber nicht fest Zusagen, wann er sein Versprechen einlösen kann.

Der Sonntag in Treverorum beginnt für die Gäste mit der Nachtwache und hier sagt Patric, dass er sich bei allen bedanken möchte, die ihn hierher begleitet haben.

Er predigt und nimmt Bezug auf die Demut, die es immer wieder zu leben gilt, sich selbst nicht so wichtig zu nehmen.

In der morgendlichen Messe nimmt auch Numerianus nochmals die Gedanken auf und bedankt sich bei allen, die ihnen hier geholfen haben. Mit dem gebrochenen Brot und den Segen zum Ende ist es die letzte gemeinsame Gebetsstunde. Im Refektorium übernimmt Patric ein letztes Mal das Wort und er sagt:

„Für uns war es wichtig, den Wunsch von Evermarus und dem Bischof nachzukommen, um hier zu helfen. Gerne laden wir die hier Anwesenden zu einem Besuch zu uns ein.

Es bleibt auch dabei, dass wir eine Reliquie hierherschicken. Ich danke im Namen meiner Brüder, dass wir hier ein paar Tage sein durften."
Der Bischof nimmt dieses Lob an und Patric fährt fort:
„Ich bin erstaunt über all die vielen alten Gebäude hier und die damit verbundene Geschichte."
Im anschließenden Gespräch im Klausurgarten sagt Bischof Numerianus zum Abt Patric:
„Es ist schon interessant zu sehen, welchen Einfluss und Vertrauen ihr in der kurzen Zeit zu Pippin und dessen Frau aufgebaut habt. Ich arbeite immer noch daran, eine vertrauensvolle Basis aufzubauen. Ich kann den Abtbischof Eochaid für so einen Schüler nur beneiden. Von den über hundert Brüdern hier kommt keiner nur annähernd an euere Erscheinung heran."
Der Bischof stoppt kurz und fügt hinzu:
„Dabei strahlt ihr trotz des zurückhaltenden Wesens eine Ruhe und Sicherheit aus."
Patric antwortet:
„Verehrter Bischof, ihr übertreibt. Ich mache nur das, was ich kann mit dem was mir gegeben ist. Ihr habt in euren Reihen einen sehr fähigen Mann. Ihr sollte Basinus ruhig etwas mehr zutrauen, er hat es verdient."
Damit endet dieses letzte Gespräch und Patric möchte sich etwas ausruhen.
Evermarus ist derweil mit Alec und Edward nochmals in der Stadt unterwegs. Auf der Brücke der Mosea bewundern sie die schöne Landschaft und haben einen weiten Blick auf die Stadt. Evermarus sagt ihnen:
„Für mich wäre das hier auf Dauer nichts. Ich bin froh, wenn ich wieder in Ruhe in unserer Abtei bin und nicht diesen großen Rummel hier habe. Das ist mir alles viel zu groß."
Dem pflichten die Brüder bei und sie sind auch froh, wenn sie morgen zurückdürfen. Da sagt Edward:
„Beeindruckend ist es aber hier schon, bei all den historischen und alten Bauten. Das ist der erste Ort, an dem man die vielen Jahrhunderte ablesen und erkennen kann."

Am Montag nach der Nachtwache verabschiedet sich erst Disibod mit seinen Schülern und er geht auf der rechten Seite der Mosea flussabwärts. Schon nach wenigen Minuten sind sie verschwunden.
Bischof Numerianus gibt Patric noch einen Brief für den Abtbischof mit und er würde sich über einen Besuch freuen. Auch Patric hält den Bischof

in guter Erinnerung, wurden sie doch hier sehr freundlich aufgenommen. Gelernt hat er auch viel und ihm werden sogar ein paar Blätter mit Liedern mitgegeben. Darüber wird sicher Friedrich sehr angetan sein.

Sie verlassen den Ort über die alte römische Brücke und gehen auf der alten Römerstraße in Richtung Novaesium am Rhenus. Es ist der Weg auf dem sie gekommen sind. Nach den vielen Tagen in der Gemeinschaft und in der Stadt sind sie nun froh, in Ruhe und Stille in sich gekehrt zu gehen. Mehrere kleine Orte lassen sie schnell hinter sich und ihr erstes Ziel ist Beda vicus.

Hier haben sie vor, sich von Suitbert zu trennen und den Weg zur Villa Prumia zu nehmen. Als sie den Ort erreichen, geht es Patric nicht so gut. Er hatte sich unterwegs den Fuß verdreht. Es schmerzt und es geht nur sehr langsam vorwärts.

Mehrere Fuhrwerke waren nach ihnen angekommen und diese wollten zum Rhenus, um dort in Bonna ihre Geschäfte zu tätigen. Einer der Fuhrleute bot ihnen an, sie ein Stück mitzunehmen. Das wäre eine Möglichkeit, den Fuß von Patric zu schonen und gleichzeitig Suitbert zu begleiten.

Evermarus sagte zu den Brüdern:

„Das ist kein großer Umweg und wir kommen so auch schnell voran. Dann können wir unseren Bruder Suitbert noch ein Stück begleiten."

Der Mönch Suitbert fand diese Idee sehr gut und antwortete:

„Das ist ein guter Vorschlag, denn ich wollte noch mit euch Patric über eine Hilfe für den Bau unseres Klosters sprechen."

Alec und Edward stimmten dem auch zu und meinten:

„Dann können wir am Rhenus unseren Fronhof aufsuchen und von dort mit einem Fuhrwerk zur Abtei an der Rur fahren."

Alec ergänzte:

„Vielleicht treffen wir auch einen unserer Kapitäne Percy, Freddie oder David. Ihnen können wir die Nachrichten für die Abtei und den Abtbischof mitgeben."

Patric war das nicht recht, aber sein Fuß mahnte zur Schonung. Der Weg durch die Berge der Eifel wäre auch sicher beschwerlicher zu Fuß. Etwas wehmütig stimmte er zu und sagte:

„Ihr werdet Recht haben. Mit diesem Fuß kann ich nicht mit euch Schritt halten. Vielleicht ist es besser, ihn eine Zeit lang zu schonen."

Bereits zum Sonnenaufgang ging es los und sie brauchten nicht zu gehen. Sie konnten auf dem Bock des Fuhrwerks sitzen und rumpelnd fuhren sie weiter. Der nächste Ort war ein Vicus Ausava. Ein Ort etwas kleiner als

Iuliacum an der Rur. Hier war ein bekanntes Mutatio. Sie hatten vereinbart, ihre Pferde zu wechseln, aber dann nach einer kleinen Pause weiterzufahren. Das war für die Händler wichtig, denn nur so konnten sie den anvisierten Termin einhalten. In einem der nächsten kleinen Orte in Icorigium werden sie übernachten. Das machen die Händler immer so.
Der nächste Morgen es geht weiter.
Bereits nach kurzer Zeit erreichen sie Dalaheim und hier zweigt die Straße ab. In eher östlicher Richtung führt der Weg nach Bonna, den die Händler nehmen. Sie werden weiter nördlicher nach Novaesium zum Rhenus gehen. So begleiten sie Suitbert weiter. In der Stadt muss Suitbert dann über den Fluss übersetzen, um zur Insel im Rhenus nach Werth zu kommen.

Die Verabschiedung war kurz, denn der Fuhrmann hatte keine Zeit zu warten.
Bald war das Gespann in den angrenzenden Wäldern verschwunden. Die letzten Tage auf dem Fuhrwerk waren sie meist schweigend mitgefahren. Nun, wo sie zu fünft zu Fuß unterwegs waren, war es ruhiger und sie konnten sich wieder unterhalten.
Der nächste Ort Blancium sollte nur eine Zwischenstation sein. Aber Suitbert hatte erkannt, dass Patric es bald nicht mehr schaffen wird, weiter zu gehen.
So beschlossen sie, hier in Blancium zu bleiben und zu übernachten. Im Gespräch mit Patric sagte Suitbert:
„Der Ehrgeiz, weiter zu gehen, wird deinem Fuß nicht guttun. Spätestens morgen wäre dann Schluss. Wir machen jetzt eine längere Pause von einen Tag."
Patric stimmte ihm widerwillig zu:
„Du hast Recht. Wir bleiben hier."

Suitbert nutzte das Zusammensein für ein Gespräch:
„In eurer Abtei zur Aue."
Er hielt kurz inne und sagte dann:
„Ihr habt so viele Baumaterialien. Könnt ihr uns nicht helfen, und uns davon etwas abgeben?
Bisher bremst uns das fehlende Material immer wieder aus."
Patric antwortete ihm:
„Dazu kann ich jetzt nichts sagen, aber in Novaesium kann ich mich umhören, wie weit unsere Aktivitäten vorangeschritten sind. Eine Hilfe in

welcher Form auch immer können wir sicher ins Auge fassen. Bestimmt werden wir zum Beispiel nicht immer die Ziegel abnehmen können." Das reichte Suitbert fürs Erste und er dankte ihm.
„Evermarus hatte mir schon vor ein paar Tagen gesagt, das ich mit Hilfe rechnen kann. Danke dafür, dass eure Abtei uns hilft."
Ein konkretes Angebot an Hilfe war aber trotzdem noch nicht ausgehandelt worden. Wie sollte es auch. Wusste doch keiner von Beiden, was in den letzten Wochen auf den Baustellen vorangegangen war.

Da sie früher Halt gemacht hatten als gedacht, nutzte Evermarus die Zeit für eine Gebetsstunde. In seiner Lesung und der Predigt sprach er von den vielen Mühen, die man täglich auf sich nehmen muss. In seiner Rede gedenkt er auch derer, die in den vergangenen Wochen von ihnen gegangen sind.
Glück hatten sie am nächsten Morgen. Bereits nach kurzer Zeit hatte die Sonne den trüben Himmel aufgeklärt und das nächste Ziel war Norboniacum.
Hier zeigte sich, dass sie besser vorankamen als gestern. Selbst Patric ging es besser. Noch weit vor der Mittagszeit kamen sie in den Ort, machten aber nur eine kurze Pause. Eine Stunde später hörten sie Glockengeläut. Man hatte ihnen unterwegs gesagt, dass sie in etwa zwei Stunden den Ort Tiberiacum erreichen werden. Das nahm Patric zum Anlass, doch wieder eine Pause für alle zu machen und so ruhten sie sich für den letzten Tagesabschnitt aus. Hier in der freien Natur konnten sie die warmen Sonnenstrahlen genießen.
Sie erreichten den Ort bevor die Sonne unterging und auch ein Quartier für die Nacht war frei. Das war nicht selbstverständlich, denn hier war eine bekannte Kreuzung mit viel Betrieb.
Erst spät erreicht auch noch ein Fuhrwerk aus Iuliacum das Quartier. Es wird morgen nach Novaesium weiterfahren. Aus einem Gespräch erfuhr man, dass dieses Fuhrwerk von der Abtei zur Aue gekommen ist. Sie warteten aber auf ein Fuhrwerk aus Novaesium. Auf Nachfragen, wie es in der Abtei mit dem Bau steht, erhielt man keine verwertbare Auskunft.
Im anschließenden Gespräch zwischen den Brüdern sagte Patric:
„Ich werde mit Suitbert nach Novaesium mit dem Fuhrwerk fahren. Ihr könnt direkt von hier zur Abtei reisen. Es ist nicht nötig, dass wir hier zusammenbleiben. In drei Tagen werde ich auch kommen und ich bin schon ganz gespannt, wie es dem kleinen Karl Martell geht."
Das war für Suitbert eine gute Nachricht. So hatte er auch die

Möglichkeit, sich auf dem Fronhof im Hafen ein Bild über das dort lagernde und verfügbare Material zu machen.

Für Edward und Alec war das eine Erleichterung, denn sie können Evermarus begleiten. Patric dagegen will die Briefe für die Priory vom Bischof Numerianus im Hafen wenn möglich direkt selber weitergeben. So endet dieser sonnige Tag und es war der Letzte im August gewesen. Langsam aber sicher wurden die Tage nun kürzer und bald würde sich das Laub färben und abfallen.

16   Zurück in der Abtei
zur Aue

Es war der letzte Morgen, an dem die fünf zusammen waren und der Erste im September. Die Ersten, die abfuhren, waren Patric und Suitbert und zwar Richtung Novaesium. Es war der Weg zum Rhenus und er führte unmerklich abwärts in das Flusstal. Es war eine Erleichterung, dass sie nicht laufen mussten. So würden sie ihr Ziel auch schneller erreichen.
Etwas später waren Evermarus mit den beiden Mönchen Edward und Alec zur Abtei aufgebrochen. Sie werden ihr Ziel früher erreichen, da der Weg deutlich kürzer ist. Die Brüder sehnten sich wieder nach dem geregelten Klosterleben.
Unterwegs erzählt ihnen der Kutscher, was er alles in den letzten Tagen ohne Pause hin und her transportiert hat. Einen Ruhetag hatte er nur sonntags gemacht, wenn man zufälligerweise zu Hause war. Ansonsten war man alle Tage unterwegs und oftmals hatten sie kein Zimmer für die Übernachtung. Jetzt, mit dem Fronhof in Nova, hatte man wenigstens ein Dach über dem Kopf.

Für Patric und Suitbert war es eine unterhaltsame Fahrt und man kam sich näher. Patric verspricht ihm, in Werth am Rhenus einmal zu besuchen. Auch ein Austausch von Mönchen war angedacht. So sollte das Miteinander gestärkt werden. Am späten Nachmittag erreichen sie ihr Ziel am Rhenus. Hier treffen sie auf Lukas und Martel und diese begrüßten freudig ihren Bruder. Patric war etwas überrascht, dass die Beiden immer noch hier waren und fragt:
„Ihr wolltet hier doch nur kurz aushelfen und dann zurück zur Abtei zur Aue?"
Lukas antwortet ihm:
„Es gab mehr Lieferungen als wir erwartet haben. Deshalb mussten wir einiges an Waren hier im Hafen an andere verkaufen. Aber seit Anfang dieser Woche klappt alles besser. Morgen kommt David und holt wieder eine Ladung Erz ab."
Dann stellte der Abt seinen Freund vor.
„Das ist Suitbert der Abt von Werth und er ist gerade dabei, sein Kloster auszubauen. Er benötigt Baumaterial, wie Steine und Holz."

Die beiden grüßten Abt Suitbert und Patric fragt:
„Können wir ihm Baumaterial vermitteln, damit sein Kloster weiterge-
baut werden kann."
Nun zeigt Lukas ihnen das Material im Lager.
„Das sind Ziegel, die wir hier ganz in der Nähe bekommen. Da könnten
wir euch für die Abtei in Werth einige vermitteln. Sie müssen nur sofort
bezahlt werden."
Hier antwortet Suitbert:
„Das werden wir nicht können, denn wir haben kein Geld mit dem wir
bezahlen können. Erst recht nicht für solche großen Mengen von Material,
welches wir benötigen."
Dann fragt Patric:
„Womit habt ihr denn bisher immer bezahlt?"
Suitbert antwortet:
„Wir haben Vieh und Holz getauscht. Oder später bezahlt."
Patric sieht hier ein Problem, das dies hier nicht machbar ist und er über-
legt sich eine andere Lösung. Martel fragt dann:
„Welches Holz und welches Vieh habt ihr denn anzubieten?"
„Wir können Pferde und Schweine anbieten. Bei den Bäumen weiß ich
nicht, was wir haben. In der Vergangenheit waren es Nadelbäume und
auch Hölzer von Laubbäumen."
Dann sagt Lukas:
„Mit Schweinen und Pferden können wir etwas anfangen. Morgen wer-
den einige Karren hier ankommen. Diese könnten wir direkt für euch vor-
sehen."
Der Abt sagt:
„Hier stellt sich nur ein Problem, das Material muss auf die andere Seite
des Flusses. Genauer gesagt auf eine Insel im Fluss gebracht werden."
Deswegen schlägt Lukas folgendes vor:
„Der nächste Kapitän, der unsere Ware mitnimmt, könnte euch die Ziegel
die wir hier haben zur Insel bringen. Dafür bringt er uns das Vieh auf die
andere Seite und ihr müsst es dann nur zu uns treiben."
Dieser Vorschlag klingt gut und so kommt es zu einer Vereinbarung. Bereits am Nachmittag lässt Bruder Martel alle Ziegel auf Fuhrwerke verladen, um diese am nächsten Tag zur Anlegestelle zu bringen. Damit würde
man morgen beim Verladen auf das ankommende Schiff Zeit sparen.

Für die Brüder war die Fahrt zur Abtei zur Aue am Nachmittag jäh zu
Ende. Ein Rad der hinteren Achse war gebrochen und so konnten sie die

letzten Meilen von der Furt Iuliacum bis zur Abtei nicht mehr fahren. Den restlichen Weg mussten Alec, Edward und Evermarus laufen. Kurz bevor die Sonne unterging erreichten sie die Abtei und müde legten sie sich zur Nachtruhe, um zur Nachtwache aufstehen zu können.

Am Rhenus

In der Nacht ist David angekommen und hatte angelegt. Mittlerweile kannten sie sich gut am Fluss aus und konnten auch nachts langsam bis zum gewünschten Hafen fahren. Längst war Millingi nur noch eine Zwischenstation. Das Ziel war nun stets der Hafen am Fronhof bei den Brüdern. Für alle Transporte der kürzeste und einfachste Weg.

Als Suitbert das Schiff erblickte, staunte er. So groß hatte er sich das nicht vorgestellt und hier würden sicher alle Ziegel verladen werden können. Ein Bote war in der Nacht zur Insel Werth über den Rhenus gerudert und hatte dort das Kommen von Suitbert und den Ziegeln angekündigt. Alle verfügbaren Karren waren deshalb schon am Morgen zur Anlegestelle auf der Insel aufgebrochen und warteten auf das Kommen des Schiffes. Es dauerte länger als gedacht, denn Bruder Johannes kam mit mehreren schwer beladenen Fuhrfahrzeugen von der Ziegelei. Das Verladen aufs Schiff war deshalb erst am Nachmittag erledigt und gerade noch rechtzeitig, sodass Suitbert mit dem Schiff zur Insel übersetzen konnte.

Für Patric war alles zur Zufriedenheit erledigt und er verlässt den Hof. Er reist zur Abtei, wo man ihn bereits erwartet. Bestimmt wird er die Klausur nicht wiedererkennen, denn einiges hatte sich verändert. Beinahe alle Mauern des Klausurbereichs sind fertig. Der Teil mit dem Refektorium hatte einen Dachstuhl und dieser wurde mit Schindeln eingedeckt.

Seit einigen Tagen bereiteten sie hier schon die täglichen Mahlzeiten vor. Der Raum war groß genug um für fünfzig Personen einen Platz zu bieten. Joseph hatte aufgrund der guten Liefersituation der Ziegel alles etwas großzügiger geplant. Auch die Zahl der Handwerker half dabei, schnell und zügig zu bauen. Er hatte das sonntägliche Gebot, nicht zu arbeiten, ausgesetzt. Sonntags ließ er die Baustellen aufräumen, damit er während der Woche schnell weitermachen konnte.

Mit einem leichten Gespann fährt Patric mit Lukas und Martel zur Abtei. Sie hatten mitten auf der Strecke eine Pferdewechselstation eingerichtet.

Nun konnte man die Fahrt mühelos an einem Tag schaffen. Mit dem Eintreffen von Patric in der Abtei ist die Zahl der Brüder wieder vollständig. Zur Begrüßung spielt Friedrich in der Abendandacht auf. Er spielt das Lied „Lobet den Herrn" und damit ist Patric nur indirekt gemeint. Sonst wäre es sehr vermessen, etwas anderes zu glauben.

Noch am Abend nach dem Refektorium schaut er auf sein neues Arbeitszimmer in der Klausur und er entdeckt liegengebliebene Briefe, die er morgen sichten und lesen wird. Auch sieht er eine große Kiste in der Ecke, die schon seit mehr als einer Woche dort steht. Sein Blick erkennt diese Art von Kisten. Sie werden in der Priory benutzt für wichtige und wertvolle Gegenstände. Für heute ist er zu müde, um sich damit zu beschäftigen. Er denkt an diesen Abend an Disibod und an Suitbert, zwei Mönche, die genauso wie er mit seinen Brüdern und Schwestern den Glauben verbreiten.

Der nächste Tag in der Abtei zur Aue weckt die Brüder und Schwestern mit einem warmen Sonnenstrahl. Die Nacht war klar und so startet Schwester Anna mit dem kleinen Karl Martel vom Dorf zur Abtei mit einem Morgenspaziergang. Der Junge ist sehr angespannt, sieht er doch Patric nach mehr als zwei Wochen wieder. Er kann es kaum erwarten und spricht zur Nonne:
„Tante Anna, glaubst du, dass Onkel Patric stolz darauf ist, was ich alles gelernt habe?"
Anna lächelt und erwidert:
„Sicher wird er dich loben, weil du so fleißig warst! Was denkst du, was er zu deinen Streichen sagt?"
Er überlegt kurz und antwortet ihr:
„Nichts! Du wirst mich doch nicht verpetzen?"
Dem Jungen kann man nicht böse sein. So erwidert sie:
„Wenn du nichts sagst, dann sage ich auch nichts."
Karl springt vor lauter Übermut und reist Anna dabei fast mit sich um. Dann sagt er zu ihr:
„Du bist die beste Tante, die ich je hatte! An dich werde ich mich gerne immer wieder erinnern."
Das hörte sich fast so an, als würde er schon morgen die Abtei verlassen! Sie entgegnet ihm:
„Du bist erst seit einem Monat bei uns. Sicher, du hast schon einiges gelernt, aber du musst noch viel mehr lernen."
Dann fragt sie ihn etwas auf lateinisch aber er verstand kein Wort davon.

Dann sagt sie:

„Bevor du mir nicht sagen kannst, was ich gesagt habe, solltest du hierbleiben!"

Er war etwas niedergeschlagen, aber das zu schaffen sollte in seinem Alter doch kein Problem sein. Schon wenige Schritte weiter war alles vergessen. Dann waren sie auch schon an ihrem Ziel angekommen. Als er Patric erkennt läuft er wie ein Junge los, der seinen Vater nach langer Zeit wieder begrüßen konnte. Die Freude lag auch auf Seiten von Patric. Er war froh, dass er seinen anvertrauten jungen Fürstensohn gesund und munter wieder sieht. Aber zuerst macht er einen Rundgang und Karl Martell weicht ihm nicht von der Seite. Jede Sekunde, die Patric nicht mit Gesprächen und Begrüßungen beschäftigt war, nahm der Kleine in Anspruch.

Als er die Brüder Alec und Edward erkannte, war sein Interesse auf diese Beiden fixiert. Sie beschäftigten sich mit Pferden und auch Karl Martell ist ein Junge, der lieber mit Tieren zu tun hatte als mit Büchern. Erst das Glockengeläut zum Mittagsgebet beendete den Besuch bei den Pferden. Nach dem Refektorium, das auch Karl besuchen durfte, fragt Patric ihn:

„Was hast du in der Zwischenzeit gelernt?"

Karl antwortet ganz aufgeregt:

„Ich kann schon einiges lesen und auch alle Buchstaben schreiben. Ich würde gerne mit dir einen Brief an Chrodtrud, meiner Freundin aus dem westlichen Frankenland, schreiben. Meine Mutter hatte mir gesagt, dass sie diese besuchen wollte."

Dann fragt Patric:

„Wie sollen wir denn einen Brief schreiben?"

Karl schlägt vor:

„Ich sage dir, was ich schreiben möchte. Das Schreiben machst du für mich. Ich unterschreibe den Brief."

Dann stockt Karl und fragt:

„Was ist denn in dieser Kiste drin?"

Patric schaut und sagt:

„sei nicht so neugierig! Ich weiß es nicht. Aber solche Kisten verwenden wir auf der Insel, um wichtige Gegenstände zu schützen und zu versenden."

Karl ganz freudig und aufgeregt:

„Darf ich sie öffnen?"

Schon war er bei der Kiste.

Patric nickte und Karl schob den Verschlussriegel zur Seite. Öffnet diese und obendrauf lag ein Blatt, sorgfältig gefaltet.
Karl fragt:
„Was ist das?"
Patric antwortet:
„Ich glaube es ist ein Brief."
Der junge zeigt auf die Decke.
„In der Schafswolldecke ist sicher etwas Wichtiges, was sorgsam verpackt wurde."
Karl Martell war ganz neugierig und angespannt:
„Darf ich den Brief lesen?"
Patric dachte sich, das wird sicher noch zu schwer für ihn sein.
Rasch nahm Karl das Blatt und begann mit dem Lesen.
Es war zwar etwas holprig, aber er liest laut vor:

„Mein Lieber Sohn Patric

Wir in der Abtei Priory vermissen dich sehr. Du, Alec und Edward, ihr fehlt uns. Deine Nachfolger geben sich alle Mühe, können euch aber nicht ersetzen. Von unseren Brüdern und Schwestern soll ich euch liebe Grüße und den Segenswunsch Gottes zusenden.
Dein Ziehvater Famian hat mir gesagt, du sollst ihn nicht vergessen und ich soll dir besonders Grüße von ihm senden. In jeder Gebetsstunde beten für euch und möge die Mission gelingen.
Nun Patric, jetzt zur Kiste!
Ich habe dir wie gewünscht eine Reliquie in diese Kiste gepackt. Diese kannst du in eurer Kirche einen schönen ehrenvollen Platz widmen. Es ist ein Stück des Sarkophags von Athanasius. Geöffnet haben wir die Särge nicht mehr.
In die Kiste haben wir aber noch ein paar Kleidungsstücke gelegt. Diese sind von den drei hier begrabenen Jüngern und Schülern vom Heiligen Jakobus sie waren noch in einer Ecke hier in der Katakombe.
Wir, die Äbtissin Mary und ich werden dich mit einem der nächsten Schiffe besuchen.
Das haben wir hier für uns beschlossen.
Von Percy haben wir erfahren, dass wir nicht mehr den langen Weg von Millingi laufen müssen.
Wir werden also bis Novaesium kommen und dann mit einem Fuhrwerk

mitfahren können. Das ist gut so! Denn meine Beine tragen mich nicht mehr so gut.
Wir freuen uns auf das Wiedersehen und verbleiben.

Dein Abtbischof und Vater
Eochaid"

Karl Martell hat es geschafft. Zwar hatte er ein paar Mal gestottert, die Worte richtig zu lesen, aber für die kurze Zeit hat er es richtig gut gemacht. Dann stellt Karl Fragen:
„Du hast zwei Väter?"
Patric lacht und erklärt Karl wie es gemeint ist:
„Es sind nicht meine richtigen Väter im Sinne von Vater und Mutter. Es sind die Geistigen, die mir alles beigebracht haben. Damit konnte ich das Leben so leben wie es nun ist."
Er erkennt, dass er es nicht richtig verstanden hat und ergänzt:
„Nun du sagst zu Anna und mir ja auch Tante und Onkel."
Karl ist etwas naiv und pfiffig. So schlussfolgert er:
„Dann bist du auch mein Vater und Anna meine Mutter, denn ich lerne viel von euch."
Hier muss Patric laut lachen, er freut sich aber über die Gedanken des Jungen. Nun lenkt er das Thema auf den Brief, den Karl Martell schreiben möchte und so sagt er:
„Du willst einen Brief schreiben und ich soll dir helfen. Da schlage ich vor, du sagst was ich aufschreiben soll und dann schreibst du meinen Brief schön und sauber ab."
Damit erklärt Karl sich einverstanden. Sofort nimmt sich Patric die Feder und fragt:
„Was soll ich schreiben?"
Karl Martell überlegt kurz und dann spricht er:
„Meine Geliebte Chrodtrud"
Hier unterbricht ihn Patric und er sagt:
„Meine Geliebte sagt man nur zu einer Frau, die man heiratet oder heiraten möchte. Wie alt ist denn Chrodtrud?"
Der Kleine antwortet:
„Sie müsste nun sieben, acht oder neun sein."
Dann sagt Patric:
„Schreib doch, meine liebe Chrodtrud!"

Karl denkt nach und gibt ihm Recht und er beginnt noch einmal neu. So sagt er was Patric aufschreiben soll.

„Meine liebe Chrodtrud aus Burgund,

vor einem Jahr haben wir uns in Divodurum beim Empfang meiner Eltern kennengelernt. Nun bin ich in einer Klosterschule hier an der Rur.
Man behandelt mich hier sehr gut und ich kann lesen und schreiben lernen.
Diesen Brief schreibe ich dir. Der Abt, Vater Patric hilft mir dabei.
Ich hoffe, es geht dir gut und du kannst mir auch einmal schreiben. Gerne würde ich dich wiedersehen. Ich muss aber bleiben.
Wenn du kannst, dann komme auch hier zur Schule. Wir könnten uns dann jeden Tag sehen und auch schreiben. Das würde bestimmt viel Spaß machen.

Dein Freund
Karl Martell von Austrien

PS: Ich bin im Moment in der Abtei zur Aue."

Dann sagt Karl stolz:
„Fertig! Wie findest du diesen Brief?"
Patric schaut noch einmal übers Blatt und sagt:
„Das ist ein schöner Brief! Den musst du nun abschreiben und ich werde ihn für dich abschicken."
Karl schaut auf den Brief und sagt:
„Das ist aber ganz schön viel geworden. Kann ich ihn nicht so verschicken?"
Der Abt sagt mahnend zu ihm:
„Nein, den sollst du selber schreiben! Es wird einen guten Eindruck auf deine kleine Freundin machen. Vielleicht hilft dir eine der Schwester dabei."
Etwas sauer und bockig zieht Karl Martell ab und geht nach Hause zum Dorf der Engel zu den Schwestern.
Hier klagt er sein Leid bei Britannia und hofft, dass sie ihm den Brief abschreibt und er diesen dann abschicken kann. Sie sagt zu ihm:

„Glaubst du nicht das Abt Patric das merkt, wenn ich diesen Brief abschreibe? Er wird sich sicher freuen, wenn du es selber machst und rundherum kannst du ja noch etwas Schönes malen. Da würde ich dir auch helfen."

Sie zeigt ihm ein paar Beispiele und er beginnt mit dem Zeichnen von kleinen Bildern. Blumen, Tier und anderen Motiven. In der Mitte des Blattes lässt er Platz für den Text des Briefes. Unter ihrer Anleitung ist er dann doch schneller fertig als er dachte. Gleich Morgen wird er den Brief überbringen.

Derweil schauen sich die Mönche Evermarus und Patric die Reliquien an und beschließen ganz spontan, einen Teil der Reliquien von der Insel weiterzugeben.

Sie werden Suitbert auf der Rhenus Insel und dem Bischof Numerianus aus Augusta Treverorum den größeren Teil zusenden. Damit könnte er sein Versprechen schneller einhalten als er es sich gedacht hatte.

Gleich setzt sich Evermarus hin und schreibt Beiden einen Brief, den Patric bestimmt unterschreibt. Das ist dem Abt auch recht, denn er muss auch Aufgaben, die sein Prior Evermarus gerne macht, an diesen weitergeben.

In den weiteren Briefen von der Insel aus Corcaigh ist auch ein Brief von Victoria. Sie schreibt:

„Mein lieber Freund
Bruder Patric,

wir, meine Schwestern hier in Corcaigh, Anne und das ganze Königshaus vermissen dich sehr. Zwar gibt Pater Franz alles, um dich zu ersetzen, aber dein Wesen kann er nicht nachahmen. Ich habe gehört, dass du in kürze Besuch von der Insel erhalten sollst. Ich selber und auch Anne wären gerne mitgekommen, aber in vier bis fünf Wochen ist es soweit. Der Thronfolger für Mortimer wird dann geboren.

In der Zeit im Mainistir habe ich dich schätzen gelernt und denke noch oft an unsere Bank unter der Linde. Für mich ist hier in Corcaigh ein Traum in Erfüllung gegangen und ich kann der Königin Anne helfen und sie auf ihrem Weg begleiten.

Ich hoffe, wir sehen uns eines Tages wieder, denn es gibt noch vieles zu erzählen. Du weißt sicher, wie das mit dem Grab von Jakobus ausgegangen ist. Es soll sich in Galizien, im westlichen Teil des Festlandes befinden. Schade auch, dass du das komplette Buch nicht sehen kannst! Ohne

mich und meine Schwestern zu sehr zu loben, hier zitiere ich den Abtbischof Eochaid und unsere geliebte Königin Anne von Munster:
„Es ist ein „Meisterwerk" geworden."
Das konnte auch unsere Äbtissin Mary bestätigen. Aber nun genug des Lobes.
Dein Freund und Bruder Famian hat sich die Mühe gemacht und die weitere Geschichte der Abtei dem Buch beigefügt. Somit beschreibt das Buch nun mit kleinen Unterbrechungen eine Zeit beginnend im Jahre 33 (nach dem Tod Jesu) bis zum Ende des dritten Jahrhunderts (dem Anfang des heutigen noch bestehenden Friedhofs).
Der Abtbischof hat schon überlegt, ob eine Abschrift des Buches erstellt werden soll. Das wäre leicht möglich, denn wir haben alle Schriften gesammelt und könnten so eine Neue erstellen. Ein paar Seiten sind auch von dir ins Buch eingeflossen. Sie beschreiben einmal die Suche nach der Gruft und auch deine Schriften.
Gerne würde ich von dir einen Brief bekommen und mit dir in Kontakt bleiben. Bitte gib den Segen Gottes von uns weiter an meine Schwestern und deinen Brüdern.

Deine dich verehrende
Schwester Victoria
Leiterin des Konvents in Corcaigh"

PS: „Ganz liebe und herzliche Grüße, deine Königin Anne, an Dich und deine Begleiter."

Als Patric mit dem Brief fertig ist, überlässt er diesen seinen Brüdern. Nacheinander lesen Evermarus, Alec und Edward den Brief und sie bestätigen die anerkennenden Worte. Evermarus möchte allerdings mehr über das Grab des Jakobus wissen und so befragt er erst Edward:
„Kannst du mir einmal die Geschichte eurer Abtei erzählen?"
Edward bejaht und erzählt ihm alles vom Heiligen Stein bis zur Auffindung der Gruft.
Eine ähnliche Geschichte erhält er auch von Alec. Über den Inhalt von den Schriftrollen erzählen ihm beide etwas, bitten ihn aber, zu diesem Thema noch einmal mit Patric zu sprechen. Evermarus will erst einmal darüber nachdenken und eine Nacht darüber schlafen.

In der Nacht ist er aber sehr aufgewühlt und so beschließt er, aufzustehen um zur Nachtwache zu gehen. Wie jede Nacht läutet auch diesmal Friedrich die Glocken zur Nachtwache und fast vollzählig erscheinen die Brüder und die Laienbrüder zum Gebet. Auch Evermarus lauscht den Worten des Vorbeters und zum Ende ist er so müde, dass er einschläft. Mit dem nächsten Glockenschlag ist das Ende des Gebets erreicht und es schließt sich die Meditation an.

Wer Vieh zu versorgen hat bleibt auf, die anderen können sich je nach Wunsch noch einmal für zwei Stunden hinlegen. So macht es auch heute Patric. Für Alec und Edward ist der Tag schon angebrochen und so widmen sie sich ihrer etwas vernachlässigten Arbeit.

An diesem Tag möchte Patric eine Dankfeier abhalten. Denn das Gebäude des Refektoriums ist fertig, der erste Teil der Klausur. Joseph und Jode haben zugesagt, in den nächsten zwei Monaten noch weitere Teile fertig zu stellen.

In der Predigt und Lesung spricht Patric vom Haus Gottes, das erstellt wurde. Er dankt allen, die hier helfen, ob nun Handwerker oder auch nur Fahrer eines Fuhrwerks. Alle sind wichtig und jeder erhält aus Dank etwas zusätzlich zu seinem Lohn. Nach einem Mahl im neuen Refektorium beschließt Patric, zum Engelsdorf zu gehen. Begleitet wird er von Evermarus und dieser sagt:

„Ich habe den Brief gelesen und mich mit den Brüdern Alec und Edward unterhalten. Ich möchte etwas mehr von Jakobus und seinen Reisen wissen."

Noch bevor Patric loslegen kann mit seiner Erzählung zu den Reisen, erreichen sie das Dorf und werden von dem auf sie zu rennenden Karl Martell jäh unterbrochen. Stolz ruft er:

„Ich habe ihn fertig! Schwester Hillary hat gesagt, es ist kein Fehler drin."

Den Brief hat er natürlich nicht dabei, sonst wäre dieser sicher schon stark ramponiert. Mit Albert und Wilhelm hat er schon abgesprochen, den Brief nach Iuliacum zu bringen. Dort kommen immer wieder Boten vorbei, die Briefe kreuz und quer durchs Frankenreich bringen.

Nachdem Patric den Brief bei Anna in Augenschein genommen hat lobt er den Knaben. Anschließend stimmt er mit den Brüdern und Schwestern das weitere Vorgehen ab. Karl Martell darf mit Albert und Wilhelm den Brief an der Furt abschicken. Alleine soll der Junge nicht dorthin reiten. Dafür ist er eine zu wichtige Person für das Frankenreich und sollte ihm etwas zustoßen, dann hätte dies Konsequenzen. Albert und Wilhelm werden auf ihn aufpassen und ihn beschützen. Kurze Zeit später sind drei Reiter im schnellen Galopp mit dem Brief zur Furt unterwegs.

Endlich hat Patric Zeit und kann Evermarus die Geschichten der Reisen vom Apostel Jakobus im Kräutergarten erzählen. Evermarus berichtet ihm danach von gotischen Freunden, von ihnen hatte er schon einmal etwas Ähnliches gehört. Jedoch eine Angabe über Galizien in der westlichen römischen Provinz war nie dabei. So kam eine Reise oder Pilgerschaft für ihn nicht in Frage. An so eine Pilgerreise hatte auch Patric noch keinen Gedanken verschwendet und die Reise zur Mosea war noch nicht lange her.

Auf dem halben Rückweg erinnert sich Patric an die Blätter, die er vom Bischof Numerianus in Augusta erhalten hatte. Diese muss er noch an Friedrich weitergeben. Evermarus bietet ihm an, ihm diesen Weg abzunehmen und nimmt die Blätter mit den Liedern. Bei der Durchsicht fällt ihm ein Text besonders auf. Er erkennt den Namen Wulfila und er überlegt, da war doch was! Hatte er nicht in der Abtei an der Mosea den Namen gelesen?

Nach kurzer Zeit erinnert er sich und weiß wer Wulfila ist. Ein christlicher Gote! In dem Text stand, dass er ein Theologe war und er hatte Teile der Bibel ins Gotische übersetzt. An einer anderen Stelle hatte er gelesen, das Wulfila später auch zum Bischof ernannt wurde. Der Ort war Terwingen oder so ähnlich. Das wiederum wusste Evermarus nicht genau. Nun, hier war noch eine Abschrift eines Textes.

So liest er den Text:

Atta unsar, thu in himinam,
Weihnai namo thein.
Quimai thiudinassus theins.
Wairthai wilja theins, swe in himina, jah ana airthai.
Hlaif unsarana thana sinteinana gif uns himma daga.
Jah aflet uns thatei skulans sijaima,
swasswe jah weis afletam thaim skulam unsaraim.
Jah ni briggais uns in fraistubnjai,
ak lusei uns af thamma ubilin.
Unte theina ist thiudangardi jah mahts
Jah wuthus in aiwins,
Amen

Leider konnte Evermarus nicht gut gotisch, aber er glaubte den Text zu kennen.

Nun war er unterwegs zu Friedrich, um ihm die Blätter mit den Liedern zu übergeben. Nach der Information von Alec ist Friedrich unterwegs und so suchte er ihn. Das Blatt mit dem gotischen Text behielt er unter seiner Kutte.

Auf der Suche hatte er einen Einfall. Er ging nochmals zurück. Man hatte ihm erzählt, dass die Schwestern viele Sprachen können. Er war sicher, dass sie ihm helfen werden.

Gleich am Eingang traf er Anna.

Sie schaute darauf und war wie vom Donner gerührt.

„Woher hast Du das?"

„Aus Treverorum!"

„Es ist das „Vater unser", wunderschön ausgedrückt und sehr gefühlvoll in der Sprache der Goten geschrieben."

Anna rief gleich ihre Mitschwestern, um ihnen dieses Blatt zu zeigen. Dann sagte sie:

„Das ist eine sehr alte Schrift und bestimmt wertvoll, zumindest für uns und die Geschichte."

Jetzt wusste es zumindest hier jeder. Er wird es Patric geben müssen.

Nach nicht einmal einer halben Stunde hatten sie die Furt an der Rur erreicht. Das Pferderennen hatten Albert und Wilhelm den Jungen gewinnen lassen. Als erstes reitet Albert vorsichtig durch den Fluss, dann Karl Martell und schließlich Wilhelm. Hier im Ort hatte der Junge die Anweisung, nicht zu sagen wo er herkommt und erst recht nicht wer er ist. Das sollte hier nicht breitgetreten werden. Den Brief geben sie einem der fränkischen Boten, der in Richtung Mosea unterwegs sind. Von dort wird er wohl nach Divodurum weitergeleitet werden. Der Junge wollte sich noch ein wenig umsehen und so reiten sie noch eine Weile an der Rur entlang bis zu einer „Alten Motte". Das war eine Art Holzburg auf einem Hügel. Für leichte Angriffe war man so gut geschützt. Auf dem Rückweg fielen ihnen ein paar schwer bewaffnete Reiter auf. Während der Junge diese sorgfältig betrachtete, versuchten die beiden Mönche, diese nicht wahrzunehmen.

Stattdessen warfen sie sich gegenseitig einen warnenden Blick zu. Der Vorgang war aber schnell vergessen und so ging es ab der Furt wieder im schnellen Galopp auf einem Pfad zum Hof der Schwestern. Natürlich gewann Karl Martell auch dieses Rennen. Dem Jungen war aber sofort nach der Ankunft aufgefallen, dass Albert nicht da war und erst wesentlich später eintraf.

Albert war auf halbem Weg zur Abtei abgebogen und hatte den Vorgang dem Mönch Lukas gemeldet. Nach einer kurzen Absprache mit Patric machten sie sich auf dem Weg, um zu sehen, wohin die bewaffneten Reiter ziehen. Natürlich hatte Lukas seinen Langbogen dabei, den er möglichst unauffällig verdeckt mitführte.

Die Meldung von den Reitern in Iuliacum hatte die Alarmglocken bei Martel geweckt. Er hatte mit Patric vereinbart, dass Karl sich auch schnellstmöglich zum Hof der Schwestern begeben solle.

Mit einem Karren und dem Nötigsten war er aufgebrochen. Sollte die Lage brenzliger werden, dann würde Friedrich die Gruppe ins Vichttal begleiten. Karl Martell würde man sagen, dass es auf die Jagd gehen würde und er mitkommen darf. Das hatte man ihm versprochen, wenn er fleißig mitarbeiten und lernen werde. In Wirklichkeit gab es einen anderen Grund. Den brauchte der Junge nicht zu wissen. Für ihn sollte im Vordergrund die Belohnung und damit der Ausritt stehen.

Für Lukas war es nicht schwierig, die Reiter ausfindig zu machen. Bereits in Marcodurum hatte er sie erreicht und nun wollte er nur noch herausfinden, was diese Reiter hier wollen und im Schilde führen. Dafür hörte er sich unauffällig bei den Händlern um und er gab vor, etwas zum Essen kaufen zu wollen. Oder er fragte nach einem Schmied für sein Pferd. So folgte er den Fremden bis er wusste, was sie vorhaben und zu wem sie gehören. Noch bevor es dunkel wurde, machte er sich eilig auf den Rückweg. Er schaffte es gerade noch rechtzeitig zur Komplett in die Gemeinschaft und hier konnte er das, was er erfahren hatte, im Kreuzgang an Patric weitergeben.

So sagt er:

„Es sind königliche Reiter und sie gehören zu Pippins Männer. Sie begleiten Plektrudis."

Sie ist die erste und legitim verheiratete Frau von Pippin, dem Herrscher von Austrasien, dem östlichen Gebiet des Frankenreichs.

17   Königlicher Besuch

In der Abtei zur Aue hatte man erfahren, dass der Abtbischof bereits die heimatliche Insel verlassen hatte und sich schon auf See befinden müsste. Das war für Patric der Anlass, möglichst viele Gebäudeteile fertig stellen zu lassen. Nun galt es alles daran zu setzen den Klausurbereich zu vollenden. Zumindest sollte es von außen so aussehen.

Am Nachmittag erreichte ein Brief die Abtei zur Aue. Er ist von Suitbert aus Werth. Er bedankte sich für die Hilfe und die Ziegel, die sie hier sehr gut gebrauchen konnten. Zum Jahresende würde er ein paar seiner Brüder übersenden. Die dann eine Zeitlang hierbleiben sollten und sich in den Gebetsstunden einbringen werden.

Eine weitere Nachricht wurde ihnen aus der „Alten Motte" überbracht. Darin bat Plektrudis, hier vorbeikommen zu dürfen und zu nächtigen. Der Brief sollte bestätigt zurück nach Divodurum gehen. Dort hielt sich die erste Frau von Pippin auf. Evermarus gab zu bedenken, dass sie für Frauen aus dem Königshaus kein standesgemäßes Lager anbieten können. Das wurde entschuldigend in der Antwort des Briefes dargelegt und zur Wallburg geschickt. Ein Besuch wäre aber möglich, ließ Patric mitteilen.

Zur gleichen Stunde in Divodurum

Hier war Plektrudis im Streit mit Chalpaida aneinandergeraten. Plektrudis hatte schon immer gesagt, dass die Arbeit am Hausmeier Pippin hängen bleibt und er eigentlich der wahre König sei. Pippin hingegen wollte keine Abspaltung von Austrasien vom Frankenreich und hielt sich so an das Bündnis des gesamten Reichs. Alles andere wäre eine Schwächung „Aller" im Frankenreich.

Der Streit ging aber eigentlich um die mögliche Nachfolge von Pippin dem Mittleren. Plektrudis wollte das Recht für ihre beiden Kinder Drogo und Grimoald durchsetzen und sichern. Das wäre aber für den Sohn von Chalpaida ein Nachteil. Damit würde Karl Martell herabgestuft, wenn nicht gar aus der Rangfolge ausgeschlossen.

Da man sich nicht einigen konnte, hatte Plektrudis beschlossen, nach dem Sohn von Chalpaida suchen zu lassen. Was immer sie im Schilde führte, sie benutzte dazu alle ihre Bediensteten und hatte sogar heimlich einen

Preis ausgelobt. Einen Hinweis erhielt sie von einem Kurier vom Rhenus. Er hatte einen Brief mit einem Siegel gesehen und dieser lies vermuten, dass er von Karl Martell sein könnte. Den Brief selber hatte man nicht in die Hände bekommen und nun war die Suche nach dem Absender ausgebrochen. Systematisch suchten ihre Reiter einen Ort nach dem anderen im Gebiet des Gaus von Iuliacum ab. Dabei zog sich das Netz immer enger zusammen.

In der Abtei war man aufgrund der Gerüchte sehr vorsichtig geworden. Der junge Karl wurde immer von einem seiner Aufpasser beschattet und behütet. Dies fiel den Brüdern Albert und Wilhelm recht leicht, konnten sie doch den Jungen mit Aktivitäten des Rittertums ablenken. Für gute Leistungen beim Lernen des Lesens und Schreibens rückte er einer Belohnung, einem Jagdausflug immer näher. So war der Junge emsig mit dem Erlernen der neuen Sprache unter Anleitung von Schwester Hillary beschäftigt.
Täglich wurde er von verschiedenen Schwestern unterrichtet und je zweimal kamen Evermarus und Patric in der Woche zum Einsatz. Während Evermarus dem Jungen die „Heilige Schrift" lehrte, erhielt er von Patric Unterricht in Latein. Ziel war es, dem Jungen ein möglichst breites Wissen mitzugeben. Die Frage, die sich Bruder Patric stellte:
„Wie lange können sie es geheim halten, dass sich der Junge von Chalpaida in der Nähe aufhält."
Bei einem Rundgang auf dem Klostergelände zeigt ihm Jode und Joseph die Fortschritte. Einige Mauererarbeiten sind noch nötig und dann könnten sie den Dachstuhl, der bereits fertig im Hof liegt, aufsetzen. Schindeln sind sicher auch in ausreichender Menge vorhanden. Lobend äußert sich Patric immer wieder über Jode und Joseph. Das alles war aber nur möglich dank der vielen Handwerker, die den Weg hierhin gefunden haben.
Bruder Jode sagt:
„Wir werden es bis Ende Oktober schaffen, den Klausurbereich zu überdachen."
Sichtlich erleichtert nimmt Patric dies zur Kenntnis, denn damit wären auch alle in der kalten Jahreszeit geschützt.
„Sollte etwas fehlen, dann müssen sich die Brüder Alec und Edward darum kümmern."
Dann dachte er:
„Warum kümmere ich mich um solche Dinge? Habe ich nichts anderes zu tun?"

Irgendwie ärgerte er sich über sich selber, bisher lief auch alles wie von selbst. Warum sollte sich das ändern? Nur weil er nun wieder zurück war? Er nahm sich vor, sich in Zukunft nicht mehr um jede Kleinigkeit zu kümmern!

In der Gebetsstunde saß Edward neben Patric und er schob ihm das Aufgeschriebene von Bruder Lukas zu. Patric steckte es ein und würde später nachschauen. Nach der Gebetsstunde liest er, dass sich der Junge Karl in Gefahr befindet, sollte ein weiterer königlicher Reiter hier auftauchen, muss gehandelt werden.

Der nächste Morgen begann neblig und feucht und die Sonne hatte es schwer, sich durchzusetzen. Schon seit dem frühen Morgen waren Alec und Edward Im Auftrag von Patric zum Engelsdorf unterwegs. Sie sollten sich erkundigen, was dies zu bedeuten hat und wie ernst die Lage ist. Als sie dort angekommen waren, suchen sie die Brüder auf.
Die erste Frage von Edward war:
„Von welcher Bedrohung ist die Rede?"
Hier antwortet ihm Lukas:
„Mein gestriger Ausflug bis nach Marcodurum hat mir gezeigt, dass man nach Karl Martell sucht. Warum kann ich nicht genau sagen! Aber es wird nichts Gutes sein. Die Suche wird von der Fürstin Plektrudis betrieben. Das ist die erste Frau von Pippin. Ich kann mir nicht vorstellen, dass sie etwas Gutes für den Jungen will. Damals, bevor ich Mönch wurde, versuchte sie auch alles, um an die Macht zu kommen. Ihr sind dabei alle Mittel recht. Alle!"
Das betonte er so sehr das Alec fragt:
„Was sollen wir tun?"
Albert erwidert:
„Wir müssen auf jeden Fall vorsichtig und gewappnet sein und den Jungen schützen. Oft ist in der Vergangenheit ein Nachfahre oder ein Konkurrent umgebracht worden. Wir werden weiter auf den Jungen aufpassen und wenn es gefährlich wird … dann gehen wir auf die Jagd. So ist es vereinbart!
Das könnt ihr Patric ausrichten. Er weiß dann was gemeint ist."
Mit dieser Aussage gehen die Brüder Alec und Edward zurück und unterrichten Patric. Er bestätigt dieses Verhalten im höheren Adel und sagt:
„Es ist schon so mancher Thronfolger in jungen Jahren plötzlich verstorben. Später fand man heraus, dass er getötet wurde."

An diesem Tag geschah nichts mehr und alle Arbeiten wurden ohne Unterbrechung weitergeführt.

Auf dem Oceanus Britannicus

Die drei Kapitäne waren unterwegs und an Bord hatten sie den Abtbischof Eochaid aus der Grafschaft Corcaigh und die Äbtissin Mary aus Midsummer. Sie waren auf dem Weg zum Delta des Rhenus und von dort wird es weiter flussaufwärts gehen. Von Percy hatten sie erfahren, wie sich hier alles entwickelt. Somit konnten sie davon ausgehen, dass Patric seine Sache gut macht. Begleitet wurden die Leiter der Klöster von zwei Schwestern. Diese hatten sich entschlossen, hier auf dem Festland zu bleiben. Es waren keltische Bekannte von Ruth und Esther.

Die See war ihnen gewogen, denn sie kamen schnell und ohne viel Wellengang voran. Percy und seine Freunde hatten bereits vor einigen Tagen den Golf von St. Malo hinter sich gelassen. Dort mussten sie erst noch ihre Geschäfte erledigen und einen Brief von Famian für das Kloster auf der Insel Mont Tombe abgeben. Der Brief war der eine Teil, der weit Wichtigere war die Schenkung einer Reliquie. Das war ein Wunsch von Bruder Famian gewesen. Ein später Dank für seine ersten Schritte und seine Ausbildung als Mönch dort.

Dieses Mal hatten sie für die Mönche Wolle dabei. Ein Wunsch von Patric für die Leute hier. Daraus sollte für die kalte Jahreszeit Kleidung hergestellt werden.

Auf der Insel ist die Herstellung eine alte keltische Tradition. Auch die Schwestern beherrschten das Handwerk.

Auf der Rhenus Insel Werth bauten die Leute von Suitbert fleißig an ihrem Kloster. Es waren überwiegend Mönche und Laien-Brüder, denn Handwerker konnten sie sich nicht leisten. Sie suchten immer noch nach einem Weg, wie sie das gelieferte Material in Zukunft bezahlen konnten. Von einem befreundeten Fürsten auf der rechten Seite des Rhenus erhielten sie immer wieder Unterstützung. Sie hatten sich zum Christentum bekannt und wurden deshalb von den anderen mit Argwohn betrachtet.

Aus Gesprächen mit Alec und Edward sieht er die Möglichkeit, vielleicht mit gefragten und gesuchten Hölzern bezahlen zu können. Dafür stellt er dem Fürsten Wolle oder sogar fertige Kleidung in Aussicht. Zumindest kann sich die Abtei schon seit einigen Jahren immer selbst mit Nahrung versorgen. Einen Teil davon war ihr Fischfang mitten im Fluss und rund um die Insel. Eine zuverlässige und nie versiegende Nahrungsquelle auch in den Fastenzeiten.

Am Fürstensitz in Divodurum

Plektrudis hatte sich nach den Erkenntnissen entschlossen, das Kloster mit den Missionaren in der Aue persönlich aufzusuchen. Sicher würde dies auch Chalpaida beunruhigen, sollte sich ihr Sohn doch dort oder in der Nähe der „Alten Motte" befinden. Außerdem könnte sie so Pippin ihr Interesse an der Christianisierung zeigen. Von ihrer Seite wäre das ein guter Schachzug, hatte man ihr doch mangelndes Engagement unterstellt. Ihre Kinder hatte sie in die Obhut eines adligen Verwandten von Pippin gegeben. Er müsste so oder so auf diese achten. Trotz des schon gut vorangeschrittenen Tages machte sie sich noch kurz nach der Mittagszeit auf.

Mit einer Eskorte und einer Kutsche war Plektrudis unterwegs und immer wieder traf sie hier rund um Divodurum bis nach Eechternoach fränkische Soldaten.

Heute ist ein guter Tag in der Abtei zur Aue. Nach dem anfänglichen Nebel war kurz nach Mittag die Sonne hervorgekommen. Das war der Anlass für Joseph, den nächsten Teil der Klausur mit einem Dachstuhl zu versehen. Am Morgen hatte er es langsam angehen lassen und die Vorbereitungen in die Wege geleitet.

Mit allen Kräften ließ er erst die wichtigsten Balken hochziehen und anschließend die Längsten. Gegen Mittag ist das Schwierigste geschafft. Die langen Dachbalken waren gut platziert und man machte weiter mit den Balken, die nun quer aufgelegt werden konnten. Kurz vor der Andacht zum Nachmittag war es geschafft. Der Dachstuhl hatte ein komplettes Grundgerüst. Nun waren die Schreiner gefragt, um die Grundkonstruktion für die Schindeln anzubringen. Emsig waren die Hilfskräfte beschäftigt, das Material nach oben zu tragen.

Schwester Anna war auch wieder einmal da. Die Vielbeschäftigte musste sich immer wieder einmal umschauen und den Fortschritt begutachten. Aufgrund des Gedränges im Innenhof hatte sie eine Gebetsstunde bei den Schwestern vorgeschlagen und mit Friedrich hatte sie sich etwas

Besonderes ausgedacht. Ein Chor mit Kindern und den Schwestern. Es sollte ein freudiges Zusammenkommen sein. Für die Brüder eine willkommene Ablenkung.

Für die Laien-Brüder haben Patric und Anna sich etwas ausgedacht. Diese waren aus ihrer Sicht etwas zu kurz gekommen und vernachlässigt worden. Sie hatten die letzten Monate mehr gegeben als eigentlich möglich ist. Besonders hervorgetan haben sich die Urbrüder von Evermarus. Nicht nur dass sie der Gemeinschaft von Anfang an das Laufen gelernt haben. Nein, sie waren auch immer in den Gebetsstunden präsent. Ihnen sollte auch die Wahl der ersten Klausen zukommen, die heute bezugsfertig werden.

Zur Gebetsstunde haben die Schwestern die ersten Oblaten gebacken, eine Tradition aus Midsummer. Diese möchten sie nun hier fortsetzen. Sie freuen sich schon darauf, die Brüder damit zu überraschen. Das Startsignal war das Geläut mit dem kleinen Glöckchen, dass sie sich besorgt hatten. Nach diesem Zeichen stellte sich der Chor auf. Unter Anleitung von Friedrich beginnt der Gesang.

Zum Erstaunen von Patric waren im Chor auch einige neue Gesichter. Er konnte Marlene, Christine, Elisabeth und andere Gesichter erkennen. Sie waren aus den umliegenden Dörfern und wollten hier im Chor mitmachen. Diese sangen lautstark ein Marienlied zum Anfang.

Eröffnet wurde das Gebet von Anna:

„Seid gegrüßt ihr lieben Gäste.

Die Gemeinschaft und der Ort vom Engelshof grüßen euch."

Dann liest sie die Worte aus dem Gotischen vor. Diese hatte sie von Evermarus erhalten.

Dann folgte schon das nächste Lied und man lobte den Herrn für all seine Gaben. Fast schien es wie eine Uraufführung zu sein, dachte Patric. Hatte sich nicht hoher Besuch von der Insel angesagt. Patric wollte es sich morgen nicht nehmen lassen, einige Mönche zur Begrüßung nach Novaesium zu entsenden. Er wollte es dem Besuch seiner Urgemeinde so angenehm wie möglich machen. Natürlich auch mit der Absicht, seine Abtei und das Dorf ins rechte Licht zu rücken.

Nach dem Gesang und nach den Bitten, die von den Schwestern vorgetragen wurden, war er selber an der Reihe. Er liest aus der Schrift die Bergpredigt für die hier Versammelten vor. Weitere Texte folgen von den Schwestern und hier danken sie Gott für die Gnade, die sie in diesem Ort bisher erleben durften. Dann übernahm Anna noch einmal das Wort und sie sprach:

„Herr, wir danken Dir, dass Du uns in Deiner Güte dieses Jahr mit einer reichen Ernte gesegnet hast. Keiner von uns wird in diesem Winter hungern müssen und wir konnten auch schon an die Armen und Kranken einige Gaben verteilen."

Ein Lied zum Dank an den Herren schloss ihren Vortrag ab. Friedrich spielte kurz auf und der Chor stimmte lautstark ein. Nachdem Patric seine Predigt und Hillary das Evangelium vorgetragen hatte, wurde das Brot und der Wein gesegnet. Die Schwestern haben extra frische Fruchtsäfte bereitgestellt und anschließend erfolgte die Verteilung der Oblaten. Sichtlich ergriffen liefen ein paar Tränen bei dem einen oder anderen über die Wangen. Besonders davon ergriffen war Evermarus, der sichtlich mitgenommen nun seine Worte kundtat. Die Feier wurde, wie sollte es auch anders sein, mit einem Marienlied abgeschlossen. Zum Ende zogen die Brüder zurück zu ihrem Kloster.

Der Abtbischof hatte im Rhenus die Insel Werth erreicht und hier wollten sie kurz anhalten. Er hatte für Suitbert etwas von der Insel mitgebracht. Der Kapitän Bottom hatte aus der Grafschaft Corcaigh reichlich Wolle dabei. Das Holz sagte er, würde er auf dem Rückweg mitnehmen. Je weniger Ballast er an Bord hatte, desto schneller würden sie flussaufwärts kommen.

In den frühen Morgenstunden war die Empfangsgruppe aus der Abtei mit Fuhrwerken aufgebrochen. Gegen Abend würden sie dort ankommen und warten bis der hohe Besuch von der heimatlichen Insel kommt.

Die Fürstin Plektrudis hatte ihre Begleiter angetrieben, um schneller voran zu kommen. Bereits am zweiten Abend war es ihnen gelungen, Beda vicus zu erreichen. Für die Strecke hatten sie jede Pause für einen Pferdewechsel genutzt. In diesem Tempo werden sie ihr Ziel die „Alte Motte" am übernächsten Tag erreichen. Ihrem Tross voraus war immer eine Reitergruppe, die alles Nötige organisierten. So nahmen sie bereits reservierte Gespanne anderen wieder weg. Hier zeigte sich, dass diese Reiter keine Rücksicht nahmen.

Allen voran tat sich hier ein Reiter der Fürstin Plektrudis mit dem Namen Rauchscharius hervor. Er war ein gedungener und brutaler heidnischer Mörder ohne Gnade! Der Fürstin hatte er schon manchen Dienst erwiesen. So hatte er mit Ullei van dien Martle einen Aufstand unter den Friis angezettelt und diese hatten dann ein paar Dörfer auf der linken Flussseite abgebrannt. Unter Pippin hatte er auch gedient, war aber von adligen

Heerführern ausgeschlossen worden. Das nagte schon seit langem in ihm. So hatte er sich zeitweise in die Alte Motte zurückgezogen, bis er dieses Angebot der Fürstin erhalten hat.

Auf der Klosterinsel im Rhenus

Für den Abtbischof gibt es keine Eile. Er nutzt die Zeit und redet mit Suitbert. Dieser berichtet dem Abtbischof von der Reise nach Augusta Treverorum. Er vergisst auch nicht zu erwähnen, dass Chalpaida von Patric getauft wurde und nun Ihr Sohn Karl Martell in der Abtei zur Aue unterrichtet wird.

Auch die Äbtissin Mary ist sich sicher, dass ihre Anna von Tessier ihr Bestes gibt. Da sie nichts drängt, beschließt Kapitän Winterbottom, hier vor Anker zu gehen. Bis sie in Novaesium wären, würde es dunkel und dann müssten sie sich dort in der Nähe einen Ankerplatz suchen. Da sie hier nun länger bleiben, hat der Kapitän ein Beiboot ausgesetzt. Einer seiner Seeleute bringt eine Nachricht für die Mönche der Abtei zum Fronhof. Diese wird dann durch einen Kurier eiligst zur Abtei zur Aue übermittelt.

Mit der aufgehenden Sonne im Rücken erreicht ein fränkischer Reiter vom Rhenus sein Ziel und er gibt seine Nachricht ab und reitet weiter. Alan, der an der Pforte sitzt, übergibt sie gleich Bruder Alec. So liest er: „Wir sind gut mit Kapitän Winterbottom angekommen, nehmen uns noch etwas Zeit und werden erst übermorgen bei euch eintreffen!"

Erleichtert macht er sich auf zur morgendlichen Gebetszeit. Heute soll er durch die Gebete führen und er hat sich auf die Mutter des Menschensohns konzentriert. Mit Friedrich gibt es auch nur Lieder über Maria. Es ist leicht, gibt es doch sehr viele Lieder, die ihr huldigen oder sie um etwas bitten. Er hat sich das Thema ausgesucht, als Maria ihren Sohn sucht und im Tempel wiederfindet. So hat er es für die Lesung vorgesehen. Im weiteren Verlauf wird die Suche von Maria dann zur Suche für alle Anwesenden. Dabei lässt Alec bewusst offen, wonach gesucht wird und ob man für sich etwas findet.

In den anschließenden Bitten zum Herrn kommt er wieder auf Maria zurück. Hat sie doch ihren Sohn überallhin begleitet. Nachdenklich gehen alle nach einer halben Stunde an ihre Arbeit. Alec hat inzwischen Patric und Anna informiert, dass sie sich noch etwas gedulden müssen, denn der Besuch von der Insel kommt zwei Tage später.

Durch die Eifel (Arduenna silva)

In Beda vicus sind schon am Morgen die Gäste abgerückt und eilig haben sie sich Richtung Fluss aufgemacht. Wie in den letzten Tagen sind vor dem großen Tross kleine Gruppen unterwegs, um die Reise zu sichern. Das Tempo soll hochgehalten werden, will man doch zügig und überraschend das Ziel der Reise erreichen. Ein Reiter ist aber den anderen im Verborgenen schon eine Tagesreise voraus und er ist auf Nebenpfaden unterwegs. Er hat die Aufgabe, unentdeckt zu bleiben und schnell seine ihm übertragene Pflicht zu erfüllen. Angetrieben von dem ihm versprochenen fürstlichen Lohn wagt er auch einiges, was man normalerweise nicht tun würde.

Währenddessen ist Plektrudis zuversichtlich. Sie kann Dinge versprechen und fördern oder aber verhindern und zerstören. Von Ihrer Laune hängt vieles ab. Wer in ihrer Ungnade gefallen ist, muss mit dem Schlimmsten rechnen. Bereits vor Mittag haben sie die halbe Strecke bis Blancium zurückgelegt und das haben sie nur geschafft, weil sie zwischendurch ein neues Gespann für die Kutsche erhalten haben.

Auf dem Engelshof der Schwester Anna macht man sich Gedanken um die Unterbringung von Mary und Georg. In der Abtei ist immer noch recht wenig Platz und die Quartiere im alten Teil der Abtei sind eher Massenunterkünfte. Deshalb haben die Schwestern das Quartier bei Ihnen angeboten. Damit entspannt sich die Situation in der Abtei etwas. Aber eine zufriedenstellende Lösung ist das immer noch nicht. Ein Gespräch mit Jode und Joseph bringt auch kein Ergebnis. Nur eine Bemerkung von Jode hätte helfen können. Diese lautete:
"Entweder etwas Neues dazukaufen oder ein neues Gebäude bauen."
Für Friedrich war dies kein Problem. Er hat doch das Angebot von Schwester Anna angenommen, im Nachbardorf zu übernachten. So teilt er sich eine Unterkunft mit Albert, Wilhelm und Lukas. Sie mussten aber deshalb eine halbe Stunde früher aufstehen, um zum Gebet zu kommen, was natürlich auch bedeutete, dass sie abends wieder eine halbe Stunde zurück brauchten. Das nahmen sie aber gerne in Kauf. Die Zeit nutzten sie auf dem Weg zum Gespräch über Gott, die Welt und die nächsten Dinge des Tages.
Wer außer ihnen könnte den Schutz des Jungen gewährleisten. Eine Abmachung hatten sie mit Patric getroffen. Es mussten nicht immer alle gleichzeitig zum Abteigebet anwesend sein, was sie natürlich nicht von

ihrer Pflicht entbindet. Die Alternative, die sie hatten, war die Teilnahme am Gebet bei den Schwestern. Diese hatten immer Platz für ihre gern gesehenen Mitbrüder. Auch durften sie im Refektorium an einen ihnen zugeteilten Platz sitzen.

An diesem schönen sonnigen Tag war Karl Martell mit den keltischen Schwestern unterwegs. Sie suchten in der näheren Umgebung nach neuen Kräutern. Nach dem Sammeln müssen sie diese noch trocknen, um sie haltbar zu machen. Auch für ihr Beet wären neue frische heilsam wirkende Kräuter eine Bereicherung. Emsig suchte der Kleine nach essbaren Beeren. Auch hier hatten sie immer ein Augenmerk auf ihn. Der Tag war bereits gut vorangeschritten, als sie eine größere Fläche mit Wildbeeren entdeckten. Diese waren rot und schwarz und sehr süß. Ruth merkte an: „Diese lassen sich bestimmt gut keltern. Das gibt sicher einen schönen leichten Wein."

Esther antwortet ihr:

„Wir müssen uns diese Stelle merken und morgen mit einem Gespann wieder herkommen. Dann können wir die ganze Fläche abernten. Sicher helfen uns unsere Waisenkinder dabei. Auch lassen sich damit schöne schmackhafte Törtchen backen."

Ruth ergänzt:

„Eine keltische Obsttorte oder noch besser einen Früchtefladen."

Der kleine Karl war natürlich auch mit der Ernte beschäftigt, nur mit einem Unterschied, sein Korb wurde nicht voller. Dabei pflückte er schneller als seine beiden Begleiterinnen.

Die Nachricht, dass der Besuch von der Priory zwei Tage später ankommen wird, hat Patric am gestrigen Abend erreicht. Eine kleine Frist, die sie noch nutzen würden. Er hat mit Anna nun doch vereinbart, dass die Schwestern die Besucher aufnehmen werden. Deshalb hatte er auch dort schnell noch einiges ausbauen lassen. Das würde sich nun auszahlen.

Etwa drei Stunden später trifft ein Fuhrwerk vom Fronhof ein. Auf dem Kutschbock neben dem Fahrer befinden sich zwei junge Frauen und sie tragen Nonnenkleidung. Die Größere von den beiden fragt auch gleich nach Prior Patric.

Vom Kutscher erhält sie als Antwort nur ein Achselzucken. Ähnlich wie auf der Fahrt hatte er nur schweigsam das Gespann angetrieben. Während Caitlin die Tochter einer gläubigen keltischen Familie aus dem Süden ist, stammt Aisling ferch Mawddisson, aus einer Familie aus Wessex.

Schon früh hatte Judith ihren keltischen Namen Caitlin abgelegt und nannte sich seit dem Judith. Vor Jahren sind sie als kleine Kinder nach Munster gekommen.

Die Eine sagte dann zu der Anderen:

„Komm, Judith! Alles muss man selber machen."

Was man bisher nicht bemerkt hat, ist beim Absteigen von Judith deutlich zu erkennen. Sie führt einen Langbogen mit sich. Das ist eine alte keltische Angewohnheit von ihr. Sie sagte dann:

„Aisling, lass uns zu dem neuen Gebäude hingehen. Von dort kommt der meiste Lärm."

Mit schnellen Schritten eilen sie zur noch unfertigen Klausur hier auf dem Abteigelände. Noch bevor sie dort ankommen sagte Schwester Aisling zu Judith:

„Hier sind wir richtig. Da hinten geht der erste Mönch und ich glaube, es ist Alec oder Edward."

Sie kannte die beiden von mehreren Besuchen in der Priory. Sie war dort oft als junges Mädchen und Waise und später als Novizin mit anderen Schwestern. Auch hatte sie im Chor der Schwestern mitgesungen. Seit kurzem war sie in Corcaigh bei Victoria gewesen und dort hatte sie Judith, eine Keltin, kennengelernt.

Der Erste, der die beiden Schwestern im Hof stehen sieht ist Lukas. Er ist sich sicher, dass er eine von den beiden aus dem Mainistir von Midsummer kennt. Auf den Namen kommt er aber nicht. Er eilt auch schon auf die Beiden zu und begrüßt sie freudig mit den Worten:

„Grüß Gott! Was hat euch denn hierhergebracht?"

Noch bevor sie antworten sagt er:

„Das ist aber eine schöne Überraschung! Was kann ich für euch tun?"

Aisling ferch Mawddisson erkennt ihn als einen der jungen adligen Mönche vom Festland und sagt:

„Endlich jemand, der sich um uns kümmert. Wir wollen zu unseren Schwestern und der Priorin!"

Lukas überlegte kurz und dachte, habe ich was verpasst und dann antwortet er:

„Ihr meint sicher Anna von Tessier! Sie ist noch keine Priorin."

Die beiden nicken zustimmend. Dann fuhr er fort:

„Sie ist nicht direkt hier! Aber ich kann euch hinbringen. Kommt erstmal mit, ich muss zum Abt. Ich werde euch vorstellen! Das wird eine Überraschung für ihn."

Aisling sagte zielstrebig:

„Natürlich kommen wir mit! Der Abt ist doch Patric oder?"

Er antwortet:

„Ja, Abt Patric! Sein Vertreter ist der Bruder Evermarus. Ein Weiser und Guter hier."

Sie biegen um die nächste Ecke und dort können sie in einer Gruppe Mönche den Abt Patric erkennen. Sie bleiben kurz stehen und lassen Lukas gewähren. Als Lukas die Gruppe erreicht, drehen sie sich zu ihm und er sagt:

„Bruder Patric, dort stehen zwei Nonnen, die zur Priorin wollen."

Patric schaute die beiden an, geht auf sie zu und sagt:

„Ihr müsst Aisling ferch Mawddisson und Judith sein."

Die beiden machen einen höflichen Knicks. Aisling, die Ältere, ergreift das Wort und sagt:

„Ja, wir sind es. Nennt mich nur Aisling, alles andere ist Vergangenheit. Wir würden gerne zu unseren Schwestern hier und der Priorin!"

Patric schaut beide an und sagt:

„Bis zur Insel ist es also schon vorgedrungen, dass Anna Priorin wird."

Er hielt kurz inne und spricht:

„Lukas wird euch hinbringen. Aber eine Bitte habe ich! Anna weiß von der Ehre, die ihr zuteilwerden soll, noch nichts. Sie wird diese vom Abtbischof und der Äbtissin erhalten. Sagt ihr bitte noch nichts davon."

Judith antwortet:

„Ach so ist das!"

Aisling sagt:

„Es soll eine Überraschung, ein Geschenk werden."

Patric bestätigt:

„Ja, so ist es! Sie ahnt noch nichts davon!"

Dann bittet Patric den Bruder Lukas, die Nonnen von der Insel sicher zum Engelshof zu bringen.

„Sag, dass ich gleich nachkommen werde. Ich muss hier noch etwas klären."

Lukas nimmt sich der Beiden an und fragt:

„Wo ist euer Gepäck?"

Aisling antwortet:

„Das ist noch auf dem Schiff und die anderen bringen es mit."

Lukas schreitet voran und sagt:

„Wir müssen etwa eine halbe Stunde gehen, dann sind wir dort."

Aisling schaut Judith an, dann sagt sie:

„Das ist kein Problem für uns. Lass uns schnell gehen!"

Dann erblickt Lukas den Bogen und sagt:

„Ihr müsst eine Keltin sein, wie Ruth und Esther! Das verrät der Bogen im Gepäck!"

Judith schaut ihn von oben bis unten an und fragt:

„Ist das ein Problem?"

Er antwortet rasch:

„Nein, nein! Alles in Ordnung. Ich wollte nichts Falsches sagen! Ich weiß, dass ihr vorzüglich mit dem Bogen umgehen könnt!"

Judith antwortet:

„Dann ist es gut!"

Er erwidert:

„Ich hätte eure Fähigkeiten sowieso nicht unterschätz! Das ist mir nur einmal bei Esther passiert. Aber seitdem sind wir sehr gute Freunde! Echt Gute!"

Judith schaut ihn an und er sagt:

„Ich würde mein Leben immer einer Keltin anvertrauen! Auf Ruth und Esther lasse ich auch nichts kommen!"

Sie waren in der Viertelstunde schon ein Stück vorangekommen. Die ersten Geräusche aus dem Ort waren schon zu vernehmen. Spielende Kinder lärmten in den Häusergassen. Sie waren mit einem der Kinderspiele beschäftigt. Meist spielten sie fangen oder verstecken. Dazu brauchten sie keine weiteren Hilfsmittel. Wenig später sahen sie auch die ersten Häuser, die durch die Bäume hervorschauten. Auf den Wiesen stand einiges an Viehzeug und graste vor sich hin.

In der „alten Motte" bei Iuliacum war man gespannt und Fischarius wartete schon seit Tagen. Eigentlich lautet sein Name Wernus Barus, aber seine Art Fische zu fangen, zu töten oder besser zu quälen hatten ihm einen anderen Namen eingebracht. Er hatte die Angewohnheit, die Fische mit einer Art Hammer zu erschlagen, was ihm oft nicht beim ersten Mal gelang. Meist hatte er diesen nicht richtig erwischt und ein Teil des Fisches war platt wie eine Flunder, wenn sie ihm entkamen. Manche schwammen noch Tage so herum und Angler hatten diese anfangs als Missbildung abgetan. Aber das Rätsel klärte sich, als man einmal einen umgefallenen Korb voller massakrierter Fische entdeckte.

Heute sollte sein Warten belohnt werden. Sein Bruder würde hier in der „Alten Motte" nächtigen.

Um ihn rankten sich geheimnisvolle Geschichten. So soll er einmal einer Tochter eines germanischen Fürsten die Gebeine bei lebendigem Leib abgerissen haben. Ein anderes Mal hat er, so erzählt man sich zumindest, die Männer eines ganzen Dorfes mit seinen Schergen vor den Augen ihrer Frauen und Kindern geköpft. Solche und ähnliche Schauergeschichten erzählte man sich also.

Es war bereits dunkel, als sich ein Reiter vorsichtig der Holzburg näherte. Etwa hundert Schritt vorher saß er ab und ging langsam zu Fuß weiter. Von seinem Bruder wurde er reingelassen und die Hunde begrüßten den Fremden winselnd.

Er sagte nur, er werde sich am kommenden Morgen in aller Früh wieder aufmachen, war seine Begrüßung. Wohin und was er vorhatte, dies sagte er nicht. Am Abend würde er wieder da sein.

Die Freude war riesig bei den Schwestern, besonders aber bei Ruth, Esther und Britannia, als sie schon von weitem den Besuch erkannten. Sie fielen sich gleich in die Arme. Auch die anderen freuten sich über die Verstärkung. Obwohl ihr Kommen bereits angekündigt war, birgt so eine Reise immer ein gewisses Risiko.

Nach der ersten Freude und dem Gruß wendeten sich die beiden aber erstmal zur Leiterin Anna. Das ist Pflicht und gehört zum guten Ton sich hier ordentlich vorzustellen.

Die Schwestern hatten die beiden neuen Nonnen aufgenommen und ihnen die Plätze zugeteilt. Bereits in der Komplett waren sie mittendrin und sie würden heute zum ersten Mal hier nächtigen. Vor dem Abendmahl hatten sich Judith und Aisling bei allen vorgestellt und für morgen hatte Ruth und Esther die Aufgabe, sie hier im Engelsdorf herumzuführen.

Das Mittagsmahl würden sie in der Abtei zur Aue mit den Brüdern einnehmen. Soweit hatten sie den morgigen Tag schon geplant. Auch der junge Karl Martell war ganz interessiert und wollte alles über die neuen Schwestern von der Insel wissen. Was ihm als erstes aufgefallen war, das sich die beiden in einer anderen Sprache unterhalten konnten. Außerdem hatte eine auch einen Bogen. Das hatte er hier bei den Schwestern noch nie erlebt.

Er würde dranbleiben und rausbekommen, was es damit auf sich hat. Es sollte sich lohnen, was er von den beiden Schwestern lernen konnte. Eins war ihm klar geworden. Ruth und Esther kannten Judith von früher, wohingegen Britannia eher Aisling ferch Mawddisson kannte. Ihm war klar, er bekommt es raus und schon war seine Neugierde geweckt!

In Blancium war die Gruppe um Plektrudis eingetroffen. Das Erste, was sie hier erhielt, war ein geheimnisvolle Notiz. Auf diesem steht das geheime Zeichen und daher wusste sie von wem sie die Nachricht erhalten hatte:

„Bin heute in der „Alten Motte". Höre mich um und morgen sehen wir uns bereits, dann werde ich berichten."

Sie war zufrieden und Alles läuft nach Plan. Ab morgen kann sie es etwas langsamer angehen. Nach der Aussage des Kommandeurs würden sie um zwei eintreffen. Dann könne man am Nachmittag an der Furt vorbei noch zur Abtei zur Aue. Dort könnte man sich nach dem „Wundermönch" umhören und diesen kennenlernen.

Die Sonne war bereits aufgegangen, aber der Trupp von Plektrudis war noch nicht unterwegs. Es war nur noch eine kurze Etappe bis zur „Motte" und dafür war keine Eile erforderlich. Wie bisher war sie auf einer gut ausgebauten alten Römerstraße gefahren. Es gab keinen Gegenverkehr. Dieser wurde immer rechtzeitig von ihrer Eskorte zur Seite abgedrängt. So war es in der Oberschicht üblich und damit gängige Praxis. So ging es mit einer konstanten Geschwindigkeit voran. Überholt wurde sie höchstens von einzelnen Reitern, die eine Nachricht mit sich führten.

Auch an diesem Morgen war ein Reiter vorbeigeritten und er hatte einen Brief für die Abtei in der Nähe von Iuliacum. Der Absender war Chrodtrud aus Burgund im südlichen Frankenreich.

Mary und Eochaid hatten das Angebot von Suitbert zur Nachtwache angenommen. Für die Übernachtungen brauchen sie natürlich nichts zahlen und wurden als Ehrengäste betrachtet. Der Abtbischof hatte aber mit Winterbottom abgesprochen, er solle bitte auf seine Kosten eine Lieferung Ziegel übernehmen. Nach dem Morgenmahl bat der Kapitän an Bord. Er wolle zum anderen Ufer übersetzen um die Ziegel zu laden, die sowieso hier hinkommen sollen.

Der Kapitän erzählte viel von der Stadt und Eochaid wollte sich alles ansehen, was es hier zu sehen gab. Bereits etwas weiter flussaufwärts hörte er die Glocken von Novaesium und sie schlugen zehn. Etwas später legten sie an und einige Brüder begrüßten ihn herzlich.

Er erkannte Karl und noch einen weiteren Bruder unter den vielen Laien-Brüdern. Da Karl der Gastgeber hier ist, lädt er die Gäste von der Insel zum Gebet ein und anschließend sollte es in einem Raum, der wie ein Refektorium gestaltet war, ein Mahl geben.

Die Gebetsstunde hielten Eochaid und Mary selber ab und der Gastgeber war jetzt Gast. Karl versuchte sich nachträglich zu entschuldigen, aber Eochaid meinte dazu:

„Ich bin der Ranghöhere und da kann ich doch für meine Schafe ein Gebet sprechen."

Mary lenkte das Thema in eine andere Richtung:

„Lasst uns doch erst einmal essen und trinken. Ich würde gerne einen Rundgang durch Novaesium machen. Ich habe gehört, der Ort ist sehr alt!"

Karl antwortet ihr:

„Gerne, zeige ich euch den Ort. Hier dieses Gebäude, unseren Fronhof, haben wir noch nicht lange. Aber es hat sich bewährt und macht sich schon bezahlt!"

Dann erreichen sie den Saal und die Anwesenden stehen auf. Karl dachte bei sich, das klappt doch gut. Er hatte über Martel den Leuten sagen lassen, dass sie sich ruhig verhalten und auf ihn achten sollen. So ging es während der gesamten Mahlzeitrecht gesittet zu. Als Vorleser hatte er Johannes bestimmt und er lass aus dem Buch Daniel über die Migration außerhalb des Heimatlandes. Karl hatte ihm die lange Version verordnet, damit die Laien-Brüder sich nicht beim Essen beeilen mussten.

Anfangs hatten diese so schnell gegessen, dass man das essen auch in eine Suppenschüssel hätte packen können. Er hatte allen beigebracht, wenn er hustet, dann stimmt etwas nicht. Die Brüder sollten ihn dann anschauen, damit der Eine feststellen konnte, wer gemeint ist. Diesmal musste er nur zweimal husten. Das erste Mal, weil Johannes zu schnell lass und das zweite Mal, weil man sich unaufgefordert unterhielt. Karl war sehr zufrieden. Er wusste, wann Johannes fertig war. Diese Gelegenheit nutzte er, um mit dem Gespräch anzufangen.

„Ich hoffe unsere Lesung hat euch gefallen und das karge Mal hat euch geschmeckt?"

Der Abtbischof erwidert:

„Es ist etwas ungewohnt, aber ich denke, das ist die Mahlzeit die es hier üblicherweise gibt."

Eochaid stoppte im Gespräch und dies nutzte Mary um zu sagen:

„Wer möchte kann natürlich den Tisch verlassen!"

Sie kannte ihren Abtbischof gut, er hätte sie noch sitzen lassen. Aber so war es für ihn in Ordnung. Die Stühle wurden gerückt und der Raum leerte sich. Dann fuhr er fort und sagt lächelnd zu Karl:

„Ihr müsst auf eure Gesundheit achten Bruder Karl. Ihr seid leicht erkältet."

Karl meint, nachdem sich der Raum schon deutlich geleert hatte, zu den beiden:

„Es ist nicht so schlimm!"

Der alte Georg sagt dann:

„Das denke ich auch. Alle haben sich ja auch gut benommen. Sogar ist danach das Lesen wieder langsamer geworden. Ja das haben wir früher auch so gemacht, damit wir nicht auffallen."

Karl wechselt schon die Farbe und Mary beschwichtigt:

„Das ist schon gut so! Es hat alles gut geklappt und das ist doch das Wichtige Bruder Karl. Wir hätten uns da auch unsere Gedanken gemacht. Aber du kennst unseren Abtbischof. Er ist stolz auf seine Söhne. Außerdem sind wir nicht zur Kontrolle und zum Tadel hier! Vielmehr freuen wir uns, euch alle gesund und auf dem rechten Weg zu sehen."

Karl ist erleichtert, obwohl seine Tricks aufgeflogen waren. Dann schlägt er vor:

„Lasst uns durch den alten Ort gehen und ich zeige euch, was es alles zu sehen gibt!"

Sie machen sich auf und zu viert gehen sie durch den Ort. Bottom hat sich entschlossen, mitzugehen. Das war auch völlig in Ordnung. Wann hatte er schon die Gelegenheit und die Zeit, in Ruhe hier durch die Gassen eines Ortes zu gehen. Er wurde doch immer hin und her geschickt mit seinem Schiff.

So konnten sie einige alte Bauten erkennen, eine römische Wehrmauer und ein ebenso altes Gräberfeld. Nach einem Rundgang durch die Stadttore kamen sie nun flussabwärts zurück zum Fronhof. Beeindruckt von der Vielfalt der hier aufeinandertreffenden Kulturen und Völker beschließen sie, heute nicht mehr weiterzureisen. Karl freut sich darüber, dass sie keine Eile haben, wie er sich über den Besuch überhaupt freut und sich fühlt sich geehrt. Für ihn ist es ein Stück alte Heimat. So vergisst er alle Sorgen und er ist sichtlich bemüht, eine gute Figur zu machen. Dabei müsste er wissen, dass der Abtbischof auch mit weniger, viel weniger zurechtkommt und zufrieden ist. Ein zu üppiges Mal wäre in den Augen beider verwerflich.

„Das ist eine gute Entscheidung. Ihr würdet heute nicht mehr ankommen. Morgen ist das einfacher, denn dann fahren Fuhrwerke."

Eochaid nickt nur zustimmend und Mary ergreift die Initiative:

„Ich würde gerne durch die nächsten Gebetsstunden führen und gerne auch noch einen Eindruck von eurem Handel bekommen."

Hier erzählt Bruder Karl ihr alles, was sie und mit wem sie handeln.

Er sagt:

„Uns ist es Recht und eine Ehre, wenn ihr mit uns zum Gebet geht. Vielleicht können wir auch ein Wechselgebet zwischen uns beiden für unsere Gemeinde gestalten."

Das alles ist Eochaid Recht! Benötigt er doch immer mehr Auszeiten. Die Reise hatten ihn doch mehr angestrengt als er sich das vorher gedacht hatte.

Der am frühen Morgen von der Motte aufgebrochene Rauchscharius hatte sich den Ort Iuliacum den ganzen Morgen angesehen und war dann die Rur flussabwärts geritten. Oft wurde er dabei neugierig und abweisend betrachtet. Aber das kannte er von vielen Orten, in denen er schon gewesen war. Auf seinem Rückweg kam er an der Abtei zur Aue vorbei und er fragt hier:

„Könnt ihr mir den Weg zeigen um nach Ascvilare zu kommen?"

Einer der Handwerker antwortet ihm und erklärt ihm den Weg. Beim Wegreiten bemerkt der Handwerker aber, dass er einen anderen Weg wählte. Das ist aber merkwürdig dachte er noch, dann reitet er ja in die falsche Richtung.

Nur kurze Zeit später erreicht ein größerer Trupp Reiter mit einer Kutsche die Abtei und noch bevor einer der Bediensteten das Wort ergreifen konnte rief energische eine Frauenstimme aus der Kutsche.

„Wo ist der Abt?"

Das kam dem Mönch Lukas recht. Er erkannte diese Stimme sofort und ganz übertrieben gemächlich kam er näher zum Wagen.

Schließlich fragt er höflich:

„Gnädige Frau! Was kann ich für euch tun?"

Sie antwortet barsch:

„Das habt ihr doch gehört!"

Er erwidert:

„Ach ja, ihr wolltet zum Abt! Ja der ist nicht hier. Kann ich trotzdem etwas für euch tun gnädige Frau?"

Das mit der gnädigen Frau geht ihr schon jetzt auf die Nerven. Aber irgendwie kommt ihr die Stimme bekannt vor und sie will ja etwas. Deshalb fragt sie etwas freundlicher:

„Habt ihr ein Quartier für uns?"

Er antwortet:

„Wer seid ihr, dass ihr hier ein Quartier einfordert gnädige Frau?"

Sie dachte, jedes kleine Kind kennt mich landauf und landab, nur dieser blöde Mönch nicht.

Sie wird nun ungeduldig und ungehalten, so antwortet sie lautstark und energisch:

„Plektrudis bin ich und jeder weiß, dass ich die Frau von Pippin bin! Dem Herrscher des Frankenreichs."

Er antwortet rasch:

„Ich bin nicht von hier und komme von der Insel im Norden. Es tut mir leid gnädige Frau, dass ich euch nicht sofort erkannt habe."

„Ein Zimmer?"

Er stockt kurz und rief Alec:

„Könnt ihr der Zoffe unsere Zimmer zeigen!"

Er hatte sich grinsend zu Alec gedreht und mit dem Auge gezwinkert! Für Alec war klar, dass Lukas seinen Spaß haben wollte. Der Abt war nicht da und hier würde sich keiner trauen, Lukas zu verpetzen. Doch viele genießen dieses Schauspiel und alle waren gespannt, wie weit er dieses Spiel treiben würde.

Zurück zu Plektrudis gewandt fragt er:

„Wie viele Zimmer benötigt ihr? Mein Bruder Alec wird euch die Zimmer zeigen!"

Alec winkte der Zoffe zu und diese folgte ihm zum Hof. Sofort, als sie den alten Vierkanthof mit der Sammelunterkunft betreten hatte, rümpfte die Zofe die Nase und fragt:

„Riecht das hier immer so?"

Alec erwidert:

„Nein, heute habt ihr Glück."

Anstatt sie über den Haupteingang ins Gebäude zu führen, wählt er den Weg über die Viehställe. Noch bevor Alec eine Tür öffnen konnte, sagt die Zoffe:

„Knecht, ich habe genug gesehen. Wir können gehen!"

Noch bevor Alec etwas sagen konnte, war die Zofe schon aus dem Hoftor geeilt und schimpfte:

„Hier in diesem Drecksstall kann keiner wohnen. Wir müssen zurück reisen zur „Alten Motte". Das ist das Letzte hier."

Die Fürstin sagt dann:

„Heidrun halt deinen Mund. Wir wollen hier Gäste sein!"

Lukas entgegnet dann ganz trocken:

„Das hättet ihr einfacher haben können gnädige Frau. Es tut mir leid, dass ich euch kein königliches Gemach anbieten kann. Der Abt wird heute erst

sehr spät zurück sein. Kann ich etwas ausrichten?"
Er wollte noch gnädige Frau sagen, aber sie antwortet:
„Wir kommen morgen früh wieder! Bestellt das dem Abt. Wir haben dringend mit ihm zu sprechen!"
Dann gab sie ihrem Tross die Anweisung, zurück zu fahren. Sichtlich verärgert wie sie war wurden nun ihre Diener für das Missgeschick verantwortlich gemacht. Der ihnen entgegenkommende Edward hörte schon von weitem, dass jemand fürchterlich schimpfte. Am Banner konnte er erkennen, es muss etwas Höheres hier unterwegs sein.
Ein Reiter kam dem Tross entgegen und er stieg noch während der Fahrt in ihren Wagen ein. Das alles kann Edward sehen und hören, auch das sich heftig unterhalten wurde. Als Edward auf dem Hof der Abtei ankommt, sah er nur noch wie Bruder Lukas im schnellsten Galopp um die Ecke verschwand. Von Alec erfährt er nur, dass er zur Jagd unterwegs war.
So schnell hatte Lukas das Engelsdorf noch nie erreicht. Sein erster Weg führt ihn zu Anna von Tessier. Hier ist auch Patric, der sich mit ihr gerade darüber unterhält, wie sie den Tag gestalten wollen, wenn der Besuch der Insel sie erreicht. Noch während dem Gespräch unterbricht Lukas die Beiden und sagt:
„Wir müssen mit Karl Martell sofort weg! Plektrudis war gerade an der Abtei und ist wutentbrannt abgezogen, weil erstens kein Abt da war und zweitens wir keine Zimmer für sie hatten. Es eilt sehr! Morgen wird sie auftauchen und spätestens dann wird sie wissen, mit wem sie gesprochen hat.
Heute hat sie mich nicht erkannt, aber das fällt ihr sicher noch ein, wenn sie mich nochmals in der Abtei sieht. Sie kennt uns alle Fünf von früher und wir waren nicht nur gute Freunde!"
Patric kennt zwar nicht die ganze Geschichte, aber er weiß, wenn einer der adligen Mönche sagt, es eilt, dann ist es meist schon zu spät. Er erzählt dann noch die ganze Geschichte von der Abtei und selbst der Abt muss schmunzeln und sich zurückhalten. So sagt er mit Blick auf Anna:
„Führt den Plan so aus wie besprochen!"
Es dauert nicht lange, dann machen sich Wilhelm und Albert mit einem Fuhrwerk auf den Weg. Auf dem Bock sitzt Albert und neben ihm ist Karl Martell. Am Wagen haben sie für jeden ein Pferd angebunden. Wilhelm und Lukas kommen mit ihren Pferden nach. Der Junge fragt:
„Wo geht es hin?"
Albert sagt:

„Wir gehen auf die Jagd! Wilhelm und Lukas kommen auch mit. Sie müssen noch etwas erledigen."
Der Junge ist überrascht:
„So schnell geht es los? Ich bin doch noch gar nicht mit der letzten Aufgabe fertig. Das glaub ich jetzt nicht!"
Der Mönch sagt:
„Es kommen so viele von der Insel zu Besuch, da haben die Schwestern keine Zeit zum Lernen. Nun hast du frei bekommen und wir hatten es ja versprochen. Wir gehen auf die Jagd!"
So fuhren sie weiter und der Junge redete ohne Pause und Albert hörte zu. Beim Umschauen konnte er Wilhelm und Lukas erkennen. Die Fahrt ging zügig weiter.

In der Abtei hat sich der Laien-Bruder Jogi-Rafarus davon gemacht. Nachdem der Tross verschwunden war ist auch er verschwunden. Er wollte berichten, was es hier alles in und von der Abtei zum Erzählen gibt. Den Auftrag hatte er schon vor Wochen von Fischarius erhalten. Nun konnte er alles verraten, was man wissen wollte.
Den Tross erreichte er, noch bevor sie bei der „Alten Motte" ankamen. Als die Kutsche an ihm vorbeifuhr, bemerkte Rauchscharius ihn. Er ließ anhalten und fragt:
„Wo warst du heute, als ich da war?"
Jogi-Rafarus antwortet:
„Ich konnte nicht weg. Ich hatte dich zwar gesehen, aber du warst zu schnell weg. Als dann die Kutsche mit dem Banner des Hausmeiers kam, habe ich mich aufmachen können."
„Und?" fragt Rauchscharius.
Dann antwortet er rasch:
„Ich glaub der Junge ist da. Gesehen habe ich ihn nicht, aber hier sind immer ein paar Kinder aus dem Dorf. Da könnte er dabei sein. Manchmal reden die Mönche untereinander und da tun sie sehr geheimnisvoll."
Er antwortet barsch:
„Glauben ist schön!
Wissen sollst du es und nun schleich dich! Komm bloß nicht mehr mit deinem Glauben!"
Nachdem er Jogi-Rafarus rundgemacht hat, ist dieser schnell weg. Rauchscharius ist erst einmal mit sich zufrieden. In der Kutsche geht das Gespräch weiter. Plektrudis ist recht zuversichtlich und sagt:
„Alles spricht dafür, dass der Junge hier ist. Erst die Reise von Chalpaida,

dann der Brief mit dem Siegel und die vielen Gerüchte. Es muss uns einfach gelingen."

Dann fragt Rauchscharius:

„Was soll ich denn mit ihm machen? Töten wäre sicher einfacher, als entführen!"

Die Fürstin Plektrudis überlegt und sagt dann nachdenklich:

„Töten wäre einfach. Aber es könnte dann auf Rache hinauslaufen. Besser wäre eine Entführung, dann hat man immer ein Pfand und Druckmittel. Sollte dann irgendetwas Unerwartetes passieren, dann kann man ihn immer noch töten lassen."

Er sagt dazu:

„Dann entführen wir ihn. Aber wo soll er dann hin?"

Sie antwortet:

„Ich habe da eine Idee! Mir schuldet noch jemand einen Gefallen. Ich werde ihm einen Brief schreiben, sobald wir den Jungen haben. Morgen werden wir erst einmal der Abtei zur Aue einen Besuch abstatten. Du kannst dich ja einmal in der näheren Umgebung weiter umhören und die Orte absuchen. Hatte Chalpaida nicht etwas von Schwestern oder Nonnen gesagt?"

Rauchscharius äußert sich:

„Schwestern oder Nonnen habe ich dort keine gesehen. Aber ich kann ja Fischarius befragen."

Langsam wird es dunkel und sie erreichen wieder die „Alte Motte". Im Gespräch mit Fischarius erfährt er, dass es dort ein Dorf mit Engeln gibt. Damit sind sicher die Schwestern gemeint.

Somit ist der Plan für morgen gefasst. Sobald sie wissen wo der Junge ist, soll dieser entführt werden. Damit hätte Plektrudis ein Pfand in der Hand und könnte Druck auf Chalpaida ausüben. Die Brüder rechnen dann mit einer dicken Belohnung. Rauchscharius hatte sich auch schon einmal etwas bei Plektrudis ausgerechnet, war aber nicht zum Zuge gekommen.

Für die Nacht hatte Lukas eine Übernachtung in der Wildnis vorgesehen. Ihr Ziel können sie durch den späten Aufbruch nicht erreichen. Für Karl Martell ist das alles ein großes Abenteuer und er ist Stolz, dies mit seinen neuen Freunden machen zu können. Sicher sind alle seine Spielkameraden neidisch, wenn er später davon erzählten wird.

Morgen werden sie ihr Ziel, das Vichttal, erreichen. Friedrich hatte ihnen einen Plan gemacht und dort werden sie in einem Landhaus unterkommen. Sollten sie es nicht finden, dann sollen sie nach einem Jägerhof, dem

„Vichter Landhaus" fragen! Es sind einfache Leute, die nicht viele Fragen stellen. Von Friedrich wusste er, dass diese Familie Christen sind und sie sich sicher über den Besuch freuen werden. Hier würde sie niemand finden, zu abgelegen ist es.

Von hier haben sie beste Jagdmöglichkeiten. Später wird Friedrich über einen anderen Weg hierherkommen. Als Ausweichlösung gibt es noch eine Alternative. Dafür würden sie dem Bachlauf aufwärts folgen müssen. Ein Weg, den man nicht reiten kann. Man muss gehen und die Pferde am Zügel führen. Das sollten sie im Notfall aufsuchen und Friedrich könnte sie auch dort finden. Der Ort war eine ehemals vom Eremiten Corneli genutzte Einsiedelei. Von den ersten Fuhren mit Erz war ihnen der Weg und das zweite Ziel bekannt. Morgen wird Wilhelm den Weg beobachten und prüfen, ob ihnen jemand folgt, der irgendwie mit der Eskorte der Fürstin zu tun hat. So war die weitere Reise abgesichert. Nicht einmal Patric kannte den Weg dorthin. Damit konnte sich auch keiner verraten oder verplappern.

18   Besuch von der Insel

Im Hafen am Rhenus

Der nächste Tag begann zeitig mit der Nachtwache, ein Gebet das sonst hier nicht durchgeführt wurde. Eochaid hatte zum Gebet gerufen und die Bewohner des Fronhofs waren dem Befehl gefolgt. Kurz danach legte der Segler ab um flussabwärts zu fahren.

Für die Gäste im Fronhof wurde es nun auch Zeit, denn ein leichtes Gespann wartete um direkt nach dem zweiten Morgengebet und dem Mahl im Refektorium aufzubrechen. Voller Erwartung besteigen Eochaid und Mary den Wagen und aus dem Gespräch konnte man die Freude über das Wiedersehen der Brüder und Schwestern entnehmen. Auf die Frage, wann sie ihr Ziel erreichen, meint der Kutscher, dass sie es zur Andacht am späten Nachmittag schaffen würden. Danach setzte er das Gespann in Bewegung und schnell verlassen sie den Ort.

Zur gleichen Zeit in der Abtei hatte man nach der Nachtwache begonnen überall Fahnen aufzuhängen, um die Gäste zu begrüßen. Wie Patric erfahren hat, wird der Abtbischof und die Äbtissin zur Andacht am Nachmittag ankommen. Mit ihnen kommen auch der Brüder der Abtei. Sie haben alles den Leuten Vorort übertragen und solange Kapitän Winterbottom im Hafen liegen würde, war eh nicht viel los. Den einzigen Auftrag, den sie hatten, waren die Ziegel zu verladen, die dann die Mannschaft zur Insel im Rhenus bringen soll. Alles andere hatte ein paar Tage Zeit, bevor es erledigt werden musste.

Etwas später macht sich Plektrudis auf, um zur Abtei zu kommen. Diesmal wird sie nicht eher gehen, bis sie den Abt gesprochen hat. Sie hat erfahren, dass es ein junger Kerl ist und so hat sie leichtes Spiel, ihn vor sich herzutreiben. Mit ihren beiden Männern für alle Fälle, Rauscharius und Fischarius, würde sie schnell das bekommen, was sie wollte. So ist sie es gewohnt und so war es auch immer. Ihre schlechte Laune hat sich heute in Entschlossenheit umgewandelt. Von ihrer Zofe hatte sie noch heute Morgen die Bestätigung erhalten, dass sie nicht in diesem Drecksloch hätte bleiben wollen. So folgt sie ihren Häschern drei Stunden später. Rauscharius hat diesmal seinen Bruder Fischarius mitgenommen. Er befürchtet, dass man ihn wiedererkennen könnte. Deshalb schickt er ihn vor, die Leute auszuhorchen. Für Fischarius kein Problem, beherrschte er das Thema Einschleimen wie kein anderer. So reiten sie erst zur Abtei, wobei Rauchscharius im Verborgenen bleibt. Fischarius fragt zuerst den erst besten Laien-Bruder aus. Der verweist ihn an die Mönche und so fragt er Alec und Edward:

„Ich benötige Hilfe für meine Frau. Sie liegt zu Hause und rührt sich nicht. Sie erwartet ein Kind. Sie braucht dringend Hilfe!"

Alec und Edward schauen sich an und wissen sofort, dass dies doch nur ein Vorwand ist. Jedem hier ist bekannt, dass man im Engelsdorf für solche Fälle Hilfe bekommt.

Edward antwortet ihm:

„Dann musst du deine Frau zu den Schwestern bringen. Die können sich dann darum kümmern."

Mit dieser Antwort hatte er nicht gerechnet und deshalb fragt er:

„Kann nicht eine von Ihnen zu uns kommen!"

Edward erwidert:

„Das werden sie nicht machen können."

Dann macht er sich auf und geht in Richtung Dorf zu den Schwestern. Unterwegs trifft er Rauchscharius und dieser sagt zu ihm:

„Diesmal muss es klappen, dass eine der Schwestern mitgeht."

Fischarius sagt dann:

„Ich werde es versuchen. Wenn das nicht klappt, werde ich mir die Waisenkinder mal ansehen."

Dann wird Rauchscharius wieder unsichtbar und er wird auf seinen Bruder warten. Fischarius erreicht schnell das Dorf und er schaut sich erst einmal um. Einige Kinder spielen auf einer Wiese und in den Kräuterbeten wird fleißig gearbeitet. Der Fremde wird dann von Britannia angesprochen und sie fragt:

„Was machen sie da?"

Er antwortet:

„Ich suche Hilfe für meine Frau, sie erwartet ein Kind. Auch wollen wir Kinder abgeben, da wir so arm sind."

Sie antwortet:

„Warte, gleich kommt unsere Schwester Anna, die kann euch hier helfen. Sie entscheidet."

Dann fragt er Britannia:

„Was sind das denn alles für Kinder?"

Sie antwortet:

„Das sind alles Waisenkinder. Diese haben wir hier aufgenommen. Nächstes Jahr nimmt auch die Abtei erstmals Kinder auf."

So verstreicht die Zeit, während das Gespräch vor sich hinplätschert und sie kommen an den drei keltischen Schwestern vorbei. Diese arbeiten schweigend. Wenig später erreichen sie Schwester Anna. Britannia entschuldigt sich und das Gespräch übernimmt Anna. Er trägt sein Sprüchlein vor mit der Bitte, zu helfen. Sie antwortet ihm:

„Mitgehen werden wir nicht können, aber du kannst deine Frau und die Kinder herbringen. Wir schauen dann was wir tun können."

Er fragt dann wieder:

„Woher kommen die Kinder denn?"

Sie antwortet:

„Meist hier aus den Nachbarorten oder von helfenden Handwerkern in der Abtei."

Dann sagt er:

„Ich habe mal bei einem reichen Adligen gearbeitet. Er suchte für seine Tochter ein Kloster und für den Sohn eine Schule. Beide sollten etwas lernen."

Anna denkt, davon habe ich noch nichts hier gehört, aber auf der Insel war das so. Sie sagt dann schließlich:

„Sollte er seine Kinder hierherbringen, dann muss er zahlen! Wir nehmen aber diese Kinder gerne auf."

Dann schlägt die Glocke und sie sagt:

„Ich muss in wenigen Minuten zum Gebet, sie können aber gerne mitkommen."

Er überlegt kurz und sagt dann zu. Vorher informiert er noch seinen Bruder und sagt ihm, dass sie die Sache anders angehen müssen. Dieser willigt ein und sagt:

„Wir haben so lange gewartet, dann kommt es auf ein paar Stunden auch nicht mehr an."

Fischarius stimmt dem zu und sagt:

„Bei dieser Gebetsstunde werden sicher alle anwesend sein, die irgendetwas mit den Nonnen zu tun haben. Hier bekomme ich einen guten Überblick."

Damit geht er unbemerkt zurück und stellt sich in einer der hinteren Reihen. Für ihn eine gute Gelegenheit, die Gemeinde zu beobachten und so erhält er einen Überblick. Er ist aber nicht allein, der hier beobachtet. Auch die Schwester Anna kennt ihre Gemeinde und ihr fallen sofort Fremde auf. Besonders wenn sich diese heidnisch verhalten. So wie heute hat sie den kräftigen Mann von vorhin im Blick. Sie kennt sonst jeden hier und dieser fällt ihr durch die Art und Weise besonders auf. Die Kleidung lässt auf eine höhere Position schließen. Sein restliches Verhalten ist eher plump und derb wie ein angeworbener Landsknecht. Vertrauen würde sie so einem Kerl auf keinen Fall. Die junge Schwester Britannia hatte vorher mit dem Fremden gesprochen. Ihr Blick erkennt schnell, dass Anna den Fremden seit einiger Zeit taxiert. Auch Anna hat gemerkt, dass Britannia ihren Blickkontakt sucht und ihr hin und her blicken sagt vieles. Personen wie sie haben eine gute Menschenkenntnis und es bedarf nur sehr weniger Worte, um sich zu verstehen. Sie haben auch gemerkt, dass der Fremde sich sehr auffällig umsieht und sein Blick wirkt suchend.

Nach der Messe ist der Fremde schnell verschwunden. Anna und Britannia finden ihn nicht mehr. Beim Essen erzählen die Schwestern allen, was sie gesehen haben. Für Judith und Aisling ist das alles neu, denn sie kennen die Verhältnisse nicht.

Währenddessen haben die Fuhrwerke vom Hafen die Hälfte der Strecke zurückgelegt und sie sind frohen Mutes, am Nachmittag die Abtei von Patric zu erreichen.

Die fränkische Fürstin ist derweil kurz vor ihrem Ziel und sie wird heute so lange bleiben, bis sie mit dem Abt gesprochen hat. Vielleicht gelingt ihr ja eine gute Vereinbarung und sie ist auch gewillt, ihrem Glück mit Geld nachzuhelfen.

Als die ersten vom Tross auf das Abteigelände einreiten, kommt ganz schnell Leben in den Hof der Abtei. Edward weist den Reitern einen Platz zu und sie erhalten die Möglichkeit, die Pferde auf einer Wiese grasen zu lassen. Dann fährt die königliche mit Bannern geschmückte Kutsche in den Hof. In einem fürstlichen Gewand entsteigt Plektrudis dem Gefährt und präsentiert sich stolz. Sie geht auf den erst besten Mönch zu und sagt: „Wo ist der Abt? Ich möchte ihn sprechen!"

Alec, der sie ja vom ersten unerwarteten Besuch kennt, antwortet ihr: „Das ist kein Problem! Wir gehen gerade zur Gebetsstunde und sie sind herzlich eingeladen."

Sie schaut etwas überrascht und in diesem Moment erklingt die Glocke, die zum Gebet läutet.

„Ihr könnt mir folgen."

Dann lässt er sie stehen und er geht zum Gottesdienst. Diesen halten sie im Klausurgarten ab, denn sie haben gutes sonniges Wetter. Plektrudis steht noch da und als Patric bei ihr vorbeikommt und fragt, ob er helfen

könne, sagt sie fordernd zu ihm:
„Ich möchte den Abt sprechen!"
Freundlich antwortet er:
„Dann müssen sie mir in den Klausurgarten folgen. Sie müssen sicher die Frau vom Hausmeier Pippin, Plektrudis?"
„Ja, die bin ich."
Erwidert sie und er meint:
„Das habe ich mir gedacht! Hier in der Abtei ist gleich eine unserer Gebetszeiten und ihr seid herzlich eingeladen. Für sie ist auch ein Platz zum Mittagsmahl im Refektorium bereit."
Widerwillig folgt sie ihm und fragt:
„Wo ist denn der Abt?"
Er bleibt kurz stehen, schaut sie an.
„Ihr seid doch eine Christin?"
Dann fragt er:
Warum so ungeduldig? Der Abt hat nach dem Mittagsmahl so viel Zeit für euch wie ihr möchtet!"
Irgendwie scheint man sie hier nicht richtig ernst zu nehmen und das würde sie dem Abt nach der Mahlzeit schon noch erzählen. So erreichen sie den Klausurgarten und als sie eintreten stehen alle auf. Sie glaubt, dass dies zu ihren Ehren geschieht und nickt zustimmend in die Runde. Anerkennend denkt sie:
„Es geht doch!"
Der Mönch, der mit ihr geht, zeigt auf einen Platz. Diesen nimmt sie dankbar an. Dann geht Patric nach vorne und sagt:
„Meine lieben Brüder und Schwestern."
Er hält kurz inne und spricht weiter:
„Ich, Abt Patric begrüße euch und ganz besonders unseren Ehrengast Plektrudis. Sie ist gerade eingetroffen und hat sich spontan entschlossen, mit uns zu feiern. Heute gedenken wir allen Aposteln, die mit Jesus gegangen sind."
Dann eröffnet ein Chor unter der Leitung von Friedrich die Gebetseinheit mit einem Lied. Alle die es kennen singen fleißig mit. Es dauert nicht lange, dann hat Patric es heraus, dass die Fürstin eine Heidin ist. Kurzer Hand ändert er seine Lesung und seine Predigt um. In der Lesung spricht er davon, wie Johannes der Baptist im Jordan Jesus tauft. Dann predigt er wie Jesus seine Schafe auf den rechten Weg führte und dass es nie zu spät ist umzukehren. Immer wieder werden zwischen den Gebeten christliche Lieder eingeflochten. Dann kommt es zur Szene des letzten Abendmahls

und es werden die gottgeweihten Matzen an die Gläubigen verteilt. Er bietet der Fürstin eine der Matzen an. Diese nimmt sie irritiert mit der Hand. Im Schlusswort kommt Patric darauf zurück und er fragt sie aus der Sicht als Lehrer:

„Darf ich einem Gläubigen das gebrochene Brot verweigern?"

Er hält kurz inne und antwortet für alle Anwesenden:

„Natürlich nicht! Hat doch Jesus selber gesagt: „Lasset die Kinder zu mir kommen!" Mit den Kindern hat er uns alle gemeint. Wir, die hier sind, gläubig oder nicht, sind alle Kinder unseres Herrn. Unserem einzigen Gott!"

Ein Lied folgt indem man den Herrn lobt und mit dem letzten Ton bittet er alle zu Tisch. Mit lauter Stimme lädt er die Fürstin ein, zu seiner Rechten zu sitzen. Damit erhebt sich die Christengemeinde und für Alec und Edward bedeutet dies, dass sie einen Platz zur Seite rücken. Das geschieht ohne, dass es einer weiteren Erklärung unter den Brüdern bedarf.

Damit es nicht zu einem endlos langen Rücken kommt übernimmt Alec das Vorlesen, welches eigentlich durch den Abt selber hätte stattfinden sollen. Die Buchseite mit dem Thema hat er sich vorher vom Abt geben lassen. Alle sitzen schweigend am Tisch und die Fürstin Plektrudis wagt nicht, das Wort zu ergreifen.

„Hatte nicht der Mönch der sich nun als Abt zu erkennen gegeben hat gesagt, nach dem Mahl würde er, also der Mönch selber, sich Zeit für sie nehmen?" denkt die Fürstin schäumend.

Nun ist das schon fast zwei Stunden her und sie muss sich immer noch in Geduld fassen. Für Patric ist das eine schöne Prüfung, wollte sie doch mit ihrem Befehlston hier das Gespräch erzwingen. So liest Alec die Geschichte vom Sämann und seiner Frucht auf dem Feld. Die Geschichten, wie in dieser Lesung meist sinnbildlich gemeint sind, versteht sie nicht.

„Aber woher soll dies kommen" denkt sich Patric.

„Da ist die zweite Frau von Pippin anders. Sie gab zu, dass sie noch nicht getauft ist. Wie es hier ist oder sich entwickelt, wird sich zeigen."

Als der Abtbischof mit Mary fünf Meilen vor Iuliacum ist, treffen sie auf eine kleine Gruppe Frauen. Die Reisenden auf dem Fuhrwerk hatten sie schon von weitem vor sich gehen sehen. Als das Gespann des Geistlichen sie erreicht, lässt Abtbischof halten und er fragt:

„Wir haben euch nun schon seit zwei Meilen vor uns. Wohin wollt ihr denn?"

Eine der jungen Frauen antwortet:
„Wir gehen in Richtung Rur und dort durch die Furt. Unser Ziel ist ein neues Kloster. Wir haben gehört, dass man dort aufgenommen wird und dem Herrn dienen kann."
Er schaut Mary an und diese sagt:
„Ihr könnt mit uns fahren. Wir haben den gleichen Weg."
So sitzen die Frauen auf mehreren Fuhrwerken verteilt auf und fahren mit.

Das Mahl ist zu Ende und Patric spricht Plektrudis an.
„Nun, ihr wollt den Abt sprechen und ich habe Wort gehalten."
„Ja, das stimmt."
Durch den Mönch, der nun Abt ist und durch das Warten ist sie aus dem Konzept gekommen. Doch sie fährt fort:
„Chalpaida war vor kurzen hier. Was wollte sie denn hier?"
Patric antwortet ihr wahrheitsgemäß:
„Ja, sie war hier und sie hat sich taufen lassen! Nun stellt sich die Frage," er hält kurz inne: „Was wollt ihr hier mit einem derartigen Aufgebot?"
Noch bevor sie antworten kann, wird das Gespräch durch Alec unterbrochen und er bittet Beide in den Hof der Klosteranlage. Hier sind gerade die Leute von Plektrudis damit beschäftigt, sich mit Nahrung einzudecken.
Auf die Frage des Abtes, was denn hier vorgehe, antwortet Bruder Evermarus:
„Die Leute der Fürstin bedienen sich an unseren Vorräten und gehen dabei gewaltsam vor."
Edward ergänzt:
„Man könnte es auch Plünderung nennen!"
Patric schaut Fürstin Plektrudis fragend an und erkennt, dass er keine Antwort erhält. So ruft er den Plündern zu:
„Was soll das? Hättet ihr nicht fragen können?
So hätten wir euch etwas gegeben! So habe ich eine Bitte und fordere alles zurück."
Das Gespräch hat nun eine ganz andere Wendung genommen und die Fürstin versucht zu beschwichtigen:
„Von Plünderung kann hier keine Rede sein. Sicher wollten ihre Leute meinen Leuten nichts zu essen geben."
In diesem Moment tauchen zwei Reiter auf dem Hof auf. Es sind die beiden Mönche Karl und Martel, die aus Novaesium zurück sind.

Erschrocken erkennt die Fürstin die Beiden und für sie werden schlechte Erinnerungen wach. So ergreift Karl das Wort:

„Wir sind schon eine Weile hier und wir haben uns alles erst einmal angesehen. Ich denke, es sah nicht nach Fragen aus, sondern nach wegnehmen. Aber das kennen wir schon von Früher."

Die Reiter der Fürstin sind deutlich in der Überzahl und der Anführer der Eskorte wartet nur auf eine Aufforderung von ihr. Nun ergreift Patric das Wort:

„Ich schlage vor, wir nennen es ein Missverständnis, ihr legt die Sachen wieder zurück und wir beginnen das Gespräch noch einmal neu."

Nach dem letzten Überfall mit den vielen Toten unter den Laien-Brüdern haben diese sich nun von den adligen Mönchen unterweisen lassen. Unbemerkt haben sich nun einige aus dem Vierkanthof mit Langbögen bewaffnet. Zwei Dutzend Schützen stehen nun bereit, ihre Pfeile zu platzieren. Dies war unbemerkt im Rücken der Eskorte geschehen, aber von Karl und Martel beobachtet worden. So äußert sich Martel in Richtung des Hauptmanns:

„Wie ist es nun? Legt ihr alles ab was ihr genommen habt oder sollen wir zwei es holen kommen."

Dabei schob Martel sorgfältig seinen weißen Mantel zur Seite und nun konnte man ein Schwert erkennen. Dies schien den Hauptmann nicht zu imponieren und er dachte sicher, was soll ein kleines Mönchlein schon ausrichten. Dafür brauche ich meine Leute nicht. Er machte schon ein paar Schritte in Richtung des Mönchs als eine weibliche Stimme ihn mahnend warnt:

„Horstusius, versuch es nicht! Ich kenne die Beiden. Sie sind Heerführer von Pippin gewesen."

Dann fordert Martel die Eskorte auf, den Hof zu verlassen.

„Das Besuchsrecht habt ihr gebrochen!"

Über so viel Dreistigkeit ist Horstusius erbost und er will zum Schwert greifen. Noch bevor er gezogen hat ist Martel mit gezogenem Schwert bei ihm und durch zwei Soldaten rammt er den Hauptmann mit seinem Pferd so, dass dieser im hohen Bogen hinfällt und dabei sein Schwert verliert. Dies landet vor den Füssen von Edward. Reflexartig steht er mit einem Fuß auf der Schneide des Schwertes, so dass dieses nicht aufgehoben werden kann. Eilig springt Heidrun, die Zofe der Fürstin, herbei und hilft dem Hauptmann auf. Bei diesem Anblick muss die Fürstin laut lachen und sagt zum Hauptmann:

„Ich hatte dir gesagt, du sollst es nicht versuchen!"

Zu Martel gewandt sagt sie:
„Du hast nichts verlernt. Du bist noch besser geworden. Was für eine Verschwendung, dass du Mönch geworden bist! Du hättest bei mir alles werden können."
Dann sagt Martel zu ihr vorwurfsvoll:
„Wie konntet ihr das zulassen, dass eure Leute sich das nehmen was sie wollen! Unser Bruder Patric hätte euch alles gegeben, damit ihr etwas zu essen und zu trinken gehabt hättet. Selbst den Proviant für die nächsten Tage hätte er euch mitgegeben und das alles ohne zu bezahlen."
Dann sagt die Fürstin:
„Tut was er sagt!"
Die Aktion von Martel und die Rede der Fürstin haben einen solchen Schrecken bei den Soldaten hinterlassen, dass diese sich ohne ihren Hauptmann in Bewegung setzen.

Dann fragt Karl nach der Zahl der Reiter und einer der Knappen erhält die Anweisung, zu bleiben. Der Hauptmann will noch sein Schwert holen, aber Martel sagt energisch:
„Das bleibt liegen! Nun geh oder es gibt noch eine weitere Lektion heute. Der Knappe bringt es gleich mit."
Nun ist der Spaß bei der Fürstin vorbei und barsch sagt sie zur Zofe:
„Heidrun, geh zu den anderen Weibern."
Dann zum Hauptmann:
„Es reicht! Ich hatte gesagt, du sollst es lassen! Ihn wirst du auch mit drei Mann nicht besiegen, auch wenn Martel nur einen Arm benutzen würde. Du hast einfach versagt!"
Darauf schleicht er sich mit gesenktem Kopf davon und die Fürstin denkt:
„Was für ein Versager:"
Lauf sagt sie:
„Was für ein Nichtsnutz! Ich werde einen anderen Hauptmann einsetzen müssen."
Verärgert über die Situation heißt es nun erst einmal Ruhe in die Angelegenheit hineinbringen.
Martel steigt vom Pferd und geht auf den jungen Knappen zu. Dieser ist verängstigt und erwartet eine Strafe für seinen Herrn. Als Martel das Kreuz um seinen Hals erkennt sagt er zu dem Jungen:
„Keine Angst! Ich will nur wissen, was ihr gerne esst."
Der Junge gibt bereitwillig Antwort und dann sagt Martel:
„Esse du dich erst einmal satt. Wir stellen dir etwas zusammen, dies

kannst du gleich mitnehmen."

Dann stellen einige der Brüder Essenspakete zusammen. Es ist so viel, dass die Zofen beim Tragen mithelfen müssen.

Nach diesem Zwischenfall kommt Abt Patric zurück zum Thema und redet mit der Fürstin:

„Chalpaida hat sich von mir taufen lassen, nachdem sie einiges über die Christen wissen wollte."

Er schaut sie prüfend an und dann spricht er zu Ihr:

„Ich denke, ihr seid eine Heidin im christlichen Sinne. Also nicht getauft. Das hinderte mich aber nicht daran, ihnen die geweihten Matzen zu geben."

Sie sagt:

„Das ist richtig und bisher habe ich ein Konvertieren zum Glauben der Christen nicht in Erwägung gezogen."

Dann fährt Patric fort:

„Ihr kennt Karl und Martel aus der Zeit, als sie noch im Dienst von Pippin standen. Nun stehen sie im Dienst des Herrn."

Er wartet kurz und dann sagt er ihr:

„Aber das ist nicht der Grund warum ihr hier seid! Ihr sucht jemanden und dieser ist nicht hier. Ich habe den kleinen Karl Martel kennengelernt. Er ist ein schlauer Junge. Was wollt ihr von dem Kind?"

Sie erwidert ihm:

„Ja, ich suche den Jungen. Aber so wie es nun ist, werde ich dieses Vorhaben aufgeben. Wenn er von seinen beiden Namensgebern Karl und Martel beschützt wird, dann ist er in guten Händen."

Sie hält kurz inne und dann fragt sie:

„Ich würde gerne hier übernachten. Geht das?"

Hier sagt Patric ihr:

„Es tut uns leid, wir haben selbst Platzprobleme. Es geht nicht! Ihr könnt aber jederzeit hier zur Gebetsstunde kommen."

Dann sagt Martel:

„Es wäre besser, ihr kommt beim nächsten Mal nur mit einer kleinen Eskorte."

Dann ergänzt Karl:

„Der Hauptmann wird sich nicht belehren lassen. Bringt ihn besser nicht mehr mit!"

„Für alle anderen war es eine gute Lektion."

Nachdem sich die Lage beruhigt hat, macht sich die Fürstin auf zur „Alten Motte", um dort zu nächtigen. Kaum hat sie den Hof verlassen, machen sich Karl und Martel mit drei der Handwerker, die sie von der Insel kennen, auf und sie reiten bis zur Furt, um den Abtbischof abzuholen. In solchen Fällen hat Patric ihnen immer wieder gesagt, dass sie freie Hand haben und so entscheiden sie, ohne ihn zu fragen. So lassen sich Entscheidungen schnell treffen und damit fahren sie immer gut. Damit sind die fünf unterwegs und sie reiten der Fürstin in einem gebührenden Abstand hinterher.

Auf dem Weg zur Alten Motte

Fischarius hatte das Engelsdorf der Schwestern verlassen um sich mit seinem Bruder Rauchscharius zu treffen. Sie hatten beschlossen es bei dem zu belassen, was sie wissen. Erst werden sie mit der Fürstin absprechen wie sie weiter vorgehen werden.
An der Furt treffen die beiden Gauner beinahe auf die Brüder.
Diesmal hat Fischarius die Mönche erkannt und er sagt zu Rauchscharius:
„Verdammt! Das sind Karl und Martel. Die kennst du doch!"
Rauchscharius antwortet ihm:
„Ja, die zwei kenne ich. Sie waren einmal im Dienst von Pippin. Leg dich bloß nicht mit einem von den beiden an. Die besiegen Bewaffnete auch ohne Waffen."
„Sollten wir sie nicht beseitigen?"
„Ja, aber wie ohne, dass es jemand merkt."
Fischarius sagt dazu:
„Ich weiß, die kennen ihr Handwerk! Die sehen so harmlos aus! Was machen die denn hier an der Furt?"
Rauchscharius hält sein Pferd an und fragt:
„Die bleiben doch jetzt nicht hier stehen? Wir sollten einen kleinen Umweg machen. Sie sollen uns hier nicht sehen."
„Du hast recht! Es würde unseren Plan gefährden."
Unerkannt können sie einen anderen Weg zur Alten Motte nehmen. Da sie etwas schneller als die Fürstin sind, kommen sie mit ihr gleichzeitig an. Hier erzählen sich alle die Geschichte des Tages und der Hauptmann muss Spott und Hohn über sich ergehen lassen. Auch Rauchscharius und Fischarius beteiligen sich an dem Spaß.

Zur selben Zeit tauchen die Fuhrwerke vom Hafen auf. Die leichten Gespanne haben die schweren Fuhrwerke im Laufe des Tages eingeholt und fahren mittlerweile voran. An der Furt war Vorsicht geboten. Unglücklicherweise bleibt das Fuhrwerk mit zwei der mitfahrenden Frauen stecken. Noch bevor die Beiden den Anweisungen des Kutschers folgen können, reiten Karl und Martel zum Wagen. Jeder greift nach einer der Frauen und zieht sie so auf sein Pferd. Für die Frauen sind es Fremde und so haben sie sich geziert. Erst das Zureden der Äbtissin ermutigt sie, die Hilfe anzunehmen. Auf dem Trockenen werden sie dann abgesetzt. Der Fuhrwagen hat es schließlich mit etwas Hilfe geschafft durchzufahren.

Nachdem der Abtbischof und die Äbtissin auch trocken die andere Seite der Furt erreicht haben, ist Begrüßung und Dank angesagt.

„Danke Martel und Karl! Ohne euch wären die Beiden sicher im Fluss nass geworden", sagt Eochaid.

Auch Mary bedankt sich und sagt:

„Ihr seid immer noch die alten Kavaliere. Ihr habt noch nichts von eurem alten adligen Leben verlernt."

Erst jetzt bedanken sich auch die beiden Frauen bei den Rettern. Dann übernimmt Eochaid das Wort:

„Was macht ihr denn hier? Habt ihr auf uns gewartet?"

Dann erzählt Karl die Geschichte und die Geschehnisse um Martel. Währenddessen sind die anderen Fuhrwerke angekommen. Wie sich während der Fahrt herausgestellt hat, möchten die Frauen Novizinnen werden.

Der kurze Weg zur Abtei vergeht wie im Fluge. Lange bevor man die Fuhrwerke sehen kann, begrüßen die Glocken die kirchenfürstlichen Besucher mit ihrem hellen Klang. Sie sind nicht so klar wie die großen und teuren Glocken der Abtei. Sie sind deutlich kleiner, aber sie verkünden Freude, Zuversicht und Glück. Mit jedem Moment kommen immer mehr Dorfbewohner um die Gäste von der Insel zu sehen. Verspätet sind die Schwestern vom Engelsdorf zur Abtei zur Aue gekommen. Beim Empfang begrüßen sie die alten Bekannten. Es fühlt sich an wie eine Ewigkeit und doch sind es nur noch wenige Minuten bis auch der letzte Wagen sein Ziel erreicht hat.

Längst haben die Fuhrwerke die bewaldeten Gebiete verlassen und nun kann man auch die ersten Personen erkennen. Das erste Fuhrwerk ist ein schweres Arbeitsgerät und es ist hier mehrmals täglich mit großen Lasten unterwegs. Auf dem Zweiten sitzen neben dem Kutscher zwei junge Frauen und auf dem Dritten, einem leichten Gespann, sitzen der Abtbischof und die Äbtissin. Hinter ihnen kommt noch ein letztes Gespann mit zwei weiteren jungen Frauen. Anna von Tessier stößt Patric an und meint:

„Es hieß doch das es nur noch zwei Gäste werden kommen. Judith und

Aisling sind doch schon gestern eingetroffen."
Patric schaut sie an, dann wieder zu den Ankommenden hinüber:
„Ja, es sollten nur zwei sein, hat man gesagt und nun sind es sechs Perso-
nen. Ich kann es dir auch nicht sagen was da los ist. Es ist einfach schön
und ich bin sehr glücklich, dass sie heil angekommen sind."
Dann fragt er:
„Ist das denn ein Problem? Du bekommst sie doch alle unter?"
Schwester Anna erwidert:
„Ja, das geht schon, wir bekommen das hin!"
Zu sich selber sagt sie:
„Dann müssen die andern etwas zusammenrücken."
Endlich ist es soweit. Der erste Wagen mit den jungen Frauen hält an und
sie werden herzlich begrüßt. So geht es bis der Abtbischof und die Äbtis-
sin aus ihren Wagen ausgestiegen sind. Ergriffen vor Freude drückt Patric
erst Mary und dann den Vater Abt. Sichtlich ergriffen fällt Patric vor ihm
auf die Knie und es laufen auf beiden Seiten ein paar Tränen über die
Wangen.
„Was für ein Moment", sagen Alec und Edward.
Immer noch läuten die Glocken und es scheint, dass diese nie mehr auf-
hören wollen. Dann spielt Friedrich ein Lied an und die Brüder und
Schwestern singen vereint „Lobet den Herrn". Eine neue Fassung vom
„Te Deum", die Friedrich mit der Schwester Britannia eingeübt hat. Es ist
ein voller Erfolg, so ergriffen ist der Empfang. Fast gehen die vier jungen
Frauen in dem Trubel unter. Aber sie haben die Anweisung von Schwes-
ter Mary befolgt und so folgen sie ihr. Fast wie bei einer Hochzeit, wo die
Brautjungfern der Braut folgen.
Im Klausurgarten ist alles für den Empfang und das Gebet gerichtet. Im-
mer noch singt der Chor und es scheint, dass das Lied unendlich viele
Strophen hat.
Als alle ihren Platz eingenommen haben, singen sie die Strophe noch zu
Ende und der Hausherr eröffnet die Feier:
„Liebe Gäste von den Abteien der Insel, mein lieber Vater Georg und
meine verehrte Schwester Mary, ich begrüße euch und eure Begleitung
auf das Herzlichste und Liebevollste."
Dabei schaut er die vier jungen Frauen an und diese werden aus ihrer
Verlegenheit rot im Gesicht. So viel Aufmerksamkeit und Zuwendung
bekommen sie nicht alle Tage. Dann geht es auch schon mit den nächsten
Texten weiter und hierbei dankt er Gott, dass die Reise so gut abgelaufen
ist.

Dann kommt er zu dem Teil, der nicht mit allen abgesprochen worden ist. Die beiden Ehrengäste kommen nach vorne und sie danken für die Aufnahme hier und auch die jungen Frauen werden nun als neue aufzunehmende Schwestern vorgestellt. Schließlich ergreift Mary das Wort und erklärt allen:

„Wir sind froh, dass wir hier gut angekommen sind. Auf Wunsch des Abtes Patric wollen wir hier diese Klausur einweihen und sie heute offiziell als Sitz der Abtei zur Aue an der Rur aufnehmen."

Sie dankt Patric und überreicht ihm ein neu entwickeltes Symbol ein Fischkreuz. Dann sagt der Abtbischof:

„Das ist unser neues Zeichen, welches wir von den Schriftrollen entnommen haben. Unsere Brüder Martin und Roland haben dann dieses Zeichen für uns gemacht. Es ist das erste Zeichen der Urchristen und das Zeichen des Kreuzes."

Dann verteilen sie dieses Zeichen noch an die hier anwesenden Brüder und Schwestern.

Dann sagt Georg:

„Das Material stammt aus unserem Bergwerk, dem ehemaligen Steinbruch und aus euren Lieferungen der letzten Zeit."

Bisher hatte jeder eines bekommen bis auf die Schwester Anna. Sie hatte dies stillschweigend hingenommen und dachte sicher, es ist eine dieser Prüfungen, die ich bestehen muss. Das Zeichen hatte sie vorher schon bei den Schwestern Judith und Aisling gesehen und hatte schon gesagt, dass sie sich auch eines wünscht.

Als Mary das Wort ergreift und Anna zum Abtbischof bittet, zittert sie etwas. Sie weiß nicht, was jetzt geschehen soll.

Warum sonst bekommt sie kein neues Zeichen, wie alle andern. Dann spricht Eochaid:

„Mein Sohn hat mir von euch berichtet und heute liebe Schwester Anna soll es auch dein Tag sein. Wir verleihen dir den Titel der Priorin und das Anwesen …"

Hier flüstert ihm Patric etwas zu und er sagt:

„Das Dorf der Engel wird zum Konvent erhoben. Bis heute Morgen waren es noch zu wenig Schwestern. Aber der Herr hat uns vier weitere junge Frauen auf dem Weg zu dir geschickt und damit ist die Zahl erreicht, die dazu nötig ist."

Dann überreicht Patric ihr noch eine besonders schöne Kette mit dem Fischkreuzsymbol als Anerkennung. Damit ist der Teil der Ehrung abgeschlossen. Alle umstehenden Schwestern klatschen und umarmen Anna, die nur mit Mühe ihre Rührung und ihre Tränen unterdrücken kann. Auch Mary drückt Anna und wünscht ihr weiterhin viel Kraft und Liebe im Glauben.

Zum Ende der Feier machen sich alle auf, um zum Engelsdorf zu kommen. Hier ist auch das Quartier von Eochaid und Mary. Die neuen jungen Frauen wurden von den Schwestern begrüßt und ein Brief wurde an die neue Priorin überreicht. Aus dem Siegel kann sie entnehmen, dass es sich um etwas königlichem handeln muss. Sicher sind das die angekündigten Novizinnen von Chalpaida. Aber zum Lesen haben sie keine Zeit und sie müssen sich nun beeilen. Der Tag war lang und nun versinkt die Sonne langsam am Horizont.

In der „Alten Motte" geht es hoch her und es wird viel getrunken, zu viel. Selbst die Fürstin kann ihre sonst so gut gehüteten adeligen Umgangsformen nicht beibehalten. Es läuft reichlich Wein und der Hausherr lässt sich nicht lumpen. Ist doch der Wein aus einem der letzten Abenteuer zusammengeraubt. Die Zofe Heidrun, die sonst immer sehr pingelig ist, hat sich seit einigen Tagen mit dem Hauptmann der Eskorte eingelassen. Dieser wird seit dem Vorfall heute von allen gehänselt. Horstusius musste sich unter seinen Truppen schon mehrfach Respekt verschaffen. Da nun einige wissen, dass er nicht mehr der große Held ist und das Plektrudis ihn nicht mehr schützt, wird es immer schlimmer.

Mit dem übermäßigen Genuss des Alkohols fällt auch die letzte Hemmschwelle unter den einfachen Männern und so kommt es zu Handgreiflichkeiten. Gefördert wird das Ganze noch von den recht freizügigen Kleidern der Frauen des Hofes und der weiblichen Begleitung der Fürstin. Während der Hauptmann Horstusius frustriert immer tiefer in seinen Humpen schaut, wird die Stimmung immer ausgelassener. Auch die Rauhbeine Rauchscharius und Fischarius versuchen sich die Zeit zu vertreiben und suchen sich ein williges weibliches Opfer. Hier findet Fischarius gefallen an der Bedienung und er macht ihr eindeutige Angebote. Diesen kann die hübsche üppige Bedienung aber meist geschickt ausweichen. Sie hält sich den übelriechenden und hässlichen Kerl gekonnt vom Leib. Sie achtet darauf, dass immer ein oder zwei Leute zwischen ihr und Fischarius sind. Denn sie will mit einem derartigen Kerl nichts zu schaffen haben. Aus ihrer Tätigkeit kennt sie aber diese Sorte Männer und deren männliches Verhalten. Ihre Erfahrung gibt ihr Recht. Es sind alles nichtsnutzige dreiste Kerle, die nur auf eine günstige Gelegenheit warten, sie anzufassen und zu begrapschen. Das Einzige, was für die ungehobelte

betrunkene Bande interessant ist, sind Goldstücke und ihr Ausschnitt.
Für die Zofe Heidrun scheint dies alles Spaß zu sein. Sie genießt das Um-
schwärmt werden. Sonst ist es in der Nähe der Fürstin immer langweilig.
Längst hat Rauchscharius ein Auge auf die Zofe geworfen oder besser
gesagt in den Ausschnitt ihres Kleides. Hier ist er richtig fündig geworden
und seine Gier hat schon längst mehr in ihm geweckt. Das auch
Horstusius ein Auge auf sie hat, stört ihn nicht, im Gegenteil, das spornt
ihn an. Er wollte schon immer der Hauptmann der Eskorte werden und
den Burschen die Hammelbeine langziehen. So arbeitet er sich Platz um
Platz an sein Opfer heran. Diese fühlt sich von den mündlichen Avancen
des kräftigen ungehobelten Kerls geschmeichelt. Als er sie in den Arm
nimmt, macht Heidrun mit Genuss mit.
Der viele Wein lässt alle Hemmungen schnell fallen.
Einer der Soldaten der Eskorte stößt den dösenden Hauptmann Horstusius
an. Er schaut sich das Treiben erst amüsant an und dann sucht er im Raum
nach seiner Heidrun. Erst sein Nebenmann muss ihn nochmals anstoßen,
bis er langsam die Situation begreift. Jemand ist hier in seinem Revier
unterwegs. Ohne nachzudenken schubst er den Nebenbuhler heftig weg.
Rauchscharius ist aber nicht von der Sorte, sich so etwas gefallen zu lassen. Mit einem heftigen Stoß wirft es den betrunkenen Horstusius um.
Noch etwas benommen liegt er im Raum auf den Rücken und alle um ihn
herum grölen und schreien vor Spaß.
Derartig wurde Horstusius noch nie ausgelacht und so stürmt er auf
Rauchscharius los.
Ein wüstes Handgemenge entsteht und als hätten alle drauf gewartet, entsteht eine derbe Schlägerei. Entsetzt erkennt Plektrudis, was ihre Eskorte
hier treibt. Die Aufforderung, den Kampf einzustellen, hilft nicht. Die
vorher noch grölende Truppe ist nun zum raufenden Mob geworden.
Längst ist das keine harmlose Schlägerei und das Kreischen der betroffe-
nen Frauen ist laut zu hören. Die Bedienung kennt solche Situationen und
hat sich hinter den Tresen in Sicherheit gebracht. Mit einer Weinflasche
wartet sie auf einen Angreifer und ist vorbereitet, sich mit einem kräftigen
gezielten Schlag gegenüber den Besoffenen zur Wehr zu setzen.
Für die weiblichen Begleiter der Fürstin ist das alles entsetzlich und unbekannt. Längst hat ihre Kleidung unter den kräftig zerrenden Händen der
Betrunkenen gelitten. Das Geschrei ist groß. Längst wird nicht nur mit
den bloßen Fäusten gekämpft. Zahlreiche Gegenstände fliegen durch den
Raum. Die beiden Heißsporne haben sich längst aus den Augen verloren.
Horstusius hat einen der Raufbolde von hinten mit einem Schemmel

niedergestreckt und Fischarius, der ausgerutscht war, liegt am Boden und wird von allen betrampelt.

Rauchscharius hat einige Angreifern locker niedergestreckt und sich dann wieder an sein auserkorenes Opfer herangemacht. Er zieht die nur noch teilweise bekleidete Heidrun aus einer schützenden Ecke und fängt an sich mit ihr zu vergnügen.

Trotzdem müssen sie sich immer wieder den gierigen Übergriffen der völlig außer Kontrolle geratenen Eskorte erwehren. Für Rauchscharius ist das nun ein leichtes Spiel, so denkt er. Aber das Handgemenge nimmt kein Ende. Nun stürzte sich Horstusius von hinten auf Rauchscharius. Dieser schüttelte sich kurz und wirft Horstusius wie eine lästige Fliege zu Boden. Kurz bevor er nach Heidrun greift, spürt er gerade noch einen heftigen Schlag von hinten. Schwer getroffen fällt er gegen Heidrun, sein vor ihm auf dem Tisch liegendes Opfer. Hier wäre er gerne ohne den stechenden Schmerz im Rücken gelandet. Nun aber steigt Wut und Hass in ihm auf und er stürzt sich auf seinen Angreifer. Unter heftigstem Gerangel und wilden Attacken erreichte der Kampf nun seinen Höhepunkt. Mit einem jähen Knacken von großen Knochen und einem anschließenden markerschüttern Schrei ist plötzlich Ruhe. Nur das Niederfallen eines schlaffen Körpers unterbricht kurz die Stille.

Entsetzt und plötzlich ernüchtert schauen die Anwesenden in die Runde, denn der Hauptmann liegt tot am Boden. Wie es zu der Gräueltat gekommen ist, kann sich keiner erklären. Aber der Körper des Toten zeigt, dass die Arme gebrochen und der Kopf um einen dreiviertel Kreis verschoben auf dem Körper sitzt. Bei näherer Betrachtung stellte man fest, es muss etwas Schreckliches geschehen sein. Die Erste, die sich fasste, war die Fürstin Plektrudis. Sie betrachtet und bewegt den Körper und erkennt, dass das Genick und noch Knochen des Brustkorbs gebrochen sind. Sie schiebt mit dem Fuß die Beine des Toten auf Seite und sagt ohne Regung in ihrem herrschaftlichen Ton:

„Schafft ihn raus!"

Etwas leiser sagte sie:

„Den brauche ich jetzt nicht mehr rausschmeißen!"

Zu sich selber sagt sie:

„Den Sold habe ich auch gespart."

Etwas lauter schreit sie:

„Räumt auf und geht zu Bett!"

Dann wendet sie sich an ihre Zofe Heidrun:

„Was bist du nur für eine Schlampe! Schau dir an, was du angerichtet hast. Pack deine Sachen und verschwinde!"

Heidrun kann immer noch nicht fassen, was hier geschehen war. Noch immer liegt auch Fischarius am Boden. Er ist noch von einem Schlag betäubt und er hatte viele Wunden am ganzen Körper. Waren doch viele im Kampf über ihn getrampelt und gestolpert.

Einige der Söldner machen sich auf, schleifen den Toten über den blutgetränkten Boden und werfen ihn in den Hof. Was niemand bedacht hatte waren die Wachhunde im Hof, die durch den Geruch des Blutes nun anfangen, sich um die Beute zu streiten. In den Hunden, die tagsüber friedlich vor sich hindösten, erwachen nun die wilden Instinkte und sie werden zu Kampfmaschinen. Sie stürzten sich blutgierig auf das Opfer. Sie zerren und ziehen an allen Gliedmaßen und knurren sich gegenzeitig an.

Noch war Heidrun im Raum und sammelt ihre Sachen zusammen. Ein fragender flehender Blick zu Plektrudis wird nur mit Verachtung beantwortet.

„Diese Möchtegern Adelige ist doch nur eine dahergelaufene Dirne aus einem Heerlager. Kein Stil und sprachlich ungehobelter als eine Barbarin. Die bin ich auch los. Die war ja ohnehin immer träge und faul, also keine wirkliche Hilfe. Aber ich musste sie nehmen, sonst hätte ich Pippin nicht heiraten können. Alles nur Schwachköpfe um mich herum. Pippin muss mir sofort eine neue Eskorte stellen und eine neue standesgemäße Hofdame."

Sie schaut nochmals in die Runde und befiehlt:

„Schmeißt die Schlampe endlich raus. Ich kann sie nicht mehr sehen! Sie tagt zu nichts."

Rauchscharius, der nun meint, leichtes Spiel zu haben, will noch ein letztes Wort für sie einlegen. Er überlegt es sich aber noch schnell anders, da er mit dem Hauptmannsposten liebäugelt. Deshalb greift er auch nicht ein, als zwei Männer seines Bruders Fischarius sie vor die Tür setzten.

Sie fleht noch:

„Gebt mir doch noch meinen Lohn!"

Es ist ein letzter Versuch der Zofe, wenigstens noch etwas Geld zu bekommen.

Die Fürstin schaute auf die noch immer nicht voll bekleidete Heidrun und antwortet:

„Schaut euch an, wie ihr ausschaut und was ihr angerichtet habt. Außer dem Hauptmann sind noch drei weitere meiner Soldaten tot. Wenn wir in Divodurum wären, würde ich euch den Schaden abarbeiten lassen. Dann würdet ihr das Arbeiten aber lernen! Wenn ihr Geld wollt, dann geht zu

den Dirnen an der Furt."
Deutliche Worte die klar stellen, was die Fürstin von ihr hält. Nun zeigt diese, wie sie ihre eigenen Leute abschätzig betrachtet.
Dann sagt sie zu den Bereitstehenden:
„Schmeißt sie raus und macht mit ihr was ihr wollt."
Sie packten sie und überlegten, ob sie die Situation ausnutzen sollen. Sie merkten aber, dass hier Rauchscharius noch durchaus Interesse zeigt. So folgen sie der Anweisung und werfen sie raus. Rauchscharius wollte gleich als Retter hinterher, um so doch noch zu seiner Chance zu kommen. Ihr flehender Blick bringt erstmal keine Hilfe. Sie spürt aber, dass er ihr draußen, wenn sie unbeobachtet wären, helfen würde. So geht sie wie sie ist, blutverschmiert in ihrem zerrissenen Kleid, hinaus.
Draußen war alles still. Jeder der Wachhunde hatte sich einen Knochen des Hauptmanns gesichert und das Fleisch war längst hinuntergeschlungen worden. Es mögen etwa fünfzig Schritte bis zum Tor der Holzburg sein und jeder Schritt fiel ihr schwer. Als der Wachhabende fragt:
„Was wollt ihr?"
Heidrun antwortet nur:
„Fort! Schnell fort von hier!"
Der Wächter erkannte, dass sie nur leicht bekleidet war und witterte seine Chance bei ihr, die ihn sonst nicht mal grüßen würde. Er kann sich auch noch an ihren herablassenden Ton erinnern.
Einer der Hunde hatte nun Witterung aufgenommen und das frische Blut an ihrem Körper gerochen. Knurrend kam er näher. Sie stieß ihn mit einem kräftigen Tritt zwischen die Beine fort, so dass dieser sich laut aufheulend davonschlich. Das wiederum weckte das Interesse der anderen Hunde, die sich schnell näherten und nun ging das Gezerre an der Kleidung der fast nackten Zofe los.
Der Wächter sieht nun die Möglichkeit, als Retter aufzutreten. Nun beeilte er sich schnell von seinem Posten herunter. Die Lage wird bedrohlicher denn nun spürten die Hunde, dass sie heute noch Beute machen können. In der Meute sind die Hunde stark und unberechenbar. Unter dem Gezerre fällt sie zu Boden und nun war die Angriffsfläche noch größer. Wild um sich schlagend und laut schreiend versucht sie sich zur Wehr zu setzen. Der Lärm ist nun so laut, dass nun einige aus dem Anwesen auf den Hof kommen. Unter ihnen ist auch Fischarius, der schnell erkennt, dass hier nicht mehr geholfen werden kann. Der Wächter ist aber bei der Meute und versuchte nun, diese zu verscheuchen, was ihm aber nicht so recht gelingt. Da die Meute ihn anknurrt hat er Angst auch noch selbst

Opfer zu werden, schnell eilt er zurück auf seinen Posten.

Immer noch wehrt sich die bereits schwer verletzte Heidrun mit allen Mitteln, aber es ist vergebens. Im Blutrausch lassen die wolfsähnlichen Hunde nicht mehr von ihr ab. Einige von Ihnen laufen mit abgerissenem Muskelfleisch der noch Lebenden eilig davon, um ihre Beute in Sicherheit zu bringen. Dann geht alles ganz schnell. Ein gezielter Hundebiss in die Kehle und das Wimmern verwandelte sich in ein letztes röcheln. Die Zofe der Fürstin ist tot und das, was noch übrig ist, lässt nicht mehr auf eine junge Frau im besten Alter schließen.

Der Erste, der das Wort ergreift ist Fischarius und er fragt:

„Wer hat denn die Frau nachts aus dem Anwesen in den Hof geschickt? Sie kannte die Hunde doch gar nicht. Sie sind zum nächtlichen Schutz da und fallen jeden an, der unbekannt ist und nachts in unserem Hof kommt."

Niemand antwortete, nur Rauchscharius meint abfällig:

„Dann haben wenigstens die Hunde heute was Frisches zum fressen bekommen."

Damit kehrte Ruhe ein. Nur ab und zu konnte man das Knurren der Hunde vernehmen, die noch ihre Knochen verteidigten. Aber heute hatten alle genügend abbekommen.

Am Morgen sucht Natere, die Freundin von Heidrun, den Hof nach ihr ab. Alles was sie findet, sind ein paar zerrissene Kleidungstücke. Selbst ihre Schuhe sind nicht mehr als solche zu erkennen, die Hunde werden den Rest in ein paar Tagen zerlegt haben. Auch vom Hauptmann ist nicht viel geblieben.

Für die Fürstin Plektrudis geht das Leben weiter, die toten Soldaten werden beigesetzt und der Vorgang ist für alle vergessen. Die Brüder Rauchscharius und Fischarius rechnen sich nun bessere Chancen bei Plektrudis aus. Sie hat zwei Vertraute innerhalb von wenigen Stunden verloren, beziehungsweise entlassen. Ihre Eskorte und die restlichen Zofen sind nicht in der Lage diese Beiden zu ersetzen. Den Raum gilt es nun schnell zu füllen.

19 Nächtlicher Angriff

Am Morgen ist Bruder Jogi-Rafarus zur „Alten Motte" gekommen. Er erzählt Rauchscharius alles, was er nun erfahren hat. Dass der Abtbischof und die Äbtissin in den Räumen vom jungen Karl Martell im Dorf der Schwestern untergekommen sind. Damit war klar, wenn der Junge irgendwo zu finden wäre, dann dort.

Mit dieser Information machen sie einen neuen Plan. Einen Plan, den nur sie beide kennen würden. Davon soll Plektrudis nichts erfahren. Sie wollen erst Ergebnisse liefern. So sagt Rauchscharius:

„Fischarius, wir sollten unsere Mitwisser so gering wie möglich halten. Zu viele können sich auch schnell verplappern."

Sein Bruder Fischarius antwortet ihm:

„Du meinst wir sollten?"

Rauchscharius grinste und nickt zustimmend. Er ergänzt:

„Dann gibt es heute Nacht wieder Hundefutter! Ich werde mich um alles kümmern."

Es dauert nicht lange und Bruder Jogi-Rafarus kommt vom Essen zurück.

„Hat es euch geschmeckt?" fragt Fischarius.

Er antwortet:

„Es war wie immer reichlich! Danke!"

Fischarius nickt ihm zu und sagt:

„Dann ist es recht! Hier ist euer Lohn!"

Freudig nahm er das Säckchen mit dem Lohn. Er wiegt es in der Hand und schaute hinein. Fischarius sagt:

„Es sind dreißig Silberlinge! Wie besprochen! Für gute Arbeit gibt es auch gutes ehrliches Geld."

Dann fragt Jogi-Rafarus:

„Ich brauche ein Pferd, um schnell zurück zur Abtei zu kommen."

Fischarius antwortet ihm:

„Ihr seid ohne Pferd gekommen, dann könnt ihr doch nicht mit einem Pferd dort auftauchen. Nehmt den kurzen Weg hier durch den Wald, dann seid ihr schnell zurück. Euch wird auch keiner sehen."

Für diesen Tipp bedankt er sich und so machte er sich zu Fuß auf, um unbemerkt zur Abtei zu kommen. Mit schnellen Schritten verschwindet der Spion und Gehilfe der Brüder im Wald. Glücklich und um dreißig Silberlinge reicher machte er sich zufrieden singend auf dem Rückweg.

Froh über seinen Erfolg macht sich der Laien-Bruder Jogi-Rafarus auf den ihm empfohlenen schmalen Pfad. Das Säckchen mit den Silberlingen wirft er immer wieder freudig in die Luft und fängt es auf. Dabei pfeift er fröhlich ein Lied und hört dabei den zwitschernden Vögeln zu. Er war nun schon ungefähr fünf Minuten unterwegs, als er einen stechenden Schmerz spürt. Das Säckchen, welches er in die Luft geworfen hatte fängt er nicht. Es fällt nun zu Boden.

Jogi-Rafarus ist überrascht und sinkt in die Knie. Er spürt noch, wie auf seiner Brust eine warme Flüssigkeit herunterläuft. Danach kippt er zur Seite. Sein Kopf hängt schlaff und die Augen sind verdreht. Er schnaufte noch ein letztes Mal, dann war seine Lunge leer.

Langsam und zielsicher nähert sich eine Gestalt. Er ist mit seinem Ergebnis zufrieden. Er hebt das Säckchen auf und sagt:

„Habe ich dich!"

Er steckte es ein. Dann tritt er auf den leblosen Körper und zieht mit einem kräftigen Ruck seine Franziska heraus. Diese war auf dem Blatt mit Blut überströmt. Er streichelt stolz und liebevoll über seine fränkische Wurfaxt. Dann murmelt Fischarius:

„Ein Mitwisser weniger!"

Er nimmt nun einen Sack und fängt an die Kleidung des Toten hineinzustecken. Bis auf die Schuhe, die schon abgetragen sind, liegt die nackte Leiche vor ihm. Dann sagt er:

„Auf Wiedersehen!"

Dabei schlägt er den Kopf mit einem Hieb ab. Diesen steckt er an den Haaren packend mit in den Sack. Das machte er um zu verhindern das man den Toten erkennt falls man ihn finden würde. Er wischt das Blatt der Axt sauber im Gras ab und steckt sie wieder in seinen Gürtel zurück. Danach zieht er die Leiche an den Beinen noch ins Gebüsch.

„Für alle Fälle," murmelt er vor sich hin und dann macht er sich davon und kehrt zurück auf dem Hof. Zu seinem Bruder, der ihm entgegenkommt, sagt er nur:

„Erledigt!"

Dabei schwenkt er deutend den Sack in die Höhe. Etwas später erreicht er den Hof und die Hunde springen ihn begeistert an. Sie kennen ihren Herrn und haben auch das frische Blut gerochen. Aber jetzt gibt es erst einmal nichts.

Sein Bruder Rauchscharius ist bereits unterwegs, um die neuen Informationen zu überprüfen. Er wird nicht lange benötigen um dort anzukommen. Jedoch muss er sich vorerst aber ruhig verhalten.

Im Anwesen der Schwestern machen sich alle entbehrlichen Nonnen zurecht. Sie wollen mit dem Abtbischof und Mary zur Abtei an der Aue gehen, um dort eine gemeinschaftliche Gebetsstunde abzuhalten. Patric hatte sich nach der Nachtwache alleine zum Dorf aufgemacht. Er will den Besuch abholen und gleich diese Gelegenheit nutzen, alleine und ungestört mit Eochaid über einige Dinge sprechen. Oft fehlte ihm hier ein älterer Ansprechpartner, der ihm einiges aus seiner Erfahrung erzählen kann.

Im Verlaufe des Gesprächs über Treverorum erzählt er von den archivierten Abschriften der Beschlüsse von Synoden und Konzilen. So fragt er: „Vater, haben wir in der Abtei auf der Insel auch Briefe über Kirchenversammlungen erhalten?"

Eochaid antwortet:

„Ich weiß, dass es solche Treffen gab. Der Bischof von Cloyne sprach davon. Aber wir haben nie teilgenommen. Sicher sind alle diese Schriften bei dem Brand in der Abtei damals vernichtet worden.

Mit den Bischöfen, die uns vom Festland besucht haben, sprach ich auch darüber. Vor kurzem erhielt ich eine Einladung, vermutlich weil ich jetzt auch Bischof bin. Ich konnte diese aber nicht wahrnehmen, weil der Brief wohl zu spät ankam und der Termin des Treffens schon vorbei war. In der Abtei haben wir aber keine Unterlagen darüber.

Warum fragst du mein Sohn?"

Patric antwortet ihm:

„Ich habe in Treverorum einige Beschlüsse gelesen und auch abgeschrieben. Diese sollt ihr einmal lesen und mir sagen, was es damit auf sich hat. Dort wollte ich nicht direkt fragen!"

Sie erreichen die Abtei und das Gespräch endet. Nun erwartet man sie im Klausurgarten iund dort ist alles vorbereitet.

Auch Plektrudis erreicht den Hof und sie bekommt mit, wie sich einer der Laien-Brüder beschwert. Dieser ärgert sich darüber, dass er nun die Arbeit von Jogi-Rafarus übernehmen muss. Eigentlich ist es schlechtes ungebührliches Verhalten. Das Herumnörgeln darf einfach nicht sein. Vielleicht hat er es aber schon mehrfach angemerkt und es ist nichts passiert. An allen Ecken wird gebaut, erweitert oder erneuert. Hier muss jeder seinen Anteil leisten, sonst geht es nicht.

Weder Patric noch sein Stellvertreter haben bei diesen vielen Vorhaben

Kenntnis vom aktuellen Stand und die Bauleiter kümmern sich nur darum, dass der Bau vorangeht und immer rechtzeitig das Material da ist. Die Beschwerde landet bei Joseph, doch dieser hat ganz andere Sorgen. Über Edward und Alec landet die Information dann bei Bruder Patric.

„Das war nun sicher das dritte Mal?"

Edward erwidert:

„Das war viel öfter. Nicht jedes Mal wurde es gemeldet, die Verspätungen bei Gebetszeiten nicht berücksichtigt."

Patric weiß, er muss jetzt entscheiden und kann nicht wie in der letzten Zeit alles auf die lange Bank schieben.

„Wir entlassen ihn, er ist nicht nur unzuverlässig, sondern bringt auch noch Unmut in unsere Reihen. Mit dem Beschwerdeführer muss ich aber auch noch ein ernstes Wörtchen reden."

Ihm wird klar, dass hier einiges nicht in Ordnung ist und das ist seine Schuld, seinem Stellvertreter möchte er es nicht anlasten. Seine Sorgen betreffen eher die „Glaubensthematik und die Gottesdienste."

Ihm wird klar, er möchte ein Kloster wie auf der Insel aus dem Boden stampfen. Obwohl sich alle mitreißen lassen, hat er nicht mehr den vollen Überblick. Außerdem besteht die Gefahr von Unfällen. Es kommt aber auch stellenweise zu Ermüdungserscheinungen durch Überforderung. Da bisher auch keine Anfragen vom Engelsdorf gekommen sind, nimmt er an, dass alles im Lot ist.

Er hat aber die Verantwortung zu übernehmen, zumindest bis auch dort alles wie in dem Mainistir der Insel funktioniert. Man muss sich nicht überall einmischen, er hat aber auch dort keinen Einblick über die momentane Situation und die Ordnung. Wie schon auf der Insel gesehen kann man alleine mit Beten und Läuten auf die Dauer keine Gemeinschaft führen.

Er erinnert sich auch, dass sein Abtbischof immer und überall aufgetaucht ist. Er hatte aber auch viele zuverlässige Kräfte für die vielen Einzelbereiche um sich, die alle voll ausgelastet waren.

„So etwas muss ich mir hier auch heranziehen" sagt er sich. Er erinnert sich auch, dass Georg, sobald er dienstlich mehrere Tage zum Beispiel außer Haus war, gleich Angst hatte, etwas läuft aus dem Ruder. Priorin Elisabeth und später Mary waren immer hilfreich, das gemeinsame Gespräch tat gut und trug zum gemeinsamen Nutzen bei. Er überlegt:

„Wann habe ich mich mit Anna darüber unterhalten und ausgetauscht? Ich weiß es nicht!"

Er empfindet dies plötzlich als schlimmste Vernachlässigung. Gleich will er dies ändern und neu ordnen.

Während der nächsten Gebetsstunde fängt er damit an. So fragt Patric in die Runde:

"Ist hier jemand, der heute auf den Namen Gottes getauft werden möchte?"

Es meldet sich eine Nonne und dies ist für ihn recht unerwartet. Patric fragt sich:

„Wie kann das sein?"

Alle schauen auf die neu angekommene Schwester Judith und wundern sich. Marys fragender Blick ging zum Abtbischof, als möchte sie die Worte wiederholen:

„Wie kann das sein?"

Fürstin Plektrudis, die wieder zur Abtei gekommen war, kennt die Modalitäten nicht, ist aber gespannt, was sich hier entwickelt.

Judith war vorgetreten und Patric fragt:

„Schwester, wie kann es sein, dass du als unsere christliche Schwester nicht getauft bist, aber das Gelübde abgelegt hast?"

Die keltische Nonne Judith schaut ihn an und sagt schließlich erklärend vor der versammelten Gemeinschaft:

„Am Anfang habe ich es nicht gewusst, da war ich Novizin. Später habe ich mich nicht getraut etwas zu sagen und es hat niemand danach gefragt! Ich möchte getauft werden, davor aber beichten."

Alle sind gespannt. War das nicht anders herum. Selbst Eochaid und Mary warten, wie der junge Abt Patric das Problem lösen wird. Dieser entscheidet dann nach der Devise:

„Ob ich sie erst taufe und dann die Beichte abnehme ist doch gleich, alles geschieht hintereinander.

Würde Gott das vorher sortieren?"

So sagt er ihr:

„Da du in unserer Gemeinschaft bereits aufgenommen bist, soll ich dir nun das verwehren? Nein! Du bist freiwillig zu uns gekommen. Du willst dich freiwillig taufen lassen. Du möchtest deine Sünden bekennen und beichten. So sind sie dir nun vergeben, da du sie offen bereust."

Erstaunt schauen alle in die Runde. Dann lässt er den Täufling nach vorne kommen. Man reicht ihm Wasser und er tauft sie in Namen des Herrn unserem Gott.

Selbst der Abtbischof hätte hier keine schnellere und bessere Lösung gefunden.

Während alle noch in der Runde sitzen, bittet Patric seinen Vater der hier versammelten Gemeinde und auch denen, die nicht anwesend sein können, den Segen zu erteilen.
Ein Lied des Chores beendet diese einmalige Feier.
Direkt nach der Messe spricht Mary mit Patric:
„Wie bist du denn auf diese Lösung gekommen?
Ich fand es genial, denn irgendwie musstest du aus dieser unglücklichen Situation herausfinden."
Er schaut sie an und sagt:
„Konnte ich ihren Wunsch, getauft zu werden, abschlagen? Nein, denn sie ist gläubige Christin!
Wie soll ich ihr die Beichte abnehmen? Also habe ich die Reue und ihren Glauben angenommen. Damit war sie sündenfrei, wie sie es wünschte! Eine Taufe war da die konsequente Folge!"
Er hält kurz inne und sieht ihre Zustimmung:
„Da nun die Fürstin eine Heidin ist, kann sie sehen, wie so etwas ablaufen kann. Ich werde sie aber nicht fragen, ob sie getauft werden will! Das muss von innen kommen!"
Jetzt tritt der Abtbischof hinzu und spricht zu den beiden:
„Das war doch eine schnelle Lösung! Hätten wir vorher nicht eine Taufe prüfen müssen?"
Er schaut Mary und antwortet selber.
„Egal! Nun ist sie getauft und wir schauen nach vorne! Letztendlich stimmte die Reihenfolge nicht. Aber wo steht dies in der Schrift?"
Dann klopft er seinem Schüler anerkennend auf die Schulter.
„Eine schnelle und saubere Lösung!"
Patric wird anderswo gebraucht und Evermarus kommt in die Runde:
„Habe ich nicht einen guten Abt?
Wie hätte unser spezieller Freund Villibrod wohl entschieden?"
Das Gespräch geht weiter und will nicht enden.

Genau zur gleichen Zeit trifft Karl auf Plektrudis und er fragt:
„Wie geht es eurem Hauptmann, wie hieß er noch?"
Sie antwortet:
„Ihr meint Horstusius? Er ist nicht mehr Hauptmann! Wollt ihr nicht Hauptmann werden oder ist euch das zu wenig?"
Er erwidert:
„Ich bin zufrieden hier! Wer hat schon so einen Fürsten wie ich, dem er dienen kann."

Dann stellt Karl fest.

„Eure Zofe ist auch nicht dabei!"

Plektrudis antwortet ihm:

„Heidrun hatte ein Verhältnis mit dem Hauptmann! Deshalb habe ich sie nach dem Vorfall gestern entlassen müssen. Entweder dient sie mir oder sie heiratet, beides geht nicht! Wo käme man hin, wenn jeder das macht was er will."

Da antwortet er:

„Seht ihr, darum bin ich nicht der richtige Mann. Aber Bruder Martel ist auch nicht der Richtige!"

Auf dem Rückweg kommt Patric zu seiner alten Gesprächsrunde zurück und er gibt dem Abtbischof die Notizen, die er in der Bibliotheca an der Mosea abgeschrieben hat und sagt bei der Übergabe:

„Das sind die Abschriften von einigen Konzilen, über die wir gesprochen haben!"

Der Abtbischof erwidert:

„Ich werde dir morgen etwas dazu sagen!"

Dann stellt Patric eine Frage an Mary:

„Wie weit ist denn der Bau der Marienkirche?"

Sie antwortet ihm:

„Mein Baumeister Peter ist sehr gut und er kommt schnell voran. Wenn er solche Ziegel hätte wie ihr hier, dann wären wir schon viel weiter. Aber wir sind sehr zufrieden und er hat noch einige Änderungen gemacht!"

Patric erwidert:

„Das sollte eigentlich mein Abschiedsgeschenk zur Abreise werden. Nun habe ich aber von Karl vernommen, dass diese schon an Abt Suitbert gegangen sind. Nun arbeitet Johannes an einer neuen Lösung, euch die Steine noch vor der Rückreise mitzugeben."

Sie schaut etwas verlegen, aber er sagt:

„Euer Wunsch wird trotzdem, ob so oder so, erfüllt. Bruder Johannes wird schon dafür sorgen."

Dann fragt sie:

„Wo ist denn eure Kirche?"

Da hat sie den Nerv getroffen und Patric sagt kleinlaut:

„Wir haben hier noch keine!

Wir haben hier einen alten Bauernhof vorgefunden und bezogen. Durch die vielen Helfer wurde bereits viel Neues angebaut, sodass wir alle wichtigen Räume, die ein Kloster braucht, erstellen.

Wir benötigten auch viel mehr Platz wegen weiterer Novizen und Helfer. Wegen der Angriffe zu Beginn unseres „Hier" seins bekam unsere Anlage auch eine schützende Mauer. Ich denke da an die ersten Christen von der Insel. Zum Glück brauchen wir uns nicht eingraben, wie es an unserer Gruft gemacht wurde. Eine kleine Glocke haben wir ja auch schon wie ihr beim Eintreffen gehört habt.

Unser größtes Anliegen ist natürlich ein Raum, in dem Sommer wie Winter mit vielen Christen die Gebetsstunde gefeiert werden kann. Das ist nicht nur unser Wunsch. Im Engelsdorf bei unseren Schwestern wird auch richtig gebaut. Den Dorfnamen haben übrigens die umliegenden Bewohner der Gegend erfunden wegen der Offenheit und der Hilfe im Hospital für die Hilfsbedürftigen.

Seit unser adeliger Schüler Karl Martell bei uns unterrichtet wird, bringen andere reiche Familien auch ihre Kinder her. Seitdem nehmen wir auch Waisen auf. Ich könnte noch so viel erzählen, denn ich freue mich, was wir bisher schon alles geschafft haben. Ihr habt sicher schon bestaunen können, was Anna alles mit ihren Schwestern auf die Beine gestellt hat. Auch einen großen Kräutergarten haben sie angelegt. Ein Gemüsebeet und ein Obstgarten werden folgen. Für liebe Übernachtungsgäste, wie ihr es seid, kommen nur die Räume der Schwestern von Engelsdorf in Betracht. Hier bei uns ist alles noch etwas zu rustikal."

Jetzt muss Patric erst einmal durchschnaufen.

Dann erkennt Eochaid einige Handwerker und fragt:

„Sind das nicht Leute, die auch bei uns gearbeitet haben?"

Patric sagt erfreut:

„Ja, in wenigen Wochen hatte es sich herumgesprochen, dass wir hier eine Klausur bauen. Dann trafen sie fast alle auf einmal ein und sie wollten hier und nur hier arbeiten."

Nun sagt der Abtbischof:

„Wir sind auch nicht mit leeren Händen gekommen und möchten dir etwas schenken. Ein Kreuz für eure Kirche! Nun habt ihr keine und wir legen noch zweihundert Goldmünzen dazu."

Dann gibt ihm Mary ein kleines Kästchen, das schwer ist wie Blei und es liegt ein Brief dabei. Mary sagt ihm dann:

„Den Brief könnt ihr später alleine lesen. Im Kästchen sind hundert Goldmünzen. Das ist der Gewinn eines Monats, den Victoria in ihrem Konvent erwirtschaftet hat. Einiges verdankt sie eurer Abtei, denn sie kann mit den Gütern gute Gewinne erwirtschaften."

Sichtlich überwältigt von dem Geschenk bedankt sich Patric.

Die Münzen werden von einem der Mönche von Evermarus verwaltet. Hier wollte Patric nichts ändern. Er hatte Evermarus gesagt, alles was vorher gut war, soll auch in Zukunft so weiterlaufen.

Dann fragt Mary:

„Wo ist denn unsere viel geachtete Priorin Anna von Tessier?"

Diese steht gerade mit Friedrich zusammen und spricht über mögliche Gestaltungen der nächsten Gebetsstunden. Als sie sich kurz umdreht spricht Mary sie an:

„Die Schwestern vom Mainistir vermissen dich. Sie haben sich ein ganz besonderes Geschenk für euch und deine Gemeinschaft der Schwestern ausgedacht. Sie haben sich große Mühe gegeben um die schönste Bibelabschrift mit allen Verzierungen zu erstellen. Das freut mich ganz besonders für dich Anna."

Die Priorin mit den Schwestern bei ihr sind fassungslos und sprachlos. Sie strahlen vor Glück. Als Anna das Werk entgegennimmt, fallen ein paar Tränen darauf. Das Werk in seiner Schönheit und Einmaligkeit strahlt ihr entgegen. Sie spürt all die Liebe die hineingearbeitet wurde und die darinstehenden heiligen Worte.

„Ich möchte gerne alle meine lieben Freundinnen von Midsummer drücken und ihnen Danke sagen für diese schöne Geschenk."

Mary verspricht, dies so weiterzugeben.

Nun zieht es Patric zum Täufling und hier erhält er erst einmal den Dank von Aisling:

„Das war eine sehr nette Geste, dass du meine Freundin getauft hast. In verschiedenen Gesprächen hat sie mir gesagt, dass sie nicht getauft ist. Nachdem Victoria erfahren hat, dass sie mit hierher geht, meinte sie, dass du sie taufen könntest. Nun ist dieser Wunsch in Erfüllung gegangen. Aber sie hat noch viele Fragen. Einige konnten ihr schon von Ruth und Esther erklärt werden."

„Ach, sie gehörte dem Konvent von Victoria an. Dann habe ich mit ihr auch gleich eine Erinnerung von Victoria bekommen. Das ist etwas Besonderes für mich." sagt Patric.

Dann kommt auch schon Judith mit strahlenden Augen und sie sieht sehr glücklich aus. Sofort kommt sie auf Patric zu und fängt mit den Dankesworten an:

„Ich bin so glücklich, endlich getauft zu sein und dann noch die Beichte an einem Tag. Victoria hat mir diese schon auf der Insel vorausgesagt."

Dann drückt sie den Mönch herzlich und gibt ihm einen Kuss rechts und links auf die Wange. Für viele umstehende eine übertriebene Handlung. Bei Kelten oder anderen Heidenvölkern eine Handlung der Achtung und Verehrung. Dann sagt Patric:

„Das habe ich gerne gemacht. Es ist schön zu sehen, wie du dich mit einer derartigen Freude und Hingabe deiner Aufgabe widmest. Anscheinend ist es auch eine keltische Art, mit vollem Herzen dabei zu sein."

Dann bittet sie ihn zur Seite und fragt:

„Wie konntet ihr mir meine Sünden vergeben? Ich hatte doch noch gar keine genannt!"

Darauf sagt er:

„Eine Vergebung der Sünden ist nicht abhängig davon, dass ich diese kenne! Sie ist davon abhängig, dass der Sünder diese bekennt und bereut."

Sie antwortet:

„Dann ist es gut! Ich habe diese sehr bereut!"

Dann sagt Patric:

„Es ist alles gesagt und du musst dir keine Gedanken machen. Du solltest einen Brief an Victoria schreiben, sie wird sich freuen, dass du hier gut angekommen bist und dass es dir gut geht."

Sie antwortet:

„Mit dem Schreiben, das klappt noch nicht so gut! Ich kenne den guten Schüler Karl Martell zwar noch nicht, aber was man mir in der kurzen Zeit von ihm erzählt hat, ich denke der kleine Kerl hat mich überholt. Wo ist er denn eigentlich? Ich habe ihn nirgendwo gesehen."

Patric weiß es auch nicht genau und verweist sie auf Anna.

Dann sagt Patric:

„Ich werde dir helfen! Für heute waren es genug Ereignisse."

In der Zwischenzeit ist Plektrudis bemüht, hier eine weitere Annäherung zu versuchen, was ihr aber nicht so recht gelingen will.

Hatten doch die Auftritte der letzten Tage ihrem Ansehen viel Schaden zugefügt. Ein Gespräch mit Karl und später mit Martel war nicht gut verlaufen. Morgen will sie einen neuen Versuch bei den Schwestern starten. Enttäuscht reist sie zurück zur Alten Motte.

Im Engelsdorf

Rauchscharius scheint da mehr Glück zu haben. Er hat hier im Dorf kaum Menschen angetroffen. Die Einwohner haben ihm gesagt, dass alle zur

Abtei zur Aue sind. Seit der Abtbischof hier ist, wird auch viel mehr kontrolliert. Mehrmals am Tag sind hier Reiter von der Abtei unterwegs. Er beschließt deshalb, für heute zurückzureiten. Heute kommt er hier nicht weiter.

Diese Nacht verläuft ruhig. Nur Fischarius war ausgerückt, um die Leiche zur Motte zu holen. Den Kopf hatte er den Hunden schon zum Fraß vorgeworfen und diese waren gierig hinter diesem hergefallen. So würde er auch mit dem Körper verfahren. Als er den leblosen Körper erreicht, hat dieser schon einige Bissspuren. Den Rest würde die Meute in dieser Nacht verschwinden lassen. Morgen ist dann wieder alles wie immer.

Die Zeit des Abschieds ist gekommen. Die Priorin Mary und der Abtbischof Eochaid müssen zurück zu ihren Brüdern und Schwestern. Es ist die letzte Septemberwoche. Die Schwestern im Engelsdorf verabschieden sich alle persönlich in dem Bewusstsein, sich für lange Zeit nicht mehr wiederzusehen. Viele Grüße und Wünsche werden gegenseitig ausgetauscht oder mitgegeben.
Einige Nonnen begleiten sie noch auf dem Weg Richtung Abtei zur Aue. Hier wollten sie sich von Patric und den anderen Brüdern verabschieden und dann in einer Kutsche über die Furt zum Hafen an der Rhenus fahren. Das wollten sie aber erst nach der morgendlichen Messe tun. Dadurch brauchen sie sich nicht so früh aufmachen und konnten das gemeinsame sehr nett gerichtete Frühstück noch genießen.
Kurz entschlossen fährt Patric ein Stück mit und kann sich noch etwas mit Mary und seinem geistlichen Vater Georg unterhalten. Das Erste, was der Abtbischof macht, ist die Rückgabe der Abschriften von den Konzilsentscheidungen an Patric und er sagt:
„Wir von der Insel sind davon verschont worden. Ich danke Gott dafür und hoffe, dass es noch lange so bleiben wird!"
Er hielt kurz inne, machte ein Kreuzzeichen und schaute hinauf zum Himmel.
„Da wir hier auf der Insel abseits vom Weltgeschehen sind, lebt es sich mit weniger Vorschriften wesentlich leichter. Deshalb ist unsere christliche Lehre sehr nah an dem urchristlichen Glauben geblieben. Wir halten an den Worten und der Verkündigung Jesu fest. Unsere ersten Missionare waren, wie wir ja jetzt wissen, noch seine Schüler, Begleiter und Weggefährten.
Da versucht der sterbliche Mensch, dass „unermessliche Göttliche" zu

erklären. Diese Überheblichkeit bringt keinen Segen, sondern Zerwürfnis, Zwietracht und vielen sogar im Namen der Kirche den Tod. Wir kennen Gott mit unserem Herzen, seinen Geist mit unserer Seele. Was wissen wir sonst davon. Jesus wurde gesandt mit der Gabe, uns dem Heil näherzubringen und uns durch seine Predigten und sein Vorbild den rechten Weg zu zeigen.

Paulus, der Jesus Worte nicht kannte, hat seine Worte auf den Tod und die Auferstehung ausgerichtet. Die Kirchenväter wiederum folgten auf Paulus. In der Offenbarung von Johannes steht geschrieben:

> „Und ich bin Johannes, der solches gehört hat. Und
> da ich's gehört und gesehen, fiel ich nieder, anzube-
> ten zu den Füßen des Engels, der mir solches zeigte.
> Und der Engel spricht zu mir: Siehe zu, tu es nicht!
> denn ich bin dein Mitknecht und deiner Brüder, der
> Propheten, und derer, die da halten die Worte dieses
> Buchs. Bete Gott an! Und er spricht zu mir:
> Versiegle nicht die Worte der Weissagung in diesem
> Buch; denn die Zeit ist nahe! …"

Dies ist die Offenbarung Jesu Christi, die ihm Gott gegeben hat, seinen Knechten zu zeigen, was in der Kürze geschehen soll; und er hat sie gedeutet und gesandt durch seinen Engel zu seinem Knecht Johannes.
Wir gehen weiterhin unseren Weg zu Gott in Demut, geführt durch Herz und Seele."
Zu diesem Thema kann Mary ihm nichts hinzufügen. So fahren sie weiter und Patric möchte dann mit einem ihnen entgegenkommenden Fuhrwerk zurück zur Abtei fahren.

In der Abtei hatte Alec vergeblich nach Jogi-Rafarus gesucht. Niemand hat ihn gesehen und er hat auch keine Nachricht hinterlassen. Er ist einfach weg. So sagt Alec zu Edward:
„Den Auftrag, Jogi-Rafarus zu verbannen, konnte ich bisher nicht erfüllen, denn ich habe ihn nirgends gesehen."
Edward antwortet ihm:
„Ich habe ihn auch nicht mehr gefunden! Vielleicht hat er gemerkt, dass er hier nicht sein möchte und ist einfach davongeschlichen."
Es sollte niemand mehr nach ihm fragen.

Dieses Mal waren die Brüder Rauchscharius und Fischarius gemeinsam zum Dorf der Schwestern aufgebrochen, um endlich zum Zuge zu kommen. Vorsichtig, wie die letzten Tage, machen sie sich auf den Weg. Heute wollen sie eine Entscheidung treffen. Entweder sie bekommen den Jungen oder irgendjemanden als Pfand, vielleicht dann für einen Tausch oder einem anderen Handel.

Sie beobachteten das Treiben aus einer sicheren Deckung heraus und es will kein sicheres Objekt auftauchen. Es muss jemand sein, der von großem Interesse für die Schwestern und Brüder ist, wichtig oder sehr beliebt. Mehrmals hatten sie Karl und Martel in den letzten Tagen hier gesehen. Denen wollen sie auf keinen Fall begegnen. Die Beiden haben aber bereits mehrere Nächte hier verbracht. Sicher als Schutz für die geistlichen Fürsten, die sie hier einquartiert hatten. Heute Morgen haben sie gesehen, wie diese abgereist sind. Das war für sie der Hinweis, dass es nun ruhiger wird und sich auch die Aufgabe lösen lässt. Plektrudis hatte ihnen einen hohen Preis genannt, tausend Goldstücke!

Das war der Vertrag, wenn sie ihn haben und weitere hundert, wenn sie ihn ins Versteck bringen. Dreihundert gab es sofort und den Rest sollten sie in Divodurum bekommen. Das war viel Geld und damit hätten sie ausgesorgt. Sie könnten erstmal sorglos und in Saus und Braus leben.

Rauchscharius hofft immer noch, bei Plektrudis landen zu können und Hauptmann zu werden. Er versucht seit Tagen, ihr den Hof zu machen, um ihre Aufmerksamkeit für sich zu gewinnen. Bisher allerdings ohne Erfolg. So warteten sie Stunde um Stunde an diesem Tag. Sie wollten auch die Nacht hier verbringen und endlich zu schlagen.

Die Fürstin bricht wieder wie jeden Tag zur Abtei zur Aue auf und sie hofft, so doch noch zu einer Information über Karl Martell zu kommen. Dies misslang ihr aber bisher gründlich. Keiner konnte oder wollte ihr etwas sagen. Sie weiß, dass Patric unterwegs ist, um den Abtbischof und Mary zum Hafen zu begleiten. So wird sie heute einmal versuchen, jemand anderen in ein Gespräch zu verwickeln. Dazu geht sie, wie die letzten Tage, auch in die Gebetsstunde in den Klausurgarten oder in den Innenhof des Vierkanthofes.

In der Ruhe der Gebetszeit wird sie sich jemanden aussuchen, der leichter zu beeinflussen ist. Mit Brüdern direkt von der Insel und den Adligen hatte es nicht geklappt. Ältere Herren haben sicher eine zu große Lebenserfahrung und würden auch nicht auf ihre üppigen Reize anspringen. Die Person muss allerdings zum engeren Kreis gehören. Da bleiben nicht mehr viele übrig. So hat sie es diesmal auf einen der Jünger aus dem Kreis von Evermarus abgesehen. Den Ersten, den sie anspricht, ist Joseph und so sagt sie:

„Ihr baut aber hier sehr fleißig! Wer sagt denn, wie und was hier gemacht werden soll?"

Er antwortet:

„Jode, Johannes und ich!"

Sie fragt:

„Wie heißt ihr denn?"

Er antwortet ihr höflich:

„Joseph!"

Sie erwidert rasch und versucht es mit dem Interesse an dem Namen:

„Ein schöner Name. Ist das nicht ein Name aus den christlichen Schriften, die ihr immer wieder vorlest?"

Davon hatte sie in den letzten Tagen immer wieder gehört. Aus dem Buch Mose oder aus den Schriften. Aber genau wusste sie es nicht. Warum auch? So ein Gelaber braucht keiner! Er antwortet gelangweilt, weil er hier genug zu tun hat und weiterarbeiten möchte:

„Das kann schon sein!"

Dann fragt sie:

„Wer ist denn der junge Mann dort?"

Er antwortet:

„Das ist Bruder Johannes!"

Sie denkt, was für ein stattlicher Mann. Bei ihm wäre man sicher in festen Händen. Er gefiel ihr schon sehr und Joseph hat nur das Auge für seine Arbeit. So wechselt sie das Opfer und rückte ihre Kleidung noch einmal zurecht. Dann geht sie zu ihm und grüßt freundlich:

„Ihr müsst Johannes sein. Joseph hat mir schon viel von euch erzählt."

Er sagt zu ihr:

„Ihr müsst die Fürstin Plektrudis sein."

Sie erwidert:

„Stimmt! Ich habe dich hier nicht oft gesehen. Ihr seid sicher noch nicht lange hier. Was macht ihr denn hier?"

Er antwortet:

„Ich schau mir die Baustelle an und besorge dann das gewünschte Material. Gleich muss ich wieder fort!"

Sie fragt:

„Kann man mitkommen?"

„Sicher könnt ihr das! Ihr müsst nur drei oder vier Tage Zeit mitbringen.

Ich fahre zum Hafen am Fluss!"
Sie denkt:
„So ein Mist, so viel Zeit habe ich nicht! Kleider habe ich auch keine zum Wechseln."
Sie führt das Gespräch weiter:
„Der Fluss heißt Rhenus und er ist sehr schön. Da wäre ich gerne mitgefahren, aber so viel Zeit habe ich nicht."
Sie sucht sich ein nächstes Opfer und diesmal muss es klappen. Sie sieht Jode vorbeikommen und sie folgt ihm mit Blicken. Da er immer etwas zum Schreiben mit sich herumträgt, kann er sicher lesen! So spricht sie Jode an:
„Ihr müsst Jode sein! Ihr macht all die Zeichnungen für den Bau der Klausur hier?"
Er antwortet.
„Nicht alleine. Ich stimme alles mit den Brüdern hier ab und dann mache ich eine Zeichnung davon."
Sie fragt ihn weiter:
„Was macht ihr heute?"
Daraufhin antwortet er Plektrudis:
„Ich gehe mit neuen Plänen zum Engelsdorf. Ich will mit den Schwestern den Neubau abstimmen."
„Oh, das hört sich interessant an. Ich würde gerne mitgehen."
Er lässt es zu und auf dem Weg unterhalten sie sich über die Schwestern dort und was es sonst noch zu erzählen gibt. Von Karl Martell hört sie nichts. Dann stellt sie die Frage:
„Kann ich meine Kinder auch hierherbringen?"
Er schaut sie an und dann antwortet er:
„Das kann ich nicht sagen. Die Entscheidung treffen nur die Priorin Anna und unser Abt Patric. Aber die sind sehr wählerisch!"
Sie denkt sich, das ist doch einmal ein guter Anfang. Vielleicht klappt es ja, mit der Priorin Anna ein Gespräch zu führen! Da der Weg kurz ist, erreichen sie ihr Ziel recht schnell und hier sieht sie nur fleißige Hände. Ihr Begleiter grüßt die Leute und so kommt auch Plektrudis mit diesen ins Gespräch.
Bei der Durchsicht der Pläne stellt die Priorin fest:
„Das ist zu teuer! Das werden wir uns nicht leisten können. Patric wird uns Arbeiter geben. Aber das Material und der Grund kosten das Geld. Das haben wir nicht."
Eine Chance für Plektrudis, aber aufdrängen möchte sie sich nicht.

Das hat bei Patric nicht geklappt und er wird sicher ein Veto einlegen. Sie will abwarten! Ganz geduldig warten. Das ist nicht gerade ihre Stärke. Eins hat sie aber gelernt. Immer fleißig in die Gebetsstunden gehen, egal wo. Dort hat sie dann Zeit zum Überlegen. Gerade denkt sie an ihre beiden Häscher. Was mögen die Beiden denn jetzt machen? Bisher haben sie noch nicht viel geschafft!

Rund um das Dorf schleichen die Beiden herum und lernen so den Ort und die nähere Umgebung kennen. Sie werden sich heute Nacht auf die Lauer legen und hoffen, dass sich eine Gelegenheit bietet. Auch haben sie die Fürstin gesehen und schon überlegt, was diese hier wohl macht. Wenn die Fürstin ihnen zuvorkommt, gehen sie leer aus.
Das darf auf keinen Fall passieren. So beschließen sie heute alles in die Tat umzusetzen.

Als sie einige Meilen hinter Iuliacum zum Hafen nach Novaesium zurückgelegt hatten, erreicht ein Fuhrwerk die Reisenden. Der Abtbischof und die Äbtissin verabschieden sich von Patric. Mit neuen Erkenntnissen macht er sich auf, um zurück in seine Abtei zur Aue zu kommen.
Auf dem Rückweg hat er Zeit zum Nachzudenken und er ist zufrieden über den Besuchsverlauf. Die Fahrt ist sehr ruhig und eintönig, deshalb schläft er nach kurzer Zeit ein. Erst als das Fuhrwerk die Furt erreicht hat, wird er von dem Hin- und Herrütteln geweckt.

Der Rundgang über das Anwesen von Anna war beendet und im weiteren Gesprächsverlauf sagt Plektrudis:
„Ich werde mit meinem Mann Pippin sprechen, ob er euch für den Bau Geld geben kann."
Die Priorin erwidert höflich:
„Das wäre sehr nett!"
Dann macht die Fürstin einen letzten Versuch doch noch etwas zu erfahren.
„Ich suche noch für meine Kinder eine Möglichkeit und einen Ort, wo sie Lesen, Schreiben und auch Sprachen lernen können. Wäre das hier möglich?"
Anna antwortet:
„In zwei oder drei Monaten ist dies sicher möglich, dann werden die Jungen zur Abtei gehen können. Die jungen Mädchen bleiben bei uns."
So trennen sie sich und Plektrudis sieht eine Möglichkeit, doch noch ihren

Plan verwirklichen zu können. Zurück in der Abtei bedankt sie sich bei Jode und fährt zur Alten Motte. Hier fragt Natere, ob sie nicht die neue Zofe werden kann. Plektrudis schaut sie herablassend an und sagt ihr, dass sie sich das noch überlegen wird. In Wirklichkeit denkt sie, löst doch die eine Schlampe die vorherige Schlampe ab.

Langsam wurde es dunkel und nun schleichen sich Fischarius und Rauchscharius näher heran und warten auf eine gute Gelegenheit. Für Fischarius ist das Ganze ein Abenteuer und er denkt, wenn der Junge nicht da ist, dann muss eben eine der Schwestern als Entschädigung herhalten. Rauchscharius möchte aber die Gelegenheit nutzen in der Gunst der Fürstin aufzusteigen. Doch in diesem Moment sehen sie sich gemeinsam nach einer geeigneten Geisel um. Ins Visier ist die Priorin geraten. Sie wäre ein richtig gutes Pfand und Patric wird den Jungen als Auslösung freigeben.
Stunde um Stunde warten sie bis die Nachtwache anbricht und jetzt erkennen sie eine Frauengestalt, die wie die Priorin aussieht. Schnell ergreifen sie die Gelegenheit und schlagen zu. Sie springen aus dem Gebüsch und ergreifen die sich mit aller Kraft wehrende Person. Aber gegen den plötzlichen Überfall hat sie keine Chance. Ein übergestreifter Sack, der ihr die Sicht versperrt und die Arme zusammenzwängt, macht das Opfer wehrlos. So schleppen die Beiden die Gefangene zu ihren Pferden.
Durch ein Geräusch angelockt kommt Judith ihnen hinterher. Sie kann gerade noch erkennen wie zwei gestalten ihre Freundin in davon schleppen. Die Räuber aber können keine zweite Person gebrauchen. So hebt Fischarius das Opfer zu Rauchscharius aufs Pferd und wendet sich zu dem noch vierzig Schritte entfernten Verfolger. Bevor er aufsteigt nimmt er seine Franziska und schleudert diese mit tödlichem Schwung in Richtung Verfolger.
Jeder andere hätte dies nicht überlebt. Die Verfolgerin ist aber ein Keltin mit viel Erfahrung in der Waffenkunst. Einst haben sie sich Feuerfackeln zugeworfen und so ergreift sie blitzschnell die fliegende Axt um diese mit dem gleichen Schwung zurück zu schleudern. Das alles macht sie im schnellen Lauf und das dumpfe Geräusch verrät ihr, das die Franziska in den Körper des Angreifers eingeschlagen ist. Als sie beim Sprung aufs Pferd die Franziska aus dem noch stehenden Fischarius herausreißt, ist sie auch schon auf dem Rücken des Pferdes.
Bevor Fischarius umfällt, sackt erst seine Lunge zusammen und der letzte Blick schaut ungläubig der Davoneilenden hinterher. Dann sinkt er hin, bevor sein Oberkörper heftig auf den Boden aufschlägt.

Eilig reitet Judith hinter dem Fliehenden hinterher, aber es zeigt sich, dass er das bessere Pferd hat. Der Vorsprung wird nicht kleiner, obwohl das Pferd ja noch eine zusätzliche Last trägt. Von den Schwestern weiß sie, dass vor ihr die Rur auftauchen wird. Soweit will sie reiten, bevor sie umkehrt. Nach zehn Minuten im leuchtenden Vollmond kann sie den Fliehenden immer wieder sehen. Als sie erkennt, dass er zu dem im Mondschein liegenden Hof reitet, dreht sie um. So wird sie alleine nicht auf das Gehöft kommen. Auf dem Rückweg beschließt sie, sich von den Waffen der Mönche zu nehmen.

Auf dem Hof der Schwestern ist mittlerweile Leben erwacht. Erschrocken von dem Lärm haben die Schwestern festgestellt, dass zwei fehlen. Esther und Judith. Eine der Schwestern ist zur Abtei gelaufen, um Hilfe zu holen. Die Einzigen, die helfen können, sind Karl und Martel. Alle anderen kennen sich mit dieser Situation nicht aus, für sie ist es dann auch zu gefährlich. Einer der Hunde aus dem Dorf hatte den Toten gefunden und man glaubt, den Fremden erkannt zu haben.

Die Freude über die Rückkehr von Judith ist kurz. Auf die Frage wo sich Esther aufhält sagt sie nur:

„Sie wurde entführt und sie braucht dringend meine Hilfe."

Dann kramt sie in den Sachen der Mönche und nimmt sich einen Dolch und ein für sie geeignetes Schwert. Diese steckt sie zur blutbefleckten Franziska in den Gürtel. Dazu wählte sie drei volle Köcher mit Pfeilen und ihren Bogen. Bevor sie davonreitet sagt sie:

„Schickt mir die Hilfe hinterher. Es ist ein Hof in östlicher Richtung und man braucht fünfzehn Minuten."

Sie aufzuhalten hat keinen Sinn und Ruth ruft ihr hinterher:

„Ich werde gleich mit Karl und Martel nachkommen."

Einer der Knechte holte ein Pferd mit einem Sattel und Ruth machte sich bereit. Auch sie nimmt einen Bogen und Pfeile mit. Auf andere Waffen verzichtet sie. Die Glocke schlägt gerade zur vollen fünften Stunde da kommen auch schon die beiden Mönche der Abtei angeflogen. Schwer bewaffnet halten sie an und betrachten den Toten. Karl sagt:

„Ich kenne den Toten und du auch Martel. Das ist einer der beiden Brüder, mit denen wir schon öfter zu tun hatten."

Martel stimmt dem zu und sagt:

„Das ist Fischarius, ein ganz übler Bursche. Er beherrscht die Franziska wie kein anderer."

Sie schauen sich die Waffen des Toten an und stellen fest, er hat keine Axt dabei. Dafür aber ein recht kostbares Schwert.

Bei näherer Betrachtung erkennen sie im oberen Brustbeinbereich eine Wunde, die sich bis unter dem Kehlkopf zieht. Karl sagt:
„Hier muss mit voller Wucht etwas hineingeschlagen worden sein."
Martel sagt:
„Ich denke, es sieht nach einer Axt aus. Vielleicht seine eigene?"
Karl antwortet:
„Das kann nicht sein. Wie soll der Gegner an seine Axt gekommen sein. Das kann ich mir nicht vorstellen. Aber komm, lass uns schnell weiter reiten Schwester Judith braucht unsere Hilfe."
„Sicher ist mit dem Hof die „Alte Motte" gemeint. Etwas anderes gibt es hier nicht. Aber bis dahin ist es eine halbe Stunde."
Zu dritt reiten sie weiter und sie können Judith nicht so schnell folgen, denn sie kennen den Weg nicht so gut.

Judith ist eine gute Reiterin, und schon nach kurzer Zeit hat sie auf dem kürzesten Weg den Hof erreicht. Dort war nach einem nächtlichen Gelage kaum noch einer kampffähig. Die meisten Männer und Frauen liegen schlafend teils nackt hier im Schankraum übereinander. Man konnte erahnen was hier in den letzten Stunden stattgefunden hatte.
Als Rauchscharius mit der Gefangenen auf der Schulter eintritt denkt er, was für eine Eskorte, alles nur Säufer und zu nichts fähig. Er lädt die Gefesselte ab und wirft alle anderen aus dem Raum raus. Dann macht er das Gesicht der Gefangenen frei und er kann die giftig schauenden Augen der Keltin erkennen. Erschrocken stellt er fest und sagt zu ihr:
„Du bist nicht die Priorin!"
Sie bestätigt es ihm:
„Nein, die bin ich nicht! Ich bin Esther und man wird mich bald suchen und befreien."
Er antwortet ihr:
„Das wünschst du dir vielleicht, aber keiner weiß wo du bist."
Etwas verunsichert ihn schon, denn es fehlt immer noch sein Bruder. Sicher hat er noch einer der Nonnen aufgelauert und nun seinen Spaß mit ihr. Draußen waren die Hunde aufgrund des Lärms und der hinausgeworfenen Saufbrüder mit ihren Weibern aufgescheucht worden. Doch nachdem sie in die Nebengebäude verschwunden sind kehrt wieder Ruhe auf dem Hof ein.

Die Keltin Judith hatte den Hof erreicht und sich alles angesehen. Den ersten, den es erwischt, ist der Posten am Hoftor den sie mit einem Pfeil tötet. Dieser fällt wie ein nasser Sack und bleibt auf seinem Posten liegen. Nun galt es in den Hof zu kommen und sie öffnete geschickt das Fenster im Hoftor und klettert hinein. Von ihnen öffnet sie das Tor und lehnt dieses gesichert mit einem Pfeil an. Leise schleicht sie hinauf zum toten Wachposten. Dort schaut sie sich um und denkt:

„Als Fremde werde ich hier nicht unbemerkt und ungeschoren an die Hunde vorbei bis zum Wohnhaus kommen."

Sie beschließt, einen Hund nach dem anderen zu erledigen. Sie sucht sich einen einzelnen an einen Knochen nagenden Hund und schießt einen Pfeil ab. Unbemerkt leise bricht dieser zusammen. So geht sie weiter vor und ihr gehen langsam die Pfeile aus. Sie hält inne und holt sich unten beim Pferd einen weiteren Köcher voller Pfeile. Den fast leergeschossenen Köcher lässt sie beim Pferd. Nur nicht zu viel mitnehmen denkt sie.

Als einer der Betrunkenen aus einer der Scheunen kommt und sich hinstellt, um Wasser zu lassen, schaut dieser sich um und sieht die Hunde tot im Hof liegen. Nun muss sie handeln. Mit einem gezielten Blattschuss streckt sie ihn nieder. Nun kümmert sie sich um den Letzten, einen besonders großen Hund. Sie schießt ihm einen Pfeil in den Hinterlauf. Der Hund heulte auf und versucht nun, das Projektil den Pfeil zu entfernen. Da sie keine Reaktion auf dem Hof wahrnimmt, schießt sie einen zweiten in den anderen Hinterlauf des Hundes. Doch niemand im Hof nimmt das wimmern des Hundes wahr.

Es sind nun vom ersten Schuss bis gerade eben einige Minuten vergangenen und der Vollmond wird durch vorüberziehende Wolken verdeckt. Für Judith die Gelegenheit ihre Position zu wechseln. Sie springt vom oberen Bau des Hoftores in den Hof, öffnete das Tor einen größeren Spalt und sorgt dafür, dass dieses nicht so schnell verschlossen werden kann oder von selber zufällt. Dafür opfert sie einen der Pfeile und steckte ihn so dazwischen, dass man die Tür nicht zudrücken kann ohne diesen zu entfernen. Sie sagt sich:

„Sicher ist sicher. Falls ich entdeckt werde und fliehen muss, bin ich schnell beim Pferd!"

Dieses hatte sie hier angebunden, nachdem der Wachposten ausgeschaltet worden war. Dann geht sie zum Haupthaus des Anwesens und kann durch einen Spalt das Licht im Inneren flackern sehen. Auch Stimmen waren zu hören, die aufeinander einredeten. Sie kann aber nichts verstehen. So geht sie von Schatten zu Schatten, um nicht gesehen zu werden. An der Seite findet sie ein Pferd und stellt fest, es ist noch warm vom Reiten, es steht also noch nicht lange da. Dieses bindet sie los und scheuchte es in den offenen Hof, wo es schnaubend stehen bleibt. Derweil war der Hund immer noch beschäftigt, die Pfeile loszuwerden.

Nun sucht Judith eine gute Position, um möglichst viele Objekte im Auge zu behalten. Plötzlich sieht sie einen Schatten, einen Mann. Er geht in Richtung Hoftor.

Sie weiß sofort, dass es sich um die Ablösung der Wache handelt. Diesen muss sie ausschalten, damit dieser keinen Alarm geben kann. Schnell schießt sie einen Pfeil ab. Doch das schnaubende Pferd lenkt den Wachmann ab, so dass sie ihn nur in der Schulter erwischt. Dieser schreit laut vor Schmerz auf. Einen weiteren Schrei kann sie nicht riskieren und schießt einen weiteren Pfeil, der ihn sofort tötet.

Etwas bewegt sich aber nun im Haupthaus. Das Licht ist aus. Leise öffnete sich die Tür und Rauchscharius macht zwei Schritte in den Hof. In der Hand hält er sein Schwert und schaute in die Runde. Er wunderte sich das sein Pferd im Hof steht und denkt.

„Das habe ich doch angebunden."

Er geht auf das Pferd zu und bückt sich, um es am Halfter zu nehmen. Dummerweise steht nun das Pferd zwischen der im Verborgenen stehenden Judith und ihrem Gegner. In diesem Moment tritt Esther heraus und erschrickt, als sie ihren Peiniger im Hof stehen sieht. Reflexartig schießt Judith einen Pfeil zwischen den Beinen des Pferdes hindurch und trifft den linken Fuß von Rauchscharius. Laut flucht er vor Schmerz und als er erkennt das Ether zum Tor stürmt versucht er aufzusteigen. Was ihm aber nicht gelingt.

Er landet mit schmerzverzerrtem Gesicht auf dem Boden neben dem Pferd. Er hält sich aber am Pferd fest und kann sich so wieder hochziehen. Ein weiterer Pfeil von Judith verfehlt aber sein Ziel und damit hat sie ihre Position verraten. Judith erkennt die Situation, denn ihr direkter Weg aus dem Hof ist ihr jetzt versperrt. Den hat Esther aber zurückgelegt und sie erkennt, dass das Tor leicht geöffnet ist. Sie sieht sich um und bemerkt, das Rauchscharius ihr nicht folgt. Warum, das kann Esther in diesem Moment nicht erkennen.

Judith tritt aus dem Schatten und nun kann Rauchscharius seinen Gegner sehen. Abwertend sagt er ihr:

„Du kannst sicher nur aus dem feigen Hinterhalt auf Leute schießen. Für alles andere bist du zu feige."

Davon konnte aber keine Rede sein, denn sie hatte bei den Kelten an Turnieren mit Männern teilgenommen. Diese haben die Keltinnen auch immer unterschätzt. So antwortet Judith anstachelnd:

„Ihr könnt auch nur kleine Mädchen zu zweit überfallen."
Die Stimme war Esther bekannt und es musste sich um Judith handeln.
Sie hat zwar keine Waffe, aber der Pfeil, den Judith am Tor hinterlassen
hat, kann im Notfall hilfreich sein. Sie nimmt ihn an sich und wird, wenn
nötig, ihrer Freundin beistehen.
Er erkannte aus dem Spruch von Judith, dass sie das Geschehen beobachtet haben musste. Das bedeutet für ihn, er muss sie töten. Als sie unauf-
gefordert näherkommt, erkennt er auch die Franziska von seinem Bruder
in ihrem Gürtel. Dann fordert er sie auf, doch den Bogen wegzulegen.
Solange sie diesen in der Hand hält, will er nicht hinter seinem Pferd her-
vortreten. Hatte er doch gemerkt, dass sie damit gut umgehen kann. Sie
legte den Bogen zur Seite und steht nun vor ihm.
So gefiel ihm das viel besser. Dann fragt er:
„Woher habt ihr diese Franziska? Sicher gefunden?"
Sie antwortet:
„Diese habe ich jemandem aus dem Leib gezogen."
Er erschrickt und denkt an seinen Bruder. Das kann aber nicht sein, denn
keiner kam an seine Kampfkunst mit dieser Waffe heran. Trotzdem war
er verunsichert und das machte ihn wütend.
Dann geht sie von etwa dreißig Schritten etwa zehn auf ihn zu. Heimlich
hatte er seine Franziska gezogen und schleuderte diese über das vor ihm
stehe Pferd auf die Angreiferin. Es war ein echter Kunstwurf, den sie nur
mit der blitzartig gezogenen Axt abwehren konnte. Dann wirft sie die Axt
und sie trifft mit der flachen Seite das Pferd auf der Hinterhand. Dieses
erschrickt derartig, dass es ausbricht und davonrennt. Nun hat keiner eine
Deckung und er sagt:
„Das hätte man sicher besser machen können."
Er zieht sein Schwert und will auf sie zu stürmen. Jedoch macht sein ver-
letzter Fuß nicht mit. Nun hatte sie einen kleinen Bewegungsvorteil, aber
einen gefährlichen Gegner. Sie hebt seine am Boden liegende Axt auf und
steckte sie ein. Das findet er dreist und stürzte sich eilig in ihre Richtung.
Judith weicht aber ganz geschickt zur Seite aus und arbeitete sich zur an-
deren Axt vor. Nun hatte sie zwei Äxte und sagt zu ihm:
„Nun zeige ich dir, wie wir Kelten kämpfen."
Sie nimmt die zweite Axt aus dem Gürtel. Er lacht und sagt:
„Du kannst ruhig mit den Äxten kämpfen."
Er denkt, dass er sie mit dem Schwert schnell entwaffnet und erledigt ha-
ben wird. Während er immer noch lacht, fuchtelte sie mit den Äxten rum.
Er lacht immer noch, als sie die Äxte in sehr kurzen Abständen auf ihn zu

wirft. Die Erste wehrt er mit dem Schwert ab, die Zweite landet dort, wo sie bei seinem Bruder eingeschlagen war. Rauchscharius bricht schwer getroffen zusammen. Das Schwert hat er verloren. Sie schaut ihn an und sagt:

„Das ist der Lohn für die Entführung!"

Dann tritt sie auf seinen Brustkorb und zieht die Axt mit einem kräftigen Ruck heraus. Damit entweicht die letzte Luft aus Ihm. Sie holt ihren Bogen, nimmt das Pferd am Zügel und geht mit diesem langsam zum Tor. Hier wartet Esther und beide verlassen die Anlage. Als sie gerade aus dem Tor treten, treffen Karl, Lukas und Ruth ein. Die beiden Mönche schauen kurz in den Hof und gemeinsam verlassen diesen in Richtung Dorf der Schwestern.

Langsam dämmerte es und so machen sie sich auf dem kürzesten Weg auf. Während sie zum Engelsdorf reiten, erzählt erst Esther das Erlebte und dann setzte Judith die Geschichte fort. Auf dem Hof angekommen ruhen sich die Schwestern erst einmal aus. Karl und Martel reiten zur Abtei. Ihnen war es wichtig gewesen, die Schwestern in Sicherheit zu wissen.

20   Unschuldig

Auf dem Weg zur Abtei reden sie miteinander.
„Eigentlich sollten wir uns die Alte Motte nochmals in Ruhe ansehen",
meint Karl. Alles war ja noch etwas dunkel und schemenhaft, als sie weg-
geritten waren.
Sie ändern ihren Plan und reiten zurück. Dort angekommen ist alles noch
unverändert. Nur ein paar Vögel waren im Hof gelandet und hackten an
den toten Hunden herum. Der Einzige, der noch winselte, war der Hund
mit den zwei Pfeilen in den Hinterläufen. Mit der herumliegenden Franziska gibt Karl ihm den Gnadenstoß. Ansonsten ist kein Mensch zu sehen.
Im Hauptgebäude kann man das Gelage des letzten Tages erkennen und
der Boden ist mit Blut beschmiert. Plötzlich bewegte sich etwas im Nebengebäude und heraus kam die Fürstin Plektrudis. Sie sieht etwas mitgenommen aus. Ihr Blick ist auf die beiden gesattelten Pferde gerichtet.
In der Tür stehend beobachteten Karl und Martel die Szene. Sie entdeckt
die Beiden und fragt ganz unschuldig:
„Was ist denn hier geschehen?"
Karl und Martel schauten sich ungläubig an. Schließlich sagt einer der
Franken zu ihr:
„Wenn wir das so genau wüssten! Ihr müsstet das doch wissen. Ihr seid
ja schließlich hier gewesen!"
Sie antwortet:
„Ich bin früh ins Bett gegangen und die anderen haben noch kräftig ge-
feiert. Wo sind die denn alle?"
Martel erwidert ihr:
„Rauchscharius ist tot und die Wachen auch."
Als er das sagt, deutet er auf die aufgereihten Leichen. Dann zeigt er über
den Hof:
„Und die Hunde wurden getötet."
Man konnte nur noch die Wunden sehen, denn die Pfeile hatten sie schon
sorgsam eingesammelt.
Sie sagt:
„Wer macht denn so etwas?"
Karl antwortet:
„Das macht jemand, der einen Freund aus einer misslichen Lage, einer
Entführung, befreit."

Zum ersten Mal hört sie das Wort Entführung und sie schaut fragend und überrascht.

„Habe ich so viel getrunken, dass ich das alles vergessen habe?"

Selbst der sonst so misstrauische Martel glaubt ihr, dass sie nichts davon wusste. Ihr Gespräch wird durch die Geräusche aus der Scheune unterbrochen. Dann öffnete sich das Tor und nach und nach kommt eine Gestalt nach der anderen heraus. Man kann deutlich sehen wie mitgenommen die Gesellschaft ist, nach dem vergangenen Abend. Beim Anblick der so vertrauten Gruppe erschrak selbst die Fürstin. Eine der Zofen, Natere, kam auf sie zu und wollte etwas sagen. Plektrudis aber drehte sich abweisend um. Das war zu viel für sie. Die Fürstin suchte sich von den Anwesenden noch die Vernünftigsten aus und sagte zu Karl:

„Ist in eurem Hof am Rhenus noch Platz."

Selbst für die Weitgereisten und sonst so Erfahrenen wie Martel und Karl war dies zu viel. Ein derart gebündelter Misthaufen war ihnen noch nie untergekommen. Verständnisvoll sagt er zu ihr:

„Sie können dort unterkommen."

Dann zieht er etwas aus der Reittasche und schreibt eine Anweisung an Johannes darauf. Dies gibt er ihr.

„Das überreicht dem Bruder dort und ihr erhaltet eine Unterkunft!"

Sie dankt und dann macht sie sich mit nur noch vier männlichen Begleitern auf zum Rhenus. Der Rest steht nun unschlüssig da. Ohne Arbeit und ohne Lohn. Dann erfolgt eine Befragung durch die beiden Mönche. Es traut sich keiner von ihnen lange ausweichend zu antworten. Sie haben gesehen, was alles schon passiert ist.

Erschreckend war für alle die Erkenntnis, wer in den letzten Stunden zu Tode gekommen ist.

Aus einem kleineren Haus hier am Rande des Hofes traute sich dann eine ärmlich wirkende Familie heraus. Es mögen so um die zehn Leute sein und sie fragen:

„Was geschieht jetzt mit uns?"

Karl schaute zu Martel und dieser sagt:

„Ihr habt hier gearbeitet als Knechte und Mägde?"

Einer von ihnen antwortet:

„Wir haben hier den Hof bewirtschaftet, den Haushalt gemacht und die Leute bewirtet."

Karl schaut die Leute taxierend an. Sie wirken arm, das erkennt er an der stark abgetragenen Kleidung.

Freundlich sagt er:

„Es ist hier keine Herrschaft mehr vorhanden. Ihr bleibt nun als die Verwalter dieses Hofes. Macht alles nach bestem Wissen und Gewissen. Wer von den anderen noch hierbleiben will, kann euch helfen. Alle anderen müssen gehen. Wir werden vorbeischauen und klären, wenn es Schwierigkeiten gibt. Plünderungen dulden wir nicht. Wer gehen muss, der nimmt nur das mit, was ihm gehört."

Die Familie bedankt sich und die weiblichen Mitglieder machten ehrfürchtig einen Knicks. Dabei konnten die Mönche im Ausschnitt an einer zierlichen Kette ein leuchtend gelbes kleines Kreuz bei mehreren Frauen erkennen. Daraufhin sagt Martel:

„Wenn ihr wollt, können wir hier eine Gebetsstunde abhalten. Dafür solltet ihr hier ein Kreuz errichten. Es wird euch helfen, das alles hier zu vergessen."

Nach und nach leerte sich der Innenhof und in kleinen Gruppen. verließen einige die „alte Motte". Die meisten machten sich auf nach Iuliacum. Vorher hatten sie ein gesichertes Leben, nun zogen sie schuldig von dannen. Karl und Martel werden diesen Vorgang in der Abtei melden.

Dann verabschieden sie sich mit dem Hinweis, dass sie in den nächsten Tagen nochmals vorbeikommen werden. Die Familie versprach, sich um alles zu kümmern und den Gutshof aufzuräumen. Nur wenige von den anderen durften bleiben. Alle weiblichen Bediensteten der Fürstin mussten gehen. Kein Pferd und kein Wagen verlies den Hof. Alle die den Hof verlassen mussten oder gehen wollten, konnten sie dies nur auf ihren eigenen Füssen tun.

Im Hafen in Novaesium

Die beiden anderen Schiffe waren angekommen und es wurde fleißig entladen und beladen. Auch einiges an Nachrichten haben sie von der Insel mitgebracht. So haben Percy, Freddie und David auf das glückliche Ereignis von der Insel angestoßen. Nach der Erledigung der Arbeiten folgte für alle auf dem Fronhof und der Schiffsbesatzung ein Umtrunk. Anschließend gab man den Mannschaften drei Tage frei und man erlaubte ihnen die Wirtshäuser im Dorf aufzusuchen.

Der Abtbischof Eochaid und die Äbtissin Mary waren von der Nachricht aus Corcaigh über die Königin Anne begeistert. Die Geburt war gut verlaufen und es waren Zwillinge geworden. Ein Mädchen und ein Junge. Das Mädchen hatte den Namen Victoria Mary erhalten und den Jungen hatten sie den Namen William Patric gegeben. Mit der Taufe wollten sie warten bis Eochaid und Mary von ihrer Festlandsreise auf die Insel heimgekehrt sind.

Ein weiterer Grund zur Freude war der Umstand, dass die Kapitäne in Kürze alle selber Väter werden würden. All diese Nachrichten hatten sie auch schon im Fronhof überbracht. Nun wollen sich die Kapitäne aufmachen, um mit dem Pferd schnell zur Abtei an der Rur zu kommen. Dort werden sie die Botschaft verkünden. Johannes hatte ihnen Pferde besorgt und so machen sie sich zur Furt und dann zur Abtei auf.

In der Abtei zur Aue

Der Abt Patric hatte in der Zwischenzeit einen versiegelten Brief für Karl Martell erhalten. Friedrich sollte ihn schnellstmöglich zum Vichttal bringen. Auch Joseph und Jode waren nicht untätig geblieben. Sie haben für eine Kapelle einen Entwurf gemacht. Diesen würden sie nun in einer kleinen Runde im Kapitelsaal vorlegen. Geld schien reichlich da zu sein. Jedoch können die Handwerker erst mit dem Bau beginnen, wenn die anderen Aufgaben erledigt sind. Da sie mehr Felssteine aus dem Vichttal erhalten hatten, waren auch die Arbeiten an der Klostermauer gut voran gegangen. Drei Tore hatten sie schon anbringen können. Die vierte Seite würde das Viereck abschließen und an dieser wurde gerade noch gebaut. Den Bericht über das Geschehen in den vergangenen Nächten hatte Patric erhalten. Er war erschüttert, soviel Gewalt war nicht seine Welt. Deshalb macht er sich sofort auf, um nach den Schwestern Esther und Judith zu sehen. Er wusste, dass die Kelten schon einiges wegstecken können. Aber hier war nun Beistand gefragt und dieser sollte nicht lange auf sich warten lassen. Zu dritt machten sie sich auf und Patric konnte sich die Geschichte von Karl und Martel nochmals ausführlich anhören. Hier kamen auch noch einige Einzelheiten zutage, die er vorher nicht gekannt hatte. Die Frage, ob Plektrudis verantwortlich für die Entführung ist, konnte nicht geklärt werden, da beide Haupttäter tot waren.

Im Ort angekommen suchte er erst die Priorin auf. Das Gespräch wurde dann mit der entführten Schwester weitergeführt. Hier erzählte Esther: „Wir waren etwas früh für die Nachtwache unterwegs und so wollten

Judith und ich den nächtlichen Himmel betrachten. Es gibt eine kleine Lichtung auf dem Hügel, von dort kann man die Sterne besonders gut sehen.

Ich war etwas schneller voran gegangen und Judith muss etwa vierzig Schritt hinter mir gewesen sein. Plötzlich packten mich zwei Männer und schon steckte ich in einem Sack. Ich konnte mich nicht mehr bewegen. Sie schleppten mich weg und wurde auf ein Pferd gehoben. Das Pferd setzte sich schnell in Bewegung und mein Kopf schlug irgendwo gegen. Später wachte ich wieder auf.

Nach einer Ewigkeit warf man mich vom Pferd und Hunde umringten mich. Dann wurde ich hochgehoben und gelangte in einem Raum mit vielen Leuten. Ich glaube Rauchscharius schrie dann herum und bald war der Raum leer und still. Ich lag dann einige Minuten mit dem Sack über den Kopf am Boden. Dann machte man mir den Sack ab und ich glaube Rauchscharius befragte mich unter Androhung von Gewalt. Er wollte immer wieder wissen, wo Karl Martell ist. Dann zerrte er an meiner Kleidung, wurde aber von dem Geheul eines Hundes unterbrochen. Er machte das Licht aus und ging hinaus.

Ich brauchte einige Zeit, um mich von den Handfesseln zu befreien. Als ich langsam versuchte, mich aus dem Haus zu schleichen, hörte ich nur einen Hund winseln. Dann sah ich ein Pferd mitten auf dem Hof. Neben ihm standmein Entführer mit der Axt in der Hand. Er schaute sich um und ich sah einen Schatten an der Scheune vorbeihuschen."

Sie hielt kurz inne und schaute in die Runde. Dann erzählt sie weiter:

„Ich schlich mich aus der Türe und bewegte mich im Schatten der Wand entlang. Als ich über den Hof rannte, bemerkte mich der Entführer und wollte mich aufhalten. Aber er humpelte und aufs Pferd schaffte er es auch nicht. Dieses trabte dann davon und nun stand er ohne Deckung da und gegenüber von ihm tauschte Judith auf. Sie sprachen miteinander und ich sah wie er sein Schwert zog. Irgendwie muss Judith dann zwei Äxte in der Hand gehabt haben. Sie warf beide wobei er die erste Axt mit seinem Schwert abwehrte. Die zweite Axt sah er vermutlich in der Morgendämmerung überhaupt nicht oder sie kam zu schnell hinterher. Sie traf ihn tödlich in die Brust, dann brach er zusammen. Den Rest kennt ihr durch die Erzählung von Karl und Martel."

Bruder Patric fragt:

„Wo war denn die Fürstin?"

Sie antwortet:

„Ich kann es nicht sagen. Sie war nicht dabei! Wir waren nur zu dritt im

Hof. Der Rest war betrunken und davon gescheucht worden."
Dann sagt Karl:
„Die Fürstin wird nichts gewusst haben von der Entführung. Wir haben
sie erst spät am Morgen gesehen."
Dann überlegt Patric:
„Ist sie unschuldig?"
Karl und Martel erwidern:
„Wir werden sie fragen. Sie ist in Novaesium und bei ihr sind nur noch
vier oder fünf Leute. Weitere Zeugen können wir in Iuliacum finden. Dort
sind die meisten hingegangen."
Patric sagt zu den anderen:
„Ich muss nachdenken und so geht er in den Kräutergarten und setzt sich
auf die dort stehende Bank."
Er sitzt nicht lange alleine dort und dann kommt Judith zu ihm. Nach kur-
zem Zögern setzt sie sich.
Sie spricht ihn an:
„Ich muss zurück zur Insel!"
„Warum?" fragt es und schaut sie an:
„Du bist doch gerade erst angekommen. Die Ereignisse in diesen Tagen
sind die Ausnahme. Was sollen denn Lukas und Karl und die anderen
sagen?"
„Sie ist einfach erschöpft von den vielen Ereignissen und möchte einfach
nur ihre Ruhe haben" denkt Patric.
Das kann er gut verstehen und spricht beruhigend.
„Du kannst mit mir reden, als würdest du ein Selbstgespräch führen. Du
sollst wissen, dass ich für unsere christliche Gemeinschaft für jeden im-
mer ein offenes Ohr habe. Aber was rede ich hier? Du weißt doch sicher
schon vieles von Esther und Ruth."
Sie antwortet ihm:
„Ja, sie haben mir viel erzählt! Nicht nur sie, Mary und Victoria ebenfalls.
Sie haben viel von dir gesprochen und mir erzählt was du für ein Mensch
bist."
Dann fragt er sie:
„Haben sie denn auch einmal über deinen Namen gesprochen und seiner
Herkunft aus den Heiligen Schriften?"
Danach verneint sie und er sagt:
„Dann will ich es dir erzählen."
Immer noch sitzen sie alleine. Er hält ihre Hand und Judith wirkt ent-
spannter. So fängt er an, die Geschichte zu erzählen:

„Vor langer Zeit wurde das Land Judäa von den Babyloniern belagert. Um den Feldzug erfolgreich abschließen zu können, musste eine kleine gut befestigte Stadt in den Bergen, ich glaube es waren die Galan Höhen, eingenommen werden. Die Belagerung dauerte schon mehrere Tage. So genau weiß ich das nicht mehr. Eine Rettung war nicht in Sicht. Eines Tages machte sich eine schöne und früh verwitwete Frau auf und besuchte das Heerlager des Feindes. Sie hatte sich die feinsten Kleider angezogen und so gelangte sie ohne Schwierigkeit zum Heerführer. Diese Frau hatte den Namen Judith.

Der Heerführer war von ihrer Schönheit derart trunken, dass er sie zu verführen suchte, sie ihn aber immer wieder auf später vertrösten konnte. Eines Abends war sie wieder allein mit ihm im Zelt und sie hatte den besten Wein mitgebracht. Erst spät in der Nacht sank der Heerführer wehrlos nieder und sie konnte ihm den Kopf abschlagen. Judith ging nach der Tat zurück in die kleine Stadt in den Bergen.

Am nächsten Morgen sollte der Angriff auf die Belagerten starten. Das ganze Heer wartete auf den Heerführer. Dann macht sich einer der Truppenführer auf und ging in sein Zelt. Dort erschrak er. Er erkannte, dass der Feind jederzeit unbemerkt ins Lager kommen konnte. In Panik brachen sie die Belagerung ab und ließen alles stehen und liegen."

Er machte eine kleine Pause und fragte:

„Ist Judith nun schuldig oder unschuldig?"

Immer noch war sie fassungslos von der Erzählung und so gab Patric ihr die Antwort:

„Manche mögen sagen, sie ist schuldig wegen dem Töten. Aber unschuldig ist sie, weil sie so viele Menschenleben retten konnte. Sie war mutig und selbstlos, hat nicht an sich gedacht und an die Lebensgefahr, in die sie sich gebracht hatte. Wie hätte sie entscheiden sollen und wie weiterleben in dem Wissen, dass sie hätte helfen können oder müssen?"

Er hielt inne und sie dankte ihm:

„Ich werde darüber nachdenken."

In der Abtei hatten die Seeleute die Nachricht überbracht. Im Königshaus Munster gibt es einen Thronfolger. Eilig hatte man Patric informiert. so ist einer der Brüder zum Engelsdorf gerannt. Die Freude war so groß, dass er mit der Priorin und den Seeleuten zum Essen gerufen hatte. Während sie beisammen sitzen erzählten sie einiges von der Insel.

Die Frau von Pippin, Plektrudis hat es zum Fronhof geschafft und hier taucht sie erst einmal unter. Sie will die Ereignisse rund um die Alte Motte vergessen.

Ihre Zofen waren nur bis zur Furt gekommen. Für mehr hatte ihr Geld nicht gereicht. Hier versuchten sie, sich etwas zu verdienen, was aber nicht einfach war. Für landwirtschaftliche Arbeit waren sie nicht geeignet, andere Arbeit gab es nicht.

So blieben vorerst nur Gaststätten und Schenken, um sich über Wasser zu halten. Das schöne Leben am und mit dem Hof war vorbei. Natere hatte die Aufgabe in einer Spelunke bekommen, in der Schenke an der Furt die Gäste zum Trinken zu animieren.

Nach dem Versprechen, in der Alten Motte eine Gebetsstunde abzuhalten, waren sie mit Evermarus aufgebrochen. Das kurze Wegstück schafften sie recht schnell. Hier konnten sie sehen, dass fast alles beseitigt wurde, was sich auf einen Kampf zurückführen ließ. Nur der größte Blutfleck war noch zu erkennen. Der nächste Regen würde diesen wegwaschen. Freundlich begrüßte die Familie, die vorher nur für das Federvieh zuständig war, die Mönche.

Die ältere Tochter Sarah fragt die Mönche:

„Was geschieht denn mit dem Hof hier?"

Lukas antwortet:

„Es ist sicher ein Hof im Besitz von Pippin, sonst hätte die Fürstin hier nicht gewohnt. Man wird jemanden suchen, der diesen weiter betreibt."

Dann sagt Sarah:

„Wir werden dann bestimmt ausziehen müssen und das so kurz vor dem Winter! Was machen wir denn dann?"

Evermarus schaut die Mönche an und Karl sagt:

„Schreibt einen Bittbrief an den Fürsten Pippin, den Hausmeier von Austrasien!"

„Wer soll den schreiben?" antwortet sie ihm: „Wir können so etwas nicht!"

Dann sagt Evermarus:

„Ich werde den Brief für euch schreiben. Macht euch darüber keine Sorgen."

Er nimmt ein Stück Pergament und eine Feder und fragt:

„Was soll ich schreiben?"

Sarah ist von einfachem Geblüt und so sagt sie:

„Lieber Pippin,

wir sind arm und wir wissen nicht, wo wir hinsollen. Bitte lasst uns hier auf der Alten Motte weiterhin wohnen. Wir werden sie wie bisher in Ordnung halten.

Eure Sarah,
Tochter des Hühnerwirts.“

Sie hält kurz inne und sagt:
„Fertig! Nun braucht er nur noch zu Pippin gebracht werden.“
Karl schaut seine beiden Begleiter an und sagt dann:
„Damit klappt das bestimmt. Ich nehme ihn und sende ihn ab!“
Die beiden anderen sehen die glückliche Sarah dastehen und schauen Karl an. Er sagt dann nochmals:
„Ich habe gesagt, ich bringe ihn weg!“
Dann springt Sarah auf, drückt und küsst Karl wie ihren Liebsten. Der verdutzte Karl lässt es geschehen! Während die anderen beiden gehen, sagt Martel grinsend:
„Unser Karl macht das schon! Nun bring den Brief schon weg!“
Karl schaut die Beiden an und dann setzt er sich auf sein Pferd. Er macht sich auf den Weg und Sarah winkt ihm hinterher. Zu den anderen Beiden sagt sie:
„So einen Kerl wie ihn möchte ich einmal heiraten!“
Verträumt schaut sie ihm hinterher, wie eine Prinzessin ihrem Prinzen. Die beiden anderen müssen nun die Gebetsstunde alleine machen.
Karl ist zurück in die Abtei geritten und hat Patric alles über den Brief erzählt. Selbst der Abt Patric verliert fast seine Fassung und hat ein ganz lustiges Schmunzeln im Gesicht. Karl sagt dazu:
„Was willst du erwarten? Es sind einfache, ganz einfache Leute! Sie wirken so unschuldig! Was sollte ich denn machen. Sie wurden oft enttäuscht. Das Leben hat ihnen sicher oft alles abverlangt! Eine weitere Enttäuschung in dieser Situation, das glaube ich, hätten sie nicht verkraftet!“
Patric erkennt wie ernst es Karl ist und sagt schnell hinterher:
„Ich kenne das Mädel nicht, aber ist das nicht lieb gemeint! Echt süß die

Kleine und ein unschuldiges Geschöpf Gottes!"
Dann zu Karl.
„Stell dich nicht so an und gib den Brief schon her."
Dann nimmt Patric einen Briefbogen und schreibt an die Fürstin Chalpaida und er berichtet, was alles hier geschehen ist. Er nimmt sein Siegel der Abtei und stempelt den Brief ab. Da Karl den Text des Briefes mitgestaltet hat, kennt er alle Details. In dem Brief stecken sie den unschuldigen Text der kleinen Tochter des Hühnerwirts.
Damit ist Karl einverstanden und er reitet zur Furt, um den Brief einem Kurier zu übergeben. Hier an der Furt erkennt er auch die ehemaligen Zofen Juiliana und Natere. Innerhalb von zwei Tagen sind sie vollkommen verarmt und heruntergekommen. Sie stehen hier an der Straße, um ihre Dienste anzubieten. Von den Söldnern erkennt er nur einen Wachmann, der den Zugang durch das Tor kontrolliert.
Er denkt nur:
„Wie tief kann man fallen, wenn es das Schicksal nicht gut mit einem meint. Nicht immer trägt man selber die Schuld."
Dann macht er kehrt und reitet zur Alten Motte zurück. Dort ist gerade die Gebetsstunde zu Ende und Karl erkennt das neu aufgestellte Kreuz.
Freudig kommt Sarah auf ihn zu und dankt ihm, dass er den Brief fortgebracht hat. Er sagt ihr, dass er große Zuversicht hat und es fast sicher ist, dass sie hier wohnen bleiben können.
Dann kommen auch schon seine beiden Freunde. Martel lacht und bevor einer was sagen kann, sagt Karl:
„Der Brief ist ordentlich verschickt worden!"
Dann fügt er den Blicken von den Beiden hinzu:
„Was dachte ihr denn was ich machen sollte?
Beim nächsten Mal werdet ihr euch Gedanken machen, anstatt mich zu veralbern und über mich zu lachen. Ich werde gleich eure Beichte abnehmen."
Oh, da hatten sie ihn aber wütend gemacht! Das Späßchen mussten sie irgendwie wieder in Ordnung bringen.

In der Eifel

Kurz vor Einbruch der Dämmerung erreicht Friedrich den Gasthof im Vichttal. Hier kann er den Brief für Karl Martel überreichen.

Er sagt:

„Den soll ich dir von Abt Patric überbringen und er wartet auf dich in der Abtei."

Der Junge ist ganz stolz. Eifrig nimmt er den Brief und zu den Mönchen sagt er stolz:

„Mein erster Brief für mich!"

Er schaut auf das Siegel, aber er kennt sich noch nicht so mit diesen Sachen aus. Eines ist ihm klar, es ist einer aus dem Adel, der diesen geschrieben hat. Dann fängt er an zu lesen und er sieht, es ist eine gestochen scharfe schöne Schrift. Nicht so holprig, wie er es bisher meist nur hinbekommt. So blättert er auf und beginnt:

„Mein Sohn! Lieber Karl,

ich habe mich sehr über deinen Brief gefreut.

Es ist der Erste, der für mich hier angekommen ist. Wir sind heute in Lugdunum, morgen geht es weiter ins Landesinnere. Später werden wir nach Divodurum reisen.

Hier gibt es sehr viele Pferde und Vater und Mutter haben mir auch eines versprochen. Ich hoffe, du hast auch eines, dann können wir zusammen ausreiten.

Gestern waren wir angeln hier am Fluss. Aber ich habe wieder nichts gefangen. Wie immer! Mir schmeckt der Fisch auch nicht. Lieber würde ich hier auf der Wiese musizieren.

Spielst du auch ein Instrument?

Sicher nicht, denn du bist ein Junge. Jungs lernen reiten, fechten und machen andere Dinge. Aber dann musst du für mich singen.

Ich wünsche mir einen Ring von dir mit einem roten Stein. So, ich muss Schluss machen.

Freue mich, dich bald wieder zu sehen
aus Lugdunum
deine liebe Chrodtrud"

Das Erste, was Karl Martell zu meckern hat, ist sein Name in dem Brief und er sagt:

„Ich heiße Karl Martell und nicht Karl! Sie kennt noch nicht mal meinen richtigen Namen. Das muss ich ihr gleich morgen schreiben. Ich schreibe ja auch nicht Trude!"

Dann erzählt Friedrich, wie die Lage in der Abtei ist und dass die Gefahr gebannt ist. So beschließen sie, morgen von der Jagd heimzukehren. Der Junge ist etwas enttäuscht, muss er doch nun wieder lernen. Der Trost, einen Brief schreiben zu können oder mit Patric zum Rhenus zu gehen, verhallt aber. Die Nacht bricht herein und zeitig legen sie sich alle zur Ruhe.

Es war eine bewölkte Nacht im Oktober und in dieser Nacht fällt lautlos der erste Schnee. Am nächsten Morgen ist alles schneeweiß und die Landschaft strahlt hell im Sonnenlicht. So verzögert sich die Rückreise etwas, bis die wärmende Sonne den weisen Flaum geschmolzen hat. Dann beeilen sie sich auf den Rückweg.

Die Strecke ist lang und fast nicht bei Tageslicht zu schaffen. Gegen Mittag haben sie den schwierigsten Teil auf einem schmalen Pfad hinter sich. Von nun an sind sie auf festen Straßen. Diese waren so breit, dass zwei Karren aneinander vorbeifahren konnten.

Da die alte Motte ohne wirtschaftliche Führung ist, hat der Abt den Mönch Edward ausgesandt, um dort nach dem Rechten zu sehen. Er hatte keine Probleme hier im flachen Land mit dem Schnee. Für ihn war es ein Tag wie jeder andere. Sein Fußmarsch führt ihn an der Furt vorbei und hier kann er wieder die gescheiterten Menschen der letzten Tage sehen. Nicht dass er kein Mitleid hat. Er hatte einfach keine Zeit. Sein Auftrag war, möglichst schnell zur Alten Motte zu kommen und die dortige Familie zu unterstützen. Eine Aufgabe, die er von der Priory kannte, bevor er Mönch geworden ist. Mit seinen Kenntnissen kann er sicher Hilfestellung geben und den einen oder anderen Rat erteilen. Als er die Furt hinter sich gelassen hat, kann er die ehemaligen Zofen Natere und die jüngere Juiliana erkennen. Früher hatten sie in den kostbaren Gewändern eine gute Figur gemacht. Nun wirken sie wie herunter gekommene, verbrauchte Frauen. Er denkt, sicher hat der viele Alkohol an ihnen gezehrt. Aber er musste schnell weiter, um keine Zeit zu verlieren.

Trotzdem beschäftigte ihn das plötzliche Schicksal der Frauen. Es ist aber nur eines von vielen Elenden, die man überall an ähnlichen Orten sehen kann. Als gesunder, junger Mann kann mal leicht eine Anstellung finden, als schwacher, alter Mensch nicht. Überlegt er nachdenklich auf seinem Weg. Wie könnte man zumindest ein Licht der Hoffnung in ihnen entzünden?

Für Plektrudis war es eine erholsame Zeit im Hafen am Rhenus, aber heute galt es Abschied zu nehmen. Ein Schiff hatte hier angelegt.

Sie nutze diese Gelegenheit, um nach Colonia Agrippina flussaufwärts zu fahren.

Dort waren mehrere bekannte Adlige zuhause und sie würde sicher eine passende Unterkunft bei diesen finden. Das Unternehmen Thronfolge oder besser gesagt die des Nachfolgers des Hausmeiers musste sie zumindest erstmal aufgeben.

Nachdem man einige Fahrten hin und her zur Insel im Rhenus gemacht hatte, sind die Schiffe abwärts gesegelt. Mit an Bord sind die Äbtissin und der Abtbischof. Ihr Ziel war Corcaigh im Süden des Königreichs Munster. Es galt, die Taufe der königlichen Kinder Victoria und William vorzunehmen. Die Eltern Mortimer und Anne hatten den Wunsch, dass der Abtbischof die Taufe vornehmen sollte. Die Seefahrer Percy MacCarthy, Freddie Schneyder und David Winterbottom hatten eine wichtige Rolle bei dieser Zeremonie als Verwandte des Hauses Eoghanacht. Sie sollten als Zeugen an der Tauffeier teilnehmen.

In der Abtei zur Aue war ein Brief von Basinus eingetroffen. Er war der Vertreter des Bischofs Numerianus von Augusta Treverorum. Sie hatten geschrieben, dass sie die Gebeine vom Apostel Matthias gefunden haben. Damit hatten sie eine Reliquie erster Klasse. Mit einem Grab oder eine nur für ihn gestaltete Gruft würden auch die Geldeinkünfte sprudeln, wenn die Pilger kommen.

Alles scheint sich zum Guten zu wenden. Für die Mönche in der Aue war der Auftrag zur Unterstützung erfüllt und beendet. Ein kleines Kästchen mit einer Reliquie aus Augusta Treverorum war der Dank, für die Hilfe die Patric mit seinen Brüdern bei der Suche geleistet hatten.

In Engelsdorf

Seit mehreren Tagen plagt sich Judith mit dem Gedanken, zurück zur Insel zu gehen. Mit Anna hatte sie ihr Gespräch, das sie mit Patric geführt hatte, verarbeitet. Auch mit ihren keltischen Gefährtinnen hat sie immer wieder über den Vorgang gesprochen. Letztlich hatte ihre Reisegefährtin Aisling ihr gesagt, dass sie hier keine Schuld zu tragen hat, es war keine

Sünde, für die sie sich schämen müsste. Sie hat nicht aus Hass oder Wut gehandelt, sondern ihre Schwester verteidigt und befreit. Als Keltin müsste sie stolz darauf sein, sogar einen gerechten Kampf geführt zu haben. Auch als Christin ist das Abwenden einer Gefahr oder Bedrohung für sich und andere nicht verwerflich. So stand es in der Schrift, die Patric ihr näher gebracht hatte.

Das erklärte Anna ihr an weiteren guten Beispielen aus der Heiligen Schrift. An diesem Morgen war Judith zum ersten Mal wieder frei von Schuld und nach der Nachtwache ging sie zur Abtei zur Aue, um dies dem Abt mitzuteilen. Damit war auch klar, sie würde bleiben.

Seit Tagen ist Edward in der „Alten Motte" tätig und er zeigt den Leuten, wie sie sich auf den Winter vorzubereiten haben. Er hat der Familie auch die Tür zur Abtei geöffnet. So konnten sie mit dem erwirtschafteten Überschuss Dinge tauschen und erwerben, die sie dringend brauchten. Wie schon in der Priory auf der Insel hilft man den wenigen Christen.

Er dachte schon, wiederholt sich das, was er schon einmal in den Schriften gelesen hatte. Hier wurde Demut und Geduld im Glauben belohnt. Er hatte die Zeit in der „Alten Motte" genutzt und viel nachgedacht: „Christ sein heißt aber auch, dem Vorbild Jesu zu folgen.

Jesus hat allen, die Hilfe brauchten und auf Hilfe hofften, geholfen. Auch das Beispiel vom Samariter fiel ihm dazu ein. Hatte er nicht gezeigt, wie man sich verhalten soll. Auf der Insel ließen sich viele taufen, weil sie die selbstlose Hilfe der Christen bewunderten. Zu oft war es im Leben anders. Zu oft begrenzen wir unser christliches Verhalten auf Mitchristen und nicht auf die ganze Schöpfung. Das kann nicht Gottes Wille sein."

All diese Dinge waren dem Mönch Bruder Edward nach und nach in den Sinn gekommen.

Die Familie und die ganzen Mitbewohner des Hofs waren vorher von dem brutalen Brüderpaar unterdrückt und ausgebeutet worden. Ihr Leben hatten sie mehr schlecht als recht geführt. Wie würden sie sich in wenigen Tagen und erst in wenigen Wochen fühlen?

Sie wussten nicht, wo und wovon sie in der nahen Zukunft leben würden, denn seit Wochen warteten sie auf Antwort. In den letzten Tagen war es immer kälter geworden und damit die Sorge das Dach über den Kopf zu verlieren. Sarah, die den Text für den Brief diktiert hatte, fragte jeden Tag die Fuhrleute, ob sie einen Brief von Pippin dabeihaben. Mit jedem Tag wurde die Hoffnung kleiner und sie zweifelte, dass der Brief je kommen würde.

So machte sich Edward Gedanken wie er ihr helfen könnte! Er würde auf jeden Fall mit dem Abt sprechen müssen.

Sie war aber nicht die Einzige, die auf einen Brief wartete. Karl Martell war auch ungeduldig und er sehnte sich zurück zu seiner Mutter. Manchmal weinte er und sagte zu Britannia, die ihn am meisten betreute und zu der er ein geschwisterliches Verhältnis hatte:
„Meine Mutter hat mich vergessen. Sie holt mich nie mehr ab."
Ihre Antwort war dann stets:
„Deine Mutter liebt dich. Sie wird dich nicht vergessen. Du weißt, wie sie früher mit dir immer umhergereist ist. Sie wird sich melden und dann auch abholen."
Damit war der Junge nicht zu beruhigen. Alles Zureden und trösten half nichts mehr, der Junge litt unter Heimweh und er hatte Angst, vergessen worden zu sein. So fragte er auch jeden Tag nach bei der Priorin:
„Ist meine Mutter gekommen oder hat sie geschrieben."
Das war die unerträgliche und traurige Situation, in der sich der Knabe nun befand.

In Corcaigh ist alles festlich geschmückt und man wartet auf die Rückkehr der wichtigen Gäste für die Taufe. Mortimer hat demjenigen eine Belohnung versprochen, der die Schiffe am Horizont als erstes entdeckt. So waren mehrere auf umliegende Hügel ausgerückt, um alle Möglichkeiten zu nutzen, die Schiffe rechtzeitig zu sichten. Es sollte aber nicht am helllichten Tag sein.
Mit einige Tage Verzögerung liefen die Schiffe nachts in die Bucht von Corcaigh ein. Am Morgen lagen sie im Hafen und die Ersten, die sich in eine der bereitstehenden Kutschen setzen, waren Mary und Eochaid. Der Abtbischof war alt geworden und er sagt:
„Das wird meine letzte große Reise gewesen sein."
Mary, die deutlich jünger war, machte sich große Sorgen. Hing doch ihr Wohl vom Leben ihres Abtbischofs ab. So antwortet sie immer:
„Du wirst noch Jahre leben. Mach dir keine Sorgen. Solange Anne hier Königin ist, geschieht mir nichts."
Schnell waren sie die halbe Meile bis zum Sitz des Königs gefahren. Unterwegs konnten sie die vielen Banner an der Straße und in den Gassen erkennen. Sicher würde man bald die Feier eröffnen. Ein Soldat hat ihr Kommen dem Königspaar gemeldet. So richteten sie schnell noch eine Tafel mit einem Mahl als Empfang her. Es soll festlich und feierlich sein

und man wollte auf die lieben Gäste Rücksicht nehmen, die ja erst eben von der anstrengenden Reise zurückgekommen waren.

Endlich konnten sie den Verwandten aus dem Hause Eoghanacht die Ankunft des Abtbischofs und der Äbtissin vermelden und die Taufe konnte stattfinden. Mehr als zwei Wochen hatten sie auf die verzögerte Ankunft warten müssen und nun meint der König, es würde auf die wenigen Stunden nicht mehr ankommen. So trifft sich der König mit dem Abtbischof und tauschte mit ihm das Neueste von der Insel und dem Festland aus. Es gab viel zu erzählen und der König bewunderte was dem kleinen Mönch Patric gelungen war.

Mit jeder weiteren Stunde die vergangen war wurde es im Haus des Königs voller. Die Schwestern Eoghanacht waren die ersten die eingetroffen sind. Alle drei trugen die Frucht einer werdenden Mutter unter ihrer Brust. Sie warteten auch sehnsüchtig, dass sie ihre Kinder bekommen würden. Die Ankunft der Geistlichen hier im Haus war für sie eine Erleichterung. Denn nun würden bald ihre Männer hier sein. Die Schwestern aus dem Konvent in Corcaigh waren die nächsten die zwischenzeitlich eingetroffen waren. Sie hatten die Kapelle am Sitz des Königs bereits seit Tagen festlich geschmückt und schnell noch den frischen Blumenschmuck in der Kapelle zu platzieren. Danach waren sie schnell und aufgeregt zum Empfang des Königs gegangen.

Die Kapitäne hatten von der Aufregung nichts mitbekommen und hatten sich Zeit gelassen ihre Anweisungen zu erteilen. Sie hatten der Mannschaft gesagt, wie die Ladung der Schiffe zu löschen sei und damit wäre die Mannschaft beschäftigt. Danach gingen die Kapitäne zum Palast zu ihren Frauen um an der Feier der Täuflinge teilzunehmen.

Etwa zwei Stunden, nachdem alle angekommen waren, betraten auch sie als letzte den Empfangsraum. Sie werden freudig begrüßt und küssend liegen ihre Frauen ihnen in den Armen. Das Königspaar wartete geduldig und dann begrüßt Mortimer seine Freunde. Es wurde nun viel erzählt und die Glückwünsche und Geschenke von den Schwestern und Brüdern des Festlandes wurden überreicht. Hier floss auch manch eine Träne bei den Gedanken an ihre Freunde und Liebgewonnenen.

Als sich die Letzten am Hof des Königs gestärkt hatten, war es Zeit zum Aufbruch. Etwa zweihundert Yards mussten sie gehen, um dann den feierlichen Akt in der Kapelle zu zelebrieren.

Hier wurden Victoria Mary und William Patric von den Geistlichen getauft.

Während der Abtbischof den Text sprach:
„Ich taufe dich in Namen unseres Gottes!"
Übernahm Mary dann den praktischen Teil der Handlung. Vorsichtig lief das Wasser über die Kleinen. So hatte jeder von ihnen seinen Anteil am Akt der Taufe. Taufpaten waren die drei Schwestern Sarah, Diane und Fergie mit ihren Männern Percy, David und Freddie. Sie sagten ihren Spruch als Taufpaten auf und der Neffe William Eoghanacht von Königin Anne gab sein Treuegelübde ab und sprach:
„Ich werde euch dienen und mit meinem Leben verteidigen, so wie ich dies auch für meinen König Mortimer und meiner Königin Anne bisher getan habe und auch in Zukunft tun werde."

Eine Überraschung gab es dann doch noch. Die einst als Novizin nach Midsummer gegangene Ireen Eoghanacht die Schwester der Königin war heute auch anwesend. Inzwischen hatte sie das Gelübde des „Ewigen Profess" abgelegt und war eine vollwertige Nonne. Sie unterrichtet nun junge Mädchen, ob arm oder adelig mit Hingabe.
Diesen weiteren Höhepunkt hatte die Seelsorgerin der Königin Anne eingefädelt. Heimlich hatte Victoria ihre Brieffreundin Ireen aus Midsummer holen lassen. So konnte auch diese an der Feier teilnehmen, ohne ihr Gelübde zu verletzen. Zum zweiten Mal an diesem Tag musste die Königin Anne vor Glück weinen. Unter dem Glockengeläut im ganzen Ort Corcaigh zogen sie an dem sich vor der Kapelle eingefundenen jubelnden Volk vorbei. Selbst der sonst so sparsame, fast geizige König war heute sehr großzügig. So warf er reichlich von den eigens für diesen Anlass geprägten goldenen Penny unter das Volk.
Mit einem feierlichen Umtrunk und einem Festmahl endete die Tauffeier und im Anschluss daran tauften die Brüder und Schwestern weitere Personen aus dem Volk. Seit neuestem haben sie die sogenannte Pilgertaufe eingeführt, eine Entscheidung die sie wegen der ansteigenden Pilgerzahlen gefällt hatten.

Mit den fallenden Temperaturen waren auch die letzten baulichen Maßnahmen der Klausur in der Abtei zur Aue abgeschlossen worden. Das große Umziehen war auch beendet. Die Brüder hatten jeder ihre eigene Klause und für die Laien-Brüder war es nun auch etwas bequemer geworden. Sie konnten nun den kompletten alten Vierkanthof nutzen.
Dies war ein von allen lang ersehnter Anlass zur Feier und um Dank zu sagen. Die Dankfeier gestaltete Evermarus auf seine Weise.

Er stellte die viele Arbeit, die etwas unbequemen und beengten Verhältnisse sowie den langen Verzicht besonders für die weniger Hochgestell-
ten in den Vordergrund.
Nach dem Dankgebet im Klausurgarten verteilt er die Geschenke an die
Laien-Brüder und an die vielen Handwerker und deren Familien. Es war
mehr als nur eine faire Geste. Gemeinsam erwirtschaftete Güter wurden
fair an die verteilt die täglich dafür gearbeitet hatten.
Jeder konnte für seinen Lohn wählen, ob er Ware oder Münze bevorzugte.
Die meisten aus den Nachbarorten hatten Ware gewählt. Die Handwerker
von weiter her wählten dagegen die Thaler. Da die dringendste und die
meiste Arbeit gemacht war, nutzten viele die Gelegenheit für einen Besuch zu Hause.
Dies ist auch für die beiden Mönche Jode und Joseph eine Zeit der Ruhe.
Sie konnten sich den Gebetszeiten widmen und sich um die Planungen
der weiteren Bauarbeiten kümmern. Auf dem Papyrus des Abts machten
sie ihre Zeichnungen und kreierten den weiteren Ausbau der Abtei.

Vor einigen Tagen hatte sich Edward von der Alten Motte sich gemeldet.
Er hatte den Wunsch geäußert das Alec mit einigen Laien-Brüdern kommen sollte um einige Gebäude instand zu setzen. So berichtet er das man
hier viele Jahre von der Substanz gelebt und vieles heruntergewirtschaftet
worden war.
Bisher hatte der Abt die Erfüllung der Bitte hinausgezögert und um Geduld gebeten. Der Abt wartete auf den Brief von Karl Martells Mutter.
Für den Abt Patric war es klar, dass seine Bitte, die er vor Wochen niedergeschrieben hatte, bei ihr auf fruchtbaren Boden fallen würde. Sein
Gedanke ist, dass keiner seinen Platz vor dem Winter noch verlassen
muss. Als gemeldet wird das der erhoffte Brief eingetroffen ist werden
die Erwartungen vom Abt übertroffen. Die Fürstin kommt der Bitte nach
und gewährt einen Zahlungsaufschub. Kurz entschlossen gibt er Alec den
Auftrag einige Handwerker für zwei Wochen anzuwerben um die Arbeiten auszuführen. Außerdem stellt der Abt in Aussicht das die Handwerker
auch den Winter hier verbringen können.
So gelingt es Alec einige unverheiratete Handwerker zu überreden zu
bleiben. An diesem Tag schickt er ein Fuhrwerk mit Werkzeug und Baumaterial und meldet das sie morgen beginnen werden.
Gleich in der Früh des nächsten Tages noch vor dem Gebet bricht Alec
mit den Männern zur Motte auf. Der kurze Weg ist schnell geschafft und
so können sie mit Edward das Gebet auf dem Hof der Motte durchführen.

Als kleiner Beitrag war es Alec gelungen, von den Matzen einige für das hier zu veranstaltete christliche Treffen zu organisieren. So kann er diese mit Edward an die Gläubigen verteilen. Danach arbeiteten sie bis zur Dunkelheit an der Beseitigung der Gebäudeschäden.

In dieser Nacht wurde es sehr dunkel, denn die Wolkendecke hatte sich zugezogen und leichter Schneefall hatte eingesetzt. Selbst die Natur war ruhiger geworden, denn seit Tagen sangen keine Vögel mehr und es würde bald jede Nacht frieren.

Zur gleichen Zeit schaute sich Patric das Geschenk von Basinus an und er findet ein altes leicht angegilbtes Dokument in der Reliquienkiste. Auf diesem steht etwas geschrieben und er betrachtet es genauer.

Der Text ist in Latein und nicht gut lesbar. Das Dokument ist alt und war zerknittert in die Kiste der Reliquie geraten, dies weckt sein Interesse. So beginnt er zu lesen:

Te Deum laudamus. Te Dominum confitemur.
Te aeternum patrem omnis terra veneratur.
Tibi omnes Angeli, tibi caeli et universae potestates:
Tibi cherubim et seraphim incessabili voce procla-
mant:
Sanctus: Sanctus:
Sanctus Dominus Deus Sabaoth.
Pleni sunt caeli et terra maiestatis gloriae tuae.

Te gloriosus Apostolorum chorus:
Te prophetarum laudabilis numerus:
Te martyrum candidatus laudat exercitus.
Te per orbem terrarum sancta confitetur Ecclesia:
Patrem immensae maiestatis:
Venerandum tuum verum, et unicum Filium:
Sanctum quoque Paraclitum Spiritum.

Tu Rex gloriae, Christe.
Tu Patris sempiternus es Filius.
Tu ad liberandum suscepturus hominem, non horru-
isti Virginis uterum.

Tu devicto mortis aculeo, aperuisti credentibus regna caelorum

Tu ad dexteram Dei sedes, in gloria Patris.
Iudex crederis esse venturus.
Te ergo quaesumus, tuis famulis subveni,
quos pretioso sanguine redemisti.
Aeterna fac cum sanctis tuis in gloria numerari.

Salvum fac populum tuum Domine, et benedic haere-
ditati tuae.
Et rege eos, et extolle illos usque in aeternum.
Per singulos dies, benedicimus te.
Et laudamus nomen tuum in saeculum, et in saecu-
lum saeculi.
Dignare Domine, die isto sine peccato nos custodire.

Miserere nostri, Domine, miserere nostri.
Fiat misericordia tua Domine, super nos,
quemadmodum speravimus in te.
In te, Domine, speravi: non confundar in aeternum.

Nachdem er diesen Text durchgesehen hat stellt er fest, dass er die erste Strophe kennt. Sie ist etwas anders als die von der Insel.
Der zweite Teil ist ihm völlig unbekannt und den dritten und vierten Teil kennt er als zweite ihm bekannte Strophe von der Insel.
Er rätselt herum, wie der Text hier in diese Kiste kommt.
Warum hat er diese erhalten?
Was soll der Text bedeuten?
Warum liegt dieses Dokument in der Kiste und nicht sorgsam In einer Bibliothek?
Viele Fragen gehen ihm durch den Kopf. Jedoch ohne eine Lösung zu finden. In der Priory wüsste er, was zu tun ist. Er würde Bruder Famian fragen. Der hätte sicher Rat gewusst. Helen wäre auch noch eine, die et-was sagen könnte. Dann würde es aber schon schlechter mit einer Hilfe und vielleicht könnte sein Vater Eochaid noch helfen.
Nun steht er hier alleine. Sein letzter Besuch in der Abtei an der Mosea hatte ihm gezeigt, dass keiner seiner Brüder sich damit auskennt. Ihm

fallen hier drei Personen ein, nämlich Suitbert, Disibod und Basinus. Seine Überlegungen kommen zu dem Entschluss, er wird Basinus fragen. Oder doch alle drei?

Er will wissen was das zu bedeuten hat. Er grübelt eine Zeitlang nach und findet keine Lösung. Dann beschließt er eine Nacht drüber schlafen zu gehen um morgen erneut nachzudenken.

21   Die verschobene Reise

Einige Tage später traf ein Reiter mit einer Nachricht in der „Alten Motte" ein. Trotz des nur noch kurzen Weges zur Abtei zur Aue wollte er nicht mehr weiter. Die letzten Tage hatten ihm sehr viel Kraft gekostet. Er war im Süden des Frankenreichs aufgebrochen. Jeden Tag ritt er zwei Stationen auf seiner Strecke ab und dass bei jedem Wetter. An einigen Tagen ist er nur langsam vorangekommen, so sumpfig und aufgeweicht war das Gelände gewesen.

Edward und Alec hatten ihm eine Bleibe angeboten, die er dankend annahm. Er hatte königliche Briefe dabei. Nachrichten für Abt Patric und für den Jungen Karl Martell. Der Reiter hatte viel zu erzählen von seinen Erlebnissen auf dieser Reise.

Ganz in der Nähe im Engelsdorf hatte sich Karl Martell mit den Gedanken an seine Mutter beruhigt und sich mit dem regelmäßigen Lernprogramm wieder abgefunden. Es machte ihm sogar Spaß. Er wollte auch so akkurat und sauber schreiben lernen wie seine Freundin. Aber das geht nur mit üben. So entwickelte sich ein neues Spiel. Die Kinder schreiben sich alle untereinander Briefe, die sie sich fast täglich gegenseitig zuschicken. Eine stille Nachricht mit echten Briefen. Ein lustiges und spannendes Spiel unter den Kindern und manchmal schreiben auch die Nonnen einen Brief. Sie nutzten dabei nur selten Pergament, sondern meist kleine dafür hergestellte Holztäfelchen.

Als Station dient ihnen ein kleiner Raum in der Nähe der Klausur der Abtei zur Aue. Briefe vom Vortag erreichten ihre Empfänger immer am nächsten Tag. So brachten und holten die Kinder ihre Briefe dort ab.

An diesem Morgen war der junge Karl dran, die Briefe wegzubringen und abzuholen. Er war aber noch mit seinem Brief beschäftigt und deshalb noch nicht unterwegs. Das Spiel war sogar auf die lehrenden Schwestern übergegangen. So erhielten sie auch Aufgaben von diesen, welche sie dann auch brieflich beantworten mussten. Ein sinnvolles Spiel, um den Kindern Freude am Schreiben und Lesen zu vermitteln.

Erst nach dem Mittag war Karl Martell fertig geworden und dann nach dem Mittagsmahl aufgebrochen. Er hatte es heute eilig, denn er war noch mit Schwester Britannia verabredet. Diese wollte ihm helfen, einen Brief der Priorin zu beantworten. Die Schwierigkeit hier war die Sprache. Er musste diesen in Latein geschriebenen Brief lesen und verstehen. Dann konnte er eine Antwort schreiben und dieses Antwortschreiben musste auch in Latein verfasst sein. Das war für einen Jungen seines Alters eine echte Herausforderung und brauchte Zeit. Dafür reichte aber meistens das Wochenende.

Der Abt wartete schon seit dem Mittagsgebet auf das Abholen der Briefe. Er war mit dem Lesen eines Briefes beschäftigt. Sein Brief war von der Gönnerin der Abtei, von Chalpaida. Bevor er ihn öffnete, dachte er, sie antwortet mir bestimmt auf meinen Brief wegen der Alten Motte. So setzte er sich zum Lesen in den Klausurgarten.

„Mein guter Freund Abt Patric

Es tut mir leid, dass ich nicht früher schreiben konnte!
Euer Brief erreichte mich sehr spät und ganz im Süden des Landes. Um die Antwort schneller euch zukommen zu lassen, habe ich einen Kurier mit der Überbringung beauftragt.
Meinen Sohn Karl Martell vermisse ich sehr und hoffe, er macht gute Fortschritte. Von Freunden habe ich gehört, das Plektrudis mit ihren beiden Helfern von der Alten Motte versucht haben soll, ihn zu entführen. Rauchscharius und Fischarius sind zwei üble Burschen. Ich habe nie verstanden, warum Pippin ihnen derart vertraut hat. Aber ich habe auch gehört, das Problem gibt es nicht mehr.
Plektrudis ist in den letzten Wochen auffallend ruhiger geworden und sie hetzt auch nicht mehr die Leute gegeneinander auf.
(Abwarten wie lange das dauert!)
Leider wurden wir hier von Schneemassen überrascht, so dass eine weitere Fahrt nicht mehr möglich war. Ich kann noch nicht sagen, wann ich kommen kann, um Karl Martell abzuholen. Aber es wird wohl in diesem Jahr nichts mehr werden.
Pippin hat neue Aufgaben im Frankenreich bekommen. Er soll hier ein Heer zusammenstellen. Die Reise habe ich deshalb auf das kommende Frühjahr verschoben. Ich habe meinem Sohn Karl Martell auch einen Brief geschrieben.
Mit der „Alten Motte" und den beiden Brüdern hatten wir eine Gewinnvereinbarung. Der Gewinn aus der Bewirtschaftung der „Alten Motte", der nun bis zum Tag an dem ich Karl abholen werde anfällt, geht an die Abtei. So brauche ich euch keine weiteren Thaler zu überlassen. Es ist sicher mehr als vereinbart.

Nun zum Verbleib und der Verwaltung der alten Motte. Hier vertraue ich auf eurem Geschick. Es möge der Federviehwirt dort bleiben für die nächsten Jahre. Im Jahre 700 werden wir dann weitersehen. Ich hoffe im Frühjahr zur Abtei zu kommen. Mit der Liebe einer Christin verbleibe ich

Eure für immer dankbare und euch verehrende
Chalpaida"

Damit war alles für die Wallburg geklärt und die Bewohner werden sicher froh sein. Für Patric ist dies sehr wichtig und er beschließt deshalb, mit einigen seiner Brüder der „Alten Motte" einen persönlichen Besuch abzustatten. Dies wäre die Möglichkeit, den lange gehegten Besuchswunsch umzusetzen und mit der guten Nachricht zu verbinden. Patric gelingt es immer seltener, sich ungestört zurückzuziehen.
Wenig später suchen ihn die Brüder von Evermarus auf. Jode und Joseph brauchen von ihm eine Entscheidung. Sie haben neue Pläne dabei und diese wollen sie ihm nun unterbreiten. Da Jode diese gezeichnet hat, fängt er an mit der Beschreibung des Vorhabens.
„Wir haben die Klausur fast fertig und wir werden die letzten Schindeln diese Woche anbringen."
Er hielt kurz inne und Joseph forderte ihn auf, weiter zu reden.
„Wir haben die Handwerker ausgeschickt, um im Engelsdorf und der „Alten Motte" die Schäden von den Herbststürmen zu beseitigen und Reparaturen vorzunehmen. Andere füllen noch das Holzlager zum Heizen für die winterliche Zeit auf. Hier sind wir jedenfalls erst einmal fertig."
Dann rollte er die Zeichnung aus und hier kann der Abt die geschlossene Klostermauer erkennen. In Ostwestrichtung sieht er zwei Durchbrüche und es ist noch ein groß eingezeichneter Weg zu erkennen.
Patric sieht sich das an und meint:
„So soll die Klostermauer werden. Im Moment fehlt noch die südliche von Ost nach West verlaufende Mauer."
Die nächste Frage des Abtes betrifft die wirtschaftliche Situation. Diesen Teil hat Joseph schon erwartet und so fällt seine Antwort kurz und knapp aus:
„Alles ist bezahlt! Auch die Steine, die noch fehlen!"
Da lobte Patric die beiden:
„Dann habt ihr gut gewirtschaftet!"

Nun ergänzt Jode:
„Nicht nur das! Auch das Material, welches wir verschickt haben, ist bereits bezahlt.
Dazu gehört das Material welches zur Insel ging für Mary, die Ziegel für Suitbert, für Anna das Grundstück mit Baumaterial, und auch Material für die „Alte Motte" und noch einige kleinere Anschaffungen! Der Dank gilt Johannes. Er hat durch geschickten Kauf und Verkauf das alles möglich gemacht."
Dann sagt Joseph:
„Das ist aber nicht unser Begehr!"
Er zeigt auf die Zeichnung und Jode fährt fort:
„Schaut auf die Zeichnung, wir haben ein X eingetragen. Hier soll es sein. Genau hier ist unser aller großer Wunsch!"
Der Abt versteht nicht und fragt:
„Ich verstehe es nicht! Was soll dort sein?"
Dann sagt Jode:
„Alle haben gesagt sie wollen es!"
„Ja, alle wollen mitmachen."
„Hier bei dem „X", da kommt unsere Kapelle für die Abtei hin! Wir haben uns alles genau überlegt und es gibt eine Zeichnung für die Kapelle."
„Hier ist die Zeichnung für die kleine Kirche!"
Er legt die Zeichnung vor und man kann eine Kapelle erkennen.
Dann ergänzt er:
„Wir haben alles durchgerechnet und dabei haben uns Alec und Edward geholfen. Sie haben uns vorgerechnet, wie sich die Einnahmen in der Abtei und im Mainistir entwickelt haben. Mit mehr Gläubigen, Besuchern und die Gabe der Sakramente."
Ruhe herrscht im Raum und Patric wirkt angespannt. Für einen derartigen Bau hatte er noch nie die Verantwortung.
„Wir sind nun in der Lage, diese Kapelle zu bauen."
Schon nächstes Jahr können wir unsere Gebete dort verrichten. Einige Handwerker haben uns erzählt, wie schnell sie an der Kreuzkirche und Marienkirche vorangekommen sind."
„Na, was sagt ihr dazu?"
Es herrschte Stille im Klausurgarten. Zu unvorbereitet trifft es Abt Patric. Er hatte sich sicher eine gewünscht, aber noch nicht an die Realisierung und Abwicklung gedacht, an Bauzeit und Kosten.
Dann sagt Jode lächelnd:
„Wir brauchen dieses Jahr noch keine Entscheidung, denn erst machen

wir die Klostermauer fertig. Wir werden die Kapelle berücksichtigen und der Quergang von der Klausur zur Klostermauer ist schon als Querstrebe für den Bau gedacht.

Die Integration der Kapelle wird also gleich berücksichtigt.

Er wird die Kräfte aufnehmen, die zur Seite lasten. Wir werden dann auch noch ein Gästehaus einplanen. So ist es auch bei euch, sagten uns Alec und Edward.

Wie sollten aber jetzt schon daran denken, die ganzen Dokumente und Pläne wie auch unsere Geschichte hier zusammenzufassen und zu archivieren. Vielleicht können uns die Schwestern darin unterstützen. Sonst suchen unsere Nachfolger in vielen Jahren, wie wir alles geplant haben und der Baufortschritt gewesen ist."

„Das wäre ja auch unser Wunsch gewesen, als wir die Geschichte des Klosters auf der Insel zurückverfolgt haben und die Dokumente schwer zuzuordnen waren" sagt Patric.

„Du wolltest doch auch schon immer eine Bibliotheca und ein Lectorium", meinte noch Jode.

„Diese haben wir hier noch gar nicht berücksichtigt!"

Das Gespräch wurde jäh unterbrochen, denn nun naht Karl Martell mit seinen Briefen. Er machte sich lautstark bemerkbar und wedelte mit den Briefen. Dann sagt er:

„Ich laufe hier schon den ganzen Tag herum und suche euch! Wo sind meine Briefe, die ich mitnehmen muss."

Die Beiden verabschiedeten sich recht zuversichtlich und Joseph raunte Jode leise zu:

„Wenn wir das erst einmal durchbringen, machen wir es so wie Peter es getan hat!"

Jode nickt ihm zu:

„Es war eine gute Idee, Alec und Edward einzuspannen. Von ihnen haben wir wertvolle Informationen erhalten. Es sind seine vertrauten Begleiter und dann kann er gar nicht anders."

Dann waren die Beiden auch schon aus dem Garten verschwunden.

Karl Martell sieht den nachdenklichen Abt sitzen und so sagt er wie zu einem Freund:

„Ist was passiert?

Steht was Schlimmes im Brief?"

Dann erkannte er das Siegel des Briefes und der Junge wusste, er ist königlich. So sagt er:

„Was hat meine Mutter geschrieben?"

Patric war noch ganz in den Gedanken versunken und hatte nicht wahrgenommen, was der Junge gesagt hat. Deshalb sagt der Knabe:
„Geht es dir nicht gut? Soll ich jemand holen?"
Er rüttelt an Patric, dem einige Tränen über das Gesicht laufen.
„Vater was ist geschehen?"
Dann meint der Kleine:
„Das sage ich am besten gleich Onkel Lukas! Der wird die zwei bestrafen und verhauen, wenn die dich geärgert haben!"
Immer noch mit laufenden Tränen sagt der Abt:
„Nein, nein! Das ist nicht nötig! Es liegt nicht an den Beiden!"
Dann hatte er sich gefangen und mit kräftiger Stimme sagt er:
„Alles ist gut mein lieber Junge. Alles ist gut! Deine Mutter hat tatsächlich geschrieben. Zwei Briefe, einen für mich und einen…"
Er hatte es noch nicht ganz ausgesprochen als der Junge Karl schon jubelte.
„Einen für mich! Sie hat mich nicht vergessen!"
Der junge freute sich und springt vor Glück herum.
„Wo ist der Brief?"
Dann zerrte er schon am Abt herum, als würde er einem Ochsen den Weg zeigen müssen. Der Junge ist so voller Freude, dass Patric kaum hinterherkommen konnte. Briefe, das wusste der Junge, liegen beim Abt auf dem Arbeitstisch und da durfte trotz offener Tür niemand ran. Auch er nicht ohne vorher zu bitten!
Sie erreichen den Raum. Beim Eintreten kann er schon den Brief erkennen. Nehmen darf er ihn noch nicht. Das war der Bereich des Abtes, so ist es ausgemacht. Er hatte in der Vergangenheit schon einmal zugegriffen und es gab Ärger. Zuerst wartet er geduldig auf die Freigabe, aber er sagt jetzt trotzdem ungeduldig:
„Nun gebt ihn mir bitte. Ich möchte ihn lesen! Ich lese euch den Brief von Mutter auch vor."
Patric lacht, im nächsten Moment wird er aber ernst und er begreift, was er vorher in seinem Brief gelesen hat. Die schöne Vorfreude wird sich gleich heftig in das Gegenteil verkehren:
„Nun warte, ich gebe ihn dir. Deiner Mutter geht es gut."
Dann nimmt der Junge den Brief und bricht vorsichtig das Siegel auf.
Dann sagt er zu Patric:
„Er ist von Mutter. Soll ich ihn vorlesen?"
Patric antwortet ihm:
„Das musst du wissen. Ich höre aber gerne zu."

So liest Karl Martell voller Stolz den Brief:

„Mein lieber Junge

Ich hoffe, es geht dir gut bei Patric und Anna. Ich habe schon zwei Briefe aus der Abtei erhalten und gehört, dass du gut lernst. Deine Freundin habe ich getroffen. Sie hat mir deinen Brief vorgelesen und dann habe ich ihr geholfen, einen Brief zu schreiben.
Der Abt hat mir geschrieben, dass du sehr fleißig bist und gerne schreibst und liest. Du durftest sogar mit Albert, Wilhelm und Lukas auf die Jagd gehen. Das bedeutet, du warst sehr artig.
Von Anna habe ich gehört, dass du nun Latein lernst. Das wird dir helfen, die Sprachen hier im Frankenreich besser zu verstehen, was natürlich sehr wichtig ist. In Okzitanien sprechen sie fast nur Latein. Bleib artig und lerne fleißig.
Dein Vater ist schon wieder unterwegs. Nun war er in Tours und hat dort einen längeren Aufenthalt geplant. Der König und der Bischof haben sich über die neuen Gefahren unterhalten."

Hier hält der Junge inne und fragt:
„Mary ist doch Äbtissin und dein Vater ist Abtbischof. Warum bist du nicht auch Bischof?"
Diese Frage hat sich Patric nie gestellt und so fragt er:
„Will ich denn Bischof werden?"
Da antwortet der Junge ihm:
„Dann bist du doch mächtiger als ein Abt und du könntest mit meinem Vater Pippin und dem König sprechen!"
Patric denkt, was der Junge doch für Ideen hat. Dann geht es im Brief weiter:

„Lieber Karl Martell,

mein Junge, richte bitte im Namen deiner Eltern einen Gruß an Abt Patric und der Priorin Anna aus.
Wir sind sehr froh, dass wir dich bei ihnen lassen können. Hier lernst du viel und du brauchst nicht mit uns umherreisen.

Leider werden wir dich zum Fest am Jahresende nicht abholen können. Ich hoffe aber, dass es am Anfang des Jahres klappen wird.

Deine dich liebende Mutter
Chalpaida"

Irgendwie ist der Junge froh, einen Brief bekommen zu haben, aber auch traurig, dass sie nicht kommen kann. Dann sagt Patric zu ihm: „Sei nicht traurig. Du lernst fleißig, dann kannst du uns am Jahresende beim Fest helfen. Du wirst sehen, das wird sehr schön. Wir werden auch einmal zum Rhenus fahren. Bist du schon einmal mit einem Schiff gefahren? Dann kannst du auch mit Karl und Martel mal mitgehen. Sollte deine Mutter es nicht schaffen hierhin zu kommen, dann reisen wir wenigstens bis Divodurum, zum Sitz deines Vaters, des Hausmeiers von Austrasien." Der Junge schaut ihn an und ganz ausgelassen springt er zum auf der Bank sitzenden Abt und drückt ihn ganz doll. Dann weint er bitterlich. Nach etwas Trost vom Abt sagt er:
„Ich muss zurück und wir sehen uns morgen."
Damit rennt der Junge mit den Briefen zurück zum Dorf, um diese dort zu verteilen. Auf dem Weg dorthin denkt er darüber nach, wie viel Mühe sie sich hier machen und er hat ein gutes Gefühl.

In der „Alten Motte" hat man erfahren, dass der Abt in den nächsten Tagen kommen will und so beginnt das große Aufräumen. Das Familienoberhaupt hat mit den Brüdern Alec und Edward besprochen, was sie machen können. Sie haben sich darauf geeinigt, den Hof mit Bannern zu schmücken. Nur haben sie keine. Die Tochter Sarah hat sich angeboten, welche zu nähen. Eine Arbeit, die viel Zeit in Anspruch nimmt. Edward hatte dann zu Sarah gesagt:
„Das wird in der kurzen Zeit nicht zu schaffen sein. Habt ihr denn genug Stoff hier, um das zu machen?"
Sarah sagt:
„Ich könnte den Stoff für mein neues Sonntagskleid nehmen."
Das hatte sie sich mühsam über Monate zusammengespart. Sie schaute schon auf den Stoff und Edward sagt:
„Damit schaffst du höchstens drei oder vier! Schade um den schönen Stoff. Ich glaube, ich habe eine bessere Lösung. Warte auf jeden Fall mit dem Zuschneiden bis ich morgen zurück bin!"

Mit Alec tuschelte er dann etwas unter vier Augen und zufrieden schauen sie Sarah an.

Obwohl sie ihr Kleid gerne opfert, wenn sie nur hierbleiben dürfen, wäre sie unsagbar traurig deswegen. Trotzdem tut sie alles dafür, auch wenn sie diesen Stoff zerschneiden müsste.

Die beiden Mönche verabschieden sich:

„Warte noch bis morgen! Ihr könnt aber schon einmal Stangen besorgen zum Aufhängen der Fahnen."

Dann brechen sind sie eilig zur Abtei auf. Morgen hatten sie gesagt, werden sie mit einer Lösung kommen. Auf dem Rückweg müssen sie an der Furt vorbei und hier erkennen sie die Zofen Natere und Juiliana, die an der Straße stehen. Hier bieten sie ihren Körper gegen Geld an. Die letzte Möglichkeit, nicht zu verhungern.

Edward und Alec geben beide ihre Wegzehrung, sie sind ja bald zuhause.

Stumm danken die Beiden Frauen, Etwas weiter entfernt sagt Edward zu Alec:

„Wenn ich es vor einigen Tagen nicht gesehen hätte, wie die beiden noch im Tross mit der Fürstin unterwegs waren."

Er hält inne und traut es sich nicht zu sagen und Bruder Alec fährt mit dem Satz fort:

„Ich hätte es nicht geglaubt, wie schnell jemand so herunterkommen kann. Man wundert sich schon, dass sie überhaupt noch Kleider am Leib tragen. Sollen ihnen die Nonnen neue bringen oder eine Aufgabe geben?"

Als sie zurückblicken, gehen die beiden mit einem Mann mit, der schon aus zweihundert Yards wie ein heruntergekommener Wegelagerer aussieht. Sie aber müssen weiter zur Abtei. Dort angekommen kümmern sie sich um ein Fuhrwerk und laden die Banner und Fahnen auf, die sie zuletzt hier für den Abtbischof Eochaid und Mary hängen hatten. Auch ein paar Stangen sind dabei.

Als nach einer Stunde ein Fuhrwerk mit Waren zur Abtei kommt, erfahren sie von einer halbnackten Frauenleiche am gegenüberliegenden Ufer der Rur. Sie waren schon spät dran, denn es dämmerte und so konnten sie heute nicht mehr nachsehen.

Nach der Nachtwache machen sich Alec und Edward auf, um ihre Lieferung zur Motte zu bringen. Begleitet werden sie von Lukas, der eine Nachricht der Familie überbringen soll. Als sie an der besagten Stelle vorbeikommen, sehen sie die Nackte noch immer dort liegen. In den letzten Stunden hatte man ihr auch noch das letzte Hemd genommen. Sie hielten an und Lukas sagt:

„Ist das nicht eine der Zofen von Plektrudis."

Sie schauen hinüber und sind sich nicht sicher, wer es sein kann. Dann sagt Edward:

„Lass uns nachschauen. Vielleicht lebt die Frau noch."

So machen sie sich zu dritt auf, um auf die andere Seite zu kommen. Sie können dort aber nur noch den Tod feststellen.

Lukas erkennt sie und sagt:

„Das ist die dritte Zofe von Plektrudis."

Dann sagt Alec:

„Gestern haben wir sie noch an der Furt mit einer anderen gesehen. Da hat irgendein Kerl die beiden mitgenommen."

Er nickt ihm zustimmend zu und Edward sagt:

„Wir können sie nicht liegen lassen. Wir bringen sie nach Iuliacum. Dort kann man der armen Seele die letzte Ruhestätte geben."

Ein Vorschlag, dem alle zustimmen. Als sie den Körper greifen stellen sie fest, dass dieser eiskalt von der nächtlichen Kälte ist. Fast könnte man meinen, sie ist stocksteif gefroren. Schweigend machen sie sich auf, den Totengräber in der kleinen Stadt aufzusuchen.

Er kann sie bestatten, verlangt aber das Geld im Voraus. Normalerweise haben die Mönche kein Geld dabei. Hier hatte Bruder Lukas aber einige Thaler, die für die Familie von Sarah bestimmt sind. Mitnehmen werden sie die Leiche nicht können. Sie geben die Münzen und laden die Leiche der ehemaligen Zofe ab.

Dann fahren sie eilig weiter und nun geht auch die Sonne auf und es wird wärmer. An der Furt halten sie kurz an und Lukas erzählt der dort schon wieder stehenden Natere, dass Juiliana tot ist und sie über ihren Lebenswandel nachdenken soll. Alles was sie hören ist eine wüste Beschimpfung:

„Ihr seid an allem schuld! Der Teufel soll euch alle holen."

Dann haben sie auch schon die Furt hinter sich gelassen und sie sind zur Holzburg unterwegs. In wenigen Minuten erreichen sie ihr Ziel und hier teilt Edward mit, dass sie ihren Stoff nicht opfern muss.

Dann übergeben sie die Ladung und nun sagt Lukas:

„Wir haben einen Brief von Pippin erhalten und ihr könnt die nächsten Jahre bleiben. Solltet ihr erfolgreich wirtschaften, könnt ihr hier eure Arbeit fortsetzen und dauerhaft wohnen. Alles hängt nun von eurem eigenen Geschick ab."

Die Familie dankt und als Lukas nun auf das Geld zu sprechen kommt, sagt diese:

„Wir würden lieber Vieh nehmen. Damit können wir mehr anfangen. Futter haben wir hier genug."

Dann führt der Familienvater sie über den Hof und er zeigt ihnen die vielen Pferde der Gauner. Es sind über zwanzig Stück und alle fressen aber bringen ihnen nichts ein.

Die Mönche beraten und beschließen, dass sie acht hierlassen. Lukas zählt Geld für das Futter ab. Die Restlichen sollen die jungen Burschen zur Abtei bringen. Dann können sie auch die Viecher für hier mitnehmen, wie abgesprochen. Für das überbringen der Pferde lobt Lukas einen Preis aus und die Jungen wetteifern um den kleinen Lohn. Die Münzen gibt es allerdings erst, wenn alle Tiere ihren Besitzer gewechselt haben.

In der Zwischenzeit haben sich die Frauen mit den Bannern beschäftigt und beginnen diese anzubringen.

Für Lukas, Edward und Alec wird es Zeit zur Abtei zu fahren. Als sie die Alte Motte verlassen sehen sie die Jungen auf den Pferden reiten und die Restlichen führen sie mit sich am Zügel.

An der Furt ist reges Treiben, seit man den Leichnam gefunden hatte. Bei den Weibern, die sonst ihre Dienste angeboten haben, geht die Angst um. So wurde dort erst einmal keine mehr gesehen. Wovon sollen die Frauen aber leben? Dieses Gewerbe gab es schon vor tausenden von Jahren und auch zur Zeit von Jesus. Sie werden ausgenutzt und als Freiwild betrachtet. Diese Frauen gehören praktisch zur Grundausstattung jeder Streitkraft, weiß Bruder Lukas als ehemaliger Heerführer.

Die jungen Burschen waren zügig vorbeigezogen und wenig später folgten die drei Mönche. Mit den Pferden hatten sie dann doch noch einige Hürden zu überwinden. Dies gab den Brüdern Lukas, Edward und Alec die Möglichkeit, an diesen vorbei zu ziehen. Die Zeit reichte auch aus, das Vieh für die Alte Motte noch vor dem Eintreffen der jungen Kerle mit den Pferden zusammenzustellen. So konnten die Treiber von der Wallburg das Vieh noch am gleichen Tag zur Motte treiben.

In der Abtei war an diesem Tag alles recht ruhig und man baute an der Klostermauer weiter. Beim Rundgang vom Abt mit Evermarus gaben die Beiden die Freigabe für die Kapelle. So wird hier weitergebaut, wie sie es im Plan vorgesehen haben. Die Abwicklung zwischen Zufuhr von Baumaterial und dessen Verarbeitung hatten sie schon in Midsummer optimiert. Die Ziegel werden direkt von den ankommenden Fuhrwerken verbaut, ohne sie zuerst abzuladen und anderswo zu stapeln. Das geht natürlich nur, weil sie hier genügend Fuhrwerke haben und diese im Besitz des

Klosters sind. Sonst müsste ja der Überbringer warten, bis das Material verbaut und das Fuhrwerk wieder leer ist.

Direkt am nächsten Tag, es war ein Sonntag, zogen die Brüder zur alten Motte. Dort sollte zur Mittagszeit eine Gebetsstunde abgehalten werden. Kurz vor den Brüdern waren die Schwestern aus dem Engelsdorf eingetroffen. Sie hatten sich in die Reihe der Hofbewohner gestellt und warteten nun auf die Brüder von der Abtei. Diese zogen unter dem Geläut der Glocken durch das geschmückte Hoftor der Alten Motte ein.
Nach kurzer Begrüßung und vor dem Beginn der Feier teilte Abt Patric folgendes mit lauter Stimme mit:
„Wir sind heute hier zusammengekommen, um den Hof den Bewohnern für die nächsten Jahre zu übergeben. Der Vertrag soll erst einmal bis zum Jahre 700 gültig sein. Später wird der Hausmeier neu entscheiden."
Ein kurzer Jubel brandete auf und Patric sprach weiter:
"Lasst uns diese Feier zusammen gestalten liebe Brüder und Schwestern."
Dann sangen alle ein Lied und es folgte eine Lesung, als wären sie aus einer Gefangenschaft gekommen. Anschließend folgten Gebete und Lieder und der Abt hielt eine Predigt. Hier sprach er die alten Verhältnisse der „Alten Motte" an. Etwas später wurden die Matzen von den Schwestern verteilt. Bei den Bitten zu Gott hatte Sarah sich angeboten, diese frei vorzutragen. Dem war Patric nachgekommen und man bat den Herrn, diese doch zu erhören. Zum Abschluss erfolgte ein Dank für die reiche Ernte in diesem Jahr und man teilte, was geerntet wurde. Mit einem letzten Lied zu Ehren der Mutter Gottes war dieser Teil zu Ende.
Es folgt ein ausgiebiges Mahl und eine Andacht. Danach zogen dann die Brüder und Schwestern zurück an ihre Orte. So schloss der Tag mit glücklichen Leuten auf dem Hof ab.

An der Furt war der Niedergang der einst im fürstlichen Dienst Stehenden weiter gegangen. Zwei der Söldner hatten sich im Streit in einer Schenke gegenseitig umgebracht. Sie konnten sich nicht einigen, wer mit der weiblichen Bedienung nun sein Vergnügen als Erster haben sollte oder durfte. Ein Weiterer war unglücklich vom Pferd gefallen. Die meisten aber waren aufgrund der wenigen für sie geeigneten Arbeiten weiter nach Agrippa gezogen, einer größeren Stadt am Rhenus.
Von den drei Zofen hatte nur Natere überlebt. Die anderen waren tot. Heidrun wurde seit dem Vorfall mit Horstusius in der Abtei zur Aue vermisst. Die dritte Zoffe war von den Saufbrüdern missbraucht an der Rur

gefunden worden. Eine andere beim Schlichten eines Streits unter Betrunkenen erstochen worden.

Von diesem Ereignis redeten die Leute in Iuliacum heute noch. In diesem Streit ging es mal nicht um Frauen, sondern um ehrliches Spiel. Beide Angreifer, der Pfuscher Troland und der Beschuldiger Randi waren bei einem alten Kartenspiel in Streit geraten. Beim Schlichten war die Zofe dazwischen gegangen und wurde dadurch von Beiden erstochen. Ein Stich war in den linke Brust und der andere in den rechten Lungenflügel gegangen. Triefend vom schnellen großen Blutverlust war sie dann zusammengesackt. Um Randi war es schon schade. Jedoch Troland war einer von der Sorte die alle hassten. Er war aus den Wäldern einer sumpfigen Gegend aufgetaucht. Als Plage war er hiergeblieben, weil wohl einst der Stadthalter ein gewisser ‚von Blumänus' hier das sagen gehabt hatte. Auch ein Gauner, so sagte man. Das war der Anlass gewesen, dass Bernardus sich vom Spiel zurückgezogen hatte. Nun kümmerte er sich um seine attraktive jüngere schwarzhaarige Frau und die Familie des Kindes mit den Enkeln. Er war mit weltlichen Gütern reich gesegnet, aber nicht beliebt genug für ein weltliches Amt. Sein einziger Makel war sein rechthaberisches Auftreten. Doch sonst hatte er sein Herz am rechten Fleck. Er kümmerte sich um die Armen und unterstützte mit Spenden die Schwestern von Engelsdorf.

Beide Spieler wurden nach diesem Vorfall gehängt und hingen seit diesem Vorfall mahnend in der Stadt. Seitdem herrschte wieder Ruhe in der kleinen Stadt an der Furt. Solange die Verurteilten dort hängen, würde es keinen Streit geben, war der Spruch des Stadthalters. Da ist was „Wahres" dran. So war es bei anderen Fällen vorher auch. Ohne Abschreckung schaukelt sich das Spiel spätestens nach einer Woche wieder hoch.

Nur Natere war also von den Zofen übriggeblieben. Ihre in der Nähe wohnende Schwester Trudgard aus dem Engelsdorf hatte ihr mehrfach angeboten, zu ihr zu kommen. Trudgard hatte den reichsten Mann aus dem Ort geheiratet und lebte nach Gottes Wohlgefallen.

Für ihre Schwester waren immer die anderen schuldig.

Sie war nur durch einen glücklichen Umstand in den Dienst als Zofe geraten.

Einst war Plektrudis in der Alten Motte gewesen und hatte sie aus den Fängen von Fischarius und Rauchscharius befreit. Damals hatte eine Zofe von der Fürstin geheiratet, so wurde diese Stelle als Zofe frei. Dies hatte sie erst als großes Glück empfunden, aber der Mann, mit dem sie lebte, log und betrog sie bis an dem Tag, als er den Tod durch Rauchscharius erlitt. Sie war dankbar dageblieben und dann hatte sie die einzige Chance genutzt.

Seit dem Tod der dritten Zofe trank sie nur noch und dafür gab sie ihren Körper. Mit jedem Tag war sie mehr und mehr heruntergekommen. Zweimal sah man sie schon in der Gasse im Dreck liegend. Die Frau von Bernardus hatte ihr dann wieder auf die Beine geholfen. Sogar saubere Kleidung hatte sie manchmal bekommen.

Heute war es ganz schlimm und sie jammerte und schimpfte. An allem waren die blöden Mönche schuld. Besonders die adligen Mönche waren von ihr verhasst. Sie hatte sich geschworen, es ihnen heimzuzahlen. Der Tag war schon weit fortgeschritten. Dafür war sie noch recht nüchtern, aber dafür äußerst aggressiv. Spät am Abend macht sie sich auf und zu Fuß war sie durch die Furt gegangen. Nass triefend und kalt ging sie weiter.

Durch den Alkohol merkte sie nicht, wie sie fror. Aber ab und zu wurde sie von einem Hustenkrampf durchgeschüttelt. Sicher hatte sie sich bei dieser Kälte in den nassen Kleidern etwas zugezogen, aber ihr innerer Hass trieb sie voran. Das gab ihr Kraft, sonst wäre sie sicher schon wie Liana, ihre Freundin, tot liegen geblieben. Der Alkohol war ihr Antrieb und der Hass in ihr das Feuer.

Gegen Mitternacht und noch vor der Nachtwache war sie angekommen. Durch die noch nicht fertige Klostermauer war sie auf das Gelände der Abtei eingedrungen. Im Mondlicht sah sie eine große Scheune und für sie wirkte es wie die Kirche der Abtei. Mit den nächsten dunklen Wolken machte sie sich auf in Richtung dieses Gebäudes. Es war kein Lebewesen zu erkennen. Sie kletterte die Leiter hinauf und von hier oben konnte sie das Läuten der Glocken hören. In der Hand hielt sie nun ein Licht, mit dem sie im Dunkeln den Weg nach oben gefunden hatte. Im Schein der flackernden Kerze erkannte sie immer wieder furchteinflößende Gestalten.

Sie muss wohl eingeschlafen sein. Als sie aufwachte, war alles hell erleuchtet. Sie stand auf und stürzte aus etwa zwanzig Fuß in das unten liegende Heu. Liegend konnte sie den leuchtenden Himmel sehen. Geräusche außerhalb des Gebäudes nahm sie nicht wahr. Einzig das heftige Läuten der Glocken klang zur ihr. Die Flammen und Funken, die von oben herab zuckten, störten sie nicht. Dann stand sie auf dem noch frisch duftenden Heu. Rings um sie wurde es heller und heller. Ihre Kleidung war nun von der Wärme getrocknet. Sie füllte sich in ihrer Scheinwelt wie an einem warmen sonnigen Sommertag.

Sie erschrak erst, als hinter ihr ein Balken von oben herabfiel. Betrunken wie sie war stolperte sie hin. Mittlerweile waren Aktivitäten draußen zu hören. Ab und zu hatte sie hier drinnen das Gefühl, als ob ein warmer Regen auf sie herab rieselte. Sie versuchte aufzustehen, aber dies bereitete der Betrunkenen große Mühe. Ein von oben mehr aus zwanzig Yards langer herabstürzender Balken klemmte die am Boden liegende Zofe ein. Von diesem Schlag getroffen schrie sie heftig auf. Sie erkannte nun, dass sie in einem brennenden Gebäude war. Ein plötzlicher kleiner Knall vollendet das Unglück. Das um sie liegende Heu hatte aufgrund der Hitze eine selbstentzündende Wirkung. Es brannte lichterloh und die Schreie der nun schon in den brennenden Kleidern liegenden Frau erschütterten die Mönche bis tief ins Mark.

Längst hatten sie das große Tor der freistehenden Scheune aufgerissen. Sie erkannten die in der Mitte zwischen den herabgestürzten Balken liegende und schreiende Zofe. Aber immer wieder stürzten neue Balken aus der Höhe herab und keiner hatte die Möglichkeit sich zu der Brennenden vorzukämpfen. Machtlos mussten sie ansehen, wie es brannte. Ob es nun Mitleid oder Erbarmen war? Ein mächtiger Balken stürzte auf sie herab und zertrümmerte den Brustkorb und den Kopf. Auf einen Schlag ist es still geworden. Nur das Knistern der gierig um sich fressenden Flammen war zu hören. Die Bewohner der Abtei hatten aufgegeben. Die Macht der Flammen war zu groß.

Am Morgen war nur noch ein leicht brennender Haufen zu erkennen. Einige Holzstücke kokelten noch vor sich hin. Das war das Ende. Von der letzten noch lebenden Zofe blieb nur noch Asche zurück. So endete ein Aufstieg in der Gesellschaft mit einem dramatischen Fall ins Nichts.

Einige Tage später hat Patric die Zeit genutzt und mehrere Abschriften von seinem Fund, den er vor einigen Tagen gemacht hat, erstellt. Evermarus hatte ihm gesagt, dass er nur so herausbekommt, was es mit diesem Text auf sich hat! Nun wollte Patric dies mit verschiedenen christlichen Geistlichen besprechen. So beschließt er, es mit seinen Vertrauten Brüdern in den nächsten Tagen in Angriff zu nehmen.

Das Jahr 694 war nun schon recht weit vorangeschritten. Man machte sich auf, um noch rechtzeitig vor dem Fest der Christi Geburt zurück hier in der Abtei zu sein. Man hatte die Aufgaben geteilt und Evermarus erklärte sich bereit, während seiner Abwesenheit das Amt des Abts stellvertretend für ihn zu übernehmen. Während Alec schon zwei Tage vor den anderen zu Fuß aufgebrochen war, wollten die anderen folgen.

Alec wählte einen Weg, den sie schon mit der Fürstin gegangen waren. In seinem weißen Umhang, den sie immer in der kalten Jahreszeit tragen, war er unterwegs. Er brauchte nicht viel. Nur etwas für die nächsten Tage zum Essen, sonst nichts. So hatte er es nach zwei Tagen bis zur Motte am Hengebach geschafft. Er war jeden Tag so lange gegangen, wie er in der Abenddämmerung noch sehen konnte oder er sein gestecktes Ziel für den Tag erreicht hatte. An einem dieser Tage musste er sich bei dichtem Schneefall vorwärts kämpfen. Es war nicht so einfach wie bei seiner ersten Reise mit den Brüdern und der Königin.

Patric und Edward konnten einen anderen Weg wählen. Während Alec nach Treverorum zu Basinus musste, machten sie sich auf zum Rhenus. Ihre Reise war schneller, denn sie nutzten die Fuhrwerke. So schafften sie es an einem Tag bis zum Fronhof. Mit dabei hatten sie einen in Mönchkleidung getarnten Karl Martell. Es hatte so den Anschein, als wäre es eine ganz normale Reise. Patric konnte damit das erfüllen, was er ihm vor einiger Zeit versprochen hatte.

Karl Martell war erstaunt über das mächtige Gewässer. Er kannte von anderen Orten die Mosea oder auch die Rhone. Mehr aber nicht. Hier sah er zum ersten Mal den großen Fluss, von dem alle öfter sprachen. Auch Schiffe kannte er nur als kleinen Kahn. Nun fuhr eines der größten Schiffe in den Hafen von Novaesium ein und er war beeindruckt von der Mächtigkeit. Den Kapitän kannten sie schon, denn es war David. Auf dem zweiten etwas kleineren Schiff war Freddie der Kapitän.

Hier werden sie sich trennen. Er wird mit Karl Martell zur Insel im Rhenus zu Suitbert übersetzen. Edward sollte zu Disibod irgendwo im Süden. Von Freddie erhielt er das Angebot, ihn nach Confluentes zu bringen. Hier fließt die Mosea in den Rhenus und bis dorthin konnte er sicher fahren. Von dort würde Edward gut zu Fuß oder mit einem Kahn weiter flussaufwärts gelangen.

Der Kapitän David konnte Patric und den kleinen Karl Martell auf dem Schiff bis zur Insel im Rhenus mitnehmen. Suitbert war sehr erstaunt über den Besuch und auch der kleine Karl zeigte sein Interesse für die Insel im Fluss. Er durfte sich alles anschauen, während Patric mit Suitbert über das als „Te Deum" erkannte sprach. Suitbert kannte nur diese Version und nichts zur Geschichte. Die Kopie ließ Patric aber hier und auf der Fahrt zurück zum Fronhof schickte er auch eine Kopie in einem Brief zu seinem

Vater dem Abtbischof auf die Insel.

Ohne sichtlichen Erfolg machte sich Patric mit Karl auf den Weg zurück zum Fronhof. In der Abtei hatten Patric und Karl Martell aber beschlossen den Rückweg zu Fuß zu gehen. Patric wollte es dem Jungen zeigen, wie es ist und es sich anfühlt, eine derartige Strecke ohne Fuhrwerk bewältigen zu müssen.

In der Zwischenzeit hatte Alec mit großer Mühe und Anstrengung den Ort Villa Prumia erreicht. Die Tage waren kalt und nass, aber seinen Auftrag behält er fest im Auge.

Alec hatte die Reise zum Beda vicus vor sich und hier würde er auf die Römerstraße treffen. Aber bis dahin war es noch einen Tag und so wie die Witterung war, musste er sich dranhalten. Gestern war er im Schnee losgegangen aber gegen Mittag war der ganze Schneeschauer wieder vorbei. Jedoch am Abend schneite es sich wieder ein. Ab dem Erreichen der gut ausgebauten Straße wird es besser gehen, dachte er, aber das dauerte noch. Dort hoffte er einen Karren zu erwischen der ihn ein Stück mitnehmmen würde.

Für Edward begann die Suche nach Disibod an der Mosea. Ihm war bekannt, dass er hier in einer Einsiedelei mit seinen Schülern war. Er befürchtete schon, dass er ihn lange suchen muss. Jedoch in einem kleinen Ort in einer Schenke hatte er Glück.

Hier traf er auf Klemens. Ihn kannte er von Augusta Treverorum an der Mosea. Er war gerade auf dem Rückweg zu Disibod. Edward zeigt ihm die Kopie des Textes, aber Klemens kannte den Text nicht. Deshalb werden sie zu Disibod gehen in der Hoffnung, mehr von ihm zu erfahren.

Das zufällige Zusammentreffen war ein Glück für Edward, denn so entfiel die mühsame und möglicherweise lange Suche und dies bei diesem kalten, nassen Wetter.

Nach dem unbefriedigenden Ergebnis von Patric war er mit Karl Martell auf dem Heimweg zur Abtei an der Aue. Für den kleinen Karl eine Gelegenheit, sich mit Patric zu unterhalten. So sagt der Junge:

„Mit der Kutte ist das ein ganz anderes Gefühl, zu gehen. Die Leute grüßen immer und machen uns Platz."

Patric antwortet:

„Das ist nicht immer so und du musst trotzdem vorsichtig sein."

Dann fragt Karl Martell:

„Warum waren wir denn nun in der Abtei auf der Insel?"

Da erwidert Patric:

„Ich habe eine alte Abschrift gefunden mit einem Text in lateinischer Sprache und ich will wissen, was es mit diesem Text auf sich hat und wie alt er ist. Ich glaube er ist mehr als zweihundert Jahre alt. In unserer Abtei auf der Insel kennen wir nur zwei Strophen, hier sind es vier."

Karl Martell ist hartnäckig:

„Wissen wir denn nun mehr?"

„Nicht viel! Aber vielleicht haben Edward und Alec mehr Glück!"

„Wieso das denn?"

„Sie sind unterwegs zum Mönch Disibod an der Mosea und zum Kirchenlehrer Basinus nach Augusta Treverorum. Auch sie haben eine Kopie vom Text dabei."

Karl Martell begeistert:

„Oh, ich war schon in Augusta Treverorum. Das ist ein uralter Ort. Da war der Kaiser Augustus zuhause."

Patric lacht und der Junge sagt:

„Stimmt das nicht?"

Patric lenkt ein und erklärt:

„Wenn du das sagst, stimmt das sicher. Du weißt schon sehr viel, weil du schon viel herumgereist bist. Viel mehr als die meisten Leute. Du bist neugierig und das ist gut. Von deiner Mutter oder euren Begleitern hast du bestimmt viel erzählt bekommen. Aber wo ist schon ein Kaiser zuhause? Er ist ja auch oft unterwegs wie dein Vater und deine Mutter zum Beispiel."

Am nächsten Tag ist Alec in Beda vicus und er bekommt das gleiche Quartier wie das letzte Mal. Man hat ihn erkannt und wird freundlich bedient. Durch den langen Weg ist er aber sehr müde und erschöpft. So isst er etwas und geht zur Nachtruhe. Morgen wird wieder ein anstrengender Tag sein.

Er will zur Nachtwache beten und sich dann aufmachen. Auf der Römerstraße könnte er Glück haben und vielleicht mit einem Fuhrwerk mitfahren.

Die Mönche Edward und Klemens werden heute zusammen in einer kleinen Herberge übernachten. Diese kennt Klemens vom Hinweg und der Wirt kennt ihn und wird ihn auch wieder aufnehmen. Wenn sie morgen frühzeitig losgehen, könnten sie es bis zur Nahe einem Nebenfluss des Mosea schaffen. Dort, so sagt Klemens, hat Disibod sein Heim als Eremit eingerichtet. Es ist eine Klause ähnlich einer Mönchszelle wie Edward sie kennt. Die Einzigen, zu denen der alte Mönch Kontakt hat, sind seine Schüler oder Bekannte von einst.

Der kleine Karl ist heute sehr tapfer mit Patric gelaufen und jetzt natürlich sehr müde. Patric hat ihn schon am Mittag für mehrere Stunden auf seine Schulter gesetzt und der kleine Bursche sagt:
„Das ist hier oben wie auf einem Schiff. Es schaukelt hin und her. Ich kann auch ganz weit sehen!"
Dabei ruckelt er mehrmals hin und her und versucht Patric anzutreiben. Mit seinen fünfundzwanzig Jahren ist das für den jungen Abt aber kein großes Problem, ist er doch bisher immer gesund gewesen und viel unterwegs. Patric nutzt jede Möglichkeit, ohne Fuhrwerk voranzukommen. Nachdem die Sonne ihren höchsten Punkt seit einer Stunde verlassen hat, lässt er den Jungen wieder laufen. Karl ist müde geworden vom Laufen und so schweigt er den letzten Teil des Weges.

Mit der Hilfe von Klemens gelang es Edward schnell, Disibod am nächsten Tag aufzusuchen. So war es natürlich leichter als gedacht. Erst gestern hatte Edward noch auf dem Rhenus darüber gegrübelt, wie lange er wohl nach ihm suchen muss. Als sie Disibod erreichen, schaut sich dieser noch am gleichen Tag den kopierten alten Text an. Die erste Frage, die der alte Mönch an Edward stellte war:
„Wo habt ihr den Text her?"
Er erklärt:
„Das haben wir als Verpackung bei einer alten Reliquie gefunden."
Dann sagt der alte Mönch:
„Das muss schon sehr altes Pergament gewesen sein, wenn es ein Original sein soll."
Er schätzte den Text auf einhundertfünfzig Jahre oder gar etwas älter ein. Dann sagt er:
„Du musst nach Augusta Treverorum! Dort kommt der Text her. Dann kann man es mit den christlichen Versammlungen abgleichen. Anhand der Trinität lässt es sich festmachen. Ich habe diese vierteilige Version auch schon als noch ältere zweiteilige Form gesehen und auch gesungen."
Edward dankte ihm und wollte auch schon wieder weg.

Aber Disibod bat ihn:

„Warte, morgen geht mein Schüler Klemens mit dir! Er kennt einen kurzen Weg. Du würdest sicher drei oder vier Tage benötigen. Mit ein bisschen Glück erwischt ihr ein flussaufwärts fahrendes Fischerboot oder auch ein fränkisches Handelsboot, dann braucht ihr nur die Hälfte der Zeit."

Sie setzen sich zum Gebet hin und anschließend aßen sie noch etwas, bevor sie sich zur Ruhe legten.

An diesem Tag hatte es Alec wenigstens bis Beda vicus geschafft. Es war ein anstrengender Tag, denn die Wege waren sehr aufgeweicht und morgens und abends pfiff ihm der Wind kalt durch seine Kutte. Er dachte, die Kleidung ist nicht zum rumlaufen gedacht, zumindest nicht bei einem derartigen Wetter. Aber da muss er durch. Noch Morgen und Übermorgen, dann sollte er sein Ziel über den Helenenberg erreicht haben. Müde legt er sich hin und es gibt hier auch nichts mehr zum Essen. Er ist zu spät hier angekommen. Aber er will nicht jammern, denn sein Ziel braucht er nicht suchen. Er denkt:

„Edward wird es zwar am Anfang leichter haben, aber den alten Mönch Disibod in seiner Einsiedelei zu finden, ist der schwerere Teil."

Während seinem letzten Tagesgebet betet er für seinen Freund Edward, dass er seinen Weg sicher findet. Danach schläft er schnell tief und fest ein.

Für Patric und dem Jungen war es nicht gar so schlimm. Sie hatten wenigstens die alte gute Römerstraße. Auf dieser würden sie bis Iuliacum gehen. Dann durch die Furt und noch eine weitere Stunde, dann hätten sie es geschafft. Dass er nun den Jungen wieder ein gutes Stück tragen musste, hatte er nicht eingeplant. So war er doch schon etwas erschöpft, als er den ersten Blick auf Iuliacum werfen konnte. Der Junge lief dann das letzte Stück wieder. Er dachte noch:

„Hätte ich nur am Mittag das Angebot des Fuhrwerks wahrgenommen. Zu spät!"

Nun war er kurz vor der Furt. Aber er hatte Glück. Durch die Furt brauchte er nicht zu Fuß durch. Nach der Ankunft das Fuhrwerks hatte Lukas kurz entschlossen ein leichtes Gespann genommen. Er war ihnen bis über die Furt entgegengefahren. Die beiden überlegten sich schon, wie sie rüberkommen konnten. Da sprach eine ihnen bekannte Stimme sie an:

„Wollt ihr mit übersetzen?"

Patric lächelte ihn an und antwortet:
„Lukas, dich schickt der Himmel! In Gedanken waren wir beide schon nass hindurch gewatet."
Noch bevor Lukas antworten konnte, war Karl Martell oben auf dem Wagen und winkte dem Abt zu, auch aufzusteigen. Froh fuhren sie dann zur Abtei. Der Abt und sein kleiner Mönch waren glücklich aber richtig geschafft. Damit endete der Tag.

Der Mönch Alec machte sich nach seiner Nachtwache wieder frühzeitig auf. Er wollte es bis zum Helenenberg schaffen und da galt es früh aufzubrechen. In den letzten Tagen hatte er schon einiges erlebt und abends war er dann sozusagen auf allen Vieren in den Ort geschlichen. Das wollte er heute nicht.

Klemens führte Edward auf kürzesten Weg zu einem Fischerort. Dafür brauchten sie vier Stunden. Teilweise war der Weg sehr schwierig und hier half ein Stab von Klemens. Diesen setzte er im unwegsamen Gelände ein, um besser Halt zu bekommen. Klemens hatte Edward gesagt:
„Von hier habe ich es oft geschafft, mit einem Boot flussaufwärts zu kommen. Warte, ich höre mich um."
Nach etwa einer viertel Stunde kam er freudestrahlend zurück und ruft:
„Wir müssen zum nächsten Dorf. Von dort kannst du mitfahren. Es geht in Richtung Augusta Treverorum. Ich weiß nicht, wie weit er fährt. Mich wird man bis Lyve mitnehmen. Damit habe ich mir einige Berge und Hügel gespart. Von dort kannst du die römische Weinstraße nehmen. Wenn alles klappt, kannst du auf deinen Bruder an der Römerbrücke über die Mosea warten. Er wird nicht schneller sein als du."
Edward dankte und fragt:
„Was kostet mir die Fahrt mit dem Boot?"
Klemens sagt:
„Er schuldet mir noch einen Gefallen. Gib ihm am Schluss der Fahrt deinen Segen Gottes. Er ist ein gläubiger Christ und er wird es dir danken!"
Edward bedankte sich:
„Ohne deine Hilfe hätte ich mich verlaufen und hätte Disibod nie gefunden. Auch der Weg hierher war nicht einfach und zurück würde ich diesen Weg nicht mehr finden. Auf den Römerstraßen ist das einfacher und man kann auch andere Reisende befragen!"
Dem stimmte Klemens zu und dann gab er ihm seinen Stab mit den Worten:

„Versuch in Zukunft immer mit diesem Stab zu gehen. Es macht vieles einfacher. Du kannst ihn auch als Schlagstock oder Stütze verwenden! Dieser ist etwas schwerer, dafür aber sehr hart und stabil."
Dann verabschiedeten sich die Brüder und umarmten sich ein letztes Mal. Edward steigt in das Boot und Klemens winkte ihm noch zu. Da trennten sich zwei Freunde. Es hatte nicht viel bedurft, und sie haben sich zusammengefunden, Freundlichkeit und Hilfsbereitschaft, also tätige gelebte Nächstenliebe im Glauben, wie Jesus es gesagt und danach gelebt hat.

Während Alec sich schweißtriefend über die Berge auf der Römerstraße voran kämpfte, saß Edward gemütlich im Boot. Er schaukelte mit dem Fischer langsam aber sicher aufwärts auf der Mosea. Sie erreichten den Ort noch vor der Dunkelheit und der Fischer zeigte ihm auch noch, wo er unterkommen könnte. In einem alten römischen Gebäude, der „Villa Livia", ein prunkvolles altes ehrwürdiges Gebäude. Man sagte, es wäre ein alter Sommersitz eines römischen Fürsten gewesen.

Für Alec war es nicht ganz so gut gelaufen. Er war noch im Dunkeln unterwegs. Ein entgegenkommendes leichtes Gespann war mit Schwung durch eine große Pfütze gefahren und Alec wurde getroffen. Nass und verdreckt musste er noch eine Stunde gehen. Ihm schien es so, dass die Wege, wenn man sie alleine gehen muss, viel länger sind als mit seinen Begleitern, den Mönchen Patric und Suitbert, wie noch vor wenigen Monaten bei strahlendem Sonnenschein.

Am Morgen fühlte sich Edward ausgeruht und er machte sich auf zum Bootssteg. Hier brauchte er nicht lange zu warten. Der Fischer vom Vortag erschien, um ihn mit einem besonderen Vorschlag zu unterstützen. Er hatte ihm nämlich angeboten, ihn auf der anderen Seite der Mosea abzusetzen.
Damit würde man sich zwei Schleifen des sich hier mäanderförmig windenden Verlaufs des Mosea sparen. Bevor Edward sich verabschiedete bedankte er sich. Erst gab er ein größeres Geldstück und dann den Segen. Der Fischer versprach, den nächsten Mönch umsonst mitzunehmen. Nun hatte er es in vier Stunden zügig geschafft, wie Klemens prophezeit hatte. Edward schaute die Sonne an und sagte sich, bis um zwei könnte ich bei der Brücke sein. Hier folgte er der Weinstraße und später kommt ein Wald mit Kastanienbäumen, hatte man ihm gesagt. Dann war es nicht mehr weit bis zum Ziel. Sicher würde er dann auch den Ort sehen und auch die

Glocken der zahlreichen großen Kirchen hören.

Alec war vom Vortag so mitgenommen, dass er die Nachtwache verpasst hatte. Er erschrak, als er den Hahn krähen hörte. Er blickte auf und sah die Sonne.

„Es ist bestimmt schon neun" denkt er sich. Schimpfend sprang er auf und nun muss er sich sputen. Hätte er gewusst, dass es, wenn auch ungeplant, aber doch ein Wettstreit war mit seinem Bruder Edward, dann wäre er gestern trotz seiner Erschöpfung sicher durchgelaufen.

So hatte er jetzt schon verloren. Etwas stimmte ihn aber zuversichtlich. Nicht, dass er es Edward gönnt sich zu verlaufen, aber das ist in der Vergangenheit schon mal passiert. So betete Alec unterwegs, dass sein Freund den rechten Pfad finden würde.

Der Abt hatte den Novembermorgen in der Abtei verbracht und er rechnete nicht vor dem zweiten Sonntag mit der Rückkehr seiner ausgesandten Mönche. Er hoffte das sie neue Erkenntnisse über das Geheimnisvolle Dokument mitbringen.

Der Plan von Edward war aufgegangenen, denn mit knapp drei Meilen in einer Stunde war er gut in der Zeit gewesen und er hatte sogar in einer Taverne noch etwas gegessen. Nun wartete er in der warmen Sonne auf der Römerbrücke.

Auch für Alec war es dann doch noch unverhofft besser gelaufen. Die nächsten fünf anstrengenden Meilen brauchte er nicht gehen. Ein Fuhrwerk hatte ihn ein schwieriges Stück bergauf mitgenommen. So konnte er etwas Kraft sparen. Aber der letzte Tag steckte ihm noch in den Knochen und seine Kleidung war von gestern immer noch nicht getrocknet.

Erst gegen zwei erreichte er eine Anhöhe und von hier konnte er das schwarze Tor der Stadt sehen. Im Vergleich zu den meisten Gebäuden wirkte es groß. Als er unten an der Römerbrücke ankam, sah Alec von weitem einen Mönch. Dieser kam mit hochgezogener Kutte auf ihn zu. Erst im letzten Moment erkannte der überrascht schauende Alec seinen Bruder Edward.

Zu zweit machten sie sich auf dem Weg, um den Kirchenlehrer Basinus aufzusuchen. Unterwegs erzählte Edward seinem Bruder Alec vom Weg und dem glücklichen Zusammentreffen mit Klemens. Hier zeigte er ihm sein neues Utensil, den Stab, mit dem sich gut gehen ließ. Die Information von Disibod war auch für Alec interessant. Edward sagt:

„Wenn wir etwas über die Entstehung wissen wollen, dann müssen wir im Archiv durch die christlichen Versammlungen ab dreihundert gehen und nachsehen. Helfen kann uns Basinus. Er weiß, wo die Schriften stehen und kennt sich mit den Synoden aus."

Alec hatte zugehört und meint:

„Das haben wir beim letzten Mal schon von Bruder Basinus gehört. Er wusste über viele Vereinbarungen Bescheid, wann und wo die Treffen waren. Er konnte sagen wer daran teilgenommen hatte und was dort geschah und beschlossen wurde."

Dem stimmte Edward zu und dann fragt Alec:

„Was hast du denn so lange gemacht, um hierher zu kommen?"

Alec schaute etwas säuerlich und dann antwortet er:

„Schau mich doch an!"

Er zeigt auf die verdreckte Kutte.

Frag lieber nicht! Aber wenn wir zurückgehen, dann erzähle ich alles.

Denn wir haben dann viel Zeit, ganz viel,"

„Du wirst dich wundern," denkt er sich noch.

„Das hört sich vielversprechend an" meint Edward.

Herbst in den Auen an der Rur und in der Eifel

Die Abtei zur Aue war in dichten Nebel gehüllt. Die Sonne schaffte es heute nicht, diesen zu durchbrechen. Die meisten Tätigkeiten im landwirtschaftlichen Bereich waren nun eingeschränkt. Sie ruhten größtenteils! Nur einige Holzarbeiten wurden noch getätigt. So konnte man die Äxte in der näheren Umgebung hören. Zur vollen Stunde wurde die Stille durch die Glocke der Abtei unterbrochen.

Es war die Zeit, in der sich die Laien-Brüder verstärkt in die Gebetszeiten einbrachten. An der Klostermauer wurde nur noch wenig gearbeitet. Durch den Brand in den letzten Tagen war ein wesentlicher Teil der Heuernte vernichtet worden. Dafür musste Ersatz gefunden werden. Eine Aufgabe, die nicht leicht zu erfüllen war. Ohne dieses Futtermittel würde es schwer, mit allen Tieren hier durch den Winter zu kommen. Einigen Handwerkern hatte man deshalb angeboten, mit einem Pferd nach Hause zu reiten. Auch eine Möglichkeit, seine Arbeitsleistung bezahlt zu bekommen.

Bei den Schwestern, deren Gemeinschaft durch den Titel der Priorin aufgewertet worden war, entwickelte sich ein Konvent. Hier im Dorf im Engelsdorf hatten die Schwestern sich, dank der Priorin, einen sehr guten Ruf erworben.

Die hier zur Schule gehenden Kinder waren nicht wie vorgesehen aufgeteilt worden. Eigentlich sollten die Jungen ja zur Abtei wechseln. Das hatte mehrere Gründe. Hier in Engelsdorf war der Tagesablauf für die Kinder klar definiert.

„Ora et Discere" war hier die Richtlinie für die Kinder. Für die hier lebenden Adelskinder gab es nur ein Ziel! Schnell das Notwendige lernen, um dann zuhause Aufgaben zu übernehmen. Dem gegenüber steht die Aufgabe der Brüder und Schwestern dem „Ora et Labora".

Gestern hatten die Brüder Edward und Alec nicht Basinus treffen können. Er war in Angelegenheiten des Bischofs unterwegs. Dieser war zu einer christlichen Versammlung aufgebrochen. Seine Rückkehr war noch ungewiss. So musste Basinus ihn vertreten und sich mit dessen Aufgaben beschäftigen.

Nachdem die Gebetszeiten eingehalten worden waren, befand man sich im Speisesaal des Bischofs. Hier bedienten einige Nonnen die Gäste des Bistums. Meist waren es andere Geistliche und seltener weltliche Gäste. Die meisten der Nonnen waren vom Alltag abgeschliffen worden und deshalb eher unfreundlich. So verachteten sie die beiden Mönche, die durch ihre Reise recht mitgenommen aussahen.

Vielleicht nahm man ihre manchmal aufreibende, manchmal eintönige Arbeit als selbstverständlich an und sagte viel zu selten „Vergelts Gott" oder ein nettes einfaches „Dankeschön".

Basinus erkannte die beiden und er bot ihnen saubere Kleidung an. Das war eine Aufgabe, die hier eigentlich die Nonnen wahrnehmen sollten. Zeit für sie und ihr Anliegen würde Basinus morgen nach der zweiten Gebetszeit haben.

Als sie hier am Nachmittag ihre Kammer zugewiesen bekamen, lag auch saubere Kleidung bereit. Das gab den Beiden die Gelegenheit, ein warmes und erholsames Bad zu nehmen. Nach einem entspannenden Gang durch den bischöflichen Garten rief die Glocke zum Gebet. Anschließend folgte im bischöflichen Refektorium ein Mahl mit Wein aus dem eigenen Anbau. Erholt machten sich die beiden auf in die große Bibliotheca.

Wie und wo sollte man hier jetzt anfangen zu suchen? Natürlich gibt es auch hier in dieser Bibliothek einen Meister der Schriften. Keiner darf sich hier ein Pergament, eines der alten Bücher oder Blätter, nehmen. Die Sortierung und die Beschriftung unterliegen besonderen ausgearbeiteten Kriterien.

Ein Mönch, der hier tätig ist, bot seine Hilfe an. So suchten sie nach dem Ursprung des „Te Deum". Es wurde schnell klar, es muss später als 300 geschrieben worden sein. Eine andere Theorie besagt, es könnte in zwei Schritten verfasst worden sein. Dann wäre die ältere Version, nämlich die mit zwei Strophen, die auch in der Priory bekannt ist, deutlich davor geschrieben worden. Dann, so schlussfolgerten sie, haben mindesten zwei Verfasser daran gearbeitet. Sie als Laien in diesen Dingen würden das so nicht herausfinden.

Endlich hatte der Bischofsanwärter Zeit für sie gefunden. Basinus ist es, der die von Abt Patric gefundenen Schriften anschließend gedanklich umsetzen und einordnen konnte. Im Grunde hatte er mit den Anregungen von Patric auch das Rätsel um die Gebeine vom Apostel lösen können. Wie immer bedarf es nur einen entscheidenden Impuls. Mit Konzilen, Synoden und christlichen Versammlungen kannte sich Basinus auf jeden Fall besser aus.

Sein Leben war die Bibliotheca, seine Heimat. Er war früh herangeführt worden und konnte so von seinen Vorgängern profitieren.

Zum einen hatte er das Talent der Vielsprachigkeit. So war er schnell befähigt, historische Schriften zu lesen. Als Halb-Gote und Franke lag das schon in der Wiege. Als dritter Sohn einer Adelsfamilie hatte er nur die Wahl, Krieg oder Kloster. Er war nicht der Größte und dazu noch schmächtig, aber schlau! So brachte er schon als unter Zehnjähriger seinem Kloster eine Mitgift und gute Beziehungen ein.

Seine Bekanntschaften und sein Briefwechsel mit Gleichaltrigen wie dem jetzigen König und vorher dem Hausmeier von Neustrien, für die er auch Berater war, hatten ihn hierher nach Augusta Treverorum geführt.

Nun empfing er die beiden Brüder von Patric. Alec übernahm die Begrüßung und mit den Worten spricht er das Thema an:

„Wir danken für den Erhalt der Reliquie. In diesem Zusammenhang kam auch dieser alte Text in unsere Hände."

Edward übergab die Kopie des Textes und der Bruder las, während Alec weiter seine Erkenntnis vortrug:

„Diesen Text haben wir bei der Reliquie gefunden. Wir möchten nun wissen, wie alt dieser ist. Das „Te Deum" kennen wir nur mit zwei Zeilen und nicht mit vieren!"

Basinus schaute sich die Abschrift an. Sie war sorgfältig mit einer schönen geübten Handschrift gemacht worden. Er kannte den Text und er hatte auch schon eine Abschrift unter den Schriften gefunden und gelesen. Dann sagt er:

„Es ist ein alter, möglicherweise sogar der erste schriftliche Lobgesang zu unserem Gott. Ich kenne nur die mit den Vieren wie hier. Das mit zwei ist mir unbekannt. Aber über die Entstehung kann ich etwas erzählen."
Er hielt kurz inne, bevor er weitersprach:
„Diesen Originaltext würde ich gerne zurückhaben!"
Er schaute sie dabei an und hoffte das durch die Nähe zu Dem Geistlichen Patric sie ein gutes Wort einlegen könnten.
„Das Original wird sicher älter als unsere Abschrift sein."
„Schade" dachte Edward.
Basinus redete sehr bedächtig, als hätte er ihn selbst geschrieben. So sagt er:
„Wie der Text eingepackt zu euch kommt, das ist mir selber ein Rätsel und kann ich nicht sagen wie das geschehen konnte.
Aber die Reliquie ist die Richtige, denn sie war bei einem der ersten Bischöfe dabei. Selbst bei wem, das konnte mir keiner meiner Ausgräber mehr erzählen. Sie waren zu unbeholfen und einiges durcheinander haben sie verursacht. Das war mein großer Fehler!
Wenn wir so wie die Schwester, ich glaube Victoria nach eurer Erzählung, vorgegangen wären, denn wüssten wir heute mehr."
Er wirkte traurig oder verbittert. So genau konnten Edward und Alec das nicht einschätzen. Dann fuhr er fort mit ernstem Wort:
„Es war nicht die erste Spaltung unserer Gemeinschaft. Die erste war schon kurz oder ein paar Jahre nach dem Tode von Jesus. Ob Heidenchristen oder Judenchristen, es hätte egal sein sollen! Nun haben wir die Haarspalterei und jeder will es genauer, besser wissen und machen als die anderen."
Er bat deshalb darum, erstmal kurz Schluss zu machen, denn zu sehr hatte ihn dieses Thema mitgenommen. Es war auch Zeit für das Tagesgebet und dem Mahl im bischöflichen Refektorium. Er würde später mehr erzählen, verspricht er und dabei auf die Trinität eingehen. Dann kann Basinus auch sagen, wann das Te Deum in zwei und vier Strophen verfasst worden sein könnte.

Währenddessen hatte sich Plektrudis aufgemacht, um von Colonia Agrippina nach Divodurum zum Sitz von Austrien zu kommen. Die Geschehnisse hatte sie verarbeitet und hier in der Stadt am Rhenus sogar noch eine neue Eskorte anwerben können. Es war aber nur eine kleine Hilfstruppe für die Reise. Mit Händlern und Adligen machte sie sich auf den Weg. Er führte entlang auf der Römerstraße vorbei an Treverorum und über Eechternoach weiter zum Ziel. Mit den Gespannen und Fuhrwerken kommen sie schnell voran. In Divodurum will sie ihren Mann Pippin treffen.

Alec und Edward sind jetzt schon einige Tage in Treverorum und immer noch hatte ihnen der Kirchenlehrer Basinus nicht den Rest der Geschichte erzählt. Alec hatte schon angefangen zu drängeln, weil sie zurück zur Abtei müssen. Das Wetter war auch immer schlechter geworden. Edward mahnte ihn zur Geduld.
„Wir müssen noch warten, um zu erfahren, wann die Schrift erstellt worden ist. Ohne diese Information brauchen wir nicht unter die Augen von Patric zu treten."
Alec hörte aufmerksam zu und sieht ein als Edward sagt:
„Sicher muss Bruder Basinus selbst noch nachlesen. Er kann auch nicht alles behalten. Aber er ist zweifellos der Einzige, der weiß wo er suchen und nachschlagen kann."
Das hatte Alec nicht berücksichtigt. Er musste Edward Recht geben und Basinus die benötigte Zeit. Nach der Nachtwache, es waren nur noch wenige Brüder da, deutete Basinus an, dass sie ihm in den Leseraum folgen sollten. Er erzählt dann:
„Ich war noch nicht lange hier. Ich wusste noch nichts über die christlichen Versammlungen und Konzile und die Geschehnisse, die damit verbunden waren. Da habe ich das „Te Deum" das erste Mal gelesen."
Er hielt inne und sagt wie verzaubert:
„Es war das Schönste, was ich über den Lobgesang unseres Herrn zu Gott studiert habe."
Dann führt er weiter aus:
„Der Bischof vor Numerianus hat mir davon voller Stolz erzählt, wie man sich von den Abtrünnigen aus dem Oströmischen Reich getrennt hatte. Unter den orientalisch-orthodoxen Kirchen versteht man die mächtigen

Landeskirchen von Armenien, den Kopten Ägyptens und Syriens. Auch Georgien und sogar die Assyrer waren auch gegen ein kirchliches Imperiales Reich. Das wurde geleitet und dominiert von Konstantinopel oder Roma."

Die Mönche dachten:

„Das sind doch alles Christen, sogar die der allerersten Stunde. Dazu noch viel tiefgläubiger als die Kirchenverwalter und Rechtsgelehrten und wie ehemals die Hohenpriester."

Sie verstanden es nicht.

Basinus spricht weiter:

„Die Themen dieses Konzils waren die „Naturen Christi" sowie die Kirchendisziplin, das heißt die Integration des Mönchstums in die Kirchenorganisation.

Die christliche Theologie war in den ersten Jahrhunderten nicht eindeutig definiert, da gemäß neutestamentlichem Konzept jede christliche Gemeinde für sich selbst vor Gott verantwortlich war und keine übergemeindlichen Zusammenschlüsse existierten. So gab es bald zahlreiche Auseinandersetzungen mit den Varianten der Christologie und der Begriff Trinität ist entstanden.

Die Vorstellung von einer göttlichen Dreiheit, das ist die Trias, gibt es auch in anderen Religionen, so etwa in der altägyptischen mit Osiris, Isis und Horus. Auch der Hinduismus kennt eine Dreieinigkeit: die Trimurti, bestehend aus den Göttern Brahma, Vishnu und Shiva. Im Judentum, dem Islam und den Arianern wird das Konzept der Trinität grundsätzlich abgelehnt.

Die christliche Trinitätslehre wurde durch verschiedene Theologen und Synoden zwischen den Jahren 325 und 675 entwickelt."

Nun war alles klarer. Dann sagt er:

„Das erste Konzil von Nicäa war 325 und die Synode von Toledo im Westgoten Reichland fand 675 statt."

Immer wieder machte er Pausen, um seine Zuhörer mitzunehmen und erklärte dabei. Dann geht es weiter:

„Die beiden konträren Hauptrichtungen waren dabei die Ein-Hypostasen-Anschauung und die Drei-Hypostasen-Anschauung.

Hypostasen nennt man Personifizierung göttlicher Eigenschaften oder religiöser Vorstellungen zu einem eigenständigen göttlichen Wesen. Hypostasieren nennt man all diejenigen Fälle, in denen das Denken real gar nicht existierender Objekte mit deren angeblicher Erkenntnis verwechselt wird."

Dann führt er weiter aus:

„Es gibt nun drei Dinge!

Erstens, der Logos-Sohn galt als geschaffen sowie mit einem Anfang und daher nicht als wahrer Gott. Dieser wirkt mit göttlicher Vollmacht so sehr, dass Gott selbst in Jesus und durch ihn sein Schaffen, Richten, Erlösen ein Sich-Offenbaren vollzieht.

Was heißt eigentlich Logos-Sohn: Es heißt doch nur, dass der Gedanke Gottes sich realisiert hat, nichts weiter. Das ist doch schon was. Das gilt für dich, für mich, für die Natur, einfach für alles.

Alles andere wurde abgeschrieben, abgeleitet und zusammen gedacht.

Zweitens, die Gleichrangigkeit von Vater und Sohn, so dass der Sohn Christus zugleich als wahrer Gott zählte. Dieser die Menschheit eben durch sein Werk erlösen konnte.

Erst später ging es auch um die Stellung des Heiligen Geistes.

Nun drittens. Da sich die Kirchenväter nicht einigen konnten und der Kaiser Sorge um den Reichsfrieden hatte, rief er ein Konzil ein zur endgültigen Festlegung und verordnete unter Strafandrohung eine favorisierte Lösung.

Am Ende stand unser heutiges Glaubensbekenntnis mit drei gleichrangigen Hypostasen Gott-Vater, Gott-Sohn Jesus Christus sowie Heiliger Geist aus dem gemeinsamen göttlichen Wesen. Es war aber keine Kompromissformel, sondern eine teils gewaltsame Auseinandersetzung, bei der sich die Gruppe mit dem größerem Machtpotential durchsetzen würde."

Er musste erst einmal Luft holen und gab den Beiden Zeit, alles zu verstehen. Alec meinte dann:

„Ganz schön verworren, wie das entstanden ist."

Basinus fuhr dann weiter mit seiner Darstellung fort:

„Jesus hat den ‚Titel des Messias' nie auf sich selber angewendet, wenn der Titel auch von Zuhörern an ihn herangetragen wurde.

Jesus hat dies kritisiert und korrigiert! Das kann man im Markus Evangelium nachschlagen.

Der jüdische Wanderprediger Jesus aus Nazareth als Sohn des Judentums wurde von seinen Anhängern oft als Rabbi, mein Lehrer und Meister bezeichnet. Dennoch belegt gerade diese Stelle, die als authentisch gilt, dass Jesus bereits zu Lebzeiten die Rolle des Messias zugesprochen wurde."

Dann führt er zum Namen Jesus aus:

„Der Name „Jesus" ist die griechisch-latinisierte Form des hebräischen Namens „Jeschua", entstanden aus „Jehoschua" oder „Joschua"! Diese bedeuten „Der Herr ist Heil" oder auch „Rettung". Der Name wurde auch in unserer Sprache lateinisch dekliniert. Geblieben ist davon bis heute der Name „Jesu".

Während „Sohn" in Beziehung zu Gott im Alten Testament zunächst nicht dem Messias vorbehalten war, ist dieser Titel im Neuen Testament ausschließlich auf Jesus selbst bezogen."

Er spürte das sie ungeduldig wunden und unterbricht kurz um zu sagen: „Wir haben es bald geschafft mit der Erklärung!"

Basinus bezieht sich nun auf verschiedene Stellen in der Schrift um alles deutlich zu machen:

„Im Buch Daniel ist damit dann in nachexilischer Prophetie eine Person mit göttlicher Vollmacht interpretiert. Es war ein jüdischer Apokalyptiker, Traumdeuter und Seher im babylonischen Exil, dem Gott JHWH, Israels Gott, das apokalyptische Ende der Judäa beherrschenden Weltreiche und das folgende ewige Reich Gottes offenbarte.

Jedoch später in der Schrift von Ezechiel wird nur noch der von Gott gesandte Prophet als „Menschensohn" bezeichnet.

Ezechiel heißt auch einer der großen Schriftpropheten wie Daniel und ist auch Teil des jüdischen Tanach im Alten Testament. Er schildert Visionen und Symbolhandlungen des Propheten. Er bekräftigt den Monotheismus und prägte die Vorstellung von der Heiligkeit des Gottesnamens.

Jesus bezeichnet sich mehrfach als der „Gute Hirte" und wird in den späteren Schriften auch an die Stelle des obersten Hirten gerückt. So macht es auch Petrus. Daraus ordnen die Bischöfe von Roma ihre Stellung über den weltlichen Herrschern an.

Die frühesten wirkungsgeschichtlich einschlägigen Formulierungen prägt jedenfalls Paulus in seinen Briefen. Er verwendet dies als „einen Segensgruß" der frühen christlichen Liturgie. Hier steht:

> „Die Gnade Jesu Christi, des Herrn, die Liebe Gottes
> und die Gemeinschaft des Heiligen Geistes sei bei
> euch!"

Die Formel zu den Naturen Christi wurde aus mehreren Schriften zusammengefügt, wie zum Beispiel vom Papst Leo der Erste aus einem Brief von Kyrill von Alexandria und Konzilsbeschlüssen. Das sind natürlich nicht die Worte Christi."

Der Kirchenlehrer Basinus stockte kurz. Fast hat man das Gefühl, dass diese Erinnerung ihn innerlich hin und her zerrte, so sehr war er von diesem Vorgang von damals erschüttert. Das hätte man einem Bischofsnachfolger nicht zugetraut. Dann sagt er:

„Alle Bemühungen, zu schlichten, waren dann gescheitert.

Ich denke:

Eigentlich wollte man nicht schlichten, denn die maßgebliche Mehrheit der Bischöfe und der weltlichen Herrscher, der ja das Konzil einberufen hatte und für die das Resultat schon vorab feststand, lehnten jede Diskussion ab. Die Unentschiedenen oder die Bischöfe mit anderen Vorstellungen wurden als Häretiker verurteilt, des Amtes enthoben und verbannt.

Hier ging es um die Definition des Status Jesu und die Beendigung des Streits.

Da dies zum Dogma, das heißt Unfehlbarkeit erhoben wurde, hat man spätere Diskussionen darüber als Angriff auf die „Wahre Kirche" interpretiert und ist mit massiver Macht dagegen vorgegangen."

Alec und Edward waren bei den Ausführungen schon recht ungeduldig. Es ist ja auch nicht einfach, das Lesen von dreißig Jahren nachzuvollziehen. Basinus bat um Geduld und Demut.

Er sah recht mitgenommen aus:

„Dann folgte vor Jahren der nächste Schlag!

Auf einer Mission habe ich den Bischof im Morgenland vertreten und dort sind wir mit Gläubigen aus dem südlichen Teil von Judäa zusammengekommen. Dort gab es wieder Streit. Seitdem gibt es in Judäa eine weitere Glaubensgruppe zu den Juden und Christen. Unter den Stämmen der Wüste versammelten sich wie einst bei Abraham diejenigen, die an den einen Gott glauben und dabei auch Jesus und Maria verehren. Für sie zählt nur das Wort. Aus meiner Sicht hätte das Zerwürfnis vermieden werden müssen."

Man spürte, wie sehr ihn das alles berührt. Sie redeten noch bis zum Mittagsgebet intensiv weiter und Alec und Edward dachten, könnte das alles nur unser Abt Patric oder Evermarus hören. Ringt man hier wirklich um den Glauben, um das Göttliche?

Dann fragt Edward:

„Kann man denn nun sagen, wann es aufgeschrieben wurde! Denn es hängt an der Trinität!"

Die Mönche schauen ihn ganz gespannt an und erwarten eine Antwort. Darauf erklärte er ihnen den zeitlichen Ablauf wie folgt:

„Schon vor dem zweiten Jahrhundert begann man, sich mit dem Mensch Jesu zu beschäftigen. Der Streit nahm zu und wurde geführt zwischen 325, dem Konzil von Nicäa und 675, der Synode von Toledo. Die

Entscheidung über unseren jetzigen Gottvater und Sohn-Definition wurde 325 vorbereitet und verabschiedet im Konzil von Chalcedon 451 und unter Einbeziehung des Heiligen Geistes bestätigt.
Dann ist das endgültige „Te Deum", mit „Dich Gott loben wir", nicht zwangsläufig um oder nach 451 geschrieben worden, es kann durchaus schon nach dem Konzil von Nicäa 325 zur Ehre Gottes entstanden sein. Erfahrungsgemäß ist zuerst das Gebet gewesen, da Dichter und Musiker oft nicht die gleiche Person waren. Das heißt, der Text ist älter als das Lied, beziehungsweise die Vertonung."
Dann ging alles ganz schnell. Basinus schreibt einen Brief für die Abtei. Er erklärte die Ursprung des Dokuments und äußerte eine abschließende Bitte. Es ging um das Original des Te Deum! Der Abschied folgte nach der Speise im bischöflichen Refektorium. Der Besuch ist beendet und die Mönche würden abreisen.

Sie übernachteten noch in der Bischofsabtei und nach der Nachtwache machten sie sich auf dem Weg zurück zum Helenenberg. Ein Ziel, dass sie ohne Problem erreichten. Hier zeigt Edward, was er mit seinem Stab machen konnte. Schwieriges Gelände meisterte er damit ganz locker. Diesen Weg gingen sie nun zum zweiten Mal. Sie hatten sich offengehalten, ob sie die ganze Strecke auf dem Römerweg gehen würden oder doch lieber wieder den Weg nehmen, den sie einst mit Chalpaida zurückgelegt hatten. Eine Entscheidung, die sie vom Wetter abhängig machen würden. Nach dem Helenenberg machten sie sich auf, um nach Beda vicus zu kommen. Hier hatten sie sich einst von der Fürstin getrennt. Sie war in Richtung Eechternoach gefahren. Auf ihrem Rückweg waren sie weiter zum Rhenus der Römerstraße gefolgt. Ein Wunsch, den sie damals dem Mönch und Abt Suitbert nicht abschlagen konnten. Der Weg hatte sich gelohnt, denn man war sich nähergekommen. Nun wählte man die Route zur Villa und anschließend zur Holzburg Hengebach.

Langsam wurde es auf dem Festland winterlich. In den höheren Lagen schneite es nun regelmäßig. Davon war zu dieser Zeit in Königreich Munster noch nichts zu spüren. Die Tage waren zwar kürzer geworden, aber richtig winterlich war es hier trotzdem noch nicht.
Von der Insel hatte man einen Brief an Anna und Patric gesendet. In dem beschrieb man die Feierlichkeit der Taufe der königlichen Zwillinge. Auch konnte man lesen, dass sie ihr Bedauern aussprachen, dass die Brüder und Schwestern nicht kommen konnten. Jeder hatte dem Schreiben

ein paar Zeilen hinzugefügt. Letztlich war der Absender von Victoria mit dem königlichen Siegel von Munster und der Königin Anne abgesegnet worden. Traurig stimmte sie nur, dass das Alter seinen Tribut einforderte. Es war niemand verstorben, aber sie wurden auf der Insel auch nicht jünger.

In der Abtei zur Aue

An diesem Morgen dachte Patric an Edward und Alec. Die beiden Mönche waren nun schon über einen Monat unterwegs und heute war der erste Dezember. Angebote von Albert und Lukas hatte der Abt abgelehnt, den Beiden entgegen zu reiten. Es ist ja nicht klar, welchen Weg die Beiden denn nehmen würden. Den Leichten längeren mit einem Fuhrwerk über den Fronhof oder den kürzeren den sie mit Chalpaida genommen hatten. Dieser bot den beiden Wanderern bekannte Herbergen. Beide wären möglich.
Das letzte Wort hatte nun der Abt gesprochen:
„Zwei Wochen warten wir noch. Schließlich ist es sicherlich nicht einfach, von Bruder Disibod oder auch aus Augusta Treverorum von Numerianus etwas zu erfahren.“

In Divodurum am Herrschersitz

Die Fürstin Plektrudis war angekommen. Jedoch war weder Pippin noch ihre Rivalin dort. Einige Adlige und Wachen verwalteten und schützten den Herrschaftssitz. Die Fürstin Plektrudis sah eine Möglichkeit, sich nach weiteren Bediensteten umzuschauen. Schließlich hatte sie keine Zofen mehr und die Eskorte war noch unvollständig. So befahl sie den Untergebenen, alles zu richten wie sie es haben wollte. Ihr Interesse galt dabei einem der führenden Wachen. Aus seinem Benehmen konnte sie schließen, dass er aus bessergestelltem Hause kommen musste. Jedoch schien er erst seit kurzem hier zu sein und er wirkte sehr schüchtern. In Ihren Augen ist er von ansehnlicher Statur und gutaussehend.
Sie hatte starkes Interesse, ihn kennenzulernen und die Gelegenheit war günstig.
Weit und breit war keiner in Sicht, der ihr hier in den nächsten Tagen in die Quere kommen könnte. Gottfried Matthias war ein fränkischer

Adliger und gerade neunzehn Jahre alt. Er sollte hier am Hof erste Erfahrungen sammeln. Soviel hatte sie schon von anderen erfahren. Was ihr natürlich nicht gefiel, dass er zur Eskorte von Chalpaida gehörte. Das sollte sie aber nicht davon abhalten, ihn auf ihre Seite zu ziehen. So warf sie ein Netz aus und verteilte Aufgaben.

Sie gab vor, Hilfe zu brauchen, da sie keine Zofe hatte. So sollte Gottfried ihr beim Ausziehen helfen. Für einen so jungen Kerl wie er einer war, sicher sehr ungewohnt. Aber er hatte keine Wahl, sie hatte die Macht und Plektrudis wusste diese zu nutzen. Je mehr sie sich entkleidete, desto unruhiger wurde er. Sie spürte, dass er noch nie oder selten eine nackte Frau gesehen hatte. Sie beschloss, dies zu ändern. Nicht nur das! Sie würde ihm alles abverlangen. Dieses Mal ließ sie ihn noch davonkommen. Aber sie hatte seine Erregung gespürt und sie kostete diesen Moment voll aus. Sie dachte nur:

„Morgen werde ich die ausgesäte Frucht ernten!"

Auf dem Weg durch die Eifel

Am Abend des Ersten dieses Monats Dezember hatten die Mönche Edward und Alec den Ort Beda vicus erreicht. Sie dachten schon, dass sie sich zu Hause Sorgen machen würden. Für sie war aber wichtig, schnell und gut voran zu kommen. Das Wetter war ihnen seit dem Abmarsch in Treverorum gewogen gewesen. Zwar war es morgens und abends sehr frisch, jedoch tagsüber auf dem Weg war es warm. So froren sie nicht und die Zeit flog dahin, während sie sich über die Geschichte der Kirche und des Glaubens unterhielten.

Das Wort Trinität war für sie zwar bekannt, aber nicht die Entwicklung dazu und die Entscheidungsfindung. Trinität löste in ihnen viele ungelöste Fragen aus. Verbindliche Aussagen über „göttliches Walten" außerhalb des Lebens Jesu war für sie neu. Nicht neu war Gottes Sohn und der Heilige Geist. Beides waren für sie grundsätzliche Dinge, die sie gelernt und erzählt bekommen hatten! Dafür brauchten sie keine definierte Trinität. Sie glaubten an Gott, seinem Sohn Jesus und das Wirken des Heiligen Geistes!

Der nächste Tag verging wie die Vorherigen. Sie machten sich auf zur Villa Prumia. Es ging stets auf und ab in dem hügeligen Gelände. Der Weg zu der römischen Villa war nicht mehr weit. Hier hatten sie beim letzten Mal ein Bett für die Nacht bekommen. Die römische Villa war eigentlich ein kleines Kloster, etwas mehr als eine Klause, eine Eremitei oder Mönchszelle. In dieser finden die beiden Mönche wieder eine Unterkunft mit Gebetsstunde, wie sie es selber auch immer begehen. In einem kleinen Ort an der Prüm trafen sie auf einen Bettler. Dieser saß auf einer Brücke und versuchte, etwas von den Vorbeiziehenden zu bekommen.

Edward hatte etwas Vorsprung vor Alec, denn jeder wollte seine eigenen Eindrücke verarbeiten. So spricht er mit dem Bettler:

„Warum sitzt du hier alleine? Hast du keine Familie?"

Der Bettler sagt:

„Ich habe niemanden. Bei einem Brand sind alle meine Lieben vor Jahren umgekommen."

Edward fragt weiter:

„Warum bist du nicht im Kloster der christlichen Gemeinschaft? Dort könntest du sicher bei Dingen helfen, die du früher gemacht hast!"

Der Bettler antwortet:

„Ich war ihnen zu arm und die Kleidung entsprach nicht ihren Vorstellungen."

Aus der Erzählung und dem Gebaren konnte Edward erkennen, dass es sich um jemanden handelt, der in den letzten Jahren viel Leid ertragen musste. Kurz entschlossen sagt er:

„Ich werde einmal mit dem Klostervorsteher des Klosters Villa Prumia sprechen, das ist ja nicht weit von hier!"

Dann gab er ihm sein Untergewand unter seinem schneeweißen Umhang. In der Zwischenzeit hatte Alec die beiden erreicht und von ihm erhält er noch ein weiteres Kleidungsstück. So gerüstet hofften sie, dass der Mann in der nächsten Nacht nicht erfror. Für Edward sollte die Hilfe zumindest soweit vollkommen sein, dass ein Bettler nicht auf eine zweite Hälfte eines Mantels warten muss, um die Nacht zu überstehen.

Die letzten Worte von Edward lauteten:

„Setz dich morgen zur Mittagszeit hier wieder hin! Ich werde schauen, ob ich etwas für dich tun kann!"

Mit ihrem Vesperpaket, was Edward und Alec dem Bettler überlassen, kann sich der Arme erst einmal an diesem Tag satt essen!

Der Bettler dankte und er sagt den schon sich Entfernenden:

„Gott segne und schütze euch!"

Edward erzählte Alec von dem Gespräch und bat ihn, sich auch für den Bettler einzusetzen. Bitten war nicht das, was Edward konnte. Er war eher ein Geber!

Alec sagt ihm:

„Ich muss gestehen, wenn du nicht so offen geholfen hättest, …"

Der Atem stockte ihm und er sagt ehrlich:

„Ich wäre, glaube ich, vorbei gegangen!"

Edward antwortet dann:

„Das glaube ich dir, aber nur weil wir in Gedanken vertieft waren!"

Er hielt inne und spricht weiter:

„Du wärst nach ein paar Meilen, geplagt von deinem Gewissen, zurückgelaufen! Dann hättest du ihn gesucht!"

Alec dachte:

„Anscheinend kennt Edward mich besser als ich mich selbst kenne."

Kurze Zeit später erreichten sie ihr nächstes Ziel, das Klosters Villa Prumia. In einem Gespräch mit dem Klostervorsteher kann Alec ein Bleiberecht für den Bettler aushandeln. Alec und Edward leerten ihre Beutel und gaben ihm alles, was sie mit sich führten.

Dafür opferten sie ihre letzten Münzen. Morgen um die Mittagszeit wird man den Bettler von der Brücke holen. So war es besprochen und das hatten sie ihm ja auch versprochen!

Am nächsten Tag machten sie sich auf, um weiter in Richtung der Abtei zur Aue zu kommen. Hier nächtigten sie in einer Scheune in der Nähe ihres Weges. Die Wegzehrung vom Kloster musste für zwei Tage reichen bis zur Motte Hengebach im Rurtal. Hier würden sie sicher unterkommen, denn hier waren sie auch freundlich aufgenommen worden, als sie mit der Fürstin Chalpaida den Weg zurückgelegt hatten.

Es war ein angenehmer Tag, als sie den letzten Hügel zur Motte erreicht hatten. Von der Anhöhe konnten sie schon ihr Ziel erkennen und so verzehrten sie ihr letztes Brot.

Als sie so in die Natur und über die näheren Hügel schauten, erkannten sie eine Gestalt, die langsam auf sie zukam. Es muss eine etwa dreißigjährige Frau gewesen sein. Sie trug lange hellblonde offene Haare. Ihr schlanker Körper war in ein hellblaues locker wirkendes Gewand gehüllt. Ihre Füße waren barfuß und sauber. Etwa zwanzig Schritte vor ihnen blieb sie stehen. Sie grüßte und fragt:

„Seid gegrüßt von mir und meinem Sohn! Was macht ihr hier auf meiner schönen Anhöhe?"

Sie waren etwas benommen und so fuhr sie fort:

„Ja, es ist mein Berg und ich begleite alle, die hier vorbeikommen. Es ist ein heiliger Ort und er strahlt Ruhe und Frieden aus."

Dann fragt sie noch einmal:

„Wie kommt ihr hier auf diese Anhöhe?"

Nun antwortet Edward:

„Wir sind Mönche und sind auf dem Weg zurück in unser Kloster in der Aue an der Rur. Wir wollen in der Motte dort unten nächtigen."

Da sagt sie:

„Und ihr helft den Armen, die ihr auf eurer Reise trefft. Das habe ich vor Tagen gesehen und eure Hilfe ist auf fruchtbaren Boden gefallen. Der arme Mann hat Aufnahme gefunden, dank eurer Worte und Fürsprache." Etwas erstaunt waren sie schon, denn wie konnte sie es wissen. Sie hatten sie in den letzten Tagen, vor allem nicht an der Brücke des Bettlers, nicht gesehen und mit niemanden darüber gesprochen.

Dann sagt sie:

„Ihr seid dem würdig von wo ihr herkommt. Bisher hat eure Suche euch bis an diesen Ort gebracht aber ihr werdet noch weit, sehr weit gehen müssen, um euer wahres Ziel zu erreichen. Aber ihr werdet nicht allein den ganzen Weg gehen müssen. Würdige Brüder werden euch begleiten und ihr werdet es auch finden! Finden was ihr sucht, wenn ihr eurem Weg treu bleibt. Gesegnet seid ihr und der Stab den ihr mitführt."

Je länger das Gespräch dauerte, desto weniger verstanden sie diese Worte. Wie lange sie hier verweilten und zuhörten, konnten sie nicht sagen! Die Frau war plötzlich gegangen, ohne dass sie es wahrgenommen hatten. Sie war einfach so verschwunden wie sie aufgetaucht war. Als die Brüder aufstehen schauen sie nach der jungen Frau und Alec ergreift das Wort:

„Hast du diese Frau verstanden?"

Edward antwortet:

„Nicht richtig und je mehr sie sagte, desto rätselhafter kam mir das vor, was sie sagte. Lass uns weitergehen."

Sie gehen langsam weiter und etwa nach einer halben Stunde hatten sie ihr Ziel erreicht. Von oben sah der Weg kurz aus, aber der Abstieg erfolgte in langgezogenen Mäanderschleifen. Erst folgten sie einem Pfad neben einem Bach und weiter unten treffen sie auf einen von Fuhrwerken befahrenen Weg.

In der Motte hatte man sie schon erwartet. Einer der Knechte hatte sie auf dem Feld erkannt und sie angekündigt. Deshalb war auch der Tisch mit den Speisen gerichtet. Auch der Hausherr mit seiner Frau waren anwesend und setzten sich zu ihnen. Aus dem Gespräch erkannten die Herrschaften der Motte, dass sie auch der seltsamen Frau begegnet waren. Die Hausfrau sagt dann:

„Seit eurem letzten Besuch mit der Fürstin ist diese Frau immer wieder da und hilft Notleidenden. Uns ist sie auch schon zweimal begegnet. Einige hier aus dem Ort trifft sie mehrmals. Einer jungen Frau Christine hat sie schon einmal die Tränen abgetrocknet."

So reden sie noch eine Weile und Edward und Alec wollen den Abend mit einem gemeinsamen Gebet ausklingen lassen. Bei diesem Abendgebet haben sie das Gefühl, dass sie zu dritt beten. Die sternenklare Nacht ist kalt und der Tau friert an den Gräsern. Sie schlafen diese Nacht tief und fest.

Am Morgen werden sie von dem regen Treiben in der Hengebach Motte geweckt. Sie beten und essen. Dann verabschiedeten sie sich vom Gastgeber. Ein letzter Blick zurück zu der Anhöhe und sie können die junge Frau wieder sehen, sie winkte ihnen zum Abschied zu.

Schnell fahren sie mit einem Fuhrwerk durch das Rurtal am Fluss entlang. Wenig später endet die Fahrt und sie gehen weiter. Etwas weiter unten kommen sie in ein Dorf mit Bauern und Fischern. Hier fragt einer der Bootsbesitzer:

„Ich habe gesehen, dass ihr entlang der Rur lauft. Ich könnte euch ein Stück auf dem Fluss mitnehmen."

Die beiden schauen sich an und dann fahren sie mit. Die Rur fließt hier schneller als sie selber gehen können. Bis Marcodurum konnten sie mitfahren. Dann war leider Ende. Es wäre bis Iuliacum möglich gewesen denn von dort ist es nicht mehr weit. Sie wollten aber bei Tageslicht zuhause ankommen, deshalb mussten sie hier noch einmal übernachten. Am nächsten Tag machten sie sich auf das letzte Teilstück nachhause zur Abtei in Obberbach zu gehen.

An diesem Morgen hatte sich der kleine Karl Martell aufgemacht, seine nähere Umgebung auszukundschaften. Seit dem Die Gefahr gebannt war hatte er mehr Freiheiten erhalten. Von den Schwestern hatte er erfahren, dass es einen kurzen Weg zur „Alten Motte" gibt. Diesen wollte er nun erkunden. Früh war er an diesem Samstag aufgebrochen und er hatte natürlich niemanden etwas davon gesagt wo er hingeht.

So schlenderte er die Natur genießend den mittlerweile gut ausgetretenen Weg entlang. Nach etwa zwei Stunden war er dort angekommen. Kurz vorher konnte er beobachten, wie die Fuhrwerke durch das Hoftor ein und ausfuhren. Als er ein paar spielende Kinder erkannte, machte er sich auf, um diese kennenzulernen.

Er war schon ein paar Mal hier vorbeigekommen, aber noch nie hatte er die Möglichkeit, den Hof selber zu besichtigen. So spielte er dort und die Kinder nahmen den neuen Spielkameraden an. Selbst den Bewohnern war nicht aufgefallen, dass ein Kind mehr da war.

Auch Edward und Alec waren in Marcodurum losgegangen und ihr nächstes Ziel am frühen Mittag war die Holzburg vor der Furt von Iuliacum. Sie überlegten und redeten davon, wie das Leben so ist. Dann sagt Edward zu Alec.
„Ist es nicht traurig, wie das Leben verrinnt. Kaum hat man es in den Händen, schon ist es weg."
Alec antwortet:
„Man muss mit dem Leben etwas anfangen. Manch einer macht etwas daraus, während andere es immer wieder aufschieben. So wundern sich manche, dass es plötzlich zu Ende ist."
Sie denken so eine Weile über das Leben nach und was es mit einem macht oder was einer mit seinem Leben macht und Alec sagt:
„Ist das nicht ein Spruch des Philosophen Seneca?"
Edward antwortet:
„Er war Römer im ersten Jahrhundert. Er hatte doch etwas über das Leben gesagt. War das nicht „Dum differtur" in Latein?"
Alec ergänzt dann:
„Es endet dann mit, „vita transcurrit". Man sollte sein Leben selber in die Hand nehmen und nicht auf was oder etwas warten."
Edward ergänzt:
„Jeder wünscht sich ein selbstgestaltetes Leben, lebt aber das Leben anderer, bestimmt, gesteuert und getrieben von anderen."
Das waren so die Gespräche, die sie, ohne dass sie es merkten, immer näher zur Alten Motte brachte. Ein Teil des Weges führte sie am Flussufer der Rur entlang. Es war ruhig, denn nicht viele kamen ihnen entgegen oder überholten sie.

Bei den Schwestern In Engelsdorf herrschte rege Aufregung. Alle suchten den verschwundenen Karl Martell. Die Priorin Anna befürchtete schon das Schlimmste. Sie hatte schon einen der Knechte losgeschickt, um einen der verantwortlichen Mönche der Abtei zu holen.
Es muss kurz nach dem Essen im Refektorium gewesen sein, als Lukas und Albert sich aufs Pferd schwangen, um zum Dorf zu reiten. In der Abtei selber hatte man den Jungen weder gesehen noch gefunden.

Auch Karl und Martel waren nun unterwegs, um nach dem Jungen zu suchen. Die ganze Baustelle lag nun brach, aufgeregt hielten alle Ausschau. Wilhelm war aufgebrochen, um beim Schmied in Iuliacum zu suchen, wo der Junge oft mit Interesse zugesehen hatte.

Im Gespräch mit den anderen Kindern erfuhr Anna, dass Karl Martell zur Alten Motte gegangen ist. Von den Kindern hatte aber keiner Lust gehabt und so war er alleine losgezogen. Lukas und Albert machten sich auf, ihn dort zu suchen.

In Divodurum

In den vergangenen Tagen hatte Plektrudis es geschafft. Sie hatte den jungen Adligen aus Burgund zu ihrem Liebhaber gemacht. Heute war der junge Gottfried Matthias dran, ihren Verführungskünsten zu erliegen. Gegen eine so zielstrebige reife Frau hatte er wenig Möglichkeiten, auszuweichen. Dazu kam noch, dass sie die Befehlsgewalt hat. So entwickelte sich ein verhängnisvolles Abhängigkeitsverhältnis.

Es war schon nach der Mittagszeit und sie hatte die Therme einheizen lassen. Sie ließ den jungen Burgunder kommen. Wie die letzten Male ließ sie sich helfen, ihre Kleidung abzulegen. Artig half er ihr. Sie konnte sehen wie er vor Erregung zitterte. Dann stieg sie ins Bad und befahl ihm, ihr zu folgen. Ob widerwillig oder nicht, er musste folgen. So ergriff sie die Gelegenheit und sie führte ihn in die Kunst der körperlichen Liebe ein. Erschöpft sank er nieder und schief ein. So verbrachten sie den Tag und die folgende Nacht.

Sie hatte es geschafft. Das ging so weit, dass sie fast täglich einen Ausritt machte und anschließend in der Therme ihr Ritual vollzog. Sie hatte ihn als Schutz beim Hauptmann der Wachen angefordert. Später sollte er ihre Eskorte führen. Somit hätte sie die Fäden allzeit in der Hand. Ob Gottfried Matthias sich dem bewusst war, sollte ihr egal sein. Noch hatte sie nicht raus, wie weit er sich für sie einsetzen und gehen würde. Aber sie gab sich alle Mühe, ihn weiter in ihr Netz wie eine Spinne hineinzuziehen.

An der Rur

Kurz nach der Mittagszeit konnten sie von weitem die Alte Motte im Sonnenlicht liegen sehen. Hier sahen sie fleißig arbeitende Leute, die mit dem

Herrichten und Ausbessern des Hofes beschäftigt waren. Es war ja höchste Zeit, denn das Jahr ging zu Ende und alles musste für den kalten langen Winter bereitet sein.

Als sie sich näherten, rannte eines der Kinder schnurstracks auf sie zu. Es war Karl Martell, der die beiden erkannt hatte und von weitem rief er ihre Namen.

Sie hatten ein gutes Gefühl, wieder zu Hause zu sein. Nun ging der Weg mit dem Knaben in Richtung Furt. Diese würden sie rechts liegen lassen und so zur Abtei gelangen. Unterwegs erzählte ihnen der kleine Junge alles was er erlebt hatte. Von seiner Reise zur Insel und dem Marsch zur Abtei mit dem Vater Abt. Er war so aufgeregt über das Wiedersehen, dass er den ganzen Weg über alles erzählte, was es Neues hier bei den Brüdern und Schwestern zu erfahren gibt.

In der Motte hatten sie von den dort spielenden Kindern den Hinweis erhalten, dass Karl Martell mit zwei Mönchen schon zur Abtei gegangen war. Etwa auf dem halben Weg erreichten Lukas und Albert den Ausreißer und die beiden Mönche.

Man war erleichtert, Karl Martell gefunden zu haben. Man freute sich auch, Alec mit Edward wieder daheim zu wissen. Albert galoppierte direkt zur Abtei, um zu melden, dass sie den Ausreißer gefunden hatten.

Für Karl Martell war die Aufregung völlig unverständlich.

Über diese Dramatik hatte man ganz die Rückkehr der Mönche vergessen. Der Glockenschlag rief zur späten Gebetsstunde und verhinderte so eine Aussprache. Als nächstes folgte ein Mahl im Refektorium. Morgen will man über alles sprechen, was die Beiden zu erzählen haben.

An diesem Tag kündigte sich in Divodurum die Rückkehr von Pippin an. Sicher würde auch die Mutter des jungen Karl Martell dabei sein.

Heute übernimmt Abt Patric einen Teil der Ausbildung der Novizen und Waisenkinder. Er will ihnen die Gepflogenheiten des Kirchenjahres erklären und zu ihrem Verständnis die Regeln im Kloster näherbringen. So sagte er, dass sie viele Fastentage haben und diese zum Beispiel freitags mit dem Essen von Fisch begehen.

Dann fragt Karl Martell:

„Warum betet ihr denn ständig? Ihr könnt ja gar nicht arbeiten."

Dann sagt Patric:

„Wir beten die Virgil, Laudes, Terz, Non, Vesper und Komplett. Das sind die täglichen Gebete in der Woche. Dieses machen wir Mönche zum Wohlgefallen unseres Gottes. Sonntags oder an hohen Festtagen ist es anders, da feiern wir eine öffentliche Gebetstunde eine Messe mit dem Abendmahl zum Gedenken an das Opfer unseres Herrn."

Patric hält inne und dann sagt er:

„Einst wurde Jesus spät in der Nacht gefangen genommen. Deshalb halten wir eine Nachwache ab."

Er redete noch viel über Gebete und Gebetsstunden. Das alles muss ein Novize wissen und tun, um Mönch zu werden erklärte er den Kindern.

Für Karl Martell kam das nicht in Frage, dachte er doch an ein schönes aber auch spannendes Leben am Hof in Divodurum.

Am sechsten Tag des Monats hatte Patric und Evermarus die beiden Mönche Alec und Edward in den Kapitelsaal beordert. Alle Fakten lagen nun auf dem Tisch und es sollte der weitere Ablauf geklärt werden. Das Wichtigste war der Brief des zukünftigen Bischofs Basinus. Er wird der neue geistliche Herrscher von Augusta Treverorum. Ihm und Numerianus werden sie das Original des Te Deum zurückgeben. Patric wollte dies mit einem Treffen von Chalpaida verbinden. Dann könnte auch Karl Martell mitgehen und ihr dann nachhause, das heißt nach Divodurum, folgen. Bis dahin muss er aber noch fleißig lernen.

Nun fragt Evermarus:

„Wann ist denn nun das vierzeilige Loblied entstanden?"

Alec schaut Edward an und forderte diesen auf, das was sie mühsam erfahren haben darzulegen:

„Es hängt alles an der Trinität!"

So beginnt er:

„Sie ist erst nach 400 fest verabschiedet beziehungsweise mit der Mehrheit der Bischöfe abgesegnet worden. Vorher wurden die Tendenzen untereinander ausgelotet. Die Vorstellungen waren sehr unterschiedlich, aber das wussten wir ja schon von den Aufschriften, die wir schon gelesen hatten."

Patric sagt dann zusammenfassend:

„Also kann die zweizeilige Version durchaus 200 Jahre älter sein. Die mit den vier Strophen ist ziemlich sicher im vierten Jahrhundert entstanden, nach der Verabschiedung des Wortlautes für die „Trinität" auf den Konzilen."

Sie halten inne und Evermarus sagt:

„Wir sollten das ruhen lassen, daran können wir nichts ändern. Lasst uns

lieber noch einmal die Reisen um den Jakobus des Älteren studieren."
Sie stimmen dem zu und Patric sagt:
„Jetzt kommt der Winter und da sollten wir unsere Kräfte sammeln. Erst Ende März werden wir uns Gedanken um die Überbringung des „Te Deum" machen."
Damit hatten sie alles besprochen und die restliche Zeit bis zur Gebetsstunde nutzten sie, um in den Klausurgarten zu gehen.

Divodurum

Für Plektrudis war es eine Überraschung, ihre Rivalin war nicht mitgekommen. So galt ihr Hauptaugenmerk nun Pippin. Ihren Liebhaber musste sie vor ihm geheim halten. Dafür war Pippin als Hausmeier mit anderen Dingen beschäftigt, seine Macht und sein Reich betreffend. So konnte er nur zwei Tage mit seiner Frau verbringen. In diesen zwei Tagen gab Plektrudis alles um ihrem Mann im Bett den Ärger vergessen zu machen. Sie nutzte diese Zeit um ihn mit ihrer Lust die Nächte so wollüstig zu gestalten wie es einer zielstrebigen und ehrgeizigen Frau eines Herrschers nur möglich war.
Danach war er nach Lutetia, der Hauptstadt des Frankenreichs aufgebrochen. Dort wollte er den neuen König Childebert treffen. Er war der neue Herrscher im fränkischen Reich und hatte geladen. Chalpaida hatte für Pippin bereits den Platz bereitet, so dass er in der Gunst des Königs hoch angesehen war. In den Augen von Plektrudis ein weiterer Grund aktiv zu bleiben und gegen Chalpaida zu arbeiten.
Als der Hausmeier nach Lutetia abgereist war, konnte sie ihr Spiel weitertreiben. Sie verführte ihn mit all ihren üppigen Reizen. So spürte ihr junger Liebhaber, dass er nun zum Mann herangereift ist.
Gottfried wurde langsam leichtsinnig. Er hatte wohl gedacht, er könne in den herrschenden Bereich aufrücken. So erhielt er prompt einen Auftrag von Plektrudis, der ihn ein paar Tage in die winterliche Landschaft versetzte. So sollte sich sein Übermut und die Gier nach ihrem Körper etwas abkühlen. Sie wollte das er weiter gefügig bleibt. Sie dagegen hatte keine Langeweile und verfügte einen nach den anderen in ihr Bett. Es schien fast so als wäre ihre Gier nach körperlicher Liebe durch den jungen Kerl erst so richtig erwacht.
Für Gottfried Matthias hatte sie sich etwas Besonderes ausgedacht, damit er ihr nicht mehr entkommen konnte und treu in ihrem Bett blieb.

Schuldgefühle hatte sie in ihn ausgelöst.

Sie hatte ihm eingeredet und angedeutet, dass er an ihrer Lage die Haupt-schuld trägt und so sein Kopf recht locker sitzt. So hatte sie die Situation umgekehrt nicht sie hätte ihn verführt, sondern er wäre der aktive und die treibende Kraft für diese Liebschaft. Das stimmte aber nur bedingt. Nach dem sie ihn abhängig gemacht hatte, war er süchtig nach ihrem Körper der machtsüchtigen gierigen Frau. Jedoch von einer derartigen Kälte, be-sonders von einer Frau, war er überrascht. Es gab für ihn jedoch kein vor oder zurück, wollte er überleben.

Zwischen Rhenus und der Abtei zur Aue

Eine Woche später, es war der Dreizehnte, erreichte ein Schiff mit Kapitän Percy MacCarthy den Hafen von Novaesium. Mit an Bord waren zwei Schwestern aus dem Konvent des Königreich Munster. Sie waren geschickt worden, den Brüdern und Schwestern wichtige Dinge von den Abteien zu bringen.

Sie waren recht spät eingelaufen und das Entladen konnte erst bei einbrechender Dunkelheit vorgenommen werden. Bruder Johannes hatte für die beiden Schwestern nur ein Zimmer bereitstellen können. So müssen Helen und Victoria in einem Raum übernachten. Beide hatten auch schon in der Abtei der Priory das Zimmer miteinander geteilt. Unter Nonnen ist das ein ganz normaler Vorgang. Manche Klöster haben nur Gemeinschaftsräume.

Percy MacCarthy hatte ihnen versprochen, ihr Gepäck bevorzugt auf Fuhrwerke zu verladen. Dieses würde dann mit ihnen am nächsten Morgen zur Abtei fahren. So einen Dienst sind sie auf der Insel nicht gewohnt. Dort müssen sie fast immer laufen und ihre Habe auf Reisen selber tragen. Sie hatten die Nachtwache schon hinter sich gebracht und nun warten sie auf ihre Kisten. Diese hatten sie seefähig in Corcaigh verpackt und konnten aufgrund des Konvents mit dem Handelsposten bevorzugt mitreisen.

In der Abtei zur Aue machte man sich für das bevorstehende Fest bereit. Es ist das Erste, dass die Brüder und Schwestern von der Insel hier begehen werden. Auch die Kinder hier würden das zum ersten Mal erleben. In den letzten Tagen waren deshalb in den Gebetsstunden und in der Zeit im Refektorium Texte zur Festvorbereitung und zur Geschichte verlesen worden.

So fieberten alle dem Ereignis entgegen. Die Abtei hatte auch Einladungen verschickt, um in diesem Rahmen die neue Klausur öffentlich einzuweihen. Zum Fest sind Ehrengäste geladen. Auch die Familien und Angehörigen des Viehwirts der Alten Motte hatten eine Einladung erhalten. Sie sind einfache und demütige Leute. Diese waren der Abtei dankbar, dort weiterhin wohnen zu dürfen und damit auch ihren sicheren

Lebensunterhalt bestreiten zu können.

Die Priorin Anna hatte sich etwas Besonderes einfallen lassen. Unter den Kindern hatte sie die Rollen verteilt und so soll die heilige Familie und die damit verbundene Geschichte dargestellt werden. Dazu hatten sie sich von der Alten Motte einen Esel ausgeliehen. Damit alles auch authentisch nach der beschriebenen Geschichte ist, hat Anna dem Bruder Joseph ihre Wünsche über die hier funktionierende Nachrichtenstation zukommen lassen.

Darin ist zu lesen:

„Wir brauchen in zehn Tagen einen Stall mit Stroh und Heu, einen Korb und ein paar Schafe. Einen Esel bringen wir selber mit und wir ziehen etwa gegen acht abends mit Lichtern von unserem Dorf zu euch in die Abtei ein. Es könnte ruhig etwas geschmückt und beleuchtet sein. Ein Lagerfeuer für unsere Hirten wäre nett."

Eine Antwort hatte sie am nächsten Tag in der Hand und alles hatte er zugesagt. Er würde auch ein paar Bänke, Zelte rund um den Stall aufstellen, damit können auch ältere und gebrechliche Zuschauer die Geschichte verfolgen und das schöne Krippenspiel betrachten. Für alles war rundum gesorgt und es sollte an nichts fehlen.

Auf die Idee des Spiels mit der Geburt des Messias hatte Britannia die Priorin gebracht.

Die Kinder und Jugendlichen wollten immer wieder die schöne Geschichte erzählt bekommen.

„Wir werden sie von den Kindern nachspielen lassen," dachte sie: „Damit sind sie auch sinnvoll beschäftigt."

Die Hirten würden nicht vom Engelsdorf kommen. Damit hatte man die Kinder von der Motte betraut. Die Geschichte hatten sie dann gemeinsam geschrieben und die Rollen waren schnell verteilt. Es war mehr Handlung als Text.

Die Fürstin Plektrudis hatte sich wieder beruhigt und sehnte sich nun nach ihrem neuem Spielzeug Gottfried Matthias. Sie hatte ihn wieder dazu gebracht, dass er ihr wieder jeden Wunsch erfüllen würde. So genießt sie in der Therme die romantischen Stunden. Sie war nun gierig und sie gönnte ihm keine Ruhe. Mehrmals am Tag musste er nun ihr zu Diensten sein. Sogar auf den täglichen Ausritten kannte sie keine Zurückhaltung. So nutzte sie jede Gelegenheit um ihren jungen Liebhaber körperlich nahe zu sein.

Das Verhältnis und die Abhängigkeit von Gottfried ging nun soweit, dass man in Divodurum längst heimlich über das Treiben der untreuen Fürstin tuschelte.

In der Abtei zur Aue waren Victoria und Hellen mit dem Fuhrwerk angekommen und überraschten so die Gemeinschaft um Patric. Der Grund für ihr Kommen wurde schnell klar. Sie überbrachten den restlichen Lohn für die Abtei. Der größte Teil des Lohns wurde eh stets in Ware bezahlt. So brachten sie auch diesmal wertvolles Pergament, Matzen und Dinge zur Herstellung von Schriften mit. Doch diesmal sollte es etwas anders sein. Sie hatten ein besonderes Geschenk für ihren Freund Patric dabei. Einen Abtsstab den Roland und Martin mit viel Liebe und Geschick entworfen und angefertigt hatten.

Nach dem Empfangsgebet bittet die Priorin Victoria um ein Gespräch mit dem Abt Patric. Er freute sich über das Zusammentreffen und die Möglichkeit, sich auszutauschen. Es folgte ein karges Essen im Refektorium und sie äußert den Wunsch mit ihm ins Dorf ihrer Schwestern zu gehen. Diesen konnte Patric ihr nicht verweigern und langsam gehen sie erst schweigend nebeneinander. Schließlich eröffnet Victoria das Gespräch.

„Denkst du noch an die Tage in der Abtei im Klausurgarten auf der Bank unter dem Lindenbaum?"

Er atmete schwer durch, erinnerte es ihn doch an sein ärgstes Vergehen: „Ja! Unsere Bank im Klausurgarten!"

Dann sagt sie:

„Du brauchst nicht schwer zu atmen! Ich habe dir damals vergeben und dazu stehe ich auch! Sonst wäre es doch nicht ..."

Sie hält inne und bemerkt, dass sie beinahe etwas Falsches hätte sagen können und lenkt das Thema in eine andere Richtung.

„Hätte es kein Gelübde gegeben, dann wären wir heute nicht im Kloster und getrennt!"

Dann sagt sie weiter:

„Ich hätte dich geheiratet! Nun ist meine Liebe an zwei gerichtet. Dem Herrn im Himmel und zu dir hier in der Abtei! Aber ich weiß, was wir nun dürfen und was nicht!"

Dann fügt er hinzu:

„Hätte man bei den Synoden und Konzilen nicht so beschlossen, dann könnten wir verheiratet sein. Wir hätten dann zusammen eine Kirchengemeinde oder auch ein Kloster führen können. Weit weg von hier! Denn Paulus hat schon geschrieben, jeder Bischof sei der Mann einer Frau."

Sie antwortet:

„Dann hatten mich damals meine Gefühle in der Nacht nicht getäuscht und nun bin ich erleichtert."

Er antwortet:

„Nein deine Gefühle haben dich nicht getäuscht. Wäre damals die Tür nicht zugeschlagen, dann wären meine Gefühle wohl offenbart worden."

Das war ein Gespräch in der Abgeschiedenheit von der Gemeinschaft unter zwei Vertrauten, die sich sehr nahe sind und lieben. Dann sagt sie erwartungsvoll:

„Ich habe dir noch etwas mitgebracht!"

Sie tat sehr geheimnisvoll und er war ganz angespannt:

„Was hast du mir mitgebracht?"

Sie antwortet:

„Ich habe mir die Reise von Jakobus noch einmal genau durchgelesen. Danach hat Helen sie auch nochmals studiert."

Dann spricht er:

„So etwas Ähnliches hatte auch Evermarus gesagt. Wir sollen uns die Briefe zum Apostel Jakobus noch einmal vornehmen und studieren."

Er hörte aufmerksam zu und sie sagt:

„Du musst noch einmal aufbrechen! Es gibt dies wirklich! Du musst es finden! Du bist der Einzige, den ich kenne, der das kann."

Er fragt:

„Was muss ich finden?"

Sie zögert und dann sagt sie:

„Das Grab! Sein Grab! Helen wird dir die Abschrift geben und darin steht alles!"

Sie konnte nicht weitersprechen, denn sie sind im Dorf angekommen. Karl Martell hatte ihn schon entdeckt und war auf ihn zu gerannt! Heftig ihn anrennend wie immer begrüßte er Patric. Dieser stellte den Jungen seiner Begleiterin vor:

„Das ist Karl Martell der Sohn von Pippin und Chalpaida."

Dann stellte er sie vor:

„Das ist die Priorin Victoria! Von ihr hab ich dir schon erzählt."

Der Junge schaute die Nonne an und sagt dann bewundernd:

„Das ist die Priorin vom Konvent in Corcaigh. Sie ist ja viel jünger als Priorin Anna!"

Sie lächelte ihm zu und naiv wie der Junge war:

„Sie ist die hübscheste Schwester, die ich je gesehen habe. So jung kann man doch nicht Priorin werden! Kann sie Wunder vollbringen?"

Patric dachte sich, das ist er wieder, ein typischer Karl Martell. Direkt und ohne Umschweife. Noch bevor er etwas sagen konnte, spricht Victoria zu Karl Martell:

„Nein, ich kann keine Wunder wirken!

Leider nicht! Aber es ist lieb von dir, dass du mir welche zutraust!"

Der Knabe fühlte sich von diesen Worten angesprochen und zu Victoria hingezogen. Karl gab beiden die Hand und wie eine kleine Familie gehen sie weiter und Patric sagt:

„Sie kann noch keine Wunder wirken!

Aber sie ist die Vertraute der Königin von Munster. Von der Königin und dem König habe ich dir auch erzählt!"

Karl Martell antwortet:

„Ja, davon hast du erzählt! Victoria kann sehr schön malen und schreiben. Sie hat doch die Königin Anne gemalt."

Patric sagt zustimmend:

„Ja, genau das hat sie!"

Zu Victoria gewandt sagt er:

„Da hörst du, wie viel ich schon von dir erzählt habe."

Damit endete das Gespräch und der Junge rennt Anna entgegen. Anna von Tessier war nun nähergekommen und sie umarmt Victoria ihre frühere Mitschwester aus dem Mainistir. Beide hatten sich seit der Abfahrt in Corcaigh nicht mehr gesehen. Patric ließ die beiden Schwestern allein. Diese hatten viel miteinander zu erzählen. Bevor sie wieder auseinander gingen, bietet die Priorin Anna ihr an, die Tage hier zu übernachten. Eine Antwort könne sie über die Station in der Abtei schicken. Der aufmerksame Junge schnappte diesen Gesprächsfetzen auf und rief:

„Ich komme morgen die Briefe holen."

Dann mussten Patric und Victoria zurück. Diesmal nahm ein Fuhrwerk sie mit und so saßen sie schweigend nebeneinander.

Die erste Frage, die Helen stellte war:

„Hast du es ihm gesagt?"

Victoria erwiderte ihr:

„Nein, habe ich nicht! Ich habe ihm nur das gesagt was wir besprochen haben. Du kannst ihm die Abschrift geben. Das weitere Geheimnis konnte ich nicht preisgeben!"

Kurze Zeit später erhält er die als Büchlein zusammengestellte Abschrift der Reise des Jakobus. Als er dieses aufschlägt, sieht er die Widmung auf der Innenseite:

„Mögest du das gesuchte Grab von Jakobus finden! Deine Schwestern

von deinem Konvent!"
Dann spricht Helen:
„Wie Victoria angedeutet hat, sind wir überzeugt, dass es ein Grab des Jakobus im Westen des Kontinents gibt. Es muss sich in der ehemaligen römischen Provinz Tarraconensis befinden.
Heute ist das Gebiet im Besitz der Westgoten und der König ist Flavius Egica. Er ist für den christlichen Glauben offen. Die meisten Goten sind schon lange Christen, da sie einst aus dem Osten um Konstantinopel gekommen sind."
Das alles kam nun so plötzlich für Patric. Er hatte zwar schon in Treverorum drüber nachgedacht. Nun musste er sich mit dem neuen Hinweis erneut beschäftigen. Deshalb bittet er:
„Ich benötige etwas Zeit, um mich damit zu beschäftigen. Ich werde eine Aussprache im Kapitelsaal für nötig halten."
Das konnten die beiden Schwestern verstehen und sie gewährten ihm auch die Zeit zum Nachdenken. Patric zog sich wenig später zurück und fand einen Platz im Klausurgarten auf einer Bank. Für ihn ist in der Abtei der Ort, den er schon in der Priory geliebt hatte. Hier konnte er die Zeit nutzen bis zum nächsten Gebet. Für sich bittet er inständig um Hilfe. Irgendjemand muss ihm ein Zeichen geben und helfen, die Entscheidung zu treffen.

In Lutetia machte ein Gerücht die Runde. Man tuschelte in den königlichen Kreisen, das Plektrudis eine Liebschaft hätte. Es soll sich dabei um einen jungen adligen aus Burgund handeln. Dieser wäre auch im Dienst des Hausmeiers Pippin. Es war eben eines dieser Gerüchte, wie sie alle ein paar Wochen in den königlichen Kreisen auftreten. Für Pippin war das kein Anlass, seine wichtigen Aufgaben hier zu verlassen.
Für Chalpaida war das aber kein Grund argwöhnisch zu werden. Sie war mit der Liebe zu ihrem Mann Pippin beschäftigt. Beide nutzen hier die Zeit sich in den Nächten wieder so nahe zu kommen, wie es vor der Geburt ihres Sohnes war. So verging hier kein Tag in Lutetia ohne das Pippin und Chalpaida ihre Leidenschaft genießen konnten.

In Divodurum hatte Plektrudis die Fäden in der Hand. Niemand hinderte sie daran sich um den jungen Liebhaber zu kümmern. Die Tage, die er wegen eines unsinnigen Auftrages in der winterlichen Landschaft verbracht hat, hatten seinen Übermut abgekühlt.
Nun konnte er sich wieder der Leidenschaft mit der Fürstin widmen. So

fügte er sich wie am Anfang in sein Schicksal. Nur mit ein paar Erfahrungen mehr. So half er ihr wieder beim Auskleiden und folgte ihr in das warme Wasser der Therme. Damit er nun nicht wieder übermütig wird, versprach sie ihm einen besseren Dienst mit der Möglichkeit, schnell aufzusteigen. Was sie ihm nicht sagte, dass ein junger Mann unter zwanzig kaum eine Gelegenheit dazu bekam. So hielt sie ihn hin und er erfüllte ihr alle Wünsche.

Täglich lagen sie sich in den Armen und hatten die Welt um sich herum vergessen. Jede Nacht die sie mit einander verbringen waren von der Gier nach körperlicher Liebe gezeichnet. So hatte die mehr als zwölf Jahre ältere Fürstin sprichwörtlich alles in der Hand. Er der junge aufstrebende Adlige und sie die stolze Fürstin mit ihrer errungenen Trophäe. So verging ein Tag nach dem anderen und es schien ein unendliches Glück für den jungen Burgunder zu sein.

In der Abtei zur Aue

An diesem Tag nach einem Mahl im Refektorium hatte Patric zu einer Aussprache aufgerufen. Er hatte seine Brüder und die von der Insel angereisten Schwestern Victoria und Helen in den Kapitelsaal geladen. Mit Evermarus hatte er vorher gesprochen und dieser hatte ihm gesagt, man muss das Grab finden und für die öffentliche Verehrung freigeben. Das war die Basis, über die sie nun entscheiden sollten. Helen legte nochmals alles dar und Victoria bestätigt dies und sagt:

„Ein solches Grab darf nicht verborgen bleiben. So etwas wird man nie wieder finden."

Dann erzählt Edward von seinem Erlebnis und kommt mit der Bemerkung auf den Punkt.

„Wir, das heißt Alec und ich, wurden auf einem Hügel südlich der Hengebach Motte von einer geheimnisvollen Frau angesprochen. Sie hat uns aufgefordert, dass wir einen langen, sehr langen Weg gehen müssen. Sicher meinte der Engel damit das Grab. So wie ich nun höre ist es wirklich ein langer Weg."

„Ja, so ist es gewesen," bestätigt Alec.

Nach einer längeren Unterredung beschließt die Gemeinschaft das Grab des Jakobus zu suchen. So planen sie nach dem Winter im nächsten Frühjahr aufzubrechen. Dabei kommt ihnen der Gedanke zuerst, das heißt auf dem Weg nach Augusta Treverorum, das Original des Lobliedes nach

zum Bischof zu bringen. Von dort würde man dann weiter in den Süden
aufbrechen.

Damit war die Aufgabe nun zur Verpflichtung geworden. Zu entscheiden,
wer nun mitgehen soll, dafür hatten sie noch reichlich Zeit. Erst gilt es
einige Briefe auf den Weg zu bringen um das Vorhaben kundzutun. Ein
erster Brief wurde an Numerianus geschrieben weiter sollten an ihnen bekannte Bischöfe weiter im Süden versandt werden. So glaubte man sicher
zu sein und entlang des Weges eine Herberge zu finden.

Bei den Schwestern in Engelsdorf

Die Geschichte für das Fest der Geburt Christi nahm langsam Gestalt an.
Britannia hatte den Kindern schon die ersten Kleider vorgestellt. So hatte
sie ein Gewand für Maria, Josef und einige für die Hirten geschneidert.
Auch der Kleinste von ihnen hatte eine Aufgabe bekommen, die des Je-
suskindes. Für ihn musste sie aber ein neues Gewand nähen, denn das
genähte war zu klein. Durch die vielen Aufgaben vergehen die Tage viel
schneller vorbei als sich dies Britannia wünschte.

Seit mehr als einer Woche übten die Kinder jeden Tag und die Schwestern
überlegen mit den Kindern, wie sie die Geschichte am besten erzählen
und darstellen können. Schließlich hatte Britannia, die verantwortlich für
die Aufführung ist, ein großes Problem. Jedes Kind sollte mitmachen können. So auch diejenigen die deutlich jünger als Karl Martell waren. Hirten
hatten sie von der Alten Motte schon viele. So erfand die Schwester
schnell noch ein paar Engel.

Diese mussten dann ein himmlisches Lied lernen. Diesen Teil hatte sie an
Friedrich weitergegeben. Er wusste erst einmal nicht, was er denn mit den
Engeln singen sollte. Auch durfte der Text nicht so schwierig sein. Zum
Lernen waren ja nun nur noch sechs Tage bis zum Fest.

Friedrich überlegt hin und her, was für ein Lied passen könnte. Es soll
nicht allzu schwierig für die kleinen Kinder sein und da fallen lateinische
Lieder heraus. Er grübelte eine Zeitlang und endlich hat er eine Idee. In
Absprache mit Britannia schlägt er vor, mit ihr einen Wechsel zu gestalten. Sie wird den Text vorgelesen und dieser wird untermalt vom Gesang
der Engel. Ist ihr Text zu Ende, dann sollen alle singen. Der Text der ihm
für den Gesang eingefallen ist besteht nur aus zwei Worten. Einmal Halleluja und im Wechsel dazu Kyrie.

Halleluja ist die Übersetzung des Hebräischen und ein Freudengesang in der jüdisch-christlichen Tradition und Aufruf zum Lobe Gottes, dem Namen des Allerhöchsten. Das passt doch, und darüber waren die zwei sich schnell einig.

Kyrie oder das griechische Kyrios bedeutet „Herr" und ist ein Huldigungsruf. Auch gut meinten alle Schwestern.

Das sollten doch die Kinder unter seiner Anleitung in den wenigen Tagen schaffen. Wenn das dann zweimal gesungen wird, dann singt die Gemeinde schon mit. So hatten sie es beschlossen.

In der Klausur der Abtei zur Aue

In seiner Kammer hat Abt Patric sich an seinen Schreibtisch gesetzt und hat ein paar Briefe verfasst. So hatte er an seinen Freund den Bischof Numerianus, an Bruder Disibod und nach Divodurum an Chlodulf, der dort seit Jahren Bischof ist, geschrieben. In dem Brief kündigte er sein Kommen im nächsten Jahr an. Weitere konnte er nicht schreiben da ihm das Planen weiterer Ziele nicht möglich ist. Ohne dieses Wissen konnte er auch nicht sagen wo und wann er eintreffen und wohin er weitergehen müsste. Auch wollte er den Grund seiner Reise nicht kundtun. Es sollte so lange wie möglich ein Geheimnis bleiben.

So grübelt er an seinem Tisch und überlegt, ob er überhaupt und wann er das gesuchte findet. Er erinnert sich an einen Rat seines Vaters und vielleicht darf er nicht daran zweifeln es zu schaffen. Dann fällt ihm ein, dass man ihm vorausgesagt hat das Grab des Jakobus zu finden.

Schließlich denkt er an die Zeit in der Priory.

Dort bei der Suche, nach ihrem christlichen Ursprung in ihrem Kloster folgten sie immer neuen Zeichen, die sich nach und nach auftaten. So wollte er es auch diesmal machen mit der Bitte an seinen Gott, ihn nicht verzagen zu lassen.

Eines hatte er dem Bischof aus Divodurum im Brief schon geschrieben, er soll das Kommen am Herrschaftssitz bekannt geben. Was er in diesem Moment noch nicht wusste, dass der Bischof gegenüber Fremden sehr abweisend eingestellt und immer auf seinen Vorteil bedacht ist.

In Neustrien

Die Gerüchte hielten sich hartnäckig und mit jedem Tag wurden die Geschichten immer verworrener und ausschweifender. Doch in Lutetia ist die zweite Frau von Pippin verliebt und widmet sich ihrem Mann. So hatte sie keinen Sinn und auch keine Lust hier ihre Leidenschaft aufzugeben. Sie wünschte sich sehnlichst noch eine Tochter. Jedoch schien sich dieses Glück nicht einzustellen.

Immer wieder wurden sie von den Aufgaben des Hausmeiers unterbrochen und reisten in Neustrien umher. So verträumt konnten sie ihr Glück zu zweit genießen. Jeden Morgen wachte Pippin glücklich verliebt in den Armen seiner Frau auf. Doch seine Geliebte wurde immer argwöhnisch angesehen und ihre Bediensteten tuschelten, wenn sie sich unbeobachtet von Chalpaida fühlten.

In der Abtei war man immer noch beschäftigt mit den Vorbereitungen für das in fünf Tagen stattfindende Fest. Auch die Gäste Helen und Victoria hatten beschlossen, die Tage zu bleiben.

Vom Hafen hatten sie erfahren, dass das Wetter in der germanischen See schlecht war. Einen Versuch, überzusetzen, hatte Kapitän Winterbottom deshalb abgebrochen. Aus seiner Sicht als erfahrener Seemann war das einfach zu gefährlich.

Seine Ziegelsteinladung hatte er dann auf der Rhenus Insel abgeladen und so wartete er nun auf eine neue Beladung in Novaesium und besseres Wetter. Er hatte sogar so viel Zeit, dass er sich einen Ritt zur Abtei an der Rur erlaubt hatte. Den Rest auf dem Schiff würden seine Leute schon meistern. Außerdem hatte er der Besatzung einen geregelten Landgang erlaubt, natürlich unter bestimmten Bedingungen, was die Sicherheit des Schiffes betraf. Ein Privileg das sie schätzten, aber sich nicht trauten auszunutzten. Sie wussten, die Härte des Kapitäns sollte man nicht herausfordern. Meist aber ist Kapitän David ein fairer Seemann.

Das Kloster in der Aue war um diese Jahreszeit recht leer. In der Landwirtschaft wurde nur noch das Vieh versorgt, die Äcker und Felder ruhten. Viele waren für mehrere Wochen zu ihren Familien gegangen. In der kalten Jahreszeit war die Bautätigkeit auch stark reduziert, wenn nicht gar eingestellt. Die Reparaturen waren fast alle erledigt. So blieben unter den Handwerkern nur diejenigen ohne Familie hier. Das ist auch die Zeit, in der die Besucher zu den Gebetszeiten immer zahlreich sind.

Für Jode und Joseph war es auch ruhiger und sie brauchten nicht hinter den Arbeitern herzulaufen. Sie konnten sich aufs Wesentliche als Mönch besinnen. So hatten auch sie die Möglichkeit, sich in die Gebetszeiten einzubringen und meldeten sich im Skriptorium um Texte vorzulesen. Ihnen war es oft verwehrt, Texte aus den Schriften vorzutragen, denn sie hatten kaum Zeit, sich darauf vorzubereiten. Diese Möglichkeit gab ihnen Evermarus nun, der sich um die Gestaltung der Gebetsstunden in der Klausur kümmert.

Der Abt nutzte die Gelegenheit, sich jetzt als Seelsorger intensiver um seine Brüder zu kümmern. Schließlich war er das Oberhaupt des Klosters und die Bedürfnisse der Mitbewohner, seiner Brüder und Laien-Brüder kamen im Tagesablauf in der Regel zu kurz. Jetzt nutzte er die Zeit, sich auch einmal mit den vielen Sorgen und Nöten in seiner Gemeinschaft zu befassen. Seine offenen Gesprächszeiten wurden rege besucht und oft fragt man nach dem Grab des Jakobus. Dieses Thema beschäftigte viele, nachdem sie davon gehört haben.

„Wie wird es weitergehen," denkt Patric: „Ich muss ihnen etwas dazu erzählen."

So nimmt Patric sich vor, zuerst nochmals die Geschichte um die Abtei zu erzählen, den Brief des Jakobus zu verlesen und von den Reisen von Jakobus zu sprechen.

Er nutzte auch die Zeit, seine geliebte Bank aufzusuchen, um einmal in sich hineinzuhorchen.

Während einer seiner Meditationen auf der Bank entdeckte ihn die Priorin Victoria und sie nutzte diese Gelegenheit, bei ihm zu sein. Wie einst, als wäre es gestern gewesen, bittet sie ihn höflich:

„Ist hier noch ein Platz frei?"

Auch diesmal antwortet er:

„Natürlich! Setz dich ruhig her!"

Keiner wusste so richtig, wie man das Gespräch beginnen soll und so sitzen sie eine Weile schweigend beisammen. Manch einer der Brüder konnte die beiden auf der Bank sehen. Sie wirkten wie zwei sehr Vertraute und wäre nicht die Tracht man hätte glauben können ein Liebespaar hätte sich niedergelassen. Dann bricht Patric das Schweigen und sagt zu Victoria:

„Es ist schön, dass ihr hier seid, wie ein Gruß aus der Heimat. Das wird bestimmt das schönste Fest, dass ich je erlebt habe.

Wie wird es weitergehen und wo ich nächstes Jahr um diese Zeit bin, wer weiß das schon außer der Vorsehung. Ich wollte dir schon immer sagen, dir steht das neue Amt im Konvent gut."

Sie antwortet schwermütig und seufzt:

„Danke! Ich bekomme auch volle Unterstützung. Wir wirtschaften gut! Der Zulauf ist auch sehr groß und man mag unsere Dienste. Anne hilft uns, wo sie nur kann. Sie wäre auch gerne mitgekommen, aber ihre neue Aufgabe als Mutter nimmt sie voll in Anspruch."

Er sagt dazu:

„Ja, ich habe das schon gehört, ihr wirtschaftet sehr gut. Das hatten mir schon der Abtbischof und Mary gesagt. Vielen Dank auch nochmals für dein großzügiges Geschenk, was du Mary und Georg mitgegeben hattest. Wie geht es übrigens mit unserem lieben Freund Pater Franz?"

Sie antwortet traurig:

„Er und Bruder Famian gehen auf die achtzig zu und das spürt man. Sie sind nicht mehr so rege wie noch vor deiner Abreise. Bestimmt fehlst du ihnen auch mit deinem Schwung und deinen Ideen. Du hast sie mitgerissen, warst ihnen aber auch Stütze. Der Abtbischof sucht schon für unseren Konvent eine weitere Hilfe als Seelsorger!"

Diesmal musste sie tief durchatmen, das spürte er deutlich.

Er wird das Thema nochmals und zwar bei der wesentlich älteren Helen ansprechen, um mehr zu erfahren. Er spricht:

„Das wird uns allen einmal so ergehen. Aber bis dahin ist noch viel Zeit für ein erfülltes Leben."

So wurden sie aus den Träumen durch den Ruf der Glocke aufgeschreckt. Zusammen eilen sie zum Gebet.

Im Engelsdorf war heute die vorletzte Probe. Alles war vorbereitet und man führte die Geburtsgeschichte auf. Sie zogen aus dem Ort und Josef in Gestalt von Karl Martell führt den Esel n der Leine. Maria, gespielt von einem Mädchen aus dem Dorf, wurde auf dem Esel sitzend etwa eine halbe Meile geführt. Ziel war eine Scheune und hier wartete das Jesuskind in einem Schweinetrog. Da die Probe am hellen Tag stattfand, hatte die Prozession noch keine Kerzen an. Ein Lagerfeuer gab es auch noch nicht. Auf ein Zeichen von der Gestalterin Britannia zog dann der Tross der Hirten in den Ort. Begleitet wurden die Hirten vom Gesang der Engel und im Wechsel sangen sie:

„Hosianna Halleluja und Kyrie Eleison."

Britannia hatte den Kindern erklärt:

„Im Buch der Psalmen steht etwas über Hosianna. Es ist ein Hilferuf und

Jubelruf an Gott. Kyrie eleison bedeutet „Herr, erbarme dich" und „Sanctus" bedeutet „heilig" und kommt aus dem Lateinischen."

So hatte sie es nochmals den nachfragenden Kindern erklärt. Nun zogen sie im Kreis und sie sangen im Wechsel:

„Sanctus, Sanctus Halleluja!"

und

„Hosianna Halleluja und Kyrie Eleison."

Die Texte hatte Friedrich mit Evermarus erweitert! Die Kinder sangen und riefen inbrünstig. Friedrich hatte die Idee für unterwegs ohne Musik einstudiert. Mit dem Heben des linken Arms wurde der Text: „Hosianna Halleluja und Kyrie Eleison."... gesungen. Mit dem Heben des anderen „Sanctus, Sanctus Halleluja!"

So machte es den Kindern sehr viel Spaß und sie waren aufmerksam bei der Sache.

Der Zug erreichte nun den besagten Stall und hier warteten die anderen Engel. Nun sangen alle Engel und auch die vielen anderen Zuschauer mit. Es machte so viel Freude, dass sie gar nicht mehr aufhören konnten. Hier machte Anna dem ein Ende und läutet heftig die kleine Glocke und Friedrich winkte wie verrückt, dass der Chor verstummen sollte. Als Friedrich schon dazwischen schreien wollte, war Ruhe. Alle mussten lachen, selbst Friedrich und die Schwestern. So würde das Läuten im Kloster auch das Ende für den Einzugsgesang des Chors sein.

Nun war die Zeit der Vorsprecherin gekommen und mit lauter Stimme verkündete Britannia die Szenerie. Nach jedem Absatz erfolgte dann der Gesang der Engel. Mit der Zeit dann auch der Hirten und aller anderen. Es hatte richtig gut gekappt und die Freude aller war sehr groß. Sicher würde es so auch in der Abtei gut ankommen.

Zum Abschluss gab es für alle warme Milch und ein süßes Gebäck. Dies war die Belohnung. In der Abtei soll die Verteilung durch die Brüder und Schwestern geschehen.

An diesem Tag erreichte Pippin und Chalpaida die Hauptstadt Lutetia und die Gerüchte hatten sich verdichtet. Die Fürstin hätte sich auch schon aufgemacht um in Divodurum nach dem Rechten zu sehen. Aber eine Einladung um das christliche Fest zu besuchen versagte ihr eine frühe Abreise. So musste sie bleiben um das Fest Christi Geburt hier zu feiern. Der frisch ins Amt gewählte Bischof hatte mit dem König eingeladen die Tage hier zu verbringen und so ist eine Abreise ohne das Königshaus zu verärgern nicht möglich. Es sollte recht kurzweilig werden, denn der Hausmeier konnte sich in diesen Tag seiner Frau Chalpaida hingeben. Fast schien es so als könnte diese Liebe nicht getrübt werden.

In der Abtei waren es nun nur noch zwei Tage bis zum Fest. Alles war gerichtet und unter den Mönchen fand die Aussprache, um die Reise zum Grab des Jakobus, statt. Einige der Laien-Brüder aus der Zeit mit Evermarus zeigten hier Interesse, mitzugehen. Unter den Brüdern von der Insel waren Alec und Edward gefordert. Hatte nicht die Frau vom Hügel über der Hengebach Motte sie zu dieser Reise aufgefordert? Ihnen würde nichts anderes übrigbleiben, als mitzugehen. Edward hatte allen versprochen, dass Joseph jedem einen Stab für die Reise macht. Dafür hatte er schon das richtige Holz im Wald gefunden.
Der Stab sollte verschiedenen Zwecken dienen. Einmal gespannt als Langbogen, als Gehilfe, als Schlagwaffe um sich zu wehren. Damit man unterwegs auch nicht verhungert, sollte man auch damit angeln können. So würde es sich lohnen, diesen mitzuführen. Seit Edward seinen Stab bekommen hatte, war Joseph mit mehreren Exemplaren gescheitert. Meist lag es an der Funktion des Langbogens. Hier hatte er noch gar keine Erfahrung und Exemplare von der Abtei hatten ihm lange ein unlösbares Rätsel aufgegeben. Nun hatte er einen Schlagfertigen geschaffen.
Für Patric waren die Gespräche mit Helen und Victoria eine liebe Erinnerung an die Insel zu Hause. Heute hatten sie vereinbart, dass er zum Dorf der Schwestern aufbrechen soll. Dort wollte er sich noch einmal für das Büchlein bedanken. Es enthält alles, was man zum Auffinden des Grabes benötigte und wusste.
Viele Fragen beschäftigten ihn und doch ist eine die Wichtigste. Wie lange braucht man bis zum Grab?
Hier kann man sich nur an der Schiffsreise orientieren, mehr auch nicht. Keiner kannte die Entfernung bis zum Grab. Die Entfernung über Land war völlig unbekannt.
Sicher könnte man einen der Kapitäne fragen, wie Schneyder oder Winterbottom. Diese können bestimmt eine bessere Auskunft geben. Sie wissen, wie viele Meilen es bis zum Golf von St. Malo ist. Helen schätzt, dass dies die Hälfte der gesamten Strecke sein müsste.
Im Gespräch sagt Helen zu Patric:
„Wir werden entweder von David oder Freddie abgeholt. Einer von den Beiden kommt zur Abtei und dann fahren wir zurück. Ihn könnten wir vorher befragen, wie weit es ist!"
„Werdet ihr denn noch bis nach dem Fest bleiben?"

Victoria meint:

„Eigentlich würden wir schon weg sein. Er sollte ja schon vor Tagen hier sein. Sicher hat ihm die See einen Strich durch die Seereise gemacht. Nun steht das heilige Fest an. wir werden bleiben und dann muss er eben warten, bis wir mitfahren."

Sie schlenderten so durch das Dorf und heute konnten sie das Treiben der Kinder sehen. Mit einem Esel und drei Dutzend Schafen zogen sie singend durch den Ort bis zu einer Scheune. Dann war Ruhe und alle waren darin verschwunden. Es dauerte eine Weile, dann kamen alle aus dem Stall heraus, wieder singend und in einem lang gezogenen Zug. Vorne ein Esel, geführt von Karl Martell. Auf dem Esel ein nett gekleidetes Mädchen und dahinter eine große Schar singender Kinder, meist Mädchen. Den Schluss bildeten die Schafe und die kleinen Jungen. Diese trieben mit Stöcken die Schafe an. Als sie den Abt erkannten, blieben sie vor ihm stehen und begannen lautstark zu singen.

„Halleluja, Halleluja ..."

Plötzlich hörten sie auf und Karl Martell begann von einem Blatt zu lesen:

„Es war einmal vor langer Zeit, da waren die Bewohner aufgerufen worden, sich zählen zu lassen."

Dann unterbrach er seine Rede und sagt:

„Mehr davon gibt es in zwei Tagen abends in der Abtei!"

„Wo hast du denn diesen Text her?"

Das Mädchen auf dem Esel antwortet ihm höflich:

„Vater Abt, den hat mein Mann Josef aufgeschrieben."

Dann fragt Victoria:

„Wer bist du denn?"

Erstaunt und entrüstet sagt das Mädchen:

„Du weißt nicht wer ich bin? Dabei musst du doch die Heilige Schrift kennen. Wenn Josef mein Mann ist, dann bin ich Maria und ich bringe das Kind zur Welt!"

Da lachten alle Kinder. Ob sie nun die Unwissende auslachten oder über Janin Nadin, das blieb ein Rätsel. Dann sagt Karl Martell:

„Das ist in zwei Tagen meine Frau. Sonst heißt sie Janin Nadin!"

Dann sagt er:

„Sieht sie nicht wie die Mutter Jesu aus?"

Dann setzt sich der Zug in Bewegung und singend geht es bis zum Hof des Konvents der Engel im Dorf! Dort löst sich der Zug der Kinder auf.

Dann sagt Victoria lachend zu Patric:

„Lass dich doch einmal überraschen!"

Patric aber musste jetzt zurück und die Schwestern haben noch mit Anna einiges zu besprechen. Anna wollte ähnliche Produkte erzeugen wie im Mainistir und dem Konvent. Im Wesentlichen ging es um Blätter und Matzen. Dafür war Helen dabei und seit Tagen arbeiteten sie daran, diese Produkte hier direkt herzustellen. Als Gegenleistung erhielt Helen einen Einblick in die Kräuterkunde. An diesem Punkt kam Victoria ins Spiel. Sie sollte bei der Gestaltung eines Kräuterbuches mit Zeichnungen und Hinweisen helfen. Nur durch die keltischen Schwestern wurden die Dinge nun auch aufgeschrieben.

Kapitän Winterbottom hatte die Furt hinter sich gelassen und die Abtei erreicht. Hier wurde er von Alec und Edward begrüßt und ihm gleich eine Klause gezeigt und zugeteilt. Als sie den Rundgang beendet haben, geht es in die erste Gebetstunde für den Kapitän hier in der Abtei. Alle hatten bereits ihre Plätze eingenommen als Patric verspätet eintrifft. Ruhig nahm auch er seinen Platz ein und lauschte dem Gebetstexten der Laien-Brüder. Durch die Anleitung von Evermarus klappte dies nun schon recht gut. Nach dem Gebet blieb der Abt Patric noch etwas sitzen. Er sammelte seine Gedanken.
Währenddessen waren die anderen Brüder schon im Refektorium. Edward hatte dem Kapitän einen Platz im Raum zugewiesen und einge-richtet, da es hier noch keinen getrennten Gästeraum und erst recht noch kein Gästehaus gab. Alle warteten geduldig bis ihr oberster Hirte zu ihnen kam und seinen Platz am Gabentisch einnahm. Der Text, den sie heute während des Essens vortrugen, war aus einem der Bücher Mose und er-klärte die zehn Gebote ihm Gott gegeben hatte. Er war kurz und einfach gehalten. Das Wichtigste, was Patric vernahm war:
„Du sollst neben mir keine anderen Götter haben!"
Da musste er an die Trinität denken. Er konnte diesen Gedanken nicht zu einem einfach zu verstehenden Ende bringen, denn er wurde durch einen Aufruf gestört. Er begrüßte freudig den Kapitän und beide nahmen sich freundschaftlich in den Arm. Schnell stellte sich heraus, dass David von der anstrengenden Reise sehr mitgenommen war und erst einmal Ruhe benötigte. Auf die Frage, wie lange er bleiben würde, meinte er nur:
„Bis nach den Festtagen."
Dann zogen sich alle in ihre Klausen zurück und es wurde sehr ruhig.

In Lutetia hatte ein gesiegelter Brief der Abtei die Fürstin erreicht. Über den Ort Divodurum hatte die Nachricht zu ihr gefunden.

Der Brief ist ihr sehr wichtig, denn den Absender hatte sie sofort erkannt. Er ist von Karl Martell und dieser schreibt:

„An Fürstin Chalpaida!
Liebe Mama,

Ich bin sehr traurig, dass du mich vor dem Fest nicht abholen kannst. Das gibt mir aber die Gelegenheit, in der Abtei in der Geschichte von Jesus mitzuspielen.
Mit Janin Nadin, meiner Maria, darf ich die Eltern von Jesus spielen. Wir müssen nach Betlehem zur Volkszählung. Dort werden wir ein Kind bekommen und viele werden uns besuchen.
Wir haben vor einigen Tagen Besuch von der Insel erhalten. Vom Konvent sind die Schwestern Victoria und Helen gekommen. Sie haben gesagt, dass Patric ein Grab von einem Jakob weit im Süden suchen soll. Ich weiß aber nicht wer der Jakob sein soll.
Es soll sehr weit weg sein!
Aber das soll Vater Abt dir selber erzählen. Seit der Ankunft der Schwestern ist er oft mit Victoria unterwegs. Sie ist erst zwanzig und schon Priorin. So eine hübsche Schwester habe ich noch nie gesehen. Wenn Patric sie nicht heiratet, dann heirate ich sie.
Du musst wissen, sie kann sehr gut malen, viele Sprachen sprechen und verstehen und sieht für eine schlaue Frau echt gut aus. Ich glaub, Patric ist ihr Freund und ich glaube sie ist schlauer als er.
So, ich muss gleich los mit meiner Frau. Der Esel steht schon bereit. Wenn du nicht bald kommst, dann komme ich zu dir.

Dein Sohn
Karl Martell"

PS: Ich werde Patric fragen, ob ich mit gehen kann das versteckte Grab zu suchen.

Von Patric hatte sie einen ähnlichen Brief bekommen. Daher wusste sie, dass es sich um den Apostel Jakobus handelt. Aus Gesprächen wusste sie auch, dass er irgendwo im Westgotenland begraben sein musste. Bis dorthin war es eine sehr weite Reise. Sie glaubt, es müssen über zweitausend Meilen sein.

Es war der Tag des Festes und mit dem Glockengeläut erhielten die Alte Motte und das Engelsdorf das Zeichen, sich aufzumachen.

Von der Holzburg zogen die Kinder mit einem Hirtenstab los. Sie treiben Ziegen und Schafen von der Abtei vor sich her. In der Dunkelheit leuchteten ihre Fackeln und Kerzen und zahlreich gehen sie zur Abtei zur Aue. Dem feierlichen Zug hatten sich noch viele Bewohner der Gegend angeschlossen. Ob getauft oder nicht, diese Geschichte wollten sie alle miterleben, denn sie hörten sie zum ersten Mal. Sie waren durch die Einladungen aufmerksam geworden und hatten schon etwas von den Proben mitbekommen. Viele hatten sich sogar festlich gekleidet, selbst die Armen.

Im Engelsdorf bei den Schwestern war man aufgebrochen und noch fehlte Maria auf dem Esel. Diese wurde mit allen Kindern und Schwestern abgeholt. Am Zügel führte Karl Martell den Esel. Allerdings war dieser manchmal stur und blieb stehen. Am Ortsausgang wohnte Janin Nadin und dorthin war der Zug zuerst gezogen. Auf dem Weg hört man sie im Wechsel singen:

„Hosianna, Hosianna, Halleluja."

Dem folgt ein:

„Kyrie Eleison und Sanctus, Sanctus, Halleluja Hal-le-lu-ja!"

Die meisten der Kinder waren als Engel in einem hellen Gewand mit kleinen Flügeln gekleidet. Der Abend war für einen Wintertag recht mild und trocken. Die Kinder hatten vor Aufregung ganz rote Bäckchen bekommen bei dieser Freude. Die Priorin Anna half der kleinen „Jungfrau Maria" auf den Esel. Mit einem kräftigen Halleluja zogen sie, beleuchtet durch Fackeln, weiter.

Vom Glockenturm der Abtei aus konnte man den beleuchteten Zug hören und auf die Abtei zukommen sehen. Die beiden Tore waren für den Einzug weit geöffnet. Das eine war für den Zug von Josef und Maria, das andere für die Hirten.

Mit dem Erblicken des Festzuges wurden im Hof ein paar kleine Feuer angezündet und vor dem Stall lag der große Holzstapel. Den will man anzünden, wenn die Singenden einziehen. So konnte der gesamte Teil des Klosterinnenhofs hell erleuchtet werden.

Als erstes traf der Zug der Hirten mit ihrem Vieh ein. Diese Gruppe verteilte sich dann auf der linken Seite vor dem Stall und erwartete die Ankunft der Heiligen Familie mit den Engeln.

Im Hof der Abtei warten sie bereits, als der Esel von Josef angehalten wurde.

Es folgt ein lautes.

„Hosianna, Hosianna Halleluja Kyrie Eleison."

Und Schwester Britannia beginnt mit der Geschichte zur Zeit der Geburt von Jesus.

„Es war einmal vor langer Zeit, da waren die Bewohner in Judäa aufgerufen worden, sich zählen zu lassen. So machten sich Josef und seine schwangere Frau Maria auf dem Weg."

Die Kinder hatten fleißig geübt. Deshalb wussten sie, dass sie jedes Mal, wenn Britannia beim Erzählen eine Pause macht, mit feierlichen Jubelrufen an der Reihe sind.

„Sanctus, Sanctus Halleluja Hal-le-lu-ja!
Sanctus, Sanctus Halleluja Hal-le-lu-ja!"

Dann zog man weiter und erreichte den alten Vierkanthof der Abtei.

„Hosianna, Hosianna Halleluja Kyrie Eleison! "

Britannia musste gar nicht laut sprechen, denn es herrschte immer feierliche Stille, wenn sie an der Reihe war. Auch sind alle neugierig und gespannt auf die Geschichte aus der Heiligen Nacht.

„Sie suchten im Ort Bethlehem einen Platz für die Nacht und so kamen sie an eine Herberge"

Hier war jetzt der Abt an der Reihe, der an dieser Stelle den hartherzigen Herbergsvater spielen musste. Er antwortet:

„Hier ist kein Platz. Ihr müsst weiterziehen!"

Das wiederholte sich noch einige Male und man hörte immer wieder die Jubelrufe, in die jetzt sogar die erwachsenen Zuschauer mit einstimmten.

„Sanctus, Sanctus Halleluja Hal-le-lu-ja!
Sanctus, Sanctus Halleluja Hal-le-lu-ja!"

So etwas hatten sie in ihrem Leben bisher noch nicht erlebt.

Dann hatte man die Klausur umrundet und nach dem Hosianna, Hosianna Halleluja Kyrie Eleison folgte ein weiterer Teil des Textes und diesen liest diesmal Victoria vor:

„Wir werden hier keinen Platz finden. Was sollen wir tun?"

Hier antwortet Hellen:

„Geht hinaus, dort steht ein Stall mit Stroh und Heu. Da könnt ihr bleiben! Der Stall wird euch vor der Kälte schützen."

Mit dem nächsten Lied zogen sie singend weiter:

„Hosianna, Hosianna Halleluja Kyrie Eleison
Sanctus, Sanctus Halleluja Hal-le-lu-ja!"

Das letzte Stück war erreicht. Da rief Josef ganz laut:

„Schau Maria, dort ist ein Stall für die Nacht. Hier können wie bleiben."

Nun sangen die Engel ganz kräftig:
„Hosianna, Hosianna Halleluja Kyrie Eleison
Sanctus, Sanctus Halleluja Hal-le-lu-ja!
Hosianna, Hosianna Halleluja Kyrie Eleison
Sanctus, Sanctus Halleluja Hal-le-lu-ja!"
Währenddessen führte Josef den Esel in den Stall und Maria stieg vom
Esel und setzte sich neben den Korb. In diesem lag bereits eines der Kin-
der als Jesus Kind gekleidet.
Nun übernahm wieder Britannia und sie sagt mit klarer Stimme:
„Im Stall gebar Maria den Sohn den Gott ihr angekündigt hat und eine
Heerschar an Engeln versammelte sich und von überall kamen die Hirten
zum Stall um den Neugeborenen zu sehen."
Dann erklang ein endloses feierliches Halleluja und alle Engel und Hirten
stimmten lautstark ein.
„Hosianna, Hosianna Halleluja Kyrie Eleison! "
Dann hörte man vom Heuboden hoch oben Anna sprechen, die als Erzen-
gel herhalten musste:
„Heut ist uns der Sohn unseres Herrn geboren. Lobt und preiset den Herrn
unserem Gott."
Hier stimmten alle ein und sangen:
„Sanctus, Sanctus Halleluja!
Sanctus, Sanctus Halleluja!
Sanctus, Sanctus Halleluja Hal-le-lu-ja!"
Nach diesen letzten Worten und dem Gesang erklangen die Glocken der
Abtei und sie läuteten so kräftig wie nie.
Der anschließende Umtrunk ging bis tief in die Nacht. Es gab Wein und
Gebäck für die Erwachsenen. Für alle Kinder süßes Gebäck und warme
Milch.
Auch für die Bewohner der umliegenden Dörfer war genügend vorberei-
tet worden. Alle hatten leuchtende feuchte Augen und das Herz war ihnen
aufgegangen.
Unter lauten Gesang zogen sich dann alle zur Nachtruhe zurück und weit
hallte es:
„Sanctus, Sanctus Halleluja Hal-le-lu-ja!
Hosianna, Hosianna Halleluja Kyrie Eleison
Sanctus, Sanctus Halleluja Hal-le-lu-ja!"
Es war eine gelungene Feier und allen war recht feierlich zumute. Dieser
Moment wird ihnen in ihren Gedanken erhalten bleiben.
Die Brüder und Schwestern versammelten sich im Stall und wer wollte,

konnte sie zur Nachwache begleiten. Erst mit dem Glockenschlag um Fünf endete das Gebet.

Die nächste Messe fand um neun statt und hier waren alle geladen und aus den umliegenden Orten Iuliacum, Ascvilare, Marcodurum und dem Gutshof Paternius kamen wieder zahlreiche Besucher. Ein Taufangebot wurde von vielen am Nachmittag angenommen.

So wiederholte sich das Ereignis drei Tage lang. noch einmal mit dem Zug und mit der Heiligen Familie und dem Esel.

Damit endeten die Feierlichkeiten.

Am drauffolgenden Tag hielt Patric eine Dankgebetsstunde ab und damit reiste auch der Kapitän Winterbottom mit den Schwestern Victoria und Helen zur Insel ab. Bis zur Furt begleitete er sie und sie verabschiedeten sich mit dem Wunsch sich bald wiederzusehen.

Von der Furt machte Patric noch einen Abstecher zur Alten Motte. Er wollte sich bei den Bewohnern bedanken die all die Tage das Fest besucht hatten. Hier unterhält er sich mit dem Hausherrn und dieser lädt ihn zum Mittagsmahl ein. Der Gastgeber der Alten Motte Ist ein einfacher Viehwirt und die Familie Hühnermeier ist sehr stolz, ihn hier als Gast begrüßen zu können. Die Tochter Sarah die sich für den Verbleib der Familie hier in der Alten Motte eingesetzt hatte, übernimmt die Tischrede, denn ihre Eltern waren so etwas nicht gewohnt und würden in ihrer Einfachheit nicht die richtigen Worte finden.

„Wir sind recht stolz und dankbar, dass sich die Abtei so für uns eingesetzt hat. Mit eurer Hilfe ist es auch gelungen, dass wir nun das Nötigste haben, um durch den Winter zu kommen."

Patric erwidert:

„Es ist unsere Aufgabe, der wir uns nach den Worten von Jesus und Taten von Jakobus hingeben. Das sind wir für unsere Mitmenschen als Gottes Geschöpfe schuldig, besonders für eine so gläubige Familie wie ihr sie seid."

„Ich bin euch ja so dankbar, denn seit einiger Zeit darf ich auch bei den Schwestern lernen."

Sie küsste ihm seine Hand und Patric versuchte schnell die Situation hinter sich zu bringen. Dann sitzen sie zusammen um zu essen und führten das Gespräch weiter und der Abt betonte:

„Wir werden unsere schützende Hand über euch halten und diese gilt auch für meine Brüder und Schwestern."

Es wurde auch vereinbart, dass sich im neuen Jahr einige Handwerker um die bestehenden Gebäude, den Bau eines neuen Stalls und eine Scheune kümmern werden.

Nachdem sich Abt Patric für die Einladung nochmals bedankt hatte und bevor er sich verabschiedete, sagt er noch:

„Die Abtei und ich laden euch zu unserer Jahresabschlussfeier ein. Ihr seid dann auch mit bei uns im Refektorium dabei."

Dankend nahmen sie diese an und die spielenden Kinder folgten artig in dem sie danken und der Abt fragt:

„Lernen denn auch die Kinder schreiben und lesen?"

Es wurde etwas ruhig und Sarah erwidert:

„Leider nein! Nur ich lerne bei den Schwestern lesen und schreiben."

Der Viehwirt meinte, wir sind zu arm und der Abt sagt dann:

„Ich nehme diese Aufgabe mit zur Abtei und werde mich um diese Sache kümmern. Es kann nicht sein, wenn ihr mit uns arbeitet, dass keiner lesen und schreiben kann."

Der Hauswirt dankt und fragt:

„Wer hilft uns denn dann auf unseren Feldern oder hier im Hof?"

„Das ist eine berechtigte Frage", denkt der Abt:

„Und oft der Grund, warum Kinder keine Zeit oder Gelegenheit haben, anderes zu tun als zu arbeiten."

Hier beschwichtigt der Abt und sagt:

„Dafür gibt es auch eine Lösung. Es gibt zum Beispiel die Winterschule, das heißt, wenn die Ernte vorbei ist, können die Kinder kommen. Ich werde auch mit den Schwestern vom Engelsdorf darüber reden. Wir sehen uns ja dann wieder bei unserer Jahresabschlussfeier."

Das war das letzte Wort und er fuhr mit einem leichten Gespann zur Abtei. Die Bewohner winkten ihm noch lange dankend hinterher.

Das Fest ist beendet und in wenigen Tagen näherte sich das Jahr dem Ende zu. So erreichte der Alltag mit all ihren Sorgen die Abtei zur Aue, den Konvent und die Alte Motte.

Jedoch geht das Leben in den Orten Divodurum in Austrien und der Hauptstadt Lutetia im Frankenreich ungebremst weiter. Hier machte sich der Adel keine Gedanken um seine Untertanen.

Doch es gibt viele Fragen:

Was würde das neue Jahr bringen?

Frieden oder Krieg im Süden des Kontinents?

Würde Ruhe im Haus von Pippin zwischen seinen Frauen Plektrudis und Chalpaida einkehren?

Wird Victoria ihr Geheimnis ihrem Freund und Bruder Patric preisgeben können?
Werden die Gemeinschaft um Patric und Evermarus aufbrechen und werden sie das verschollene Grab je finden?

Epilog Magna Frisia und die Abtei zur Aue

Nach der Überfahrt von der Insel zum Festland konnte Patric mit Hilfe der Keltinnen die Missionierung in Magna Frisia erfolgreich durchführen. Doch Neid und Missgunst lassen die Mönche und Schwestern nur unter großen Gefahren zu ihrem Ziel der Abtei zur Aue kommen.

Einige Male entgehen sie unter großem Verlust den Gefahren und können letztlich die Abtei und in einem Nachbarort einen Konvent für die Schwestern aufbauen. Hier hofften sie an den wirtschaftlichen Erfolg der Priory und dem Mainistir fortzusetzen.

Mehrmals erhalten sie Besuch und der Neid zwischen den Fürstinnen führt dazu, dass sie sich mit Gewalt behaupten müssen. Mit Glück gelingt es ihnen eine Entführung von Karl Martell zu verhindern. Doch die Intrigen von Plektrudis führen viele ihres Gefolges und der Eskorte in den Untergang. Doch am Ende wird der Mut belohnt und die drohende Gefahr kann von der Abtei abgewendet werden.

Am Ende des Jahres kommen Helen und die junge Priorin Victoria aus dem Konvent aus Cork. Sie besuchen die Abtei zur Aue und bleiben bis nach dem Fest Christi Geburt. Im Klausurgarten flammt erneut die alte Leidenschaft zwischen der jungen Priorin Victoria und dem jungen Abt Patric auf. So stellt sich die Frage: Ob sie der Leidenschaft entgehen oder erliegen die beiden ihrem Verlangen?

Doch bei dieser Gelegenheit gelingt es Schwester Victoria nicht ihr kleines Geheimnis preiszugeben, und Bruder Patric wird auf eine neue Gelegenheit warten müssen.

Am Ende bringt ein Brief eine Entscheidung und für Patric und seine Gefährten beginnt eine endlose Reise und mit der Frage;

Werden sich die beiden Liebenden je wiedersehen?

Werden sie das Grab des Apostels finden?

Karte des heutigen Wegs aus dem 2. Teil von Millingen A bis Trier B.
Der Weg der irischen Brüder um Patric von der Villa Millingen (A) nach
Augusta Treverorum (B). Am Punkt 1 etwa auf halben Weg befindet sich
die Abtei zur Aue in Obberbach und in der Nähe der Nonnenkonvent im
Dorf der Engel.

Personenverzeichnis

Personen auf den Reisen des Jakobus

Eremit Athanasius	aus Ägypten Athanasius der Jüngere
Andreas	Begleiter von Athanasius der Jüngere
Marcellus	Begleiter von Athanasius der Jüngere
Athanasius d.Ä.	Jünger von Jakobus der Ältere
Theodor	Jünger von Jakobus der Ältere
Apostel Jakobus d. Ä.	Jünger Jesu und Bruder vom Apostel Joannes
Saulus von Tarsus	Verfolger der Christen um den Nazarener
Apostel Paulus	vorher Saulus (hebräisch Scha'ul)
Barnabas	Begleiter von Paulus
Atanasio	erster Bischof von 39 bis 59 in Saragossa
Theodor	zweiter Bischof von Saragossa und Heiliger ab 66
Petrus von Rates	* in Rates in Portugal, † um 60 Bracara, wurde von Jakobus als Oberster in der Region eingesetzt Bischof von Bracara von 45-60 Bracara ist das spätere Braga in Portugal
Fürstin Atia	keltische Fürstin/Königin in Spanien auch als Keltin unter Lupa bekannt

Legat Filotro	Anführer der Römer in Ons in der weströmischen Provinz
Viria	sechzehnjährige Enkelin der Keltenfürstin Atia in der Grabkammer auf der linken Seite von Atia beigesetzt
Varón	bedeutet Mann, männlicher Verwandter von Atia in der Grabkammer auf der rechten Seite von Atia beigesetzt

Band 1: *Personen in den irischen Klöstern Priory und Midsummer*

Mönch Famian	Mönch Priory, kam einst aus Mont Tombe
Abt Georg	Abtei Priory später Abtbischof Eochaid. auch Bischof von Cork/Cloyne
Mönch Patricius	genannt Patric Priory stellv. Abt später Abt in der Aue und Leiter der Mission zum Grab des Apostel Jakobus
Alec	Laienbruder Priory, später Mönch
Edward	Laienbruder Priory, später Mönch
Mary. Nonne	Konvent Midsummer stellv. Äbtissin, später Äbtissin
Abt Josef	St. Michel Insel im Golf von Saint Malo
Seelsorger Theo	Priory später Priester/Seelsorger Midsummer
Mönch Michael	Priory Priester/Seelsorger Midsummer
Mönch Johannes	Leiter der Laienbrüder Später in Midsummer
Baumeister Peter	Neubau Priory später Mönch, Mitglied im Rat der Mönche
Martin von der Rur	Schmied später Mönch, Mitglied im Rat der Mönche
Roland van Hall	Holzschnitzer später Mönch, Mitglied im Rat der Mönche

Schwester Ursula	Konvent Midsummer
Schwester Helen	Konvent Midsummer
Schwester Yvonne	Konvent Midsummer
Novize Willhelm	Priory, Adliger vom Festland später Mönch
Novize Albert	Priory, Adliger vom Festland später Mönch
Novize Lukas	Priory, Adliger vom Festland später Mönch
Novize Martel	Priory, Adliger vom Festland später Mönch
Novize Karl	Priory, Adliger vom Festland später Mönch
Pater Franziskus	Mönch Priory, Seelsorger von Cork
Schwester Victoria	Priorei Midsummer, Nonne-Buchmalerin
Schwester Claudia	Priorei Midsummer, Nonne-Buchmalerin
Schwester Marlen	Priorei Midsummer
Schwester Cäcilia	Priorei Midsummer
Novizin Maureen	Priorei Midsummer Adlige vom Festland
Mönch Benedikt	Priory Ausbildung der Novizen
Joseph Smith	Steinmetzmeister Gotrum Tiobraid
Mönch Villibrod	Angelsächsischer Mönch
Mönch William	Betreuer der Waisen und Novizen Priory
Novizin Britannia	Adlige aus Cork, Konvent Midsummer später Nonne
Novize Stephanus	Waliser, Priory, später Mönch
Ireen Eoghanacht	Schwester von Anne Eoghanacht, später Nonne im Mainistir Midsummer

Anna von Tessier	Adlige aus Eblana, Konvent Midsummer
Schwester Hillary	Priorei Midsummer
Schwester Eden	Priorei Midsummer
Schwester Christine	Priorei Midsummer
Schwester Esther	Adlige keltische Druidin Nonne
Schwester Ruth	Adlige keltische Druidin Nonne

Personen aus dem Königshaus der irischen und britischen Insel

Mortimer von Corcaigh	vorher Graf in der Grafschaft Cork später König von Munster unter dem Namen Mortimer von Eoghanacht
Anne Eoghanacht	Braut und Frau von Mortimer von Eoghanacht Königin von Munster
William Patric Eoghanacht	2. Kind * um 695 Königssohn von Mortimer und Anne Eoghanacht
Victoria Mary Eoghanacht	1. Kind * um 695 Königstochter von Mortimer und Anne Eoghanacht
Percy MacCarthy	auch McCarty, Cork, Adliger und Heerführer von der Grafschaft Cork später Herzog von Ross Schiffskapitän
Sarah Eoghanacht	gräfliche Adlige mit zwei Schwestern, Freundin von Percy später seine Frau
Kap. Freddie Schneyder	Kapitän erstes Schiff, Herzog aus Wessex
Fergie Eoghanacht	gräfliche Adlige mit zwei Schwestern, Freundin von Freddie, später seine Frau
Kap. David Winterbottom	Kapitän, zweites Schiff, Herzog aus Wessex
Diane Eoghanacht	gräfliche Adlige mit zwei Schwestern, Freundin von David später seine Frau
William von Eoghanacht	Neffe der Königin Anne, später Heerführer, Nachfolger von Percy

König Ina	angelsächsischer König von Wessex bis 726, Gründer Glastonbury Abbey
Fürst Idwal Roebuck	walisischer Fürst bis 720
Abt Haemgils	Abt von 676 bis 702 in Glastonbury Abbey Wessex

Papst Sergius I.	Papst um 700 in Rom
Bischof Numerianus	Trier bis †697/698
Basinus	Bischof von Trier 698
	bis † 4.März 705,
	Bischofsnachfolger von Nume-
	rianus
Erzbischof Valderedo	Saragossa 683 bis †701
Pippin der Mittlere	Majordomus, karolingischer
	Hausmeier der Franken * um
	635; † 16. Dezember 714 in Ju-
	pille bei Lüttich
Nordebert - Norbert	Majordomus, Hausmeier
	Neustrien bis 695, † 697,
	ab 695 Pippin der Mittlere
Hebroin -Ebroin	Majordomus - Hausmeier Bur-
	gund † 680, ab 695 Pippin der
	Mittlere
Chlodwig III.	Frankenkönig* um 677;
	† Ende 694
Childebert III.	Frankenkönig* um678/679;
	† vor 2. März 711
Flavius Egica	Westgotenkönig von 15.21.687
	- †Ende 702
Chlodulf (Arnulfinger)	Bischof von Metz †um 696/697
Addo II,	Bischof von Metz von 696
	bis†707 Bischofsnachfolger von
	Chlodulf

Mönche und Schwestern auf der Mission in der Abtei zur Aue an der Rur

Prior Patricius	Abt in der Abtei zur Aue genannt Patric
Mönch Alec	Priory und Abtei zur Aue
Mönch Edward	Priory, und Abtei zur Aue
Mönch Willhelm	Priory, Adliger vom Festland Später Subprior in der Abtei zur Aue
Mönch Albert	Priory, Adliger vom Festland
Mönch Lukas	Priory, Adliger vom Festland
Mönch Martel	Priory, Adliger vom Festland
Mönch Karl	Priory, Adliger vom Festland
Mönch Cedric	Mönch im Jülicher Gau vorher Priory
Mönch Alan	† Teil 4 Mönch im Jülicher Gau, vorher Priory nach der Abreise der Brüder Prior der Abtei zur Aue, 696 Priester
Anna von Tessier	Adlige aus Eblana, Konvent Midsummer Priorin im Engelsdorf später Äbtissin auch von der Abtei zur Aue
Schwester Hillary	Priorei Midsummer später Engelsdorf, Subpriorin
Novizin Britannia	Adlige aus Cork, Konvent Midsummer später Nonne im Engelsdorf
Schwester Esther	Adlige keltische Druidin später Nonne im Engelsdorf
Schwester Ruth	Adlige, keltische Druidin später Nonne im Engelsdorf

Mönch Villibrod	Villibrordus *658 in Northumbria England †7.11.739 in Echternach
Mönch Switbert	Vertrauter von Villibrod
Mönch Stefanus	† Teil 2, angelsächsischer Mönch, gehört zu Villibrod
Mönch Bodomus	† Teil 2, angelsächsische Mönch, gehört zu Villibrod
Mönch Harris	† Teil 2, Mönch im Gau Jülich, vorher Priory
Mönch Dane	† Teil 2, Mönch im Gau Jülich, vorher Priory
Mönch Charles	Mönch im Gau Jülich, vorher Priory
Schwester Eden	† Teil 2, Priorei Midsummer
Schwester Christine	Priorei Midsummer
Mönch Evermarus	Friesland, Jülicher Gau, Prior
Mönch Joseph	Brüder von Evermarus
Mönch Johannes	Brüder von Evermarus
Mönch Jode	Brüder von Evermarus
Friedrich	† Teil 4, Musiker aus dem Vichttal bei Aachen
Schwester Aisling	auch wegen des Nachnamens Aisling Madison oder später nur Madison genannt Aisling ferch Mawddisson, ursprünglich Wessex, später Adlige aus Ross in County Cork Konvent Midsummer anschließend im Engelsdorf zuletzt in Metz als Seelsorgerin von Chalpaida und Lehrerin von Karl Martell
Schwester Judith	keltischer Name Caitlin, Adlige keltische Druidin und Kriegerin später Nonne im Engelsdorf

Grafen Ebroin	Hattuarien in Austrasien
Ullei van dien Martle	Raubritter im Rhenus Delta
König Radbod	König der Friesen von 679
	† 719
Chalpaida	2. Frau von Pippin d.M.
	† um 714 Mutter von Karl Martell
Karl Martell	Sohn von Pippin d.M. und Chalpaida
Disibod	Disnes *619; †700 irischer Mönch/Einsiedler, Namensgeber von Disibodenberg
Giswald	Schüler von Disibod
Klemens	Schüler von Disibod
Sallust	Schüler von Disibod
Abt Suitbert	Benediktinermönch, Gründer und Abt vom Kloster Werth später Kaiserswerth
Bertha die jüngere	Frau von Pippin dem Jüngeren
Chrodtrud	spätere Frau von Karl Martell
Plektrudis	1. Frau von Pippin d.M. *vor 660 †um 725 Köln
Rauchscharius	† Teil 2, Plektrudis heidnischer Helfer
Fischarius	† Teil 2, Bruder von Rauchscharius
Jogi-Rafarus	Laien-Bruder in der Abtei zur Aue
Horstusius	† Teil 2, Hauptmann der Plektrudis Eskorte
Heidrun	† Teil 2, 1. Zofe von Plektrudis
Junge Frau	Bedienung in der „Alten Motte"
Natere	† Teil 2 Freundin von Heidrun und 2. Zofe

Juiliana	3. Zofe von Plektrudis † Teil 2
Matthew Séamus	Bettler auf einer Brücke vor Villa Prumia
Gottfried Matthias	junger Adliger aus Burgund Befehlshaber der Eskorte von Chalpaida
Zofe Treenasi	† Teil 2, Zofe von Chalpaida
Janin Nadin	Mädchen auf dem Esel im Engelsdorf später lernt sie singen und Orgelspielen
Familie Hühnerwirt	Bewohner der „Alten Motte"
Tochter Sarah	Familie Hühnerwirt von der „Alten Motte" später Novizin im Endelsdorf

Ortsverzeichnis

Orte auf der irischen und britischen Insel

Glennamain	Mainistir=Kloster, Abtei im County Cork Munster Irland (siehe Karte) im engl. Priory wegen der urklösterlichen Bezeichnung
Aine	Mainistir im County Tipperary, Königreich Munster im südlichen Irland (siehe Karte) im engl. Midsummer wegen der Sommersonne
Munster	Königreich im Süden in Irland
Corcaigh	alter Name für Cork, Königreich Munster Irland
Eblana	alter Name für Dublin, Irland
Erainn	Herrschaftssitz im Süden Irlands im 1.JH.
Tiobraid	heute Tipperary, Königreich Munster Irland
Gotrum	heute Gortdrum, Königreich Munster Irland
Cloyne	Ort und Abtei County Cork, Königreich Munster im südlichen Irland
Connaught	Königreich im Westen in Irland
Laigin	Königreich im Osten in Irland
Northern UI Neil	Königreich im Norden in Irland
Airgialla	Königreich im Norden in Irland
Ulaid	Königreich im Norden in Irland

Southern Ul Neil	Königreich in der Mitte von Irland
Luimneach	heute Limerick Provinz Munster in Irland
Fishguard	lat. Portus-piscantur Ort an der Nordküste von Wales
Llantwit	ab dem 5.Jh. Abtei in Wales
LLanilltud Fawr	neu 6.Jh.Ort der großen Kirche
Llancarfan	Abtei in Wales
Saint Cadoc-Kirche	Abtkirche von Llancarfan im 6.Jh.
Cardiff	Hafen an der Südküste von Wales
Wales	Fürstentum in Britannien
Mercia	Königreich in Britannien
Wessex	Königreich in Britannien
Burnham on Sea	Ort an der Nordküste von Wessex
Glastonbury Abbey	alte Abtei bereits weit vor dem 7. Jh. in Wessex gegründet später Benediktiner Abtei heute Grafschaft Sommerset in Westengland
Dorchester	alte Hauptstadt im Süden von Wessex
Winchester	neue Hauptstadt im Süden von Wessex
Bournemouth	Küstenort im Süden von Wessex
Poole	Hafen an der Südküste von Wessex
Mont Saint Michel	alter Name Mont-Tombe Insel bei Flut im Golf von Saint Malo

Wexford	Handelshafen an der Ostküste Irlands
Waterford	Handelshafen an der Ostküste Irlands
Ross	auch Ross Carbery County Cork Irland

1.a Hinreise der Missionsreise des Jakobus
1.10 bis 1.12

Caesarea Maritima	Hafen in Judäa
Judäa	römische Provinz
Cyprus	römische Provinz
	Insel im Mittelmeer heute Zypern
Cape Crommyaco	kleiner Hafen an der nördlichsten Spitze der Insel
	später Kap Kormakitis auf Zypern
Ephesus	große Stadt und wichtiges Handelszentrum mit zentraler Lage an der Ionischen Küste,
	heute Selcuk in der Provinz Izmir Türkei
Creta et Cerene	römische Provinz bestehend aus Kreta und Nordlibyen
Creta	Kreta Insel im Mittelmeer
Hierapytna	römischer Hafen in der Provinz Creta et Cerene
	später Lerapetra auf Kreta Griechenland
Hafen Gortyn	alte griechische Stadt auf Kreta heute Lendas auf Kreta
Melita	Malta Insel im Mittelmeer
Mellieħa	römischer Hafen als Ort für Trinkwasser auf Malta
Sicilia	Mittelmer Insel Sizilien Italien
Myle, Mylae	Ort aus der griechischen Mythologie, hier strandete Odysseus
	heute Milazzo an der nordöstlichen Spitze von Sizilien an der Straße von Messina

Sardinia	größere Insel im Mittelmeer südlich von Corsica Insel Sardinien Italien
Corsica	auch Cyrne, Crinis, Kurnos im Mittelmeer kleiner als Sardinia und nördlich davon gelegen Insel Korsika Frankreich
Pallas	kleiner Fischerort an der Südspitze von Korsika heute Bonifacio
Tarraconensis	westlichste römische Provinz heute Spanien
Tarraco	Hafen in der Provinz Tarraconensis später Tarragona am Mittelmeer Spanien
Iberus	Rio Ebro spanischer Fluss
Rio Nuevo	Zufluss vom Ebro bei Colonia Caesaraugusta
Colonia Caesaraugusta	Ort der Erscheinung Maria für Jakobus später Zaragoza heute Saragossa in Spanien

1.b Rückreise der Missionsreise des Jakobus
1.13 + 2.07

Colonia Caesaraugusta	Ort der Erscheinung Maria für Jakobus, später Zaragoza heute Saragossa in Spanien
Tarraco	Hafen in der Provinz Tarraconensis später Tarragona am Mittelmeer Spanien
Camargue-de-la-Mer	nachdem Jakobus hier gepredigt hat landeten die Marien hier und verbreiteten das Wort Gottes im 4. Jahrhundert Sancta Maria de Rati später Saintes Maries de la Mer in Frankreich
Saintes Maries de la Mer	Fischerdorf bei Arles in Frankreich
Mare Ligusticum	Teil des Mittelmeeres westlich von Korsika und Sardinien
Corsica	auch Cyrne, Crinis, Kurnos im Mittelmeer kleiner als Sardinia und nördlich davon gelegen Insel Korsika Frankreich
Adiacium	römischer Ort im Westen (in der Mitte der Insel später Ajaccio Ort auf Korsika Frankreich
Sardinia	größere Insel im Mittelmeer südlich von Corsica Insel Sardinien Italien

Sicilia	Mittelmeer Insel Sizilien Italien
Colonia Syrakus	wichtiger Handelsplatz und Startpunkt für Reisen in den Süden wie Karthago und Alexandria
	später Sirakus auf Sizilien Italien
Judäa	römische Provinz
Caesar Maritima	Hafen gebaut von Herodes dem Großen
	später Caesarea in Israel

2. Reise bis zum Grab von Jakobus
2.08 +2.10

Judäa	römische Provinz
Caesarea Maritima	Hafen gebaut von Herodes dem Großen
	später Caesarea in Israel
Joppe	Hafen in Judäa
	heute Jaffa in Israel
Cyprus	römische Provinz
	Insel im Mittelmeer heute Zypern
Kyrenia	römischer Hafen auf Cyprus
	später Bischofssitz auf Zypern, liegt etwa 15 Meilen nördlich von Nikosia der Hauptstadt der Republik Zypern
Andriace	oder Andriake
	Hafen vor Myra in Lykien
Myra	Antike Stadt Bischofssitz (Bischof Nikolaus)
	heute Türkei Prov. Antalya
Sicilia	Mittelmeer Insel Sizilien Italien
Korone	kleiner Hafen im Südwesten auf der Peloponnes im Golf von Messenia
	heute Petalidi südliches Griechenland
Syracuse	Hafen auf der Insel Sizilien
Balearides	Balearen im Mittelmeer Spanien
Balearis major	Mallorca Spanien
Balearis minor	Menorca Spanien
Baetica	röm. Provinz östlich von Gibraltar Spanien

Nova Carthago	Metallreiche Gegend Eisen und Silber heute Cartagena Spanien
Gaditanum Fretum	heute Gibraltar Antike die Säulen des Herkules
Mauretania Tingitana	röm. Provinz heute Marokko
Tingis	Verwaltungssitz von Mauretania Tingitana heute Tanger Marokko
Gades	großer Werfthafen der Römer heute Cadiz Spanien
Rio Ribeira	Fluss bei Évora Portugal
Sacred Promontory	Kap St. Vincent Portugal
Olisipo, Oliosipon	heute Lissabon Portugal
Turris Augusti	später Pontevedra Spanien
Rio Lerez	Fluss durch Pontevedra Spanien
Kap Fisterra	etwa fünfzehn Meilen Nördlich von Noia das war das Ende der Welt für die Römer später Finisterre in Spanien
Protus Ebora	südlich vom Kap Fistera mit dem ältesten Friedhof mit Grabplatten heute Noia Spanien
Rio Tambre	spanischer Fluss in Galicien
Puente de la Ons	über dem Rio Tambre
Ons	Ort in Galicien~20 km von Santiago de Compostela Spanien
Pico Sacro	= Berg Illicinus kleiner Berg bei Iria Flavia / Padrón

Orte auf dem Jakobsweg von Millingen bis Metz

Villa Millingen	Ort am Zufluss von Maas in den Rhenus
Scleve	Adelssitz Kleve am Niederrhein
Teisterbant	Gebiet zwischen Lek und Maas
Gelre	Geldern am Niederrhein
Niers	Zufluss der Maas
Kevlar	später Kevelaer am Niederrhein
Beeckberg	heute Wegberg am Niederrhein
Erka	heute Erkelenz am Niederrhein
Obberbach	später Overbach im Jülicher Gau
Motte Hengebach	später Burg von Heimbach an der Rur
Villa prumia	später Prüm ab 721 Abtei Prüm
Beda Vicus	später Bitburg an der Römerstraße
Helenenberg	Ortsteil heute von Welschbillig vor Trier
Augusta Treverorum	später Trier an der Mosel
Mosea	Mosel großer Nebenfluss des Rheins
Abbatia Sancti Maximini	Abtei St. Maximin in Trier
Kelsen	heute Teil von Merzkirchen an der Römerstraße Trier-Metz
Contionacum	ein Ort mit einer spätrömischen Kaiservilla später Konz in der Nähe von Trier
Ricciacum	auch Ritzig heute Dalheim an der luxemburgischen Grenze

Kirschfa	fränkischer Ort mit Kirche und Friedhof, Später Kirf in der Nähe von Trier
circum castellum	Ort an der Moselschleife Sierck les Bains
Theodonis villa	Ort an der Mosel zwischen Trier und Metz später Diedenhofen heute Toinville Frankreich
Divodurum	Metz an der Mosel in Frankreich

Orte auf dem europäischen Festland

Rhenus	lateinischer Name vom Rhein
Austrien	auch Austrasien, fränkisches Teilreich Land im Osten des Frankenreichs
Neustrien	Land im Westen fränkisches Teilreich
Burgund	im Südosten, fränkisches Teilreich
Aquitanien	im Südwesten, fränkisches Teilreich
Assebroek	Handelsposten an der Nordsee später Brügge Belgien
Bucht Zirn	bei Brügge Belgien
Iuliacum Gau	Ort in Austrasien
Hettergau	genannt Hattuarien an Maas und Rhenus
Hattuarien	auch Hettergau; lat. pagus Attoarii Grafschaft in Austrasien
Villa Millingen	Ort am Zufluss von Maas in den Rhenus im Hettergau
Dorestad	wichtiger Handelsort der Karolinger
Traiectum	südfriesischer Ort Niederlande heute Utrecht Niederlande
Kromme Rijn	In der Nähe von Utrecht Niederlande
Bayeux	Ort in Neustrien heute Normandie Frankreich
Antorf	Austrasien Frankenreich heute Antwerpen Belgien
Iuliacum	Römischer Name für Jülich

Asciburgium	heute Duisburg am Rhein
Meurs	heute Moers am Rhein
Xanten	Stadt am Rhein
Novaesium	Neuss am Rhein
Colonia Agrippina	Köln am Rhein
Via Belgica	Römerstraße durch Jülich von Köln/Belgien
Via Treverorum–Novaesium	Römerstraße Trier - Neuss
Via Agrippa	Römerstraße von Köln über Trier nach Lyon
Aquis Villa	später Aachen
Ascvilare	später Eschweiler
Werth	später Kaiserswerth im Rhein
Durnomagus	später Dormagen
Eechternoach	später Echternach mit dem Kloster von Willibrord Ort an der deutsch-luxemburgischen Grenze
Ausava	später Büdesheim in der Eifel
Bonna	später Bonn am Rhein
Icorigium	später Jünkerrath in der Eifel
Dalaheim	später Dahlem in der Eifel
Blancium	später Blankenheim
Tolbiacum	später Zülpich
Norboniacum	später Nörvenich
Tiberiacum	später Bergheim
Marcodurum	später Düren an der Rur
Mosea	lateinisch Mosella Mosel Zufluss des Rheins
Confluentes	heute Koblenz an Rhenus und Mosel
Lyve	heute Leiwen an der Mosel
Lutetia	Hauptstadt von Neustrien und Hauptstadt der Merowinger im fränkischen Reich Später Paris Frankreich

Begriffsverzeichnis

Gebetszeiten	Gebetsstunden
Virgil	Nachtwache
Laudes	Morgenlob
Terz	Gebet zur 3.Stunde
Eucharistie	Messe
Sext – Non	Mittagsgebet
Rosenkranz	Andacht
Vesper	Abendlob
Komplet	Gebet zur Nacht
(geordnet nach dem Tagesablauf)	

Schriftrollen aus dem 1. Jahrhundert:

Piscis	Fisch
	Evangelium
Flos	Blume
	Briefe des Jakobus
Navigium	Schiff
	Missionsreise des Jakobus
Piscis crux	Fischkreuz auch Kreuzfisch
	Grablegung des Jakobus von
	seinen Jüngern

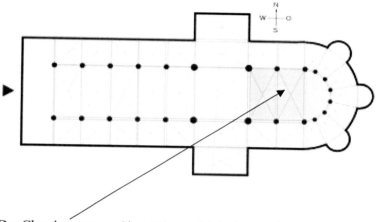

Der Chor im engeren Sinn (Binnenchor) eines typisierten Kirchengrund-
risses, gräulich markiert. Den Chor bilden hier zwei Chorjoche. Der
rechts anschließende mittelschiffsbreite Halbkreis (die Chorapsis) gehört nicht zum eigentlichen Chorraum.

campanularum ludus	Glockenspiel
cymbalum astrum	Zimbelstern
ecclesia-ludus	mehrere Orte die eine Kirche
	nutzen auch Kirchspiel genannt
orientalis organum	altes orientalisch Orgelspiel

Maßverzeichnis

1. Längenmaße

1 Zoll (inch - in)	= 2,54 cm
1 Fuß (foot - ft)	= 12 Zoll
	= 30,48 cm
1 yard (yd)	= 3 Fuß
	= 91,44 cm
1 furlong (fur)	= 220 yards
	= 201,17 m
1 Meile (mile - mi)	= 1760 yards
	= 1609,344 m
1 league (lea)	= 3 miles
	= 4828,032 m

2. Flächenmaße

1 sq.in Quadratzoll (square inch)	= 0,00645 m²
1 sq.ft Quadratfuß (square foot)	= 0,0929 m²
1 sq.yd Quadratyard (square yard)	= 0,83 m²
1 sq.rd Quadratrod (perch)	= 25,3 m²
¼ ac.	= ¼ Morgen
	(rood)
	= 1.011,5 m²
1 ac Morgen (acre)	= 4046 m²
1 sq.mi Quadratmeile (square mile)	= 2,6 km²

3. Gewichte

1 grain (gr)	= 0,065 g
1 dram (dr)	= 27,3438 grains
	= 1,772 g
1 Unze (ounce - oz)	= 16 drams
	= 28,35 g
1 Pfund (pound - lb)	= 16 Unzen
	= 453,59 g
1 Stein (stone)	= 14 Pfund
	= 6,348 kg
1 quarter	= 28 Pfund
	= 12,701 kg
1 hundredweight (cwt)	= 112 Pfund (Brit)
	= 50,8 kg
1 ton	= 20 cwt (Brit)
	= 1016 kg

4. Flüssigkeitsmaße (brit.)

1 gill	= 0,242 pint
1 pint (pt)	= 4 gills
	= 0,568 l
1 quart (qt)	= 2 pints
	= 1,136 l
1 gallon (gal)	= 4 quarts
	= 4,564 l
1 barrel	= 35 gallons
	= 159,106 l
1 barrel	= 36 gallons
	(Bier)
	= 163,656 l

5. Nautische Maße

1 Faden (fathom)	= 6 feet
	= 1,829 m
1 cable	= 608 feet
	= 185,31 m
1 Seemeile (naut. sea mile)	= 10 cables
	= 1,852 km
1 sea league	= 3 Seemeilen
	= 5,550 km

6. Geschwindigkeit auf See

1 Knoten	= 1,852 Km/h
15 Knoten	~ 28 Km/h

Tagesdistanz eines Segelschiffes:
10 Knoten pro Stunde   ~ 240 SM oder 450 Km pro Tag

7. Historische Maße und Währungen

1 Modus = 6 Sextarien
= ~ 8,7 Liter

Singular Modus, Plural Modii — römisches Volumenmaß
meist für trockene Ware Korn, Weizen usw. verwendet

1 Amphoren = 3 Modii
= ~ 26,1 Liter
(vereinfacht)

Singular Amphora	meist für Flüssigkeiten Öl, Wein usw. verwendet
1 Meile	= 8 Stadien = 2000 Schritte = ~1,5 km
Tagesmarsch entsprach etwa 40 km oder 26 Meilen	
1 Solidus (Goldmünzen)	= 25 Denarii (Silberthaler) = 100 Sestertii oder Sesterzen (Kupfermünze)
Solidus	Goldmünze
Drachme / Denarius	Silbermünze
Sesterz / Sestertius	Münze aus Bronze, Kupfer oder Messing

Der Sesterz (lat. sestertius, Plural sestertii, AbkürzungSS) war Münze und Hauptrecheneinheit (monetär) in der römischen Republik und Kaiserzeit bis zum Kaiser (3.Jh.v.Chr.bis 3. Jh. n. Chr.). Der Sesterz hatte ursprünglich den Wert von zweieinhalb As, daher die Bezeichnung „der dritte (As) halb" = semis tertius (as). Ab etwa 130 v.Chr. galt er dann 4 Asse oder 2 Dupondien.

Dem ursprünglichen Wert von zweieinhalb As entspricht das Zeichen IIS: II für „zwei" + S für semis „halb".

Die Vermutung, dass hieraus das „$-Zeichen" entstanden sei, hat sich als falsch herausgestellt.
Aus IIS wurde später HS. Größere Summen wie 10 HS wurden z.B. als HSX (decem sestertii), 1000 HS als HSM (mille sestertii) oder 2000 HS als HSMM (duo milia sestertii) in schriftlichen Aufzeichnungen angegeben.

Die Angaben für den Wert der Münzen sind nur Beispiele. Die Vielfalt ist entsprechend groß und von der jeweiligen Region abhängig.
Die Liste der Maße und Währungen dient hier nur als kleine Übersicht.

Roman_harbors_and_fleets_Augustus-Severus.png
(2052 × 1414) (wikimedia.org)
Schiffstypen – Theoria Romana (imperium-romanum.info)

Recherche Literaturverzeichnis

Die Schriften sind in beliebiger Reihenfolge aufgeführt.

Lfd-Nr.	Titel:	Schriftsteller:	Herausgeber Verlag	Bemerkung
1	Führer der Unschlüssigen	Mose ben Maimon Maimonides	Philosophische Bibliothek Meiner	184 a-c
2	Der römische Seehandel in seiner Blütezeit. Rahmenbedingungen, Seerouten, Wirtschaftlichkeit	Pascal Warnking	Verlag Marie Leidorf Rahden (Westfalen) 2015	Reihe: Pharos 36
3	Mission und Ausbreitung des Christentums in den ersten drei Jahrhunderten	Adolf von Harnack	WBG	Teil 1+2
4	Weltatlas der Architektur Great Architecture of the World		Weltbild Verlag	Sonderausgabe Augsburg
5	Stilgeschichte der Architektur	Fritz Baumgart	Verlag M. DuMont Schauberg	
6	al-Andalus, Geschichte des islamischen Spaniens	Brian A. Catlos	C.H.BECK	
7	Das antike Christentum Frömmigkeit, Lebensformen, Institutionen	Christoph Markschies	C.H.BECK	
8	Das Stuttgarter	Albert	KBW	

	Lexikon biblischer Begriffe	Urban	Bibelwerk	
9	Herodes der Große	H.J. Arens		
10	Jakobus der Iberokelte	H.J. Arens		
11	Spurensuche zum 'Wahren Jakob'	H.J. Arens		
12	Von Pilgerwegen	H.J. Arens		

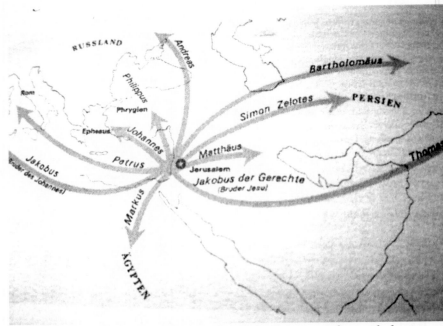

Die Wege der Apostel, nachdem sie den Geist Gottes empfangen haben.

Ende

Wie geht es weiter?

Die Gefährten sind noch lange nicht am Ziel. Neue Abenteuer liegen vor ihnen.

Bald folgen Band 3 und 4 der Buchreihe „Zum Grab des Jakobus"

Band 3: Durchs Frankenland

Band 4: Über die Berge ins Reich der Goten

Lesen Sie bei DeBehr, wie alles begann

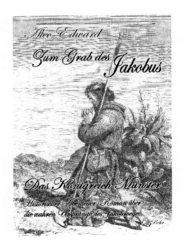

Mit dem Glockenschlag um zwei waren die Schwestern und einige Mönche um Abt Georg versammelt. Der Abt gab das Zeichen zum Öffnen. Der Holzfachmann und Schnitzer öffnet fachgerecht den ersten Sarg aus Esche. Zum Vorschein kam ein menschliches sehr altes Skelett in einem mönchsähnlichen Gewand. Neben dem Körper lag ein sieben Fuß langer Holzstab, um den Hals trug er eine Kette mit einem Fischsymbol. Um 700. Die römische Macht ist zerfallen, das gibt anderen Kräften die Möglichkeit, sich auszubreiten. Mächtige Heere verschieben nun Grenzen. Die christliche Gemeinschaft nutzt ihren Einfluss als Amtskirche und Königsmacher mit dem universalen Herrschaftsanspruch des Papsttums und durch die Religionspolitik vieler christlicher Landesherren. Reliquien und Heiligsprechungen spielen dabei eine große Rolle. In einer Hütte am heiligen Stein finden Laien-Brüder alte Schriftrollen mit Hinweisen auf das Grab eines der ersten Missionare, Jakobus. Eine Gruppe Mönche wird auf die gefährliche Mission geschickt, seine letzte Ruhestätte zu finden. Historisch fundierter Roman über die wahren Ursprünge des Jakobsweges als Pilgerweg.

Paperback mit 458 Seiten, Preis: 14.95€, ISBN: 9783987270239